U0885479

"十三五"职业教育国家规划教材

高等职业教育"互联网+"新形态教材·财会专业

新编 Excel 在财务中的应用

（第 3 版）

李爱红　宫胜利　刘　智　主　编

陈颖达　梁　平　罗　敏　谈先球　副主编

電子工業出版社
Publishing House of Electronics Industry
北京·BEIJING

内 容 简 介

Excel在财务中的应用非常广泛，本书通过真实的企业案例，以Excel 2010软件为平台，详细介绍了Excel在账务报表处理、财务分析、工资管理、固定资产管理、进销存管理、成本核算和财务管理中的应用。本书内容不仅包括Excel基本应用，还包括VBA程序基本知识等Excel高级应用，具有很强的拓展性，可满足不同层次读者的需要。本书提供了详细的操作步骤，具有很强的实用性和可操作性，其中的案例和方法可直接应用到会计实务中。

本书可作为高校同名课程教材，也可作为财务会计、成本会计、财务管理等课程的教学参考书，同时还可作为财务人员或管理人员进行会计核算和财务管理的参考手册。

未经许可，不得以任何方式复制或抄袭本书之部分或全部内容。
版权所有，侵权必究。

图书在版编目（CIP）数据

新编Excel在财务中的应用 / 李爱红，宫胜利，刘智主编. —3版. —北京：电子工业出版社，2019.12
ISBN 978-7-121-36430-3

Ⅰ. ①新… Ⅱ. ①李… ②宫… ③刘… Ⅲ. ①表处理软件－应用－财务管理－高等学校－教材
Ⅳ.①F275-39

中国版本图书馆CIP数据核字（2019）第083141号

责任编辑：贾瑞敏　　　　特约编辑：胡伟卷　许振伍
印　　刷：河北鑫兆源印刷有限公司
装　　订：河北鑫兆源印刷有限公司
出版发行：电子工业出版社
北京市海淀区万寿路173信箱　邮编100036
开　　本：787×1 092　1/16　印张：16.5　字数：433千字
版　　次：2010年2月第1版
2019年12月第3版
印　　次：2023年6月第12次印刷
印　　数：4 000册　　定价：52.80元

凡所购买电子工业出版社图书有缺损问题，请向购买书店调换。若书店售缺，请与本社发行部联系，联系及邮购电话：(010)88254888，88258888。

质量投诉请发邮件至zlts@phei.com.cn，盗版侵权举报请发邮件至dbqq@phei.com.cn。

本书咨询联系方式：电话010-62017651；邮箱fservice@vip.163.com；QQ群427695338；微信DZFW18310186571。

前言

党的二十大报告指出，要促进数字经济和实体经济深度融合，将大数据、云计算、人工智能、物联网等数字技术与生产业务相结合，加速制造业数字化转型。财务工作可利用的数字技术工具有很多，其中 Excel 就是最基础、最常用的工具之一。Excel 凭借强大的数据处理和数据分析功能被广泛应用于财务日常工作中，大大提升了财务人员的工作效率和数据分析能力。

本书通过仿真的企业案例，详细介绍了利用 Excel 解决会计核算、财务预测和投资决策的方法，内容涵盖 Excel 在账务报表处理、财务分析、工资管理、固定资产管理、进销存管理、成本核算和财务管理中的应用。书中提供了详细的操作步骤，具有很强的实用性和可操作性。

本书自 2010 年首次出版以来，受到了社会各界的广泛关注，读者反响热烈；2014 年被评为“十二五”职业教育国家规划教材，2020 年被评为“十三五”职业教育国家规划教材。每年均根据当时的会计准则、税收政策及时进行修订。修订后的教材具有以下特色：

1. 针对性强。本书的教学内容和结构着眼于财经人员的能力培养，适应了时代的要求，符合应用型院校人才培养的需要。

2. 贴合实际。本书案例取自企业一线，符合新的会计准则和税法要求，贴近企业实务，对接岗位要求，具有较强的实践价值。

3. 可操作性强。本书采用任务驱动式的编写体例，针对每个项目案例，提供详细的解决方案和操作步骤，并配有同步技能训练，学练结合，便于技能的巩固、提升。

4. 教学资源丰富。本书提供课件、软件操作录屏、微课、课程思政拓展阅读等教辅资料，使教和学更加容易。

本书由河南财政金融学院李爱红、山东工业职业学院宫胜利、漯河职业技术学院刘智担任主编；浙江机电职业技术学院陈颖达、徐州生物工程职业技术学院梁平、郑州西亚斯学院罗敏、南京铁道职业技术学院谈先球担任副主编。具体的编写分工为：梁平编写项目一，陈颖达编写项目二，宫胜利编写项目三、四，罗敏编写项目五、六，刘智编写项目七、十，谈先球编写项目八，李爱红编写项目九且负责审稿、定稿工作。

本书在编写过程中得到了电子工业出版社有限公司的大力支持和帮助，在此表示感谢！

由于作者认知水平和实践经验有限，书中有不妥之处，恳请读者批评指正。请将建议和意见发至电子邮箱 lah1998@163.com。

编　者

目 录

项目一

Excel 的基本应用

学习目标

1. 了解 Excel 2010 的界面及特点。
2. 理解工作簿、工作表和单元格的概念。
3. 熟练掌握数据输入与数据编辑。
4. 掌握条件格式与数据有效性设置。
5. 熟练掌握单元格和区域的引用。
6. 熟练掌握 Excel 常用函数的应用。
7. 熟练掌握数据排序、筛选、分类汇总和合并计算。
8. 熟练使用图表和数据透视表。
9. 提高工作效率，提高数据思维和信息化水平。

拓展阅读：Excel 在财务实践中的应用

项目介绍

Microsoft Excel 是微软公司的办公软件 Microsoft Office 的组件之一，是微软公司为 Windows 操作系统和苹果公司的 Mac 操作系统开发的一款电子表格软件。它是微软办公套装软件的一个重要组成部分，可以进行各种数据的处理、统计分析和辅助决策操作，被广泛地应用于管理、统计、财经、金融等众多领域。Excel 2010 的操作直观、快捷，可以灵活地对数据进行整理、计算、汇总、查询和分析。本项目主要介绍 Excel 2010 的基本操作，为以后学习 Excel 在财务中的应用打下坚实的基础。

重点难点

1. 数据输入与编辑。
2. 单元格格式和条件格式。
3. 绝对引用、相对引用和混合引用。
4. 函数的应用。
5. 排序和筛选。

拓展阅读：用 Excel 和 PowerBI 做数据分析

任务描述

Excel 的基本应用是 Excel 处理会计业务的前提和基础，只有认识、理解并灵活掌握 Excel 的基本操作方法，才能把 Excel 灵活地运用到财务工作中。

任务分析

Excel 的基本应用是一门独立的课程，循序渐进地掌握会计从业人员必须掌握的知识，是本项目的目的。因此，本项目以下面的任务为主线，进行任务的编制和实现。

认识 Excel 2010→数据输入与编辑→数据处理→图表应用→数据透视表→常用函数介绍。

任务一　认识 Excel 2010

微课-认识 Excel

一、Excel 的窗口界面

Excel 2010 的窗口界面主要由标题栏、“文件”菜单、工具栏、名称框与“插入函数”文本框、工作区和状态栏组成，如图 1.1 所示。

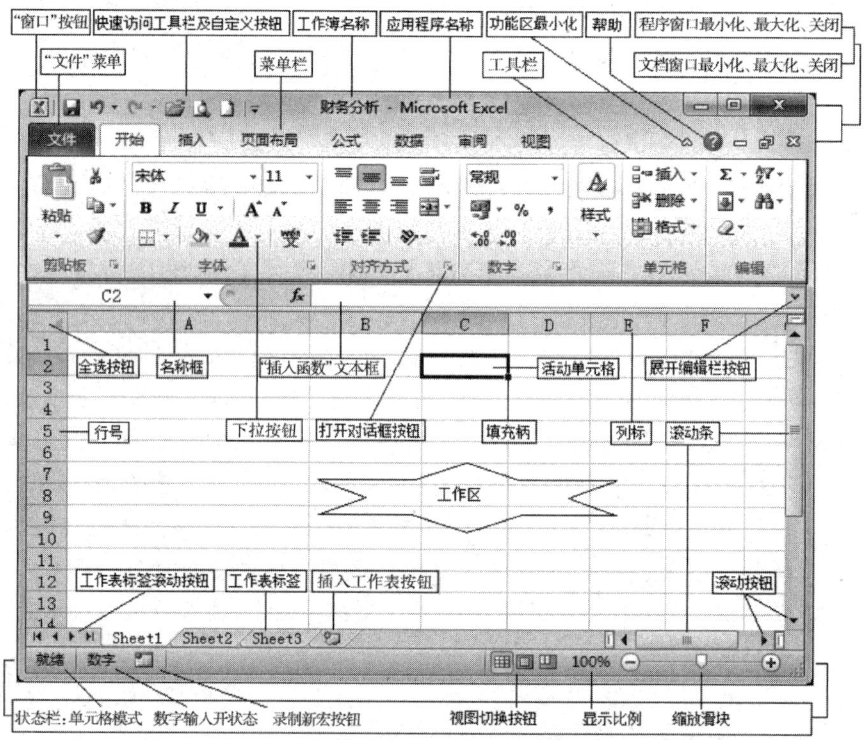

图 1.1　Excel 2010 的窗口界面

1. 标题栏

Excel 文件称作工作簿，标题栏上显示的“财务分析”是当前打开的工作簿的名称；工作簿名称后面显示的是应用程序名称（Microsoft Excel），保存时可根据情况自行命名。标题栏左侧是快速访问工具栏及自定义按钮，单击之可以自定义常用命令按钮；右侧是程序“最小化”“最大化”/“还原”及“关闭”按钮。

2．“文件”菜单

“文件”菜单是 Excel 2010 的新增选项，单击之可对文档选择“保存”“打开”“新建”“打印”“选项”等命令。其详细内容如图 1.2 所示。

图 1.2　Excel 2010 的“文件”菜单

3．菜单栏

在 Excel 2010 窗口的上方是菜单栏的名称，当单击这些名称时会切换到与之相对应的工具栏。每个工具栏根据功能的不同又分为若干个组，其具有的功能如下。

（1）“开始”菜单

“开始”菜单中包括“剪贴板”“字体”“对齐方式”“数字”“样式”“单元格”“编辑”7 个组。该菜单主要用于对 Excel 2010 表格进行文字编辑和单元格的格式设置，是用户最常用的菜单，如图 1.3 所示。

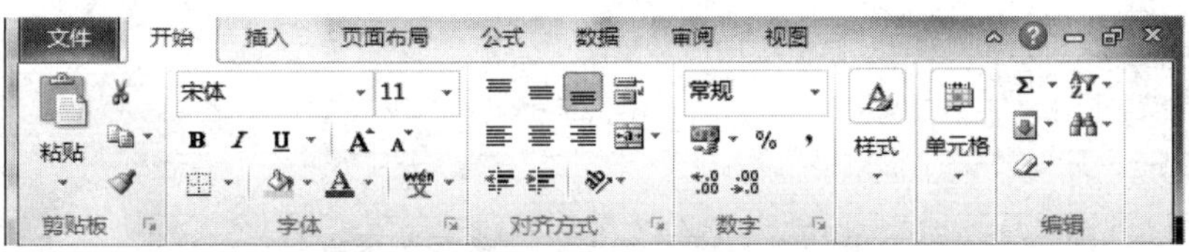

图 1.3　Excel 2010 的“开始”菜单

（2）“插入”菜单

“插入”菜单包括“表格”“插图”“图表”“迷你图”“筛选器”“链接”“文本”“符号”8 个组，主要用于在 Excel 2010 表格中插入各种对象，如图 1.4 所示。

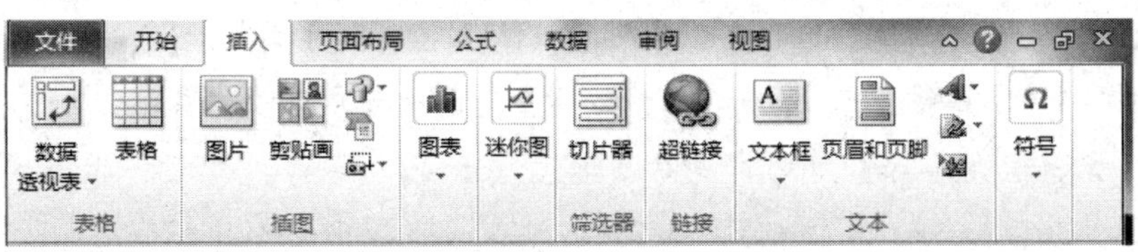

图 1.4　Excel 2010 的“插入”菜单

（3）“页面布局”菜单

“页面布局”菜单包括“主题”“页面设置”“调整为合适大小”“工作表选项”“排列”5 个组，用于设置 Excel 2010 表格的页面样式，如图 1.5 所示。

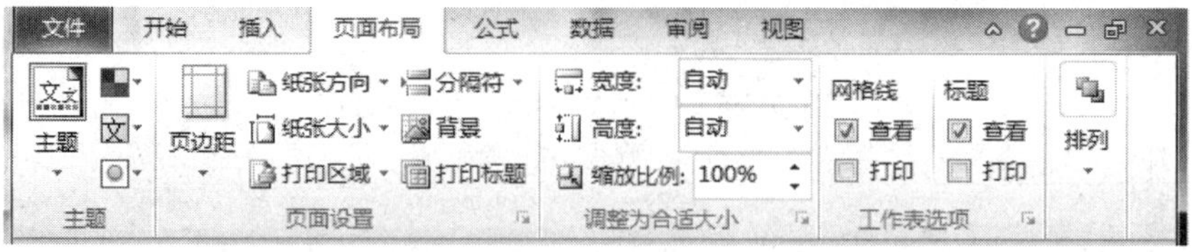

图 1.5　Excel 2010 的“页面布局”菜单

（4）“公式”菜单

“公式”菜单包括“函数库”“定义的名称”“公式审核”“计算”4 个组，用于实现在 Excel 2010 表格中对各种数据进行计算，如图 1.6 所示。

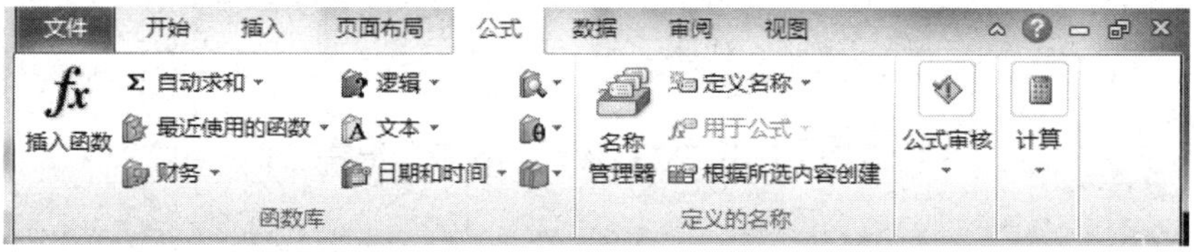

图 1.6　Excel 2010 的“公式”菜单

（5）“数据”菜单

“数据”菜单包括“获取外部数据”“连接”“排序和筛选”“数据工具”“分级显示”5 个组，用于实现在 Excel 2010 表格中对各种数据进行编辑，如图 1.7 所示。

图 1.7　Excel 2010 的“数据”菜单

（6）“审阅”菜单

“审阅”菜单包括“校对”“中文简繁转换”“语言”“批注”“更改”5 个组，用于对 Excel 2010 表格进行校对和修订等操作，适用于多人协作处理 Excel 2010 表格数据，如图 1.8 所示。

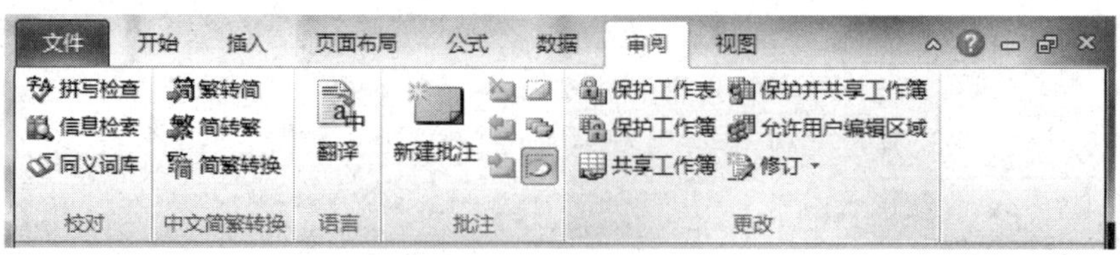

图 1.8　Excel 2010 的“审阅”菜单

（7）“视图”菜单

“视图”菜单包括“工作簿视图”“显示”“显示比例”“窗口”“宏”5个组，用于帮助用户设置Excel 2010表格窗口的视图类型，以方便操作，如图1.9所示。

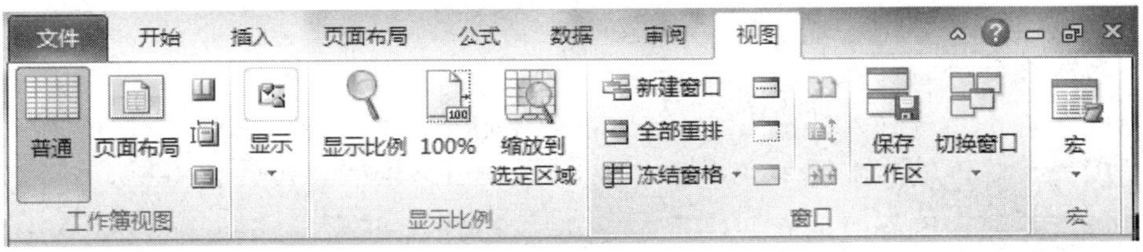

图1.9　Excel 2010的“视图”菜单

4. 名称框和“插入函数”文本框

名称框显示所选活动单元格或区域的地址，名称框中显示的C2表示在该工作表中当前所选活动单元格的地址为C2；“插入函数”文本框又叫公式栏，用来显示或编辑活动单元格的内容。二者之间的fx是“插入函数”按钮，单击该按钮会打开“插入函数”对话框。

5. 工作区

工作区是窗口中占屏幕最大且用以记录数据的区域，由行号、列标、水平滚动条和垂直滚动条组成。工作区上边的A、B、C…是列标，左边的1、2、3…是行号，用户的工作最终都在工作区内完成，所有信息都存放在工作区内。数据输入在格子中，每个格子称作一个“单元格”，而且横向和纵向有坐标定位，第一个格子是A1。工作区左上角是全选按钮，单击则选中当前工作表中的全部单元格。

6. 工作表标签

工作表标签位于工作表区域的左下部，用于显示工作表的名称。Sheet1、Sheet2、Sheet3表示该工作簿共有3张工作表，其中，Sheet1是当前工作表（当前工作表为白底），Sheet2、Sheet3为非当前工作表（底色为灰色）。工作表标签左边为滚动条，单击左右可查看不同的工作表；右边的　为“插入工作表”按钮，单击可在其左侧插入新的工作表。

7. 状态栏

状态栏位于工作表区域的最下方，用于显示当前命令或操作的相关信息。在进行数据编辑时，其左下角将显示“输入”字样，输入完毕后将显示“就绪”字样，进行其他操作时也有相应的文字提示。状态栏右侧是视图切换按钮，有“普通”“页面布局”“分页预览”3个；最右侧是显示比例及缩放滑块，拖动滑块可以缩放工作区显示比例。

二、工作簿、工作表和单元格

工作簿、工作表和单元格是Excel的三大主要元素，利用Excel表格对数据进行编辑，实际上就是对工作簿、工作表和单元格进行编辑操作。三者之间属于包含与被包含的关系，即一个工作簿包含一个或多个工作表（最多允许有255个工作表），一个工作表包含多个单元格。工作簿就像一本报表文件，工作表就是这本文件中的每一页，而单元格就是这一页上具体填写数字的格子。

1．工作簿

工作簿是处理和存储数据的文件。所谓 Excel 文件，是指工作簿文件，其扩展名为.xls。工作簿是保存数据的场所，基本操作包括新建、保存、打开、关闭和保护工作簿等。现分别对这些操作进行介绍。

（1）新建工作簿

在桌面上右击后选择“新建”|“Microsoft Excel 工作表”命令，即可建立一个新工作簿，名称为“新建 Microsoft Excel 工作表”，用户可根据需要进行重命名，或者单击左下角的“开始”按钮，选择“所有程序”|Microsoft Office|“Microsoft Excel 2010”命令，也可建立新工作簿。另外，Excel 2010 自带许多模板，通过这些模板，可以新建各种具有专业表格样式的工作簿。

（2）保存工作簿

在对 Excel 工作簿进行操作时，为防止数据丢失应养成随时保存的习惯。单击“保存”按钮或选择“文件”|“保存”命令，即可对工作簿进行保存。在制作表格时，为避免因操作失误造成工作簿数据无法恢复的情况，或者需要转换成其他格式，选择“文件”|“另存为”命令，则可将工作簿进行另存，再对另存的工作簿进行操作，就不会对原工作簿造成任何影响。

（3）打开工作簿

当对已有的工作簿进行编辑或查看时，首先应将其打开。双击该工作簿即可打开。

（4）关闭工作簿

当完成对工作簿的编辑和保存之后，单击菜单栏右侧的“关闭”按钮或在左上角的“窗口”按钮菜单中选择“关闭”命令，可在不退出 Excel 的情况下关闭该工作簿。

（5）保护工作簿

为了防止他人对重要的工作簿进行篡改、复制、删除等操作，应对其进行保护设置。单击“审阅”|“保护工作簿”按钮，在打开的“保护结构和窗口”对话框中输入相应的密码，并单击“确定”按钮，则必须输入密码才能打开此工作簿。为防止对工作簿的结构进行不需要的更改，如移动或添加工作表，应单击“审阅”|“保护工作簿”按钮，打开“保护结构和窗口”对话框，选中“结构”复选框，在“密码”文本框中输入密码，如图 1.10 所示，然后单击“确定”按钮。

2．工作表

工作表是工作簿里的一个表，它是在 Excel 中用于存储和处理数据的主要文档，也称为电子表格。工作表由列或行来组成，纵向为列，以字母 A、B、C…表示，横向为行，由 1、2、3…组成。每一个工作表都对应一个工作表标签，通过工作表标签可以完成对相应工作表的切换、重命名、移动和复制等操作。

（1）选择工作表

通过单击窗口底部的工作表标签，可以快速选择不同的工作表。如果要同时在几个工作表中输入或编辑数据，可以通过选择多个工作表组合，还可以同时对选中的多个工作表进行格式设置或打印来实现。具体操作如下。

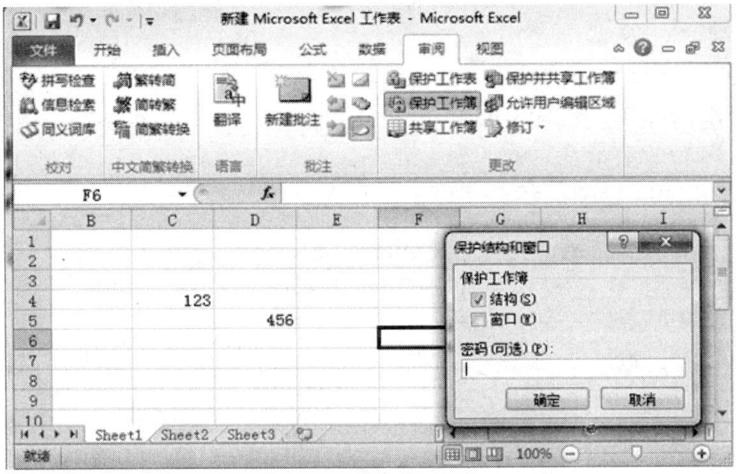

图 1.10 设置工作簿保护

单击工作表标签即可选中相应工作表使之变为活动工作表；选中第 1 张工作表后按住 Ctrl 键不放，继续单击任意一张工作表标签可同时将该标签对应的工作表选中；选中第 1 张工作表后按住 Shift 键不放，继续单击任意一张工作表标签可同时选中这 2 个工作表标签之间的所有工作表；在任意的工作表标签上右击，在弹出的快捷菜单中选择“选定全部工作表”命令，即可选中所有工作表。

（2）增加工作表

单击“插入工作表”按钮，或者按 Shift+F11 组合键，即可在左侧插入工作表。Excel 文件默认的是 3 个工作表，根据需要，可增加默认工作表数量。具体操作是：选择“文件”|“选项”命令，更改“包含的工作表数”微调框中的数字，设定新建工作簿所包含的工作表数量，如图 1.11 所示，然后单击“确定”按钮。

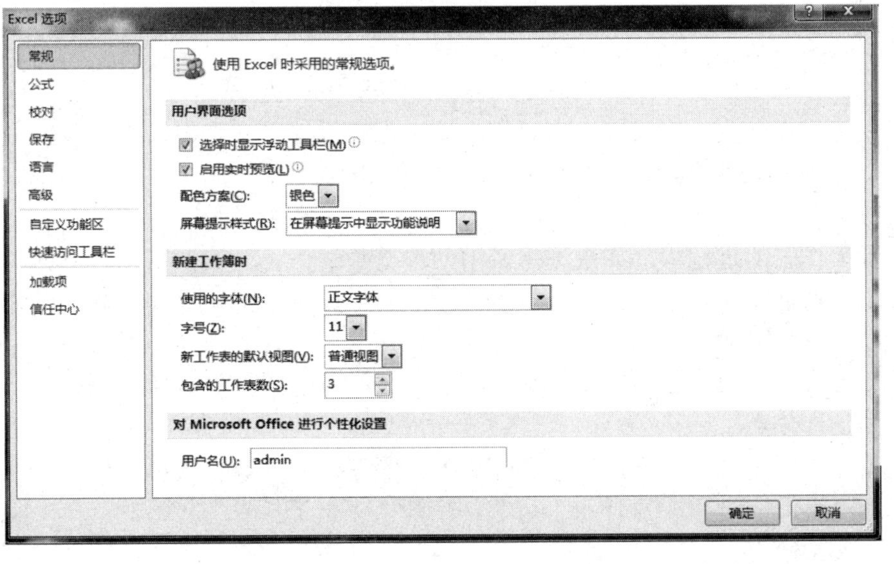

图 1.11 设置默认工作表个数

（3）移动或复制工作表

① 在同一个工作簿中移动或复制工作表。用鼠标拖动工作表标签，可以改变工作表在同一工作簿中的排列顺序；按住 Ctrl 键的同时用鼠标拖动工作表标签，可以复制这个工作表，原工作表名称加一个带括号的序号即是新工作表的名称。

② 在不同工作簿中复制或移动工作表。右击要移动的工作表标签，在弹出的快捷菜单中选择“移动或复制”命令，打开“移动或复制工作表”对话框，确定将选定工作表移至工作簿的名称，然后单击“确定”按钮，则所选定的工作表移动到目标工作簿，原工作簿中相应的工作表将被删除，如图 1.12 所示。工作表复制与移动的方法类似，不同的是在“移动或复制工作表”对话框中，单击“确定”按钮之前，先选中“建立副本”复选框。

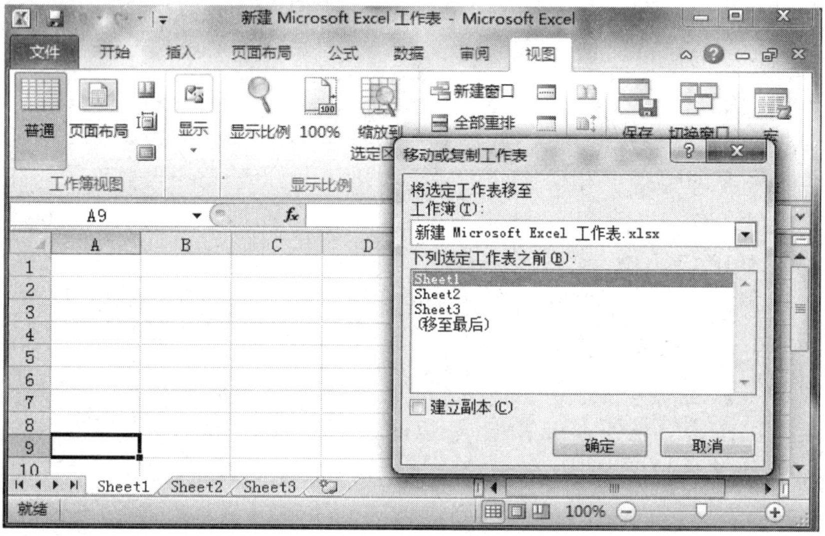

图 1.12　移动或复制工作表

（4）删除工作表

多余的工作表可从工作簿中删除。工作表一旦删除就无法恢复，所以在删除时一定要慎重，以免造成不必要的损失。右击要删除的工作表标签，在弹出的快捷菜单中选择“删除”命令，即可永久删除该工作表。

（5）隐藏与显示工作表

在编辑工作表的过程中，如果不想表中的重要数据信息外泄，可以将数据所在的工作表隐藏起来，待需要时再将其显示。右击要隐藏的工作表标签，在弹出的快捷菜单中选择“隐藏”命令，即可隐藏该工作表。当需要查看或编辑隐藏工作表中的数据时，在任意一个工作表标签处右击，在弹出的快捷菜单中选择“取消隐藏”命令即可。

（6）保护工作表

保护工作表可以防止用户在工作表中插入、删除行或列，设置单元格格式等。设置方法为：单击“审阅”|“保护工作表”按钮，打开“保护工作表”对话框，在“取消工作表保护时使用的密码”文本框中输入密码，如图 1.13 所示，然后单击“确定”按钮。保护工作表仅对锁定的单元格有效，默认的单元格都是锁定的。

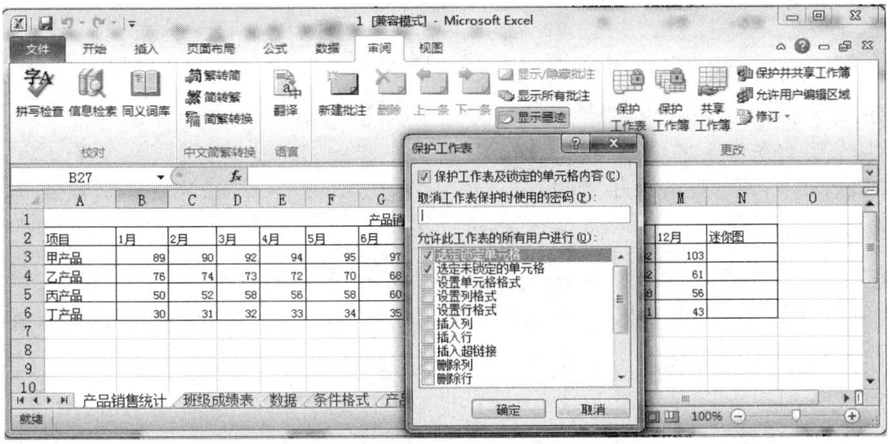

图 1.13 保护工作表

3．单元格

工作表中行、列交会处的区域称为单元格。它可以存放文字、数字、公式和声音等信息。在 Excel 中，单元格是存储数据的基本单位，通过对单元格的基本操作可以完成对工作表中数据的编辑。单元格的基本操作包括选中单元格、命名单元格、合并与删除单元格、隐藏与显示单元格和保护单元格等。

（1）单元格地址和活动单元格

在工作表中，每一个单元格都有其固定的地址，一个地址只表示一个单元格，二者是一一对应关系。B2 表示位于 B 列和第 2 行交会处的单元格；C6:E9 表示从 C6 单元格到 E9 单元格的整个区域；Sheet1!A4 表示该单元格是工作表 Sheet1 中的 A4 单元格。

活动单元格是当前正在使用的单元格，在屏幕上用带黑色粗线的方框表示。活动单元格的地址会在名称框中显示出来，此时输入的数据会被保存在该单元格中。每次只能有一个单元格是活动的。

（2）选中单元格

选中单元格的常用方法有：将鼠标指针移至目标单元格上，单击即可选中该单元格；在某个单元格上按住左键不放并拖动鼠标，即可选中连续的单元格组成的单元格区域；选中某个单元格后按住 Shift 键不放，再选中另一个单元格，即可将以这 2 个单元格为对角线的矩形所在范围内的所有单元格选中；选中某个单元格后按住 Ctrl 键不放，继续选中其他单元格或单元格区域，可同时选中多个不相邻的单元格或单元格区域；将鼠标指针移至需要选择的行号或列标上，单击即可选中该行或该列上的所有单元格；单击工作表左上角行号与列标交叉处的 ，即可选中此工作表中的所有单元格。

（3）命名单元格

在处理庞大数据时，可根据需要为包含数据的某个单元格或单元格区域进行命名。Excel 允许对单元格或单元格区域的名称进行更改，以便快速选中该单元格或单元格区域。为单元格或单元格区域命名以后，在名称框中输入名称，然后按回车键便可将其快速选中。

（4）合并与拆分单元格

Excel 允许对单元格进行合并操作，以达到美化表格、突出显示数据的目的，但只允许对合并后的单元格进行拆分。

选中 2 个或更多要合并的相邻单元格，选择“开始”|“对齐方式”|“合并后居中”命令，这些单元格将在一个行或列中合并，并且单元格内容将在合并单元格中居中显示。但是只有合并前左上角单元格中的数据保留在合并的单元格中，所选区域所有其他单元格中的数据都会被删除。如果要合并单元格而不居中显示内容，单击“合并后居中”右侧的下拉按钮，然后选择“跨越合并”或“合并单元格”命令。

单个的单元格不能拆分，只有合并以后的单元格才能进行拆分操作。首先选中要合并的单元格，然后单击“合并后居中”按钮，则之前合并的单元格即被拆分，合并单元格的内容将出现在拆分单元格区域左上角的单元格中。

（5）隐藏与显示单元格

在编辑工作表的过程中，如果不想将表格中某行或某列的重要数据信息外泄，可将数据所在的行或列隐藏起来，待需要时再将其重新显示。Excel 中只能隐藏整行或整列单元格，不能隐藏单个的单元格。选中需要隐藏的行或列后右击，在弹出的快捷菜单中选择“隐藏”或“取消隐藏”命令即可隐藏或显示单元格。

（6）保护单元格

为防止他人擅自改动单元格中的数据，可将一些重要的单元格锁定。保护单元格不但可以保护单元格中的数据，而且还能隐藏单元格中的公式。对单元格的保护须通过对工作表进行保护才可实现。操作方法是：首先选中需要保护的单元格，然后右击，在弹出的快捷菜单中选择“设置单元格格式”命令，打开“设置单元格格式”对话框。在“保护”选项卡中选中“锁定”复选框，如图 1.14 所示。然后单击“确定”按钮，即可完成对选中单元格的保护。

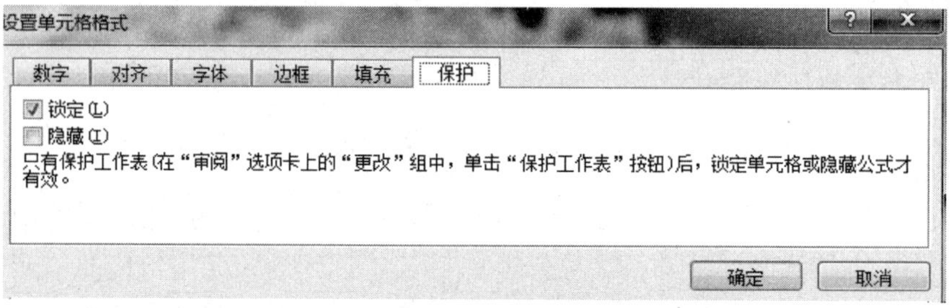

图 1.14　保护单元格

任务二　数据的输入与编辑

微课-数据的输入与编辑

一、数据输入

单击某个单元格，然后在该单元格中输入数据；或者单击单元格后再单击编辑栏，在编辑栏中输入数据，然后按 Enter 键确认输入，确认之后再选择其他单元格继续输入。如果在确认之前按 Esc 键，则取消刚才的输入。对于特殊数据的输入，采用以下方法。

1. 输入有序数据和大量相同数据

为减少输入工作量，对有规律的数据可进行自动填充。在一个单元格中输入起始值，然后在下一个单元格中再输入一个值，建立一个模式。例如，要使用序列 1，2，3，4，5，…，则在前 2 个单元格中分别输入 1 和 2，选中包含起始值的单元格，然后拖动填充柄（位于选定区域右下角的小黑方块，将鼠标指针指向填充柄时，鼠标指针变为黑十字形）到要填充的最后一个单元格，即可涵盖要填充的整个范围。

在输入大量相同数据时，应同时选中需要填充数据的单元格。如果这些单元格不相邻，须按住 Ctrl 键，同时逐个单击选中，松开 Ctrl 键，在选中的最后一个单元格中输入要填充的数据，然后按 Ctrl+Enter 组合键，则选中的所有单元格同时填入该数据。

2. 输入文本

向单元格中输入数字格式的数据时，系统自动识别为数值型数据。如果包含汉字、英文字母、特殊符号、数字、空格，以及其他可以从键盘输入的符号组合时，系统就默认为是文本型。在向单元格中输入文本时，每一个单元格默认情况下只显示 11 个字符（1 个汉字为 2 个字符）。如果右边相邻单元格中没有数据，Excel 允许文本覆盖在右边相邻的单元格中；如果右边相邻单元格中有数据，则当前单元格中的文本将被截断，但在编辑栏中可以显示全部内容，如图 1.15 所示。

普通文本输入与数据输入相同，对于由纯数字组成但不是数值而是文本的输入项，如身份证号、银行账号等，超过了默认的 11 个字符，如果直接输入，将以科学计数法的方式显示。因此，正确的方法是在该数字前加英文的单引号，或者在该数字前加上等号，数字两边加上英文的双引号，如图 1.16 所示。

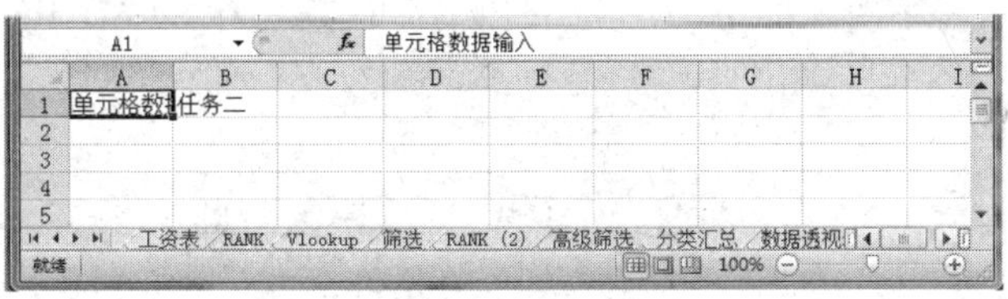

图 1.15　输入文本

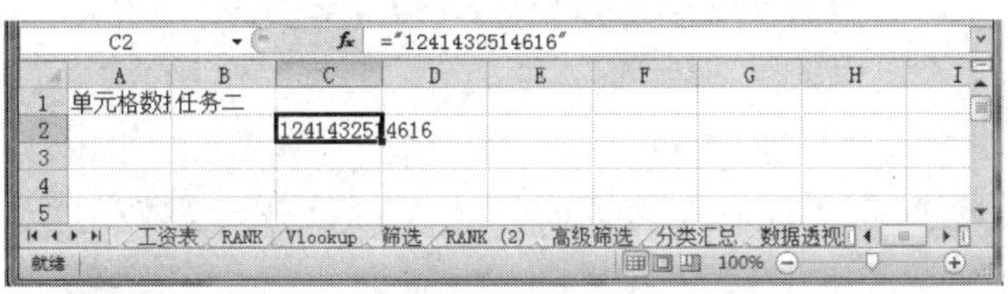

图 1.16　输入长数字串

3. 单元格换行

如果在一个单元格中的特定位置开始输入新的文本行，须双击该单元格，再单击该单元格中要断行的位置，然后按 Alt+Enter 组合键。

4. 输入分数和负数

输入分数时，先输入 0，再按空格键，然后输入分子数值，再输入“/”，最后输入分母数值，否则 Excel 会认为输入的是日期型数据。例如，在输入“1/4”时，正确的输入是“0

1/4”，如果直接输入“1/4”，则单元格显示的是“1 月 4 日”。如果输入的是带分数，把 0 换成分数的整数部分即可。

输入负数时，可以在负数前直接输入负号“-”，也可以将数字放在“()”内，再按 Enter 键，即显示为负数。例如，要输入-20，在单元格中输入“(20)”，然后按 Enter 键，显示出来的就是-20。

5．输入日期和时间

日期和时间实际上是一种特定格式的数字，在输入时，应先对日期或时间进行格式设置：选中要输入日期或时间的单元格或单元格区域后右击，在弹出的快捷菜单中选择“设置单元格格式”命令，打开“设置单元格格式”对话框，在“数字”选项卡的“分类”列表框中选择“日期”选项，在右边的“类型”列表框中选择适当的选项，如图 1.17 所示，然后单击“确定”按钮即可。

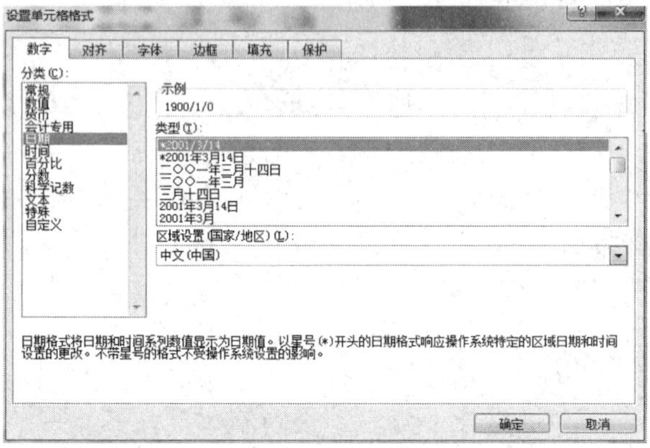

图 1.17　输入日期和时间

在同一单元格中输入日期和时间时，须用空格分开，否则系统会把日期和时间当作文本。输入日期时，可用“/”或“-”来分隔日期的年、月、日。如果要插入当前日期，则须同时按住 Ctrl+“；”组合键。时间既可按 12 小时制输入，也可按 24 小时制输入。如果按 12 小时制输入，须在时间数字后加一空格，然后输入 a(AM)或 p(PM)，否则系统默认的是上午时间。如果要插入当前时间，则须按住 Ctrl+Shift+“；”组合键。

6．输入公式

工作表中的数据往往需要进行大量的计算，Excel 可根据单元格之间的钩稽关系，利用公式自动完成这些运算。公式是可以进行这些操作的方程式：执行计算、返回信息、操作其他单元格的内容、测试条件等。公式始终以“=”开头，包含函数、引用、运算符和常量等。例如，B5=C6+D2-5，表示 B5 单元格的值等于 C6、D2 单元格的值相加再减去 5。

公式中的运算符有算术运算、比较运算、文本连接和引用运算 4 种不同类型。

① 算术运算。算术运算即加、减、乘、除运算，如表 1.1 所示。运算顺序先括号，再乘方，然后乘除，最后加减；如果为同级运算，如加、减，则按从左到右的顺序进行。

表 1.1　算术运算

算术运算符	含　义	示　例
+（加号）	加法	3+3
-（减号）	减法、负数	3-1、-1
*（星号）	乘法	3*3
/（正斜杠）	除法	3/3
%（百分号）	百分比	20%
^（脱字号）	乘方	3^2

② 比较运算。可以使用下列运算符比较 2 个值，如表 1.2 所示。当使用这些运算符比较 2 个值时，结果为逻辑值 TRUE 或 FALSE。

表 1.2　比较运算

比较运算符	含　义	示　例
=（等号）	等于	A1=B1
>（大于号）	大于	A1>B1
<（小于号）	小于	A1<B1
>=（大于等于号）	大于或等于	A1>=B1
<=（小于等于号）	小于或等于	A1<=B1
<>（不等号）	不等于	A1<>B1

③ 文本连接。使用“&”连接一个或多个文本字符串，以生成一段文本，如表 1.3 所示。加入的文本字符要使用双引号，并且是英文的双引号。

表 1.3　文本连接

文本运算符	含　义	示　例
&（与号）	将 2 个值连接（或串联）起来生成一个连续的文本值	“中国”&“北京”的结果为“中国北京”

④ 引用运算。可以使用下列运算符对单元格区域进行合并计算，如表 1.4 所示。引用运算一般都涉及单元格引用，即公式中输入单元格地址时，表示该单元格中的内容参加运算。当引用的单元格中的数据发生变化时，公式自动重新计算并更新计算结果。

表 1.4　引用运算

引用运算符	含　义	示　例
:（冒号）	区域运算符，生成一个对 2 个引用之间所有单元格的引用（包括这 2 个引用）	B5:B15
,（逗号）	联合运算符，将多个引用合并为一个引用	SUM(B5:B15,D5:D15)
（空格）	交集运算符，生成一个对 2 个引用中共有单元格的引用	B7:D7 C6:C8

如果公式在运用过程中出现错误，系统会自动产生提示信息。明确这些信息产生的原因，可有助于用户检查、修改公式，直到正确。单元格公式常见错误信息如表 1.5 所示。

表 1.5　单元格公式常见错误信息

显示信息	原　因
#####	列宽不足以显示内容
#DIV/0!	在公式中有除数为 0，或者有除数为空白的单元格（Excel 把空白单元格也当作 0）
#N/A	在公式中使用查找功能的函数时，没有可用的数值
#NAME?	在公式中使用了 Excel 无法识别的文本。例如，函数的名称拼写错误，使用了没有被定义的单元格区域或单元格名称，引用文本时没有加引号等
#NUM!	当需要数字型参数时，公式中却引用了一个非数字型参数；给了公式一个无效的参数；公式返回的值太大或太小
#VALUE	文本类型的数据参与了数值运算，函数参数的数值类型不正确；函数的参数本应该是单一值，却提供了一个单元格区域作为参数；输入一个数组公式时，忘记按 Ctrl+Shift+Enter 组合键
#REF!	公式中使用了无效的单元格引用。例如，删除了被公式引用的单元格，把公式复制到含有引用自身的单元格中
#NULL!	使用了不正确的单元格区域运算符或引用的单元格区域的交集为空

二、数据编辑

数据输入后，还需要对数据进行编辑，主要包括以下几种。

1．复制数据

复制数据是复制单元格的内容，并将它们粘贴到新的位置，原单元格位置及内容保持不变。

（1）通过“开始”菜单下的工具栏进行复制

选中要复制的单元格或单元格区域，单击“剪贴板”组中的“复制”按钮，此时被复制的内容有闪烁的外框，然后选中目标位置，单击“剪贴板”组中的“粘贴”按钮即可，如图 1.18 所示。闪烁的外框消失前，可进行多次复制；按 Esc 键可取消闪烁的外框。

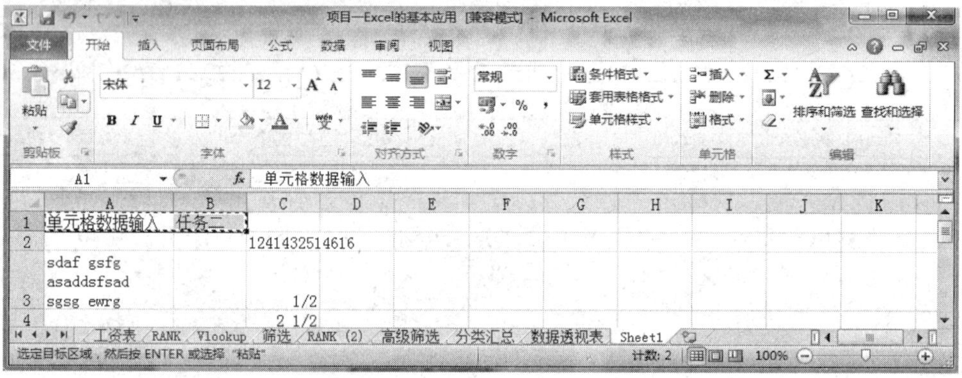

图 1.18　复制单元格数据

（2）右击进行复制

选中要复制的内容后右击，在弹出的快捷菜单中选择“复制”命令，即可对所选内容进行复制。

（3）快捷方式复制

选中要复制内容的同时按 Ctrl+C 组合键，或者将鼠标指针置于选中区域的边框线上，按住 Ctrl 键，当鼠标指针变成小加号后拖至要粘贴的目标位置。

2．移动数据

移动数据是指将单元格和其内容从当前位置移走不再保留，并将其粘贴到新的位置。

（1）使用鼠标移动数据

选中要移动的数据，将鼠标指针置于选中区域的边框线上，当空心十字光标变为十字箭头光标时，按住左键拖至要粘贴的目标位置。

（2）使用剪切和粘贴的方法移动数据

选中要移动的数据，按 Ctrl+X 组合键，或者单击✂按钮进行剪切；选中一个单元格，则该单元格将放置所剪切区域内左上角的数据。

3．查找和替换数据

查找和替换是编辑处理过程中常要执行的操作。在 Excel 中除了可查找和替换文字外，

还可查找和替换公式和附注。选择“开始”|“查找和选择”|“查找”命令，打开“查找和替换”对话框，如图 1.19 所示。在“查找内容”下拉列表框中输入相应的字符串。单击“查找全部”或“查找下一个”按钮，当 Excel 找到匹配的内容后，鼠标指针就会指向该单元格；单击“替换”标签，在“替换内容”中输入相应的字符串，再单击“全部替换”或“替换”按钮即可。

图 1.19　“查找和替换”对话框

4．查看所有工作表公式

单击某一单元格，可查看该单元格公式；但如果要查看所有的工作表公式，须同时按 Ctrl+“～”组合键，则单元格数值和单元格公式可来回切换，即按一次为公式，再按一次为数值。也可单击“公式”|“显示公式”按钮查看公式，如图 1.20 所示。

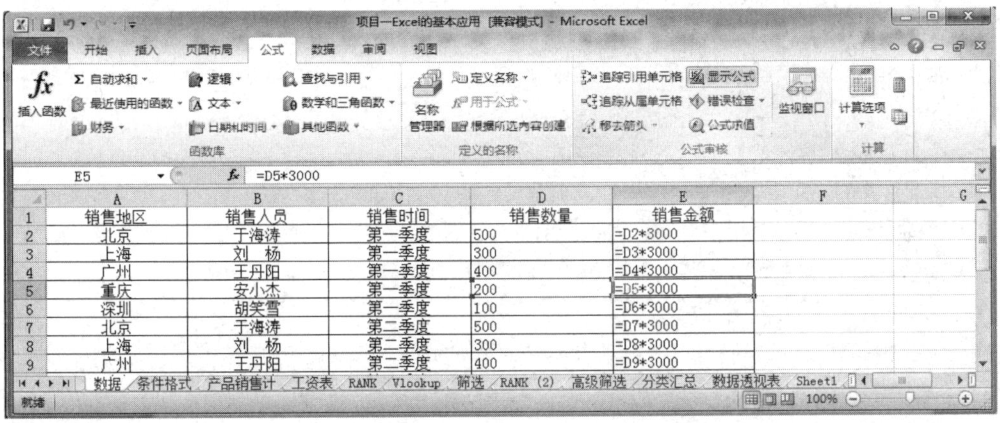

图 1.20　显示公式

5．删除工作表的空行

如果工作表内容较少，可直接选中要删除的行右击，在弹出的快捷菜单中选择“删除”命令即可。如果工作表内容较多，则可选择“开始”|“查找和选择”|“定位条件”命令，如图 1.21 所示，定位到空值，然后执行删除。

6．清除数据

清除数据是将单元格中的内容、格式、批注、超链接四者都清除，而继续保留原有单元格的地址，原内容变为空白。如果一个单元格被清除，则它的值为 0，引用该单元格的公式将引用零值。具体操作为：选中单元格后选择“开始”|“清除”命令，可以有选择地

删除，如图 1.22 所示。如果选中单元格后按 Del 键，则所选单元格中的数据被清除，单元格中的格式和批注仍然保留。

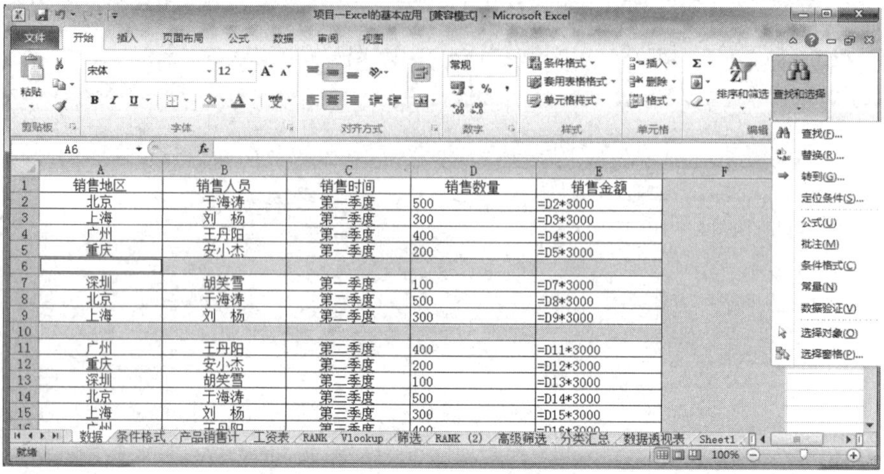

图 1.21　定位到空值

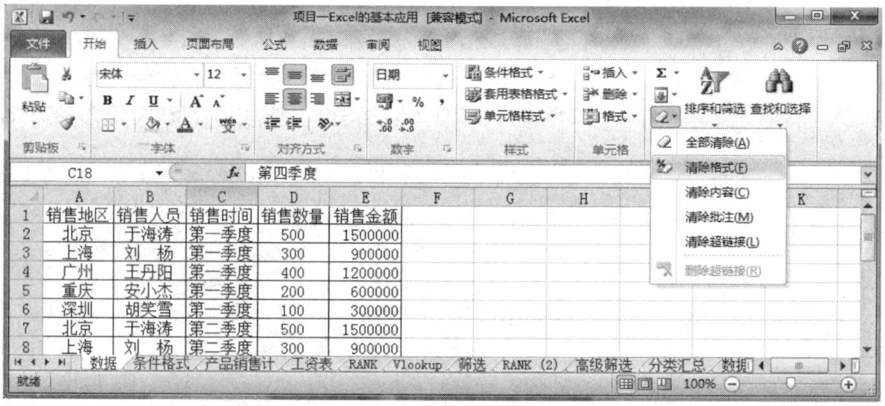

图 1.22　选择删除

任务三　条件格式与数据有效性设置

微课-条件格式的应用

一、条件格式的应用

在 Excel 中，条件格式可以方便、快捷地将符合要求的数据突出显示出来，使工作表中的数据一目了然。例如，根据学生成绩表，把成绩低于 60 的学生信息标识出来。具体操作为：选中需要处理的数据区域，选择“开始”|“条件格式”|“突出显示单元格规则”|“小于”命令，如图 1.23 所示。在打开的“小于”对话框中设置单元格值低于 60，且用浅红填充色深红色文本，然后单击“确定”按钮，则成绩表中低于 60 的单元格突出显示，如图 1.24 所示。

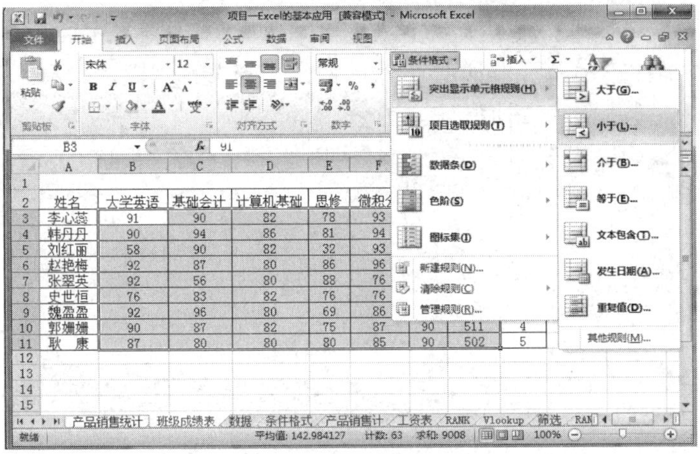

图 1.23　设置条件格式

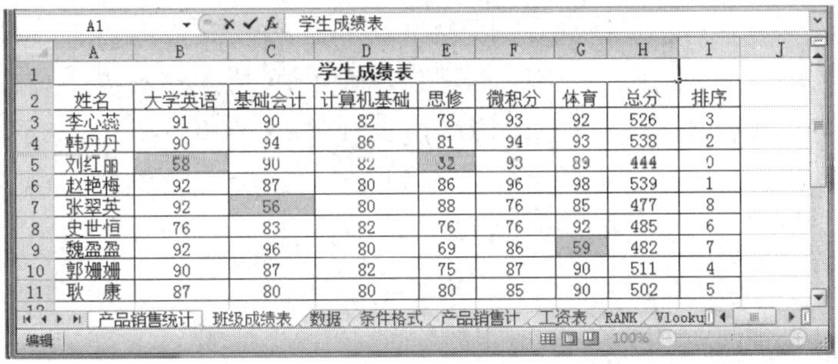

图 1.24　突出显示不及格的学生信息

微课-数据有效性设置

二、数据有效性设置

使用数据有效性可以控制用户输入到单元格中的数据或数值的类型，从而减少输入差错。例如，在学生成绩表中，设置各科成绩的有效性为“允许小于或等于 100 的整数”。

操作步骤

步骤 1　选中单元格，选择“数据”|“数据有效性”|“数据有效性”命令，打开“数据有效性”对话框。

步骤 2　在“数据有效性”对话框中，选择“设置”选项卡，然后选择所需的数据有效性类型。例如，在“允许”下拉列表框中选择“整数”选项，在“数据”下拉列表框中选择“小于或等于”选项，在“最大值”文本框中输入 100，如图 1.25 所示。

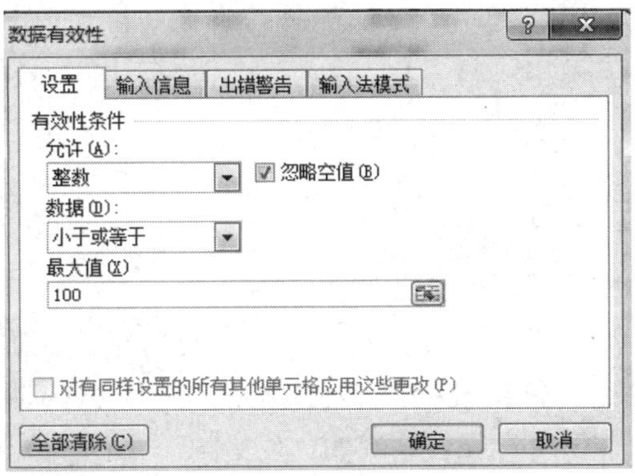

图 1.25　设置数据有效性

步骤 3　单击“确定”按钮，即可完成数据有效性的设置。一旦输入了数据范围以外的数据，系统会弹出错误提示对话框，单击“重试”按钮，即可修改输入的数据。

步骤 4　如果要在选中单元格时显示输入信息，则选择“输入信息”选项卡，选中“选定单元格时显示输入信息”复选框，然后输入所需信息。

如果要在单元格中输入无效数据时响应，则选择“出错警告”选项卡，选中“输入无效数据时显示出错警告”复选框，然后输入所需的警告选项。

条件格式和数据有效性尽管都是对单元格或单元格区域进行设置，但前者是对符合设定条件的内容进行突出显示，后者强调的是不满足条件的无法输入。

任务四　单元格和区域的引用

引用的作用在于标识工作表上的单元格或单元格区域，并指明公式中所使用的数据的位置。通过引用，可以在公式中使用工作表不同部分的数据，或者在多个公式中使用同一单元格的数据。还可以引用同一工作簿不同工作表的单元格、不同工作簿的单元格，甚至其他应用程序中的数据。引用不同工作簿中的单元格称为外部引用，引用其他应用程序中的数据称为远程引用。

一、单元格的引用

微课-单元格的引用

单元格的引用包括相对引用、绝对引用和混合引用 3 种。

1．相对引用

公式中的相对单元格引用（如 A1）是基于包含公式和单元格引用的单元格的相对位置，被引用单元格的列标和行号前不加任何标示性符号。如果公式所在单元格的位置改变，引用也随之改变。如果多行或多列地复制公式，引用会自动调整。默认情况下，新公式使用相对引用。

2．绝对引用

公式中的绝对单元格引用（如$A$1）不论包含公式的单元格处在什么位置，公式中所引用的单元格位置都是其工作表的确切位置。单元格的绝对引用通过在行号和列标前加一个美元符号“$”来表示，如$A$1、$B$2，以此类推。

3．混合引用

混合引用是具有绝对列和相对行或是绝对行和相对列的引用。绝对引用列采用$A1、$B1 等形式，绝对引用行采用 A$1、B$1 等形式。如果公式所在单元格的位置改变，则相对引用改变，而绝对引用不变。如果多行或多列地复制公式，相对引用自动调整，而绝对引用不做调整。例如，将一个混合引用 A$1 从 A2 复制到 B3，它将从“=A$1”调整到“=B$1”。

在 Excel 中输入公式时，只要正确使用 F4 键，就能简单地对单元格的相对引用和绝对引用进行切换。例如，在某单元格中输入公式“=SUM(B4:B8)”，选中整个公式后按 F4 键，则该公式内容变为“=SUM($B$4:$B$8)”，即相对引用变成了绝对引用。

二、引用同一工作簿中的其他工作表

引用同一工作簿中的其他工作表时格式如下：被引用的工作表!被引用的单元格。例如，要引用 Sheet8 工作表中的 F18 单元格，表达式为“=Sheet8!F18”。

三、引用不同工作簿中的其他工作表

引用不同工作簿中的其他工作表时格式如下：[被引用的工作簿名称]被引用的工作表!被引用的单元格。例如，要在 Book1 工作簿 Sheet3 工作表的 E8 单元格中引用 Book2 工作簿 Sheet2 工作表中的 F9 单元格，表达式为“=[Book2]Sheet2!$F$9”。

在输入单元格引用地址时，除了使用键盘输入外，还可使用鼠标直接进行操作。例如，“项目二账务及报表”工作簿需要引用“项目七成本核算—业务处理”工作簿中的数据。

操作步骤

步骤 1 同时打开 2 个工作簿。

步骤 2 在“视图”工具栏中单击“并排查看”“全部重排”按钮，打开“重排窗口”对话框，在“排列方式”选项组中选中“垂直并排”单选按钮，然后单击“确定”按钮，使 2 个窗口同时可见，如图 1.26 所示。

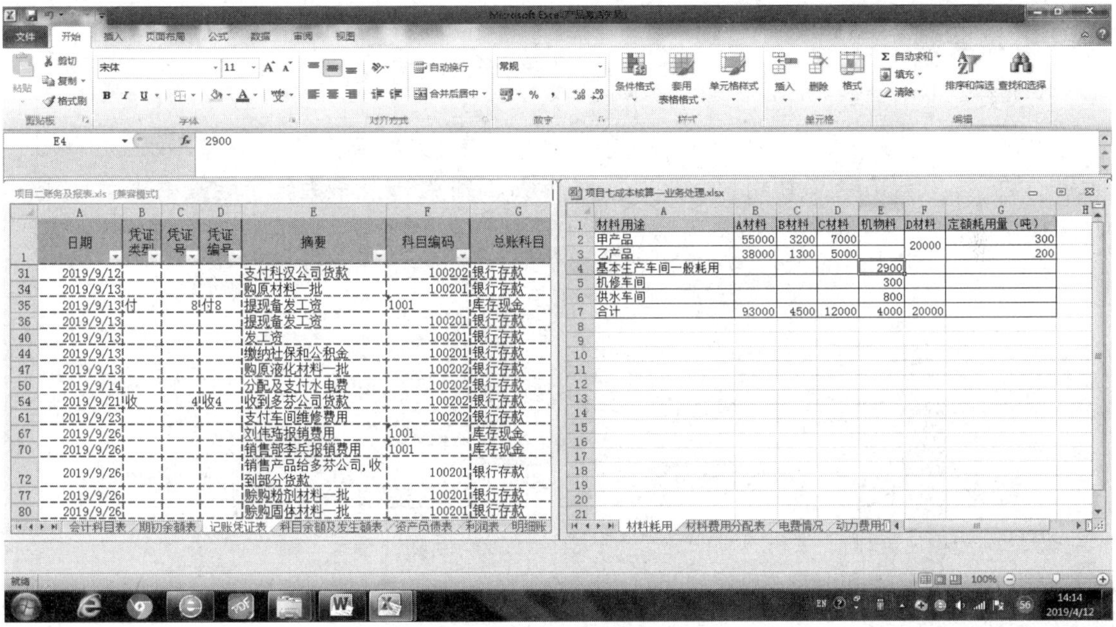

图 1.26 窗口并排查看

步骤 3 在“项目二账务及报表”工作簿的 I49 单元格中输入“=”，单击“项目七成本核算—业务处理”工作簿中的 C7 单元格后按 Enter 键，I49 单元格的公式“='[项目七成本核算—业务处理.xls]材料耗用'!$C$7”。

一般来讲，使用鼠标指针选取引用方式时，Excel 均默认为是单元格的绝对引用。

任务五　排序和筛选

排序是对一列或多列中的数据按文本（升序或降序）、数字（升序或降序），以及日期和时间（升序或降序）进行排序，也可按自定义序列（如大、中和小）或格式（包括单元格颜色、字体颜色或图标集）进行排序。大多数排序操作都是列排序，但是，也可按行进行排序。

筛选是指将工作表中所有满足条件的数据显示出来，不满足条件的数据都隐藏起来，但不会丢失。

一、排序

微课-排序

排序可以使原本无序的数据按某一个或某几个关键字进行升序或降序的重新排列，以便用户做出分析、判断。Excel 表的排序条件随工作簿一起保存，这样，每当打开工作簿时，都会对该表重新应用排序，但不会保存单元格区域的排序条件。

1. 单条件排序

以学生成绩表为例，按总分对成绩表进行排序。

操作步骤

步骤 1　选中需要排序的数据。

步骤 2　在“数据”工具栏中，单击 按钮可执行升序排序（从 A 到 Z 或从最小数字到最大数字）；单击 按钮可执行降序排序（从 Z 到 A 或从最大数字到最小数字）。按总分降序排列后的成绩表如图 1.27 所示。

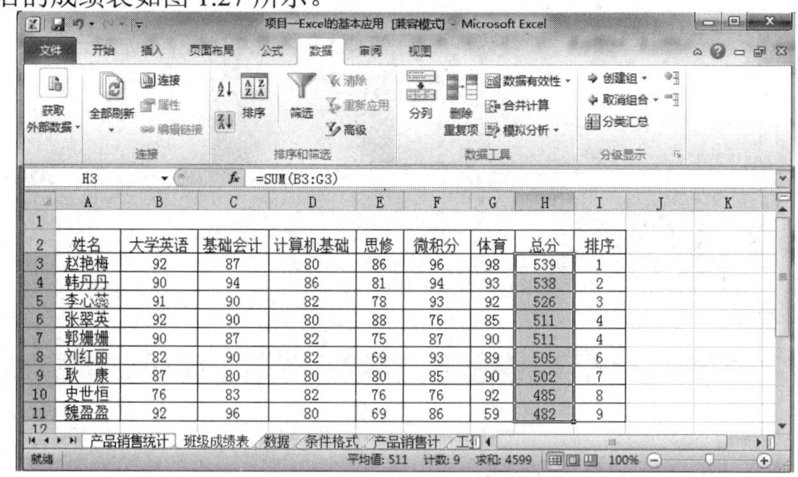

姓名	大学英语	基础会计	计算机基础	思修	微积分	体育	总分	排序
赵艳梅	92	87	80	86	96	98	539	1
韩丹丹	90	94	86	81	94	93	538	2
李心蕊	91	90	82	78	93	92	526	3
张翠英	92	90	80	88	76	85	511	4
郭姗姗	90	87	82	75	87	90	511	4
刘红丽	82	90	82	69	93	89	505	6
耿　康	87	80	80	80	85	90	502	7
史世恒	76	83	82	76	76	92	485	8
魏盈盈	92	96	80	69	86	59	482	9

图 1.27　按总分降序排列成绩

2. 多条件排序

例如，对总分降序排列，同一总分的按大学英语成绩降序排列。

操作步骤

步骤 1　选中需要排序的数据。

步骤 2　在“数据”工具栏中单击“排序”按钮，在打开的“排序”对话框的“主要关键字”下拉列表框中选择“总分”选项，在“排序依据”列中选择“数值”选项，在“次序”列中选择“降序”选项。单击“添加条件”按钮，在对话框中出现“次要关键字”，分别选择“大学英语”“数值”“降序”选项，如图 1.28 所示。

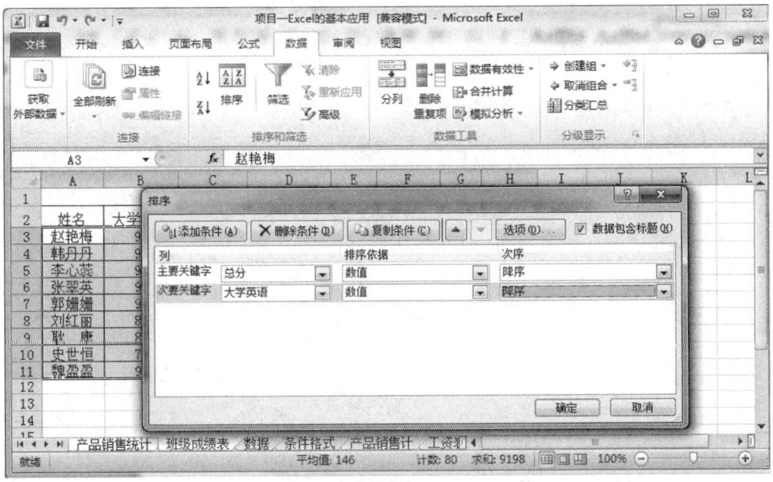

图 1.28　多条件排序

3．函数排序

对成绩表进行排序时，经常还会需要列明学生单科成绩的排名，这里可以使用 RANK 函数。RANK 函数表示返回一个数字在数字列表中的排位。

例如，在 K3 单元格中输入公式“=RANK(D3,$D$3:$D$11)”，用鼠标拖动 K3 单元格右下角的填充柄到 K11 单元格，完成排名，意为统计 D3 单元格在 D 列的排名。计算结果如图 1.29 所示。

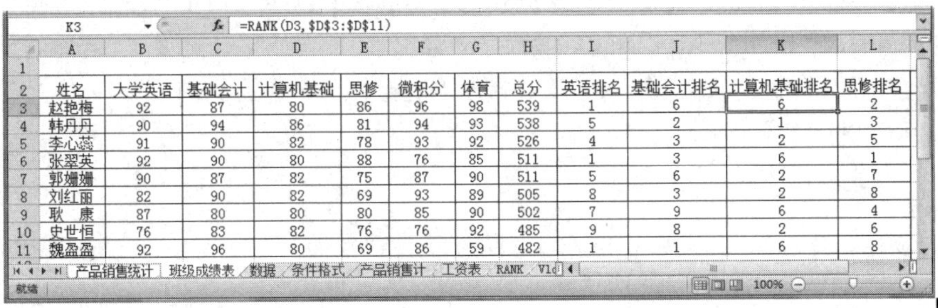

K3　=RANK(D3, $D$3:$D$11)

姓名	大学英语	基础会计	计算机基础	思修	微积分	体育	总分	英语排名	基础会计排名	计算机基础排名	思修排名
赵艳梅	92	87	80	86	96	98	539	1	6	6	2
韩丹丹	90	94	86	81	94	93	538	5	2	1	3
李心蕊	91	90	82	78	93	92	526	4	3	2	5
张翠英	92	90	80	88	76	85	511	1	3	6	1
郭姗姗	90	87	82	75	87	90	511	5	6	2	7
刘红丽	82	90	82	69	93	89	505	8	3	2	8
耿　康	87	80	80	80	85	90	502	7	9	6	4
史世恒	76	83	82	76	76	92	485	9	8	2	6
魏盈盈	92	96	80	69	86	59	482	1	1	6	8

图 1.29　数字在某一数字列表中的排位

微课-筛选

二、筛选

Excel 提供了 2 种数据的筛选操作，即自动筛选和高级筛选。自动筛选是一种快速的筛选方法，可以方便地将那些满足条件的记录显示在工作表上；高级筛选可进行复杂的筛选，挑选出满足多重条件的记录。

1．自动筛选

自动筛选一般用于简单的条件筛选，筛选时将不满足条件的数据暂时隐藏起来，只显示符合条件的数据。

操作步骤

步骤 1　选中数据区域中的任一单元格。

步骤 2　单击“数据”|“筛选”按钮，这时可以看到各字段边的筛选器（带下拉按钮的标志），如图 1.30 所示。

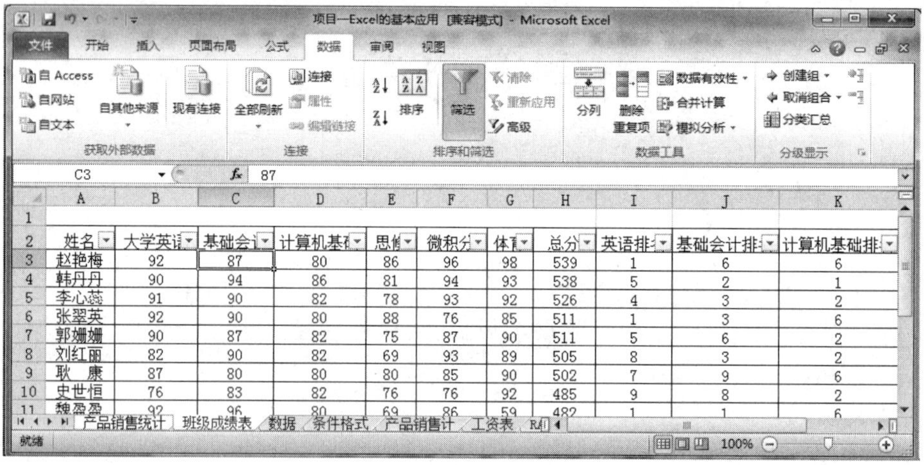

图 1.30　自动筛选

步骤 3　单击要进行筛选列的筛选器，下拉出一个清单框，从中可选择某一个数据，也可在“数字筛选”搜索框中输入一个条件进行筛选。

2．高级筛选

高级筛选一般用于条件较复杂的筛选操作，其筛选的结果可显示在原数据表格中，不符合条件的记录被隐藏起来；也可以在新的位置显示筛选结果，不符合条件的记录同时保留在数据表中而不会被隐藏起来，这样就更加便于进行数据的比对了。例如，要查找每科成绩均在 80 分以上的信息。

操作步骤

步骤 1　选择需要进行高级筛选的数据。

步骤 2　输入筛选条件。条件在同一行表示“与”的关系，条件不在同一行表示“或”的关系。

步骤 3　单击“数据”|“高级”按钮，设定列表区域和条件区域。然后单击“确定”按钮，完成高级筛选，如图 1.31 所示。

	A	B	C	D	E	F	G	H	I	J	K
1											
2	姓名	大学英语	基础会计	计算机基础	思修	微积分	体育	总分	英语排名	基础会计排名	计算机基础排
3	赵艳梅	92	87	80	86	96	98	539	1	6	6
4	韩丹丹	90	94	86	81	94	93	538	5	2	1
5	李心蕊	91	90	82	78	93	92	526	4	3	2
6	张翠英	92	90	80	88	76	85	511	1	3	6
7	郭姗姗	90	87	82	75	87	90	511	5	6	2
8	刘红丽	82	90	82	69	93	89	505	8	3	2
9	耿　康	87	80	80	80	85	90	502	7	9	6
10	史世恒	76	83	82	76	76	92	485	9	8	2
11	魏盈盈	92	96	80	69	86	59	482	1	1	6
12											
13		大学英语	基础会计	计算机基础	思修	微积分	体育				
14		>80	>80	>80	>80	>80	>80				
15											
16	姓名	大学英语	基础会计	计算机基础	思修	微积分	体育	总分	英语排名	基础会计排名	计算机基础排
17	韩丹丹	90	94	86	81	94	93	538	5	2	1
18											
19											

图 1.31　高级筛选

任务六　分类汇总和合并计算

分类汇总可以将大量的数据分类后进行汇总计算，并显示各级别的汇总信息，快速创建各种汇总报表。合并计算可以将多张工作表或工作簿中的数据统一到一张工作表中，并合并计算相同类别的数据。

一、分类汇总

在 Excel 中，分类汇总的方式有求和、平均值、最大值、最小值、偏差、方差等 10 多种。常用的是对分类数据求和或求平均值。通过分类汇总，可以得到需要的统计信息。在进行分类汇总之前，必须先对数据清单进行排序，使同一类的记录集中在一起。例如，按部门对工资进行分类汇总。

微课-分类汇总

操作步骤

步骤 1　单击排序后的数据清单中的任一单元格。

步骤 2　单击“数据”|“分类汇总”按钮，设定分类汇总选项，如图 1.32 所示。

步骤 3　单击“确定”按钮，完成分类汇总操作。工资的汇总结果如图 1.33 所示。

在图 1.33 中，“+”“-”称作分级显示符号。这些符号显示在标志的左边，各符号的含义如下：单击“+”按钮，可显示汇总行或列展开的各级明细数据；单击“-”按钮可隐藏各级明细数据，只显示汇总行或列。

如果对分类汇总结果不满意，想回到汇总前的数据清单，可单击“数据”|“分类汇总”按钮，在打开的“分类汇总”对话框中单击“全部删除”按钮，即可恢复到汇总前的情况。

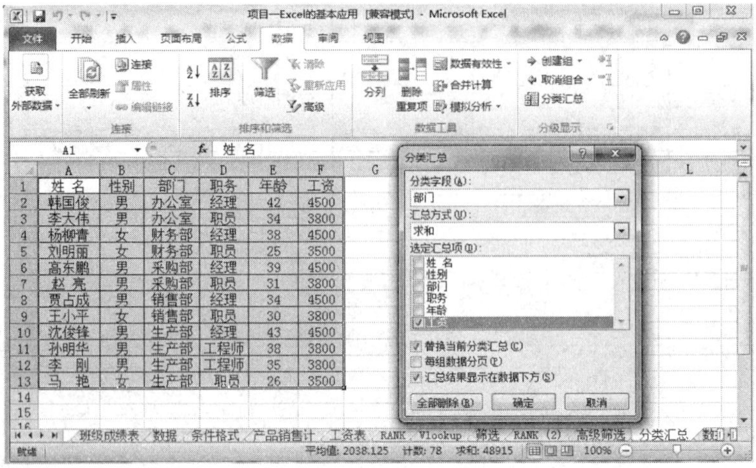

图 1.32 分类汇总

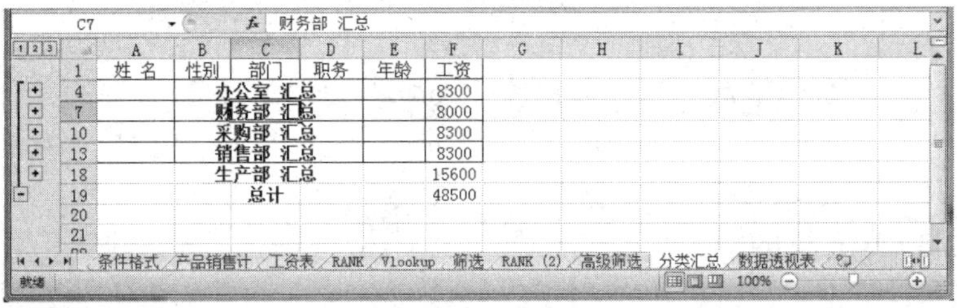

图 1.33 分类汇总结果

二、合并计算

微课-合并计算

如果要汇总和报告多个单独工作表中数据的结果，可以将每个单独工作表中的数据合并到一个工作表（或主工作表）中。所合并的工作表可与主工作表位于同一工作簿中，也可位于其他工作簿中。

以在一个工作簿为例，假设每个月的销售明细都是一个独立的工作表，如图 1.34 所示。完成 2 个月的销售汇总。

一月产品销售统计表			
项目	数量	单价	金额
甲产品	10	8.9	89
乙产品	20	3.8	76
丙产品	5	10	50
丁产品	6	5	30

二月产品销售统计表			
项目	数量	单价	金额
甲产品	6	8.9	53.4
乙产品	34	3.8	129
丙产品	12	10	120
丁产品	4	5	20

图 1.34 每月的销售统计独立表

操作步骤

步骤 1　新建工作表，命名为“销售统计表（合并计算）”。

步骤 2　在“销售统计表（合并计算）”工作表中，输入各项目名称和单价内容。

步骤 3　在“数量”一列，单击“数据”|“合并计算”按钮，在打开的“合并计算”对话框中输入引用位置，如图 1.35 所示。单击“添加”按钮，添加所有月份的销售数量。

步骤 4　单击“确定”按钮，完成对相同结构表格数据列的合并计算。

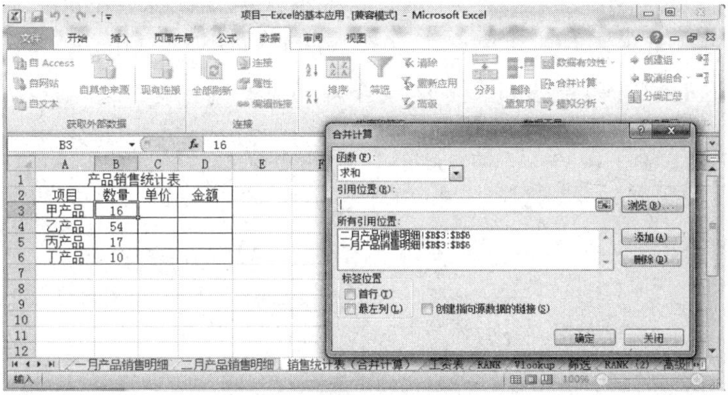

图 1.35　销售统计表的合并计算

任务七　图表应用

微课-图表的基础应用

一、图表种类和要素

图表是数据的一种可视表示形式，通过使用类似柱形或折线这样的元素显示系列数值数据。图表可以让用户更容易理解大量数据和不同数据系列之间的关系，还可以显示数据的全貌，以便用户分析数据并找出重要趋势。

Excel 提供了 14 种标准的图表类型，每一种都具有多种组合和变换。其中，条形图、柱形图、折线图和饼图是图表中最常用的 4 种基本类型。不同类型的图表可能具有不同的构成要素，如折线图一般要有坐标轴，而饼图一般没有。

① 条形图。条形图由一系列水平条组成，对于时间轴上的某一点，2 个或多个项目具有可比性。例如，可以用来比较每个季度 3 种产品中任意一种的销售数量。条形图中的每一条在工作表上是一个单独的数据点或数，因为它与柱形图的行和列刚好相反，所以有时可以互换使用。

② 柱形图。柱形图由一系列垂直条组成，通常用来比较一段时间内 2 个或多个项目的数据变化或说明各项之间的比较情况，是应用较广的图表类型，如不同产品季度或年销售量对比，在几个项目中不同部门的经费分配情况等。

③ 折线图。折线图用来显示随时间而变化的连续数据变化趋势，如数据在一段时间内呈增长还是下降趋势，据此可对将来的趋势做出预测。

④ 饼图。饼图主要用来显示一个数据系列中各项的大小。整个饼代表总和，饼图中的数据点代表各项的百分比。

二、插入图表

例如，对产品销售情况表进行数据图表分析，具体操作为：选中制作图表的数据，在

“插入”菜单下的“图表”工具组中单击要使用的图表类型，然后单击图表子类型，如图 1.36 所示。根据管理的需要，选择不同的图表类型，对数据的变化和所占的比例进行分析。例如，通过饼图可以看到每种产品在某个月的销售比例，如图 1.37 所示；通过折线图可以看出每种产品的销售趋势，如图 1.38 所示。

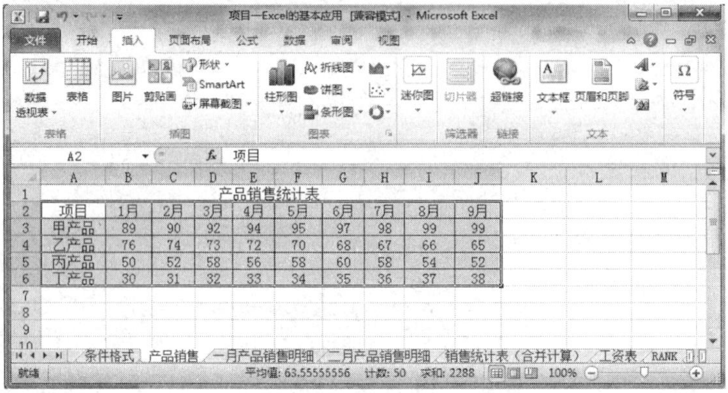

图 1.36　插入图表

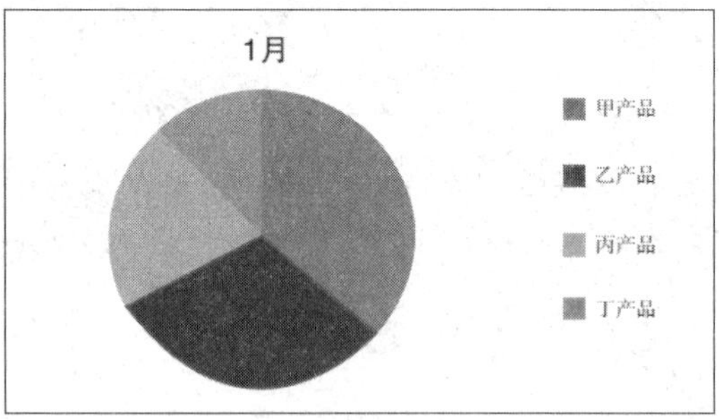

图 1.37　饼图表示每种产品在某个月的销售比例

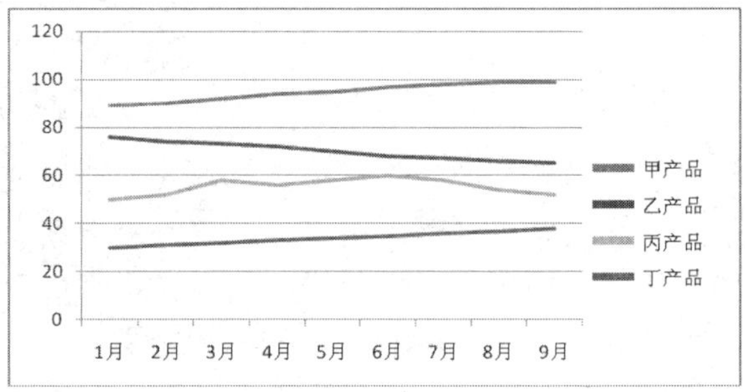

图 1.38　折线图表示每种产品的销售趋势

三、插入 SmartArt 图形

SmartArt 图形是信息和观点的可视表示形式，而图表是数值或数据的可视表示形式。一般来说，SmartArt 图形是为文本设计的，而图表是为数字设计的。可插入 SmartArt 图形的情况如下。

① 创建组织结构图。

② 显示层次结构，如决策树。

③ 演示过程或工作流中的各个步骤或阶段。

④ 显示过程、程序或其他事件的流。

⑤ 列表信息等。

微课-图表的高级应用（1）

创建 SmartArt 图形时，系统会提示用户选择一种类型，如流程、层次结构或关系。类型类似于 SmartArt 图形的类别，并且每种类型包含几种不同的布局。选择了一种布局之后，可以很容易地切换 SmartArt 图形的布局或类型。新布局中将自动保留大部分文字和其他内容，以及颜色、样式、效果和文本格式。

操作步骤

在“插入”菜单下的“插图”工具组中单击 SmartArt 按钮，在打开的“选择 SmartArt 图形”对话框中可选择所需的类型和布局，如图 1.39 所示。

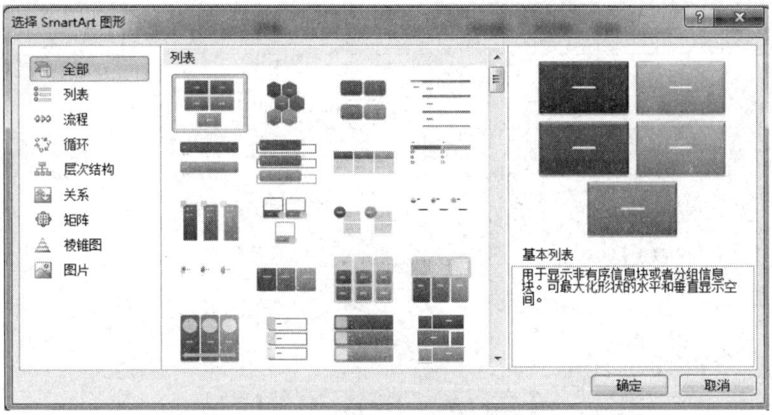

图 1.39　选择 SmartArt 图形

四、插入迷你图

微课-图表的高级应用（2）

与 Excel 工作表上的图表不同，迷你图不是对象，而是单元格背景中的一个微型图表。虽然行或列中呈现的数据很有用，但很难一眼就看出数据的分布形态，而通过在数据旁边插入迷你图就可直观地展现这些数字了。

一般情况下，迷你图单元格紧邻其基本数据，这样可以快速查看迷你图与其基本数据之间的关系，而且当数据发生更改时，在迷你图中可以看到相应的变化。例如，在产品销售统计表中插入迷你图。

操作步骤

步骤 1　选中要插入迷你图的 K3 单元格，在“插入”菜单下的“迷你图”工具组中单击所需的类型折线图，在打开的“创建迷你图”对话框中选择数据区域 B3:J3，如图 1.40 所示。

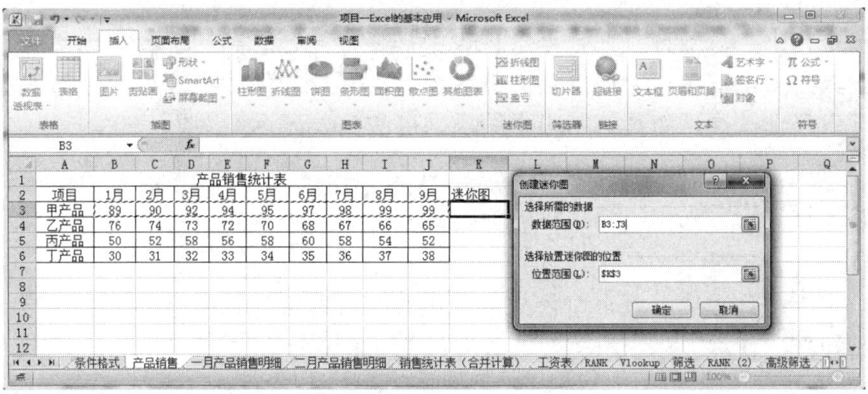

图 1.40　插入迷你图

步骤 2　生成的销售统计折线迷你图如图 1.41 所示。

产品销售统计表

项目	1月	2月	3月	4月	5月	6月	7月	8月	9月	10月	11月	12月	图示
甲产品	89	90	92	94	95	97	98	99	99	100	102	103	
乙产品	76	74	73	72	70	68	67	66	65	63	62	61	
丙产品	50	52	58	56	58	60	58	54	52	56	58	56	
丁产品	30	31	32	33	34	35	36	37	38	40	41	43	

图 1.41　销售统计折线迷你图

步骤 3　修饰迷你图。从“迷你图工具”的“设计”菜单下的“迷你图”“类型”“样式”“分组”中选择相应的选项，可以对迷你图进行修改和修饰。例如，选择“类型”可以更改迷你图的类型为折线图、柱形图、盈亏图；选择“样式”可以使迷你图直接应用预定义格式的图表样式。

微课-创建数据透视表

任务八　数据透视表

数据透视表是一种可以快速汇总大量数据的交互式方法。数据透视表可以快速分类汇总、比较大量的数据，并可以随时选择其中的行和列中的不同元素，以快速查看源数据不同的统计结果。

一、数据透视表的结构

在默认情况下，数据透视表字段列表显示 2 个部分：上半部分是字段部分，用于在数据透视表中添加和删除字段；下半部分是布局部分，用于重新排列和重新定位字段。数据透视表的结构如下。

1．报表筛选区域

添加字段到报表筛选区域可使此字段包含在数据透视表的筛选区域中，以便对其独特的数据项进行筛选。

2．行标签

行标签是指来自源数据且在数据透视表中被指定为行方向的字段。包含多个行字段的数据透视表具有一个内部行字段，离数据区最近；其他任何行字段都为外部行字段。最外字段中的项只显示一次，而其他字段中的项则可按需要显示多次。

3．列标签

列标签是指数据透视表中被指定为列方向的字段。

4．数值

添加一个字段到数值区域，可使此字段包含在数据透视表的值区域中，并使用该字段中的值进行指定的计算，显示汇总数值数据。

二、创建数据透视表

图 1.42 所示是某公司各地区销售人员各季度的销售统计情况。利用数据透视表完成对每位销售人员销售情况的统计。

销售地区	销售人员	销售时间	销售数量	销售金额
北京	于海涛	第一季度	34	102000
上海	刘　杨	第一季度	56	168000
广州	王丹阳	第一季度	16	48000
重庆	安小杰	第一季度	73	219000
深圳	胡笑雪	第一季度	56	168000
北京	于海涛	第二季度	34	102000
上海	刘　杨	第二季度	87	261000
广州	王丹阳	第二季度	38	114000
重庆	安小杰	第二季度	67	201000
深圳	胡笑雪	第二季度	54	162000
北京	于海涛	第三季度	89	267000
上海	刘　杨	第三季度	72	216000
广州	王丹阳	第三季度	68	204000
重庆	安小杰	第三季度	67	201000
深圳	胡笑雪	第三季度	74	222000
北京	于海涛	第四季度	89	267000
上海	刘　杨	第四季度	100	300000
广州	王丹阳	第四季度	46	138000
重庆	安小杰	第四季度	64	192000
深圳	胡笑雪	第四季度	45	135000

图 1.42　销售统计表

操作步骤

步骤 1　选择数据源。选中工作表中的 A1:E21 单元格区域（创建数据透视表的数据范围）。

步骤 2　选择“插入”|“数据透视表”|“数据透视表”命令，打开“创建数据透视表”对话框。在“请选择要分析的数据”选项组中确保已选中要透视的区域，在“选择放置数据透视表的位置”选项组中选中“新工作表”单选按钮，如图 1.43 所示。

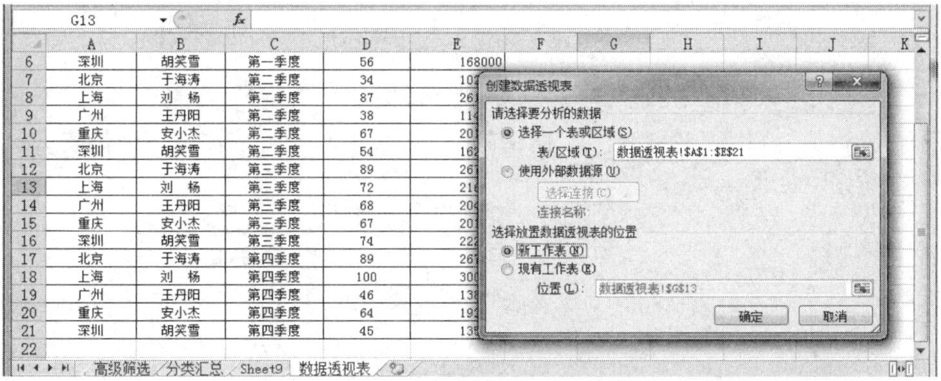

图 1.43　插入数据透视表

步骤 3　单击“确定”按钮，Excel 会将空的数据透视表添加至指定位置并显示数据透视表字段列表，以便添加字段、创建布局和自定义数据透视表，如图 1.44 所示。

图 1.44　数据透视表布局

步骤 4　生成不同的数据透视表。把报表字段中的“销售人员”字段拖动到“行标签”，把“销售数量”“销售金额”字段拖动到“数值”，即可统计出每位销售人员的销售业绩，如图 1.45 所示。

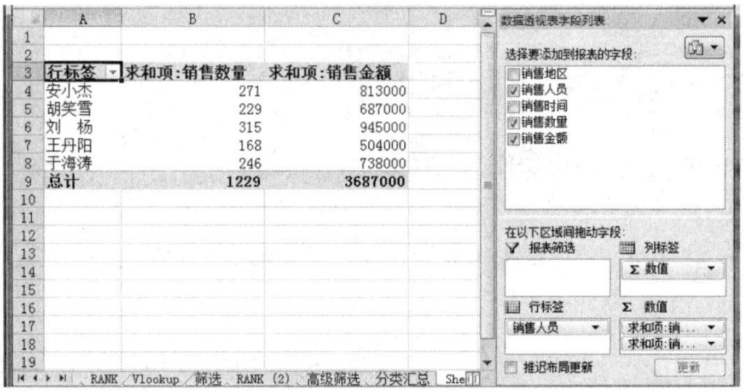

图 1.45　销售人员业绩统计

把报表字段中的“销售人员”字段拖动到“报表筛选”，把“销售数量”“销售金额”字段拖动到“数值”，把“销售地区”拖动到“行标签”，即可统计出每位销售人员在不同地区的销售业绩，如图 1.46 所示。

图 1.46　销售人员在不同地区的业绩统计

把报表字段中的“销售地区”拖动到“行标签”，把“销售数量”“销售金额”字段拖动到“数值”，即可统计出每个地区的销售情况，如图 1.47 所示。

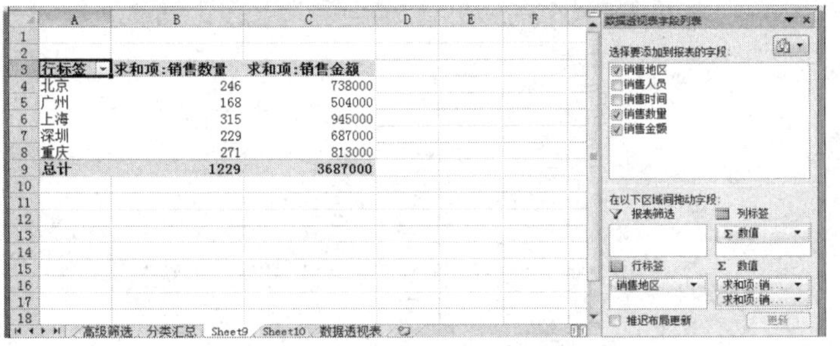

图 1.47　每个地区的销售统计

如果把“销售时间”也拖动到“行标签”，则可以统计出每个季度各地区的销售情况，如图 1.48 所示。

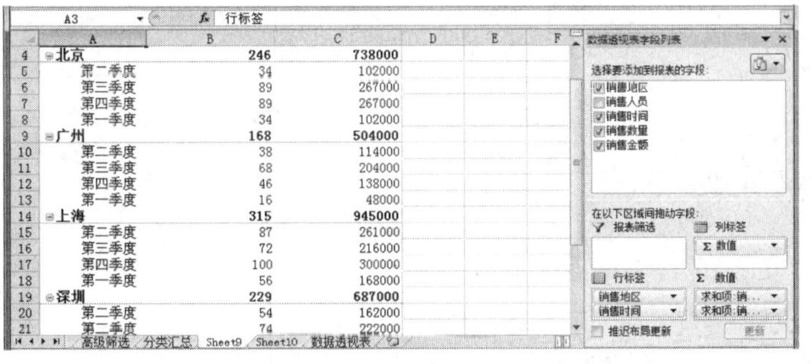

图 1.48　每个季度各地区的销售统计

当然还有很多数据统计显示格式，只要按自己的需求进行字段的拖动，就可以得到不同的数据统计报表。

三、生成数据透视图

选中“数据透视表”，选择“插入”|“柱形图”|“三维柱形图”命令，即可生成如图 1.49 所示的数据透视图。

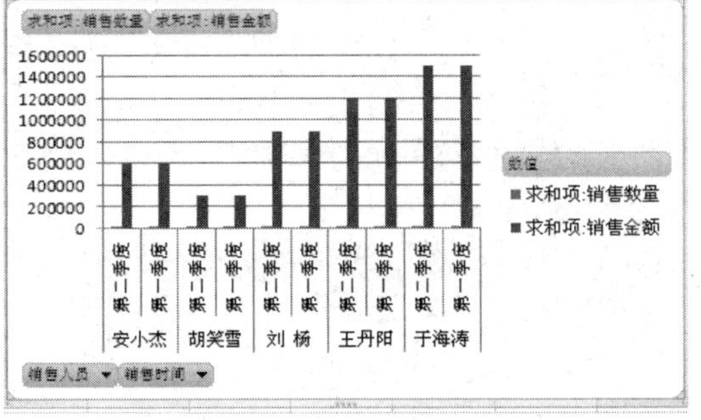

图 1.49　数据透视图

任务九　Excel 常用函数介绍

一、函数概述

Excel 函数是预先定义，执行计算、分析等处理数据任务的特殊公式。函数名称后紧跟左括号，接着是用逗号分隔的参数，最后用一个右括号表示函数结束。参数是函数中最复杂的组成部分，规定了函数的运算对象、顺序或结构等，可以是数字、文本、数组、单元格引用、函数。在某些情况下，一个函数可以作为另一个函数的参数，构成嵌套函数。Excel 最多允许嵌套 7 层。除汉字文字外，函数中的参数均使用半角字符。

Excel 函数共有 11 类，分别是数据库函数、日期与时间函数、工程函数、财务函数、信息函数、逻辑函数、查找与引用函数、数学与三角函数、统计函数、文本函数，以及用户自定义函数。

在选中存放函数结果的单元格中输入“=”和函数，或者单击位于名称框和编辑栏之间的“插入函数”按钮，或者通过按 Shift+F3 组合键均可完成函数的输入。

二、常用通用函数介绍

微课-条件函数

1. 条件函数

使用格式：IF(logical,value_if_true,value_if_false)

主要功能：根据对指定条件的逻辑判断的真假结果，返回相对应的内容。

参数说明：logical 代表逻辑判断表达式；value_if_true 表示当判断条件为逻辑真（TRUE）时的显示内容；value_if_false 表示当判断条件为逻辑假（FALSE）时的显示内容。

应用举例：在 B3 单元格中输入公式“=IF(B2>60,"及格","不及格")”，确认以后，如果 B2 单元格中的数值大于 60，则 B3 单元格显示“及格”字样；反之，显示“不及格”字样，如图 1.50 所示。

B3　fx　=IF(B2>60,"及格","不及格")

A	B	C	D	E	F
姓名	会计	审计	税法	经济法	财务管理
张雪丽	50	61	75	75	58
	不及格	及格	及格	及格	不及格

图 1.50　IF 函数应用

微课-统计函数

2. 统计函数

（1）MAX 函数

函数名称：MAX

主要功能：求出一组数中的最大值。如果参数中有文本或逻辑值，则忽略。

使用格式：MAX(number1,number2,…)

参数说明：number1,number2,…代表需要求最大值的数值或引用单元格（区域）。参数不超过 30 个。

应用举例：输入公式“=MAX(E44:J44,7,8,9,10)”，确认后即可显示出 E44:J44 单元格区域的数值和数值 7、8、9、10 中的最大值。

（2）MIN 函数

函数名称：MIN

主要功能：求出一组数中的最小值。

使用格式：MIN(number1,number2,…)

参数说明：number1,number2,…代表需要求最小值的数值或引用单元格（区域）。参数不超过 30 个。

应用举例：输入公式“=MIN(E44:J44,7,8,9,10)”，确认后即可显示出 E44:J44 单元格区域的数值和数值 7、8、9、10 中的最小值。

（3）求和函数

使用格式：SUM(number1,number2,…)

主要功能：计算所有参数数值的和。

参数说明：number1,number2…代表 1 至 255 个需要计算的值，可以是具体的数值、引用的单元格（区域）、逻辑值等。但是如果参数为数组或引用，则只有其中的数字被计算，数组或引用中的空白单元格、逻辑值、文本或错误值将被忽略。

应用举例：在 G2 单元格中输入公式“=SUM(B2:F2)”，确认后即可求出 B2:F2 单元格区域的数值和。

区域求和常用于对一张工作表中的所有数据求总计。此时可以选中存放结果的单元格，然后在 Excel 编辑栏中输入公式“=SUM()”，再在括号中间单击，最后拖过需要求和的所有单元格。如果这些单元格是不连续的，可以按住 Ctrl 键分别选择它们；对于需要减去的单元格，则可以按住 Ctrl 键后逐个单击它们，然后在公式引用的单元格前输入负号。

（4）条件求和函数

使用格式：SUMIF(range,criteria,sum_range)

主要功能：计算符合指定条件的单元格区域内的数值和。

参数说明：range 代表条件判断的单元格区域；criteria 为指定条件表达式；sum_range 代表需要计算的数值所在的单元格区域。

应用举例：在 D64 单元格中输入公式“=SUMIF(C2:C63,"A 产品",D2:D63)”，表示在 C2:C63 单元格区域中查找“A 产品”，并将“A 产品”对应的 D2:D63 单元格区域值求和。

（5）AVERAGE 函数

函数名称：AVERAGE

主要功能：求出所有参数的算术平均值。

使用格式：AVERAGE(number1,number2,…)

参数说明：number1,number2,…表示需要求平均值的数值或引用单元格（区域）。参数不超过 30 个。

应用举例：在 B8 单元格中输入公式“=AVERAGE(B7:D7,F7:H7,7,8)”，确认后，即可求出 B7:D7 单元格区域、F7:H7 单元格区域中的数值，以及 7、8 的平均值。

（6）AVERAGEIF 函数

函数名称：AVERAGEIF

主要功能：AVERAGEIF 函数返回某个区域内满足给定条件的所有单元格的平均值（算术平均值）。

使用格式：AVERAGEIF(range,criteria,average_range)

参数说明：range 代表要计算平均值的一个或多个单元格，其中包括数字或包含数字的名称数组或引用；criteria 是数字、表达式、单元格引用或文本形式的条件，用于定义要对哪些单元格计算平均值；average_range 代表要计算平均值的实际单元格集，如果忽略，则使用 range。如果 range 为空值或文本值，则 AVERAGEIF 会返回#DIV0!错误值。

如果条件中的单元格为空单元格，AVERAGEIF 就会将其视为数值 0。

如果区域中没有满足条件的单元格，则 AVERAGEIF 会返回#DIV/0!错误值。

3．文本类函数

（1）LEN 函数

微课-文本类函数

函数名称：LEN

主要功能：统计文本字符串中字符数目。

使用格式：LEN(text)

参数说明：text 表示要统计的文本字符串。

应用举例：假定 A1 单元格中保存了“中华人民共和国”这一字符串，在 C4 单元格中输入公式“=LEN(A1)”，确认后即显示统计结果 7。

（2）RIGHT 函数

函数名称：RIGHT

主要功能：从一个文本字符串的最后一个字符开始，截取指定数目的字符。

使用格式：RIGHT(text,num_chars)

参数说明：text 代表要截取字符的字符串；num_chars 代表给定的截取数目。

应用举例：假定 A6 单元格中保存了“会计电算化”这一字符串，则在 C6 单元格中输入公式“=RIGHT(A6,3)”，确认后即显示出“电算化”字符。

（3）MID 函数

函数名称：MID

主要功能：从一个文本字符串的指定位置开始截取指定数目的字符。

使用格式：MID(text,start_num,num_chars)

参数说明：text 代表一个文本字符串；start_num 表示指定的起始位置；num_chars 表示要截取字符的数目。

应用举例：假定 A7 单元格中保存了“会计电算化”这一字符串，则在 C7 单元格中输入公式“=MID(A7,3,2)”，确认后即显示出“电算”字符。

（4）LEFT 函数

函数名称：LEFT

主要功能：从一个文本字符串的第 1 个字符开始截取指定数目的字符。

使用格式：LEFT(text,num_chars)

参数说明：text 代表要截取字符的字符串；num_chars 代表给定的截取字符的数目。

4．日期与时间函数

（1）YEAR 函数

微课- 日期与时间函数

函数名称：YEAR

主要功能：将系列数转换为年。

使用格式：YEAR(serial_number)

参数说明：serial_number 为一个日期值，其中包含要查找的年份。

应用举例：YEAR("1998/7/5")等于 1998；YEAR("2005/05/01")等于 2005。

（2）DAY 函数

函数名称：DAY

主要功能：求出指定日期或引用单元格中的日期的天数。

使用格式：DAY(serial_number)

参数说明：serial_number 代表指定的日期或引用的单元格。

应用举例：输入公式“=DAY("2019-12-18")”，确认后，显示出 18。

特别提醒：如果是给定的日期，则必须包含在英文双引号内。

（3）NOW 函数

函数名称：NOW

主要功能：给出当前系统的日期和时间。

使用格式：NOW()

参数说明：该函数不需要参数。

应用举例：输入公式“=NOW()”，确认后即刻显示出当前系统的日期和时间。如果系统的日期和时间发生了改变，只要按一下 F9 键，即可让其随之改变。显示出来的日期和时间格式，可以通过单元格格式进行重新设置。

微课-计数函数

5．计数函数

（1）COUNT 函数

函数名称：COUNT

主要功能：返回包含数字及包含参数列表中的数字的单元格的个数。利用 COUNT 函数可以计算单元格区域或数字数组中数字字段的输入项个数。

使用格式：COUNT(value1,value2,…)

参数说明：value1,value2,…为包含或引用各种类型数据的参数（1 至 30 个），但只有数字类型的数据才被计算。函数 COUNT 在计数时，将把数字、日期或以文本代表的数字计算在内，但是错误值或其他无法转换成数字的文字将被忽略。

应用举例：“=COUNT(A2:A8)”表示计算 A2:A8 单元格区域中包含数字的单元格的个数；“=COUNT(A2:A8,2)”表示计算 A2:A8 单元格区域中包含数字的单元格和包含数值 2 的单元格的个数。

（2）COUNTIF 函数

函数名称：COUNTIF

主要功能：统计某个单元格区域中符合指定条件的单元格数目。

使用格式：COUNTIF(range,criteria)

参数说明：range 代表要统计的单元格区域；criteria 表示指定的条件表达式。

应用举例：在 G2 单元格中输入公式“=COUNTIF(B1:B4,">=200000")”，确认后即可统计出 B1:B4 单元格区域中数值大于等于 200 000 的单元格数目。

6．查找与引用类函数

（1）VLOOKUP 函数

使用格式：VLOOKUP(lookup_value,table_array,col_index_num,range_lookup)

主要功能：在数据表的首列查找指定的数值，并由此返回数据表当前行中指定列处的数值。

微课-查找与引用类函数

参数说明：lookup_value 代表需要查找的数值；table_array 单元格代表需要在其中查找数据的单元格区域；col_index_num 为在 table_array 单元格区域中待返回的匹配值的列序号；range_lookup 为一逻辑值。如果为 TRUE 或省略，则返回精确匹配值；如果为 FALSE 或 0，则返回模糊匹配值。

应用举例：在科目汇总表的计算过程中，期初余额的借方和贷方可以直接从“期初余额表”中取数，公式“=VLOOKUP(A3,期初余额表!A:D,3,0)”的含义是：在期初余额表中的 A:D 单元格区域内，查找当前表中 A3 单元格（科目编码），返回其对应的第 3 列（借方余额）的内容，如图 1.51 所示。

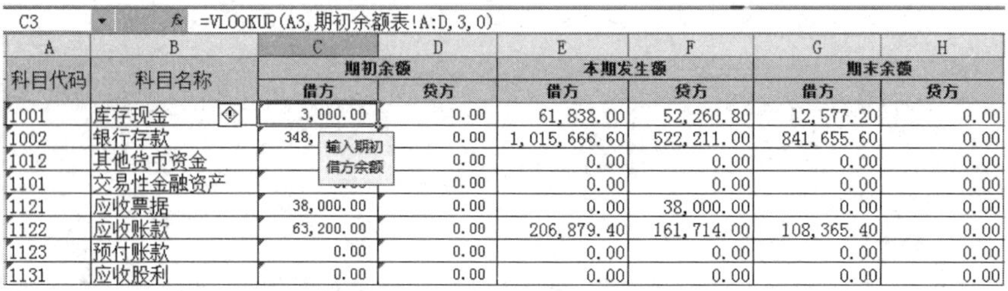
C3 =VLOOKUP(A3,期初余额表!A:D,3,0)

科目代码	科目名称	期初余额		本期发生额		期末余额	
		借方	贷方	借方	贷方	借方	贷方
1001	库存现金	3,000.00	0.00	61,838.00	52,260.80	12,577.20	0.00
1002	银行存款	348,	0.00	1,015,666.60	522,211.00	841,655.60	0.00
1012	其他货币资金		0.00	0.00	0.00	0.00	0.00
1101	交易性金融资产		0.00	0.00	0.00	0.00	0.00
1121	应收票据	38,000.00	0.00	0.00	38,000.00	0.00	0.00
1122	应收账款	63,200.00	0.00	206,879.40	161,714.00	108,365.40	0.00
1123	预付账款	0.00	0.00	0.00	0.00	0.00	0.00
1131	应收股利	0.00	0.00	0.00	0.00	0.00	0.00

图 1.51　利用 VLOOKUP 函数查询期初余额

特别提醒：lookup_value 必须在 table_array 单元格区域的首列中；如果忽略 range_lookup 参数，则 table_array 单元格区域的首列必须进行排序。

（2）INDEX 函数

使用格式：INDEX(array,row_num,column_num)

主要功能：返回列表或数组中的元素值，此元素由行序号和列序号的索引值进行确定。

参数说明：array 代表单元格区域或数组常量；row_num 表示指定的行序号（如果省略 row_num，则必须有 column_num）；column_num 表示指定的列序号（如果省略 column_num，则必须有 row_num）。

应用举例：如图 1.52 所示，在 A5 单元格中输入公式“=INDEX(A1:F4,3,4)”，确认后则显示出 A1:F4 单元格区域中第 3 行和第 4 列交叉处的单元格（D3）中的内容。

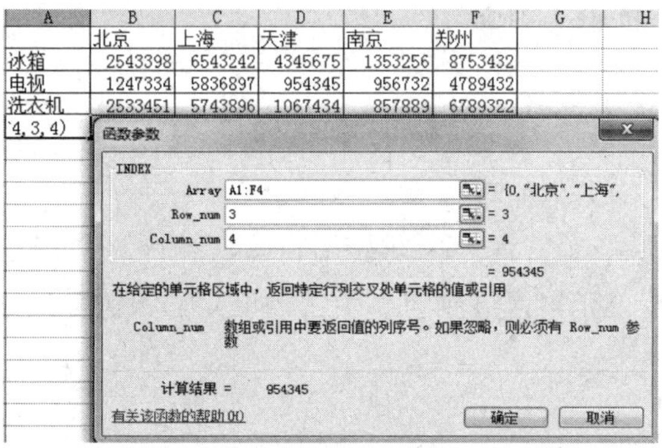

图 1.52　INDEX 函数应用

特别提醒：此处的行序号参数（row_ num）和列序号参数（column_num）是相对于所引用的单元格区域而言的，不是 Excel 工作表中的行或列序号。

（3）MATCH 函数

使用格式：MATCH(lookup_value,lookup_array,match_type)

主要功能：返回在指定方式下与指定数值匹配的数组中元素的相应位置。

参数说明：lookup_value 代表需要在数据表中查找的数值；lookup_array 表示可能包含所要查找的数值的连续单元格区域；match_type 表示查找方式的值（-1、0 或 1）。如果 match_type 为-1，查找大于或等于 lookup_value 的最小数值，则 lookup_array 必须按降序排列；如果 match_type 为 1，查找小于或等于 lookup_value 的最大数值，则 lookup_array 必须按升序排列；如果 match_type 为 0，查找等于 lookup_value 的第 1 个数值，则 lookup_array 可以按任何顺序排列；如果省略 match_type，则默认为 1。

应用举例：如图 1.53 所示，在 B5 单元格中输入公式“=MATCH(5836897,C:C,0)”，确认后则返回查找的结果 3。

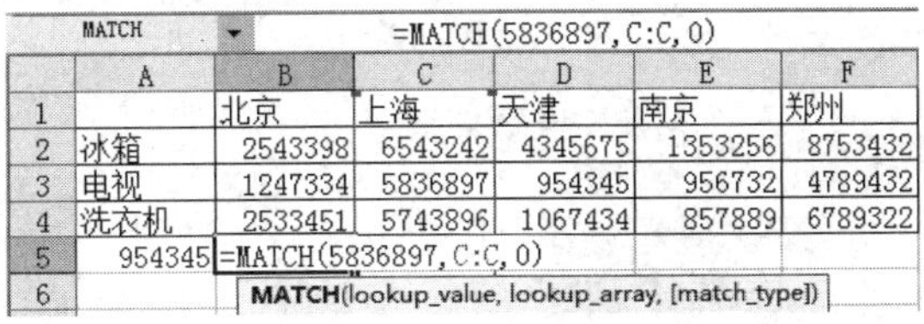

MATCH　=MATCH(5836897,C:C,0)

	A	B	C	D	E	F
1		北京	上海	天津	南京	郑州
2	冰箱	2543398	6543242	4345675	1353256	8753432
3	电视	1247334	5836897	954345	956732	4789432
4	洗衣机	2533451	5743896	1067434	857889	6789322
5	954345	=MATCH(5836897,C:C,0)				
6		MATCH(lookup_value, lookup_array, [match_type])				

图 1.53　MATCH 函数应用

技能训练

实训一　Excel 基本应用

实训目的

掌握 Excel 的基本功能，能够熟练操作，为 Excel 在财务中的应用打下基础。

实训资料

会计三班的考试成绩如表 1.6 所示。

表 1.6　学生成绩

单位：分

学　号	姓名	英语	微积分	基础会计	经济学	体育	操行	总成绩	平均成绩	名次	奖学金等级
12012	赵朋	62	77	83	78	90	80				
12013	杨帆	77	75	73	75	86	80				
12014	李林	87	84	75	89	85	80				
12015	华艳	75	58	79	52	84	75				
12016	付梅	89	78	85	89	81	75				
12017	王静	43	92	83	78	78	75				
12018	吴刚	87	57	82	89	68	85				
12019	万品	82	75	86	86	82	85				
12020	贾军	90	87	68	83	67	85				
12021	韩林	76	72	64	86	88	80				
12022	陈芳	85	85	77	65	80	80				
12023	胡建	78	48	89	89	76	85				
12024	张东	85	86	80	76	72	85				
单科最高分											
单科最低分											
单科平均分											

实训要求

1．请把 60 分以下的成绩用红色显示出来。

2．用函数计算出总成绩、平均成绩、单科最高分、单科最低分、单科平均分。

3．名次按总成绩降序排列，总成绩 400 分以上为一等奖学金，380 分以上为二等奖学金，350 分以上为三等奖学金。

4．筛选出单科成绩在 60 分以上且总成绩 380 分以上的学生。

5．分类汇总获得每一等级奖学金的学生。

项目二

Excel账务报表处理

学习目标

1. 理解Excel环境下会计账务处理的工作流程。
2. 掌握科目汇总表的编制原理和方法。
3. 理解总账、明细账的编制原理，掌握总账、明细账的编制方法。
4. 熟练应用数据透视表进行账簿数据分析。
5. 能够通过表间数据取数并进行简单的财务指标分析。
6. 通过模拟企业总账报表业务处理，提高Excel应用能力，养成精益求精、细致严谨的职业习惯。

拓展阅读：上汽的黑灯工厂

项目介绍

Excel进行账务报表处理主要应用于企业内部财务，可以完成记账凭证的输入、审核，登记日记账、明细账和总账，编制资产负债表、利润表和现金流量表。在此基础之上还可以进行简单的财务指标分析。

相比手工记账，Excel账务报表处理快捷方便，科目汇总、报表取数等中间环节都是自动处理；相比一般的会计软件而言简便灵活，可满足不同企业的特殊要求，且不需要购置安装。

重点难点

1. Excel环境下账务处理的思路。
2. 科目余额及发生额表的编制。
3. 利用数据透视技术编制明细账。
4. 现金流量表的编制。

拓展阅读：二十大时光——挺起实体经济发展“脊梁”

任务描述

美景化工有限公司是一家生产和销售涂料的企业。企业为一般纳税人，目前规模较小，账务处理工作量并非很大。该公司决定暂不购买财务软件，而利用Excel按新会计准则进行账务处理，实现简单的会计电算化以提高会计岗位的工作效率。美景化工有限公司2019年9月份的期初数据如表2.1所示。

表 2.1　美景化工有限公司 2019 年 9 月份的期初数据

单位：元

科目代码	科目名称	期初余额	
		借　方	贷　方
1001	库存现金	5 000.00	
1002	银行存款	348 200.00	
100201	建行	162 000.00	
100202	中行	186 200.00	
1012	其他货币资金		
1101	交易性金融资产		
1121	应收票据	38 000.00	
1122	应收账款	63 200.00	
112201	多芬公司	63 200.00	
1123	预付账款		
1131	应收股利		
1132	应收利息		
1221	其他应收款	30 000.00	
122101	王敏	1 000.00	
122102	胡青	3 000.00	
122103	皑皑公司	26 000.00	
1231	坏账准备		800.00
1321	代理业务资产		
1401	材料采购		
1402	在途物资		
1403	原材料	280 000.00	
140301	粉剂原料	88 000.00	
140302	固态原料	90 000.00	
140303	液化原料	102 000.00	
1404	材料成本差异		
1405	库存商品	160 000.00	
1406	发出商品		
1407	商品进销差价		
1408	委托加工物资		
1471	存货跌价准备		
1501	持有至到期投资		
1502	持有至到期投资减值准备		
1503	可供出售金融资产		
1511	长期股权投资		
1512	长期股权投资减值准备		
1521	投资性房地产		
1531	长期应收款		
1532	未实现融资收益		
1601	固定资产	620 000.00	
1602	累计折旧		82 300.00
1603	固定资产减值准备		

（续表）

科目代码	科目名称	期初余额	
		借　方	贷　方
1604	在建工程		
1605	工程物资		
1606	固定资产清理		
1701	无形资产		
1702	累计摊销		
1703	无形资产减值准备		
1711	商誉		
1801	长期待摊费用	72 000.00	
1811	递延所得税资产		
1901	待处理财产损溢	600.00	
2001	短期借款		320 000.00
2101	交易性金融负债		
2201	应付票据		72 000.00
2202	应付账款		63 800.00
220201	美月公司		31 500.00
220202	科汉公司		32 300.00
220203	前进公司		
2203	预收账款		
2211	应付职工薪酬		
221101	工资		
221102	社保费		
221103	公积金		
2221	应交税费		71 500.00
222101	增值税		65 000.00
222102	教育费附加		1 950.00
222103	城建税		4 550.00
222104	个人所得税		
222105	未交增值税		
2231	应付利息		
2232	应付股利		62 000.00
2241	其他应付款		700.00
224101	个人社保费		
224102	个人公积金		
2314	代理业务负债		
2401	递延收益		
2501	长期借款		
2502	长期债券		
2701	长期应付款		
2702	未确认融资费用		
2711	专项应付款		
2801	预计负债		7 000.00

（续表）

科目代码	科目名称	期初余额	
		借 方	贷 方
2901	递延所得税负债		
3101	衍生工具		
3201	套期工具		
3202	被套期项目		
4001	实收资本		999 100.00
4002	资本公积		
4101	盈余公积		67 800.00
4103	本年利润		280 000.00
4104	利润分配	280 000.00	
4201	库存股		
5001	生产成本	130 000.00	
500101	直接材料	130 000.00	
500102	工资及福利费		
500103	制造费用		
5101	制造费用		
510101	工资及福利费		
510102	水电费		
510103	维修费		
510104	折旧费		
5201	劳务成本		
5301	研发支出		
6001	主营业务收入		
6051	其他业务收入		
6101	公允价值变动损益		
6111	投资收益		
6301	营业外收入		
6401	主营业务成本		
6402	其他业务支出		
6405	税金及附加		
6601	销售费用		
660101	工资		
660102	车辆费用		
660103	餐费		
660104	折旧费		
6602	管理费用		
660201	差旅及交通费		
660202	餐费		
660203	工资		
660204	水电费		
660205	办公费		
660206	折旧费		

（续表）

科目代码	科目名称	期初余额	
		借　方	贷　方
6603	财务费用		
660301	利息收入		
660302	借款利息		
6604	勘探费用		
6701	资产减值损失		
6711	营业外支出		
6801	所得税		
6901	以前年度损益调整		
合　计		2 027 000.00	2 027 000.00

该公司 2019 年 9 月的具体业务如下（价格均为不含税价，凭证分类分为收、付、转，库存采用先进先出法核算）。

（1）1日，向美月公司购进粉剂原料，共 163 000元。材料已入库，未付款。

（2）2日，厂部王敏私人借款 2 000元。现金支付。

（3）3日，销售内墙涂料 190 000元。收到支票一张，价税合计 220 400元。存入建行。

（4）10日，建行支付应缴的增值税税费 65 000元。

（5）10日，建行支付应缴的城建税及教育费附加，共 6 500元。

（6）11日，面值为 38 000元、年利率为 2%、期限是 3个月的商业汇票到期。款项全部存入中行。

（7）11日，变卖废旧物取得现金收入 52元。

（8）11日，从中行转账支付美月公司的材料款 31 500元。

（9）12日，在建行开出金额为 15 000元、期限为半年的无息商业汇票给前进公司。

（10）12日，职员王敏出差回来，报销交通费 500元、餐费 600元，冲借款支出 1 000元。余款现金支付。

（11）12日，成功从建行取得短期贷款 200 000元，年利率为 5.4%。

（12）12日，从中行支付科汉公司货款 32 300元。

（13）13日，向前进公司购进固态原料一批，共 57 000元。材料已入库，通过建行付款。

（14）13日，从建行提取现金 48 320元。备发工资。

（15）13日，发放上月工资。应发工资 55 000元，代扣个人所得税 69元，代扣个人应缴纳社保和公积金 6 611元，实发工资 48 320元。

（16）缴纳社保费和公积金 24 486元。其中，代缴个人承担的部分 6 611元，公司承担的公积金 5 775元、社保费 12 100元。

（17）13日，购进液化原料 81 000元。通过中行付款。

（18）14日，银行转账支付本月电费共 3 800元，行政用电及生产用电按 3:7进行分配。

（19）14日，产品完工入库。其中，内墙涂料 MT-3入库 5 000千克、外墙涂料 VOC-5A入库 2 000千克。

（20）14日，销售内墙涂料给多芬公司，货款共 97 200元。未收款。

（21）21日，收到多芬公司货款161 714元。存入中行。

（22）23日，车间领用粉剂原料75 680元，固态原料90 000元，液化原料88 026元。

（23）24日，通过中行支付车间机器的修理费3 500元。

（24）25日，向前进公司购进固态原料一批，共15 000元。材料已入库，未付款。

（25）26日，厂部职员刘韦瑶报销交通费350元，购买印花税票500元。

（26）26日，产品完工入库。其中，内墙涂料MT-3入库3 000千克、外墙涂料VOC-5A入库4 000千克。

（27）26日，销售部李兵报销车路费、汽油费1 200元，餐费1 600元。

（28）26日，销售内墙涂料MT-3给多芬公司，价值265 400元，收取70%货款。存入建行。

（29）26日，从美月公司购进粉剂原料23 000元。通过建行付款。

（30）26日，从前进公司购进固态原料22 000元。通过建行付款。

（31）26日，胡青购买办公用品花费1 060元、复印花费265元、交通费花费920元，冲销原借款3 000元，并退款。

（32）26日，通过建行付前进公司货款30 000元。

（33）27日，经查明，上月材料的盘亏由人为造成，收回损失600元。存入建行。

（34）26日，之前建行开出的72 000元票据到期。付款。

（35）27日，全月零售商品共150 000元。全部存入建行。

（36）28日，车间领用粉剂原料100 053元、固态原料30 000元、液化原料40 033元。

（37）30日，计提固定资产折旧，管理费用2 300元、销售费用1 100元、制造费用6 000元。

（38）30日，分配本月工资费用。其中，管理人员共23 000元、销售人员共18 000元、生产人员共10 000元、车间管理人员共4 000元。

（39）30日，按照工资总额的10%、12%、2%、10.5%计提医疗保险费、养老保险费、失业保险费和住房公积金。

（40）30日，结转制造费用。

（41）30日，产品完工入库。其中，内墙涂料MT-3入库2 000千克、外墙涂料VOC-5A入库4 000千克。当月入库产品的成本为454 415.1元。其中，工资及福利费13 450元、直接材料423 792元、制造费用17 173.1元。结转入库产品成本。

（42）30日，计算出销售内墙涂料MT-3成本为383 806.6元。结转销售成本。

（43）计提短期借款利息，利率都是5.4%。

（44）计提应缴的城建税及教育费附加费和未缴增值税。

（45）结转本年利润。

任务分析

从美景化工有限公司的以上业务数据可以看出，如果用Excel处理以上业务，可以细分成以下几步：账务初始化→输入记账凭证→科目汇总→生成账簿报表。

其中，账务初始化是指用Excel建立一个工作簿，建立若干个工作表，分别存放账户及其期初余额、记账凭证、总账、明细账，以及各种报表；输入记账凭证是指在记账凭证表中输入所有业务凭证，记账凭证是数据处理的源头；科目汇总是根据记账凭证计算各科目本期发生额和余额的过程，并写入“科目余额及发生额表”，以便生成总账和报表；生成账簿报表是本项目的重点。应利用期初和本期数据生成总账、明细账、资产负债表、利润表和现金流量表。

背景知识

1. 账户设置、复式记账等会计核算方法、报表数据的来源。
2. VLOOKUP、SUMIF、IF 等函数的应用。
3. 设置单元格属性、冻结窗口、条件格式、定义数据名称等技巧。
4. 通过超链接快速定位数据。
5. 数据透视表（图）的应用。

任务实施

任务一　期初数据采集

微课-总账期初数据采集

一、创建工作表

系统的初始化是在初次使用时根据单位具体情况设置的，如以后要用到的会计科目、报表格式等信息。初始化时要尽可能考虑到数据的可拓展性。

操作步骤

步骤 1　打开 Excel 软件，建立新的工作簿。

步骤 2　把 Sheet1、Sheet2、Sheet3 分别命名为“会计科目表”“期初余额表”“记账凭证表”。

步骤 3　插入工作表 Sheet4、Sheet5、Sheet6、Sheet7，分别命名为“科目余额及发生额表”“明细账”“资产负债表”“利润表”。

步骤 4　保存工作簿，命名为“账务和报表处理”，如图 2.1 所示。

图 2.1　建账

二、账户设置

操作步骤

步骤 1　在工作表“会计科目表”的 A1 单元格中输入“科目编码”，B1 单元格中输入“科目名称”。

步骤 2　在工作表“会计科目表”的 A2 至 A125 单元格中分别输入新会计准则体系的科目编码及相应的子科目编码，在 B2 至 B125 单元格中分别输入新会计准则体系的科目名称及相应的子科目名称。

步骤 3　选中 A1:B1 单元格区域，单击工具栏上的“填充颜色”按钮，填充为青绿色。

步骤 4　选中 A1:B125 单元格区域，单击工具栏上的“边框”按钮，加上田字形边框，如图 2.2 所示。

步骤 5　选择“视图”|“冻结窗格”|“冻结首行”命令，将 A1、B1 单元格及其内容固定在原来位置，不随行列的翻动而变动，如图 2.3 所示。

图 2.2　设置会计科目表

图 2.3　冻结窗格

三、输入期初余额

操作步骤

步骤 1　选中工作表“期初余额表”的 A1、A2 单元格，单击工具栏上的“合并后居中”按钮，然后在此单元格中输入“科目编码”。

步骤 2　选中工作表“期初余额表”的 B1、B2 单元格，单击工具栏上的“合并后居中”

按钮，然后在此单元格中输入“科目名称”。

步骤 3　选中工作表“期初余额表”的 C1、D1 单元格，单击工具栏上的“合并后居中”按钮，然后在此单元格中输入“期初余额”。

步骤 4　在工作表“期初余额表”的 C2、D2 单元格中分别输入“借方”“贷方”。

步骤 5　选中 A1:D2 单元格区域，单击工具栏上的“填充颜色”按钮，填充为青绿色。

步骤 6　选中 A1:B126 单元格区域，单击工具栏上的“边框”按钮，加上田字形边框。

步骤 7　选中 A3 单元格，选择“视图”|“冻结窗格”|“冻结拆分窗格”命令，将 A1 和 D2 单元格及其内容固定在原来位置，不随行列的翻动而变动，如图 2.4 所示。

图 2.4　冻结窗格

步骤 8　把工作表“会计科目表”的 A2:B132 单元格区域的内容粘贴到工作表“期初余额表”的 A3:B133 单元格区域中。

步骤 9　在工作表“期初余额表”的相应科目中输入美景化工有限公司 2019 年 9 月的期初数据。其中，银行存款=建行+中行，公式为 C4=SUM(C5,C6)；应收账款=多芬公司，公式为 C10=C11；其他应收款=王敏+胡青+皑皑公司，公式为 C15=SUM(C16,C17,C18)；原材料=粉剂原料+固态原料+液化原料，公式为 C23=SUM(C24:C26)；应付账款=美月公司+科汉公司，公式为 D57=SUM(D58:D59)；应交税费=增值税+教育费附加+城建税，公式为 D66=SUM(D67:D71)。

步骤 10　选中工作表“期初余额表”的 A134:B134 单元格区域，单击工具栏上的“合并后居中”按钮，然后输入“合计”。

步骤 11　在 C134 单元格中输入公式“=SUMPRODUCT((LEN($A$3:$A$133)=4)*(C3:C133))”，汇总一级科目代码的借方余额；复制 C134 的公式到 D134，D134 的公式显示为“=SUMPRODUCT((LEN($A$3:$A$133)=4)*(D3:D133))”，汇总一级科目代码的贷方余额。因为一级科目代码的长度为 4，通过 LEN 函数选定条件为 4 位的科目代码，再通过

SUMPRODUT 函数进行条件求和，汇总科目代码为 4 位的一级科目借方或贷方余额。

步骤 12　保存工作簿，并按 F9 键重算工作表，结果是借贷方合计数均为 2 027 000.00，如图 2.5 所示。

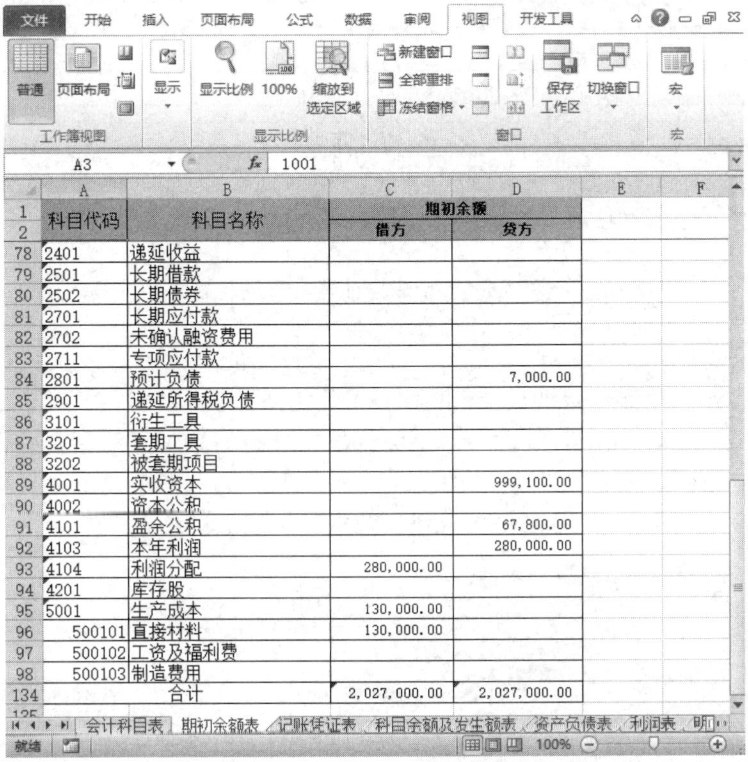

科目代码	科目名称	期初余额 借方	期初余额 贷方
2401	递延收益		
2501	长期借款		
2502	长期债券		
2701	长期应付款		
2702	未确认融资费用		
2711	专项应付款		
2801	预计负债		7,000.00
2901	递延所得税负债		
3101	衍生工具		
3201	套期工具		
3202	被套期项目		
4001	实收资本		999,100.00
4002	资本公积		
4101	盈余公积		67,800.00
4103	本年利润		280,000.00
4104	利润分配	280,000.00	
4201	库存股		
5001	生产成本	130,000.00	
500101	直接材料	130,000.00	
500102	工资及福利费		
500103	制造费用		
	合计	2,027,000.00	2,027,000.00

图 2.5　期初余额表

微课-记账凭证输入

任务二　记账凭证处理

一、凭证输入

记账凭证表是账表数据的主要来源，也是记录经济业务的载体。因此，为了保证输入的准确性和速度，要对记账凭证表进行一些处理。例如，设置数据有效性可以提高输入速度并有一定的校验功能。

操作步骤

步骤 1　输入“记账凭证表”表头。打开工作表“记账凭证表”，在 A1 至 J1 单元格中分别输入“日期”“凭证类型”“凭证号”“凭证编号”“摘要”“科目编码”“总账科目”“明细科目”“借方金额”“贷方金额”。把 A1:J1 单元格区域的填充颜色设置为青绿色，并冻结窗格，如图 2.6 所示。

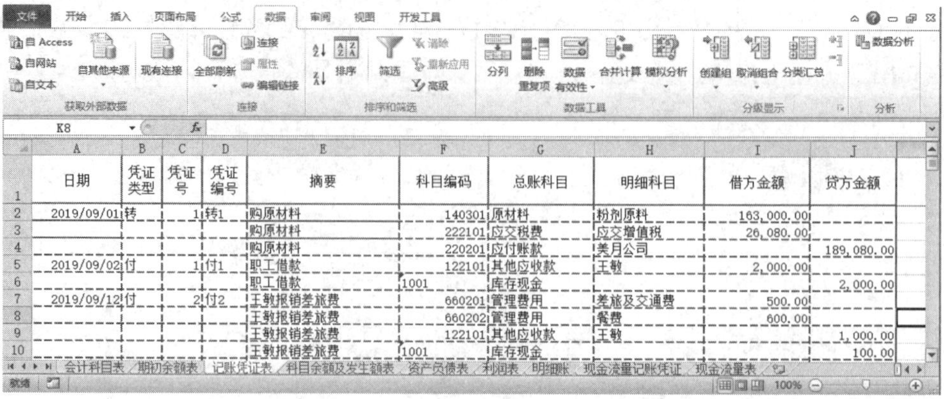

图 2.6 “记账凭证表”表头设置

步骤 2 设置数据有效性。

① “日期”列的数据有效性设置。选中 A2 单元格（即“日期”所在单元格），选择“数据”|“数据有效性”|“数据有效性”命令，打开“数据有效性”对话框。在“设置”选项卡中设置日期的范围，如图 2.7 所示；在“输入信息”选项卡中设置“日期”列的输入提示信息为“请输入日期,格式为 YYYY-MM-DD”，如图 2.8 所示。

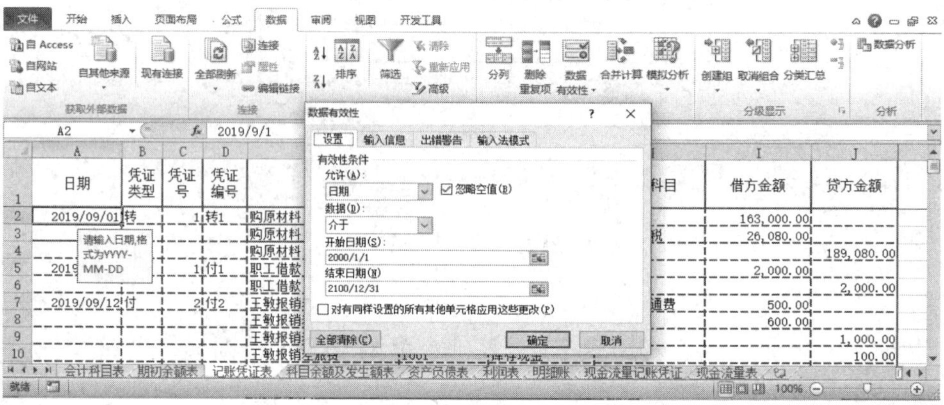

图 2.7 设置日期的范围

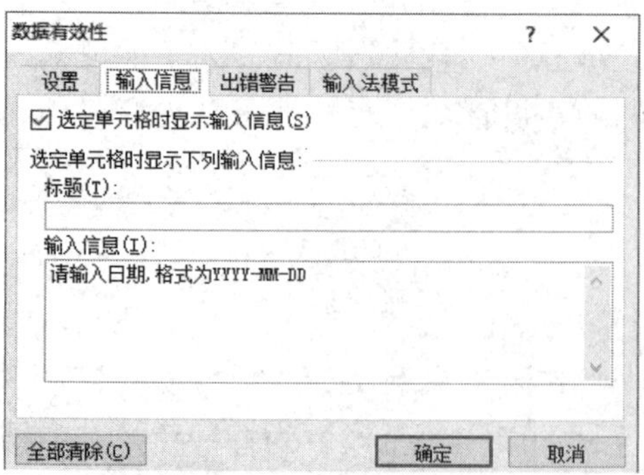

图 2.8 设置日期的输入提示信息

② “凭证类型”列的数据有效性设置。选择“数据”|“数据有效性”|“数据有效性”命令，在“设置”选项卡中允许科目编码取值为“序列”、数据来源为字符串“收,付,转”。注意，字符串序列中的逗号为英文符号。

③ “科目编码”列的数据有效性设置。

1> 定义工作表“会计科目表”中科目编码的别名。单击“公式”|“定义名称”按钮，打开“新建名称”对话框。设置名称为“科目编码”、范围为“工作簿”、引用位置为“会计科目表!$A:$A”，

如图 2.9 所示。如果查一下会计科目表，就可以清楚为何这样设置了，因为 A 列存放的数据就是预设的会计科目。

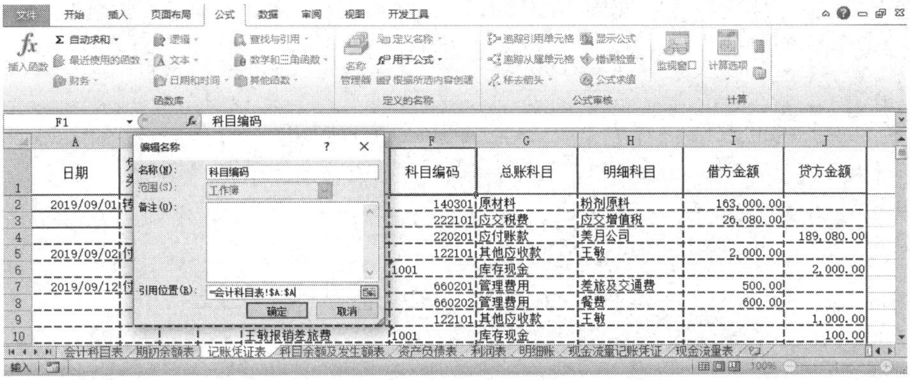

图 2.9　科目编码名称定义

2> 设置“科目编码”列的数据有效性。选择“数据”|“数据有效性”|“数据有效性”命令，在“设置”选项卡中设置科目为“序列”、来源为刚才设置的名称“科目编码”，同时选中“忽略空值”“提供下拉箭头”复选框，如图 2.10 所示。再在“输入信息”选项卡中的“输入信息”列表框中输入“输入一级科目左对齐，输入下级科目右对齐!”，这样在输入会计科目时可以清晰地区分一级科目和下级科目。

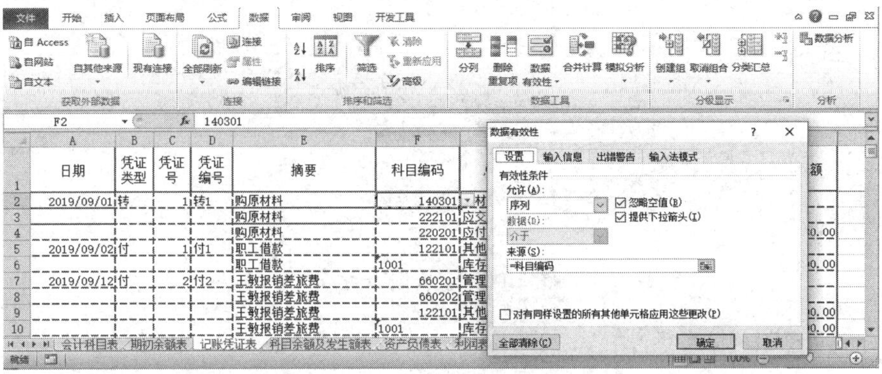

图 2.10　设置科目编码的数据有效性

当输入凭证时，只需要单击右侧的下拉按钮就可以轻松地选择会计科目编码。当然，也可以直接输入科目编码。

步骤 3　设置“凭证编号”列的取值公式。

“凭证编号”列包括了凭证字和凭证号信息，所以取值公式为“B2&C2”，在 D2 单元格中输入“=B2&C2”即可。

步骤 4　设置“总账科目”列和“明细科目”列的取值公式。

为了简化凭证输入时的汉字输入工作，可设置“总账科目”列和“明细科目”列的取值公式，只要输入会计科目编码，系统就会自动填入相应的总账科目和明细科目的名称。在本步操作中，要用到 2 个函数——V(H)LOOKUP 和 LEFT。

① V(H)LOOKUP 函数用于表格数组的首列查找指定的数值，并由此返回表格数组当前行的对应列的数值。V(H)LOOKUP 中的 V 表示竖向，H 表示横向。当比较值位于需要查找的数据左边的一列时，可以使用 VLOOKUP 函数，而不用 HLOOKUP 函数。

② LEFT 函数用于基于所指定的子字符数返回其母字符串中从左边数起的第 1 个或前几个字符。

“总账科目”列的取值公式为“=VLOOKUP(LEFT(F2,4),会计科目表!A:B,2,0)”，其含义是在“会计科目表”的 A:B 单元格区域中查找 LEFT(F2,4)的值的位置，并返回 A:B 单元格区域中第 2 列相应位置的单元格的值。其中，LEFT(F2,4)是从 F2 单元格左边取 4 个字符，这里的 0 表示要求函数给出精确的值。

“明细科目”列的取值公式为“=VLOOKUP(F2,会计科目表!A:B,2,0)”，其含义是在“会计科目表”的 A:B 单元格区域中查找 F2 的值的位置，并返回 A:B 单元格区域中第 2 列相应位置的单元格的值。

步骤 5　向下复制填充。

设置完第 1 行的信息后，向下填充，使其每一列都继承本列第 1 行单元格的属性。

步骤 6　输入记账凭证。

输入记账凭证如图 2.11 所示。

G2　=VLOOKUP(LEFT(F2,4),会计科目表!A:B,2,0)

	A	B	C	D	E	F	G	H	I	J
1	日期	凭证类型	凭证号	凭证编号	摘要	科目编码	总账科目	明细科目	借方金额	贷方金额
2	2019/09/01	转	1	转1	购原材料	140301	原材料	粉剂原料	163,000.00	
3					购原材料	222101	应交税费	应交增值税	26,080.00	
4					购原材料	220201	应付账款	美月公司		189,080.00
5	2019/09/02	付	1	付1	职工借款	122101	其他应收款	王敏	2,000.00	
6					职工借款	1001	库存现金			2,000.00
7	2019/09/12	付	2	付2	王敏报销差旅费	660201	管理费用	差旅及交通费	500.00	
8					王敏报销差旅费	660202	管理费用	餐费	600.00	
9					王敏报销差旅费	122101	其他应收款	王敏		1,000.00
10					王敏报销差旅费	1001	库存现金			100.00

会计科目表　期初余额表　记账凭证表　科目余额及发生额表　资产负债表　利润表　明细账　现金流量记账凭证　现金流量表

图 2.11　输入记账凭证

二、凭证的审核与过账

在手工账务处理过程中必须将手工记账凭证登记账簿，而用 Excel 表格输入凭证的过程其实就是登记电子账簿的过程。为了确保输入过程准确无误，在整个电算化处理过程中，凭证的审核和记账就显得尤为重要了。

如果使用通用财务软件进行凭证处理，还包括凭证的审核和凭证记账 2 个工作过程。由于 Excel 本身只是一个电子表格软件，所以还不能完全代替财务软件，但可以灵活地使用填充颜色的方法来表示所选单元格是否审核或是否记账，如无填充色表示未审核，蓝色填充色表示已经审核，黄色填充色表示已经记账。当然，着色如何选取可根据个人爱好自由选择，目的就是区分是否审核或是否记账，方便工作即可。图 2.12 标示了未审核、审核和记账 3 种状态。

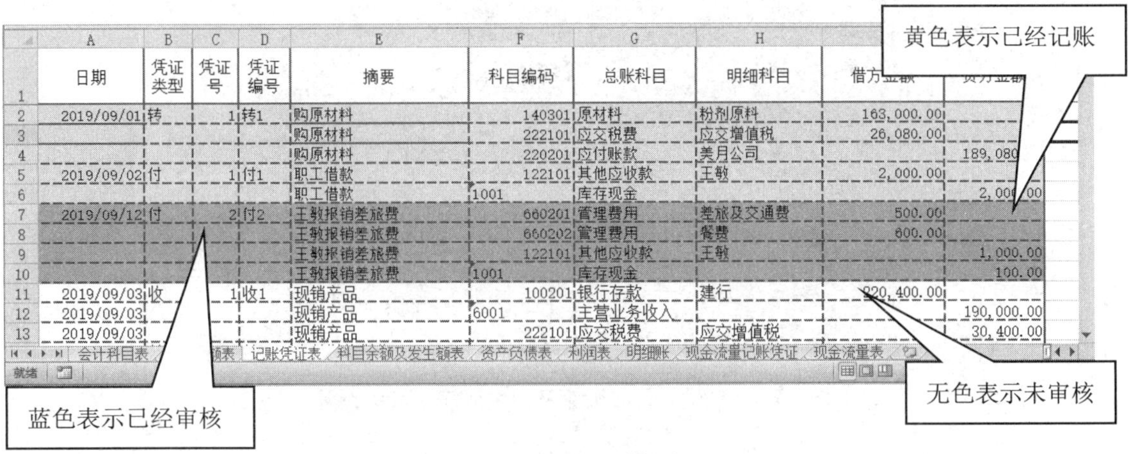

图 2.12　凭证的 3 种状态

任务三　科目汇总

微课-科目汇总

一、科目余额及发生额表

科目汇总表账务处理程序是常用的账务处理程序，是根据记账凭证定期编制科目汇总表，再根据科目汇总表登记总账的一种账务处理程序。它的主要特点是先定期把全部记账凭证按科目汇总编制科目汇总表，然后根据科目汇总表登记总账。

科目汇总以会计凭证表为依据，可以生成科目余额及发生额表，并根据凭证表、科目余额表生成各类账页，如总账和试算平衡表。

1．表头设置

根据总账和报表编制的需求，把手工科目汇总表加以改良，使其包含科目编码、科目名称、期初借贷方余额、本期借贷方发生额和期末借贷方余额，从而设计出“科目余额及发生额表”工作表。

操作步骤

打开“科目余额及发生额表”工作表，选中 A1、A2 单元格合并后居中，输入“科目编码”；选中 B1、B2 单元格合并后居中，输入“科目名称”；选中 C1、D1 单元格合并后居中，输入“期初余额”；选中 E1、F1 单元格合并后居中，输入“本期发生额”；选中 G1、H1 单元格合并后居中，输入“期末余额”；在 C2、D2，E2、F2，G2、H2 单元格中分别输入“借方”“贷方”。选中 A1:H2 单元格区域，设置填充颜色为青绿色；选中 C3 单元格，选择“视图”|“冻结窗格”|“冻结拆分窗格”命令；选中 A1:H93 单元格区域，设置边框为田字形边框。表头信息设置如图 2.13 所示。

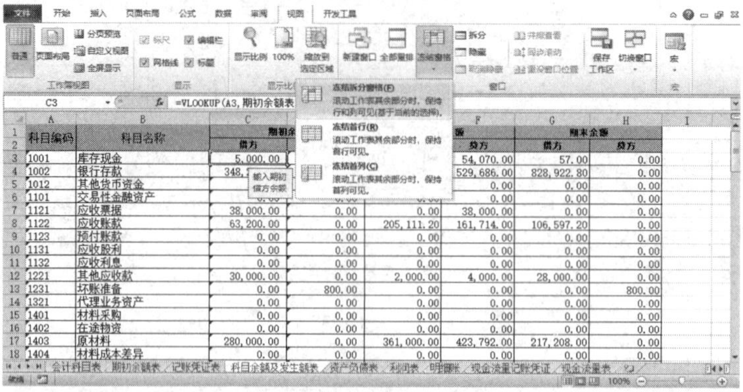

图 2.13 “科目余额及发生额表”表头设置

2．“科目编码”列的设置

在科目余额及发生额表中，只列示总账会计科目的相关数据，所以在从会计科目表中复制科目编码时，可以先筛选出总账科目再复制。

选中会计科目表，单击“数据”|“筛选”按钮，再单击“科目编码”右侧的下拉按钮，在“文本筛选”搜索框中输入条件“????”，即可筛选出总账科目，如图 2.14 所示。

图 2.14 筛选出总账科目

复制这些总账科目到科目余额及发生额表中。

3．科目名称列的设置

为了简化输入，可以设置“科目名称”，根据第 1 列的会计科目编码，系统会自动填入相应总账科目的名称。此处用到了函数 VLOOKUP。

在 B3 单元格中输入公式“=VLOOKUP(A3,会计科目表!A:B,2,0)”。

4．期初余额的设置

在 C3 单元格中输入公式“=VLOOKUP(A3,期初余额表!A:D,3,0)”。

在 D3 单元格中输入公式“=VLOOKUP(A3,期初余额表!A:D,4,0)”。

5．本期发生额的设置

此时需要求出各总账科目借方和贷方发生额的累计数，所以会用到 SUMIF 函数。

例如，本任务中 E3“=SUMIF(记账凭证表!G:G,B3,记账凭证表!I:I)”，其含义是在记账凭证表中，找出当前表（科目余额及发生额表）的 E3 单元格（即“库存现金”科目），把记账凭证表中的 I 列（借方发生额）相加。在 F3 单元格中输入公式“=SUMIF（记账凭证表!G:G,B3,记账凭证表!J:J)”，分别计算出库存现金的本期借方和贷方发生额的累计数，如图 2.15 所示。

E3 =SUMIF(记账凭证表!G:G, B3, 记账凭证表!I:I)

科目编码	科目名称	期初余额		本期发生额		期末余额	
		借方	贷方	借方	贷方	借方	贷方
1001	库存现金	5,000.00	0.00	49,127.00	54,070.00	57.00	0.00

图 2.15　E3 单元格的 SUMIF 函数

6．期末余额的设置

在进行期末余额的设置时，需要判断余额的方向，这里要用到 IF 函数。

例如，本工作过程中 G3 “=IF((C3−D3)+(E3−F3)>=0,(C3−D3)+(E3−F3),0)”，其含义是求出“库存现金”科目的借方期末余额。其中，“(C3−D3)+(E3−F3)>=0”表示“库存现金”科目的借方期初余额减去贷方期初余额与“库存现金”科目的本期借方发生额减去贷方发生额之和大于或等于 0。整个公式的含义是如果“库存现金”科目的借方期初余额减去贷方期初余额与“库存现金”科目的本期借方发生额减去贷方发生额之和大十或等十 0，G3 单元格的值等于“库存现金”科目的借方期初余额减去贷方期初余额与“库存现金”科目的本期借方发生额减去贷方发生额之和，否则等于 0。操作结果如图 2.16 所示。

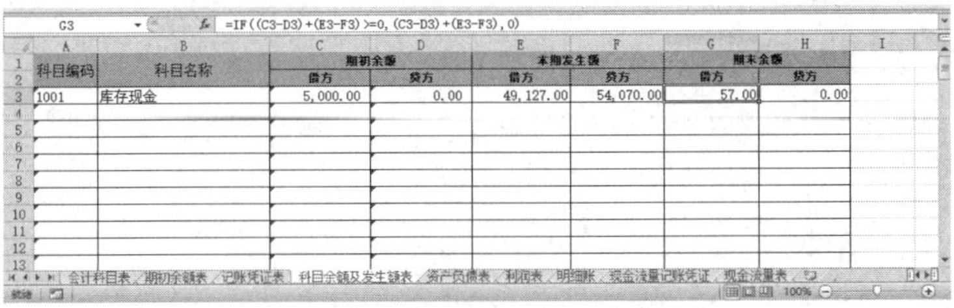

G3 =IF((C3-D3)+(E3-F3)>=0, (C3-D3)+(E3-F3), 0)

科目编码	科目名称	期初余额		本期发生额		期末余额	
		借方	贷方	借方	贷方	借方	贷方
1001	库存现金	5,000.00	0.00	49,127.00	54,070.00	57.00	0.00

图 2.16　G3 单元格的 IF 函数

7．向下复制填充

设置完第 1 行数据内容后，向下填充即可得到科目余额及发生额表，如图 2.17 所示。

F92 =SUMIF(记账凭证表!G:G,B92, 记账凭证表!J:J)

科目编码	科目名称	期初余额		本期发生额		期末余额	
		借方	贷方	借方	贷方	借方	贷方
5201	劳务成本	0.00	0.00	0.00	0.00	0.00	0.00
5301	研发支出	0.00	0.00	0.00	0.00	0.00	0.00
6001	主营业务收入	0.00	0.00	702,600.00	702,600.00	0.00	0.00
6051	其他业务收入	0.00	0.00	0.00	0.00	0.00	0.00
6101	公允价值变动损益	0.00	0.00	0.00	0.00	0.00	0.00
6111	投资收益	0.00	0.00	0.00	0.00	0.00	0.00
6301	营业外收入	0.00	0.00	52.00	52.00	0.00	0.00
6401	主营业务成本	0.00	0.00	383,806.60	383,806.60	0.00	0.00
6402	其他业务支出	0.00	0.00	0.00	0.00	0.00	0.00
6405	税金及附加	0.00	0.00	5,913.19	5,913.19	0.00	0.00
6601	销售费用	0.00	0.00	28,110.00	28,110.00	0.00	0.00
6602	管理费用	0.00	0.00	37,912.76	37,912.76	0.00	0.00
6603	财务费用	0.00	0.00	2,340.00	2,340.00	0.00	0.00
6604	勘探费用	0.00	0.00	0.00	0.00	0.00	0.00
6701	资产减值损失	0.00	0.00	0.00	0.00	0.00	0.00
6711	营业外支出	0.00	0.00	0.00	0.00	0.00	0.00
6801	所得税费用	0.00	0.00	61,189.86	61,189.86	0.00	0.00
6901	以前年度损益调整	0.00	0.00	0.00	0.00	0.00	0.00
	合计	2,027,000.00	2,027,000.00	4,738,859.12	4,738,859.12	2,513,393.50	2,513,393.50

图 2.17　科目余额及发生额表

二、试算平衡

在第 93 行，计算各列数据的合计。

根据试算平衡的基本公式知道全部账户的借方期初余额合计数等于全部账户的贷方期初余额合计数，即 C93=D93；全部账户的借方发生额合计数等于全部账户的贷方发生额合计数，即 E93=F93；全部账户的借方期末余额合计数等于全部账户的贷方期末余额合计数，即 G93=H93。

任务四　明细账编制

微课-明细账的编制

一、明细账基础知识

明细分类账简称明细账，是指根据总账科目设置，由其所属的明细科目开设的明细账户组成，用以记录某一类经济业务明细核算资料的分类账簿，提供有关经济业务的详细资料。明细账簿应根据经济业务的种类和经营管理的要求分别设置。按其表现形式，明细账分为活页式账簿和卡片式账簿 2 种；按其账页格式，明细账分为三栏式明细账、数量金额式明细账和多栏式明细账 3 种。

二、Excel 制作明细账

操作步骤

步骤 1　选中“明细账”工作表的 A1 单元格。

步骤 2　选择“插入”|“数据透视表”命令，打开“创建数据透视表”对话框，如图 2.18 所示。

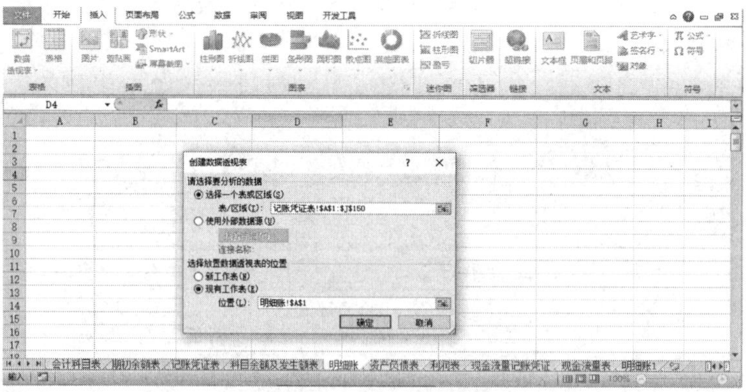

图 2.18　插入数据透视表

步骤 3　在“表/区域”文本框中输入要透视和汇总的区域“记账凭证表$A$1:$J$150”。

步骤 4　进行数据透视表的布局设置。数据透视表的布局包括“页字段”区域、“行字段”区域、“列字段”区域和“数据项字段”区域。数据透视表是一个交互式二维报表，“页字段”是本页报表的过滤条件，“行字段”是本页报表的行记录信息，“列字段”是本页报表的列记录信息，“数据项字段”是本页报表的汇总和统计的数据源。“数据透视表字段列表”的字段来源于工作表“记账凭证表”，如图 2.19 所示。

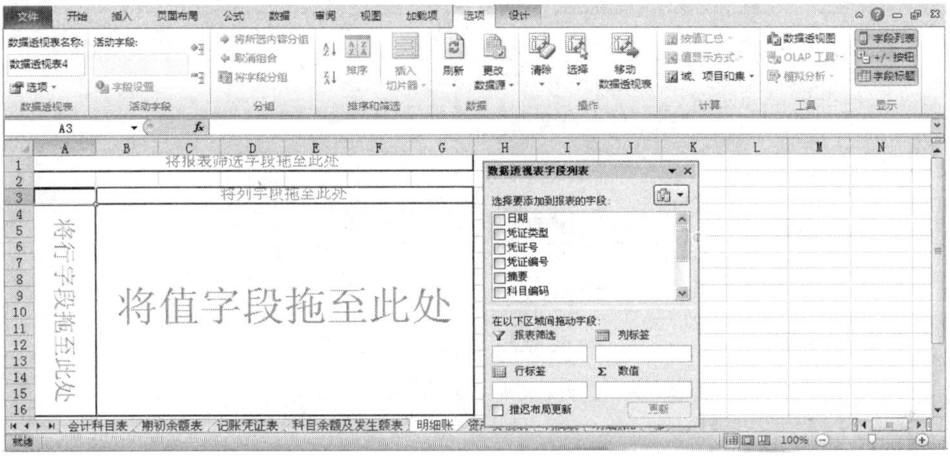

图 2.19　设置透视表的布局

步骤 5　拖动数据透视表字段列表中的“日期”字段，放到“将行字段拖至此处”，即可将“日期”字段添加到“行区域”中。类似地，把“凭证编号”“摘要”“科目编码”“总账科目”4 个字段都添加到“行区域”中、“明细科目”字段拖放到“页面区域”中、“借方金额”“贷方金额”2 个字段拖放到“数据区域”中，如图 2.20 所示。

步骤 6　也可以选中“将行字段拖至此处”，然后在数据透视表字段列表中选择需要放至行字段的数据，如“日期”“凭证编号”“摘要”“科目编码”“总账科目”，如图 2.21 所示。

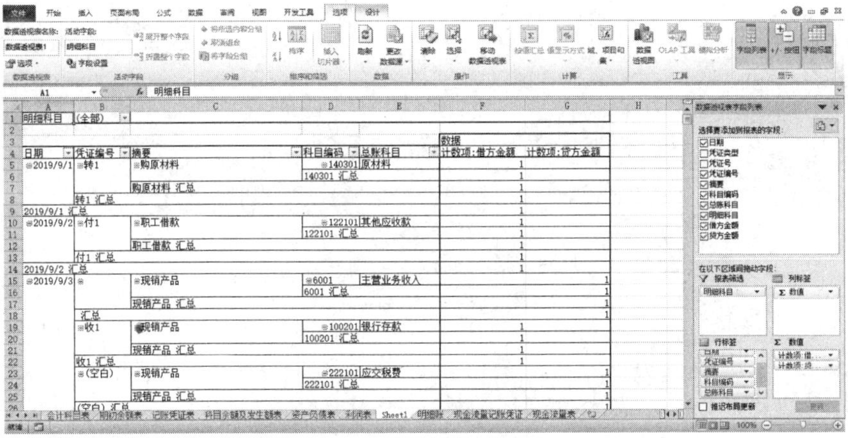

图 2.20　将数据拖放到合适位置

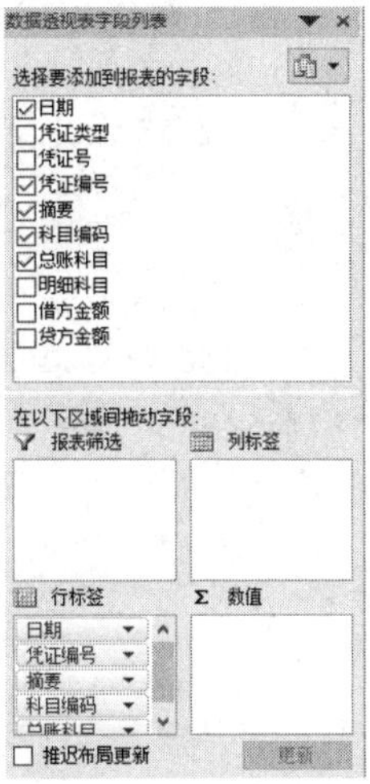

图 2.21　选择放至行字段的数据

步骤 7　右击“凭证编号”“摘要”“科目编码”“日期”处的“汇总”行，在弹出的快捷菜单中分别取消选中“分类汇总‘凭证编号’”“分类汇总‘摘要’”“‘科目编码’汇总”“分类汇总‘日期’”复选框，隐藏这些字段的统计信息，如图 2.22 所示。

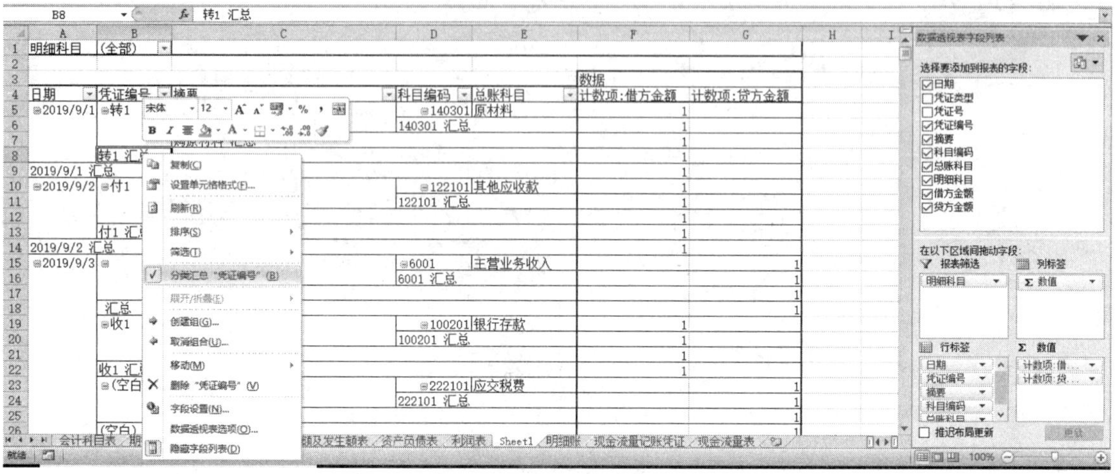

图 2.22　隐藏某些汇总信息

步骤 8　双击 F4 单元格，在“值字段设置”对话框中设置值汇总方式为“求和”，如图 2.23 所示。

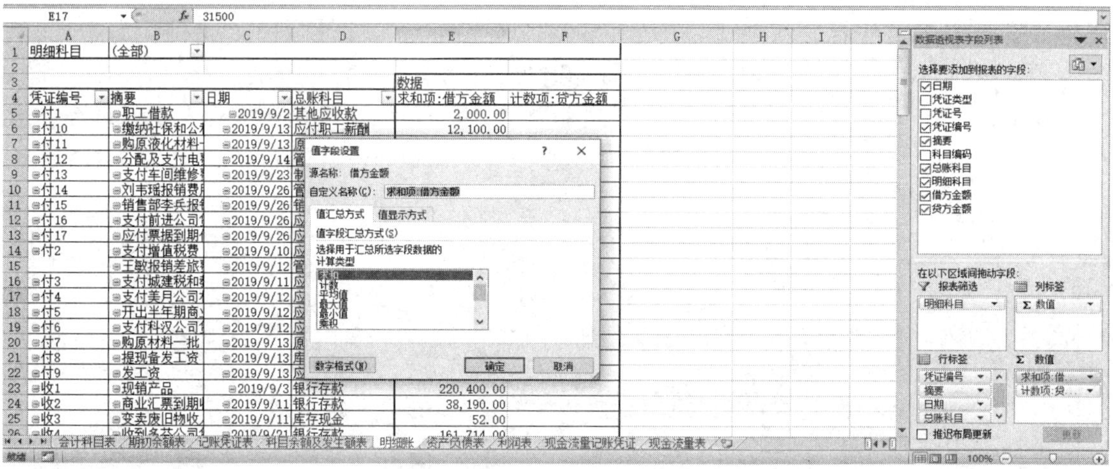

图 2.23　改变汇总方式

步骤 9　适当调整各行高列宽。

经过以上步骤，就可以做出各类明细账。只要在 B1 单元格处选择不同的明细科目，系统就会自动给出各类明细账，如差旅及交通费明细账，如图 2.24 所示。

明细科目	差旅及交通费					
					数据	
日期	凭证编号	摘要	科目编码	总账科目	求和项:借方金额	求和项:贷方金额
2019/9/12	付2	王敏报销差旅费	660201	管理费用	500	
2019/9/26	付14	刘韦瑶报销费用	660201	管理费用	350	
	(空白)	胡青报销并退借款	660201	管理费用	920	
2019/9/30	(空白)	结转成本及费用	660201	管理费用		1770
总计					1770	1770

图 2.24　差旅及交通费明细账

任务五　资产负债表的编制

微课-资产负债表的编制

根据美景化工有限公司的账务处理数据，编制该公司本月的资产负债表。

一、资产负债表格式

资产负债表是反映企业在某一特定日期的财务状况的会计报表，反映企业在特定日期所拥有或控制的经济资源、所承担的现时义务和所有者对净资产的要求权。其结构如表2.2所示。

表 2.2　资产负债表

单位名称：　　　　日期：　　　　单位：元（角分）

资　产	期末数	年初数	负债及所有者权益	期末数	年初数
流动资产：			流动负债：		
货币资金			短期借款		
以公允价值计量且变动计入当期损益的金融资产			以公允价值计量且变动计入当期损益的金融负债		
衍生金融资产			衍生金融负债		
应收票据			应付票据		
应收账款			应付账款		
预付款项			预收款项		
其他应收款			应付职工薪酬		
存货			应交税费		
持有待售资产			其他应付款		
一年内到期的非流动资产			持有待售负债		
其他流动资产			一年内到期的非流动负债		
流动资产合计			其他流动负债		
非流动资产：			流动负债合计		
可供出售金融资产			非流动负债：		
持有至到期投资			长期借款		
长期应收款			应付债券		
长期股权投资			其中：优先股		
投资性房地产			永续债		

（续表）

资　产	期末数	年初数	负债及所有者权益	期末数	年初数
固定资产			长期应付款		
在建工程			预计负债		
生产性生物资产			递延收益		
油气资产			递延所得税负债		
无形资产			其他非流动负债		
开发支出			非流动负债合计		
商誉			负债合计		
长期待摊费用			所有者权益（或股东权益）：		
递延所得税资产			实收资本（或股本）		
其他非流动资产			其他权益工具		
非流动资产合计			其中：优先股		
			永续债		
			资本公积		
			减：库存股		
			其他综合收益		
			专项储备		
			盈余公积		
			未分配利润		
			所有者权益（或股东权益）合计		
资产总计			负债和所有者权益（或股东权益）总计		

二、资产负债表单元格公式

资产负债表主要是根据资产类科目、负债及所有者权益类科目的期末余额和其他有关资料编制而成的。其具体编制方法如下。

① 直接根据总账科目的余额填列。例如，“可供出售金融资产”“短期借款”“应付职工薪酬”等项目，需要根据“可供出售金融资产”“短期借款”“应付职工薪酬”的总账科目余额直接填列。

② 根据几个总账科目的余额计算填列。例如，“货币资金”项目需要根据“库存现金”“银行存款”“其他货币资金”3 个总账科目的余额合计填列；“其他应收款”项目需要根据“应收利息”“应收股利”“其他应收款”3 个总账科目余额合计填列。

③ 根据有关明细科目的余额计算填列。资产负债表中的有些项目，需要根据明细科目余额填列。例如，“应付账款”项目需要分别根据“应付账款”“预付账款”两科目所属明细科目的期末贷方余额计算填列。

④ 根据总账科目和明细科目的余额分析计算填列。例如，“长期借款”项目应根据“长期借款”总账科目余额扣除“长期借款”科目所属的明细科目中将在资产负债表日起一年内到期，且企业不能自主地将清偿义务展期的长期借款后的金额填列。

⑤ 根据总账科目与其备抵科目抵销后的净额填列。例如，资产负债表中的“长期股权

投资”项目，应根据“长期股权投资”科目的期末余额减去“长期股权投资减值准备”等科目余额后的净额填列；“固定资产”项目应根据“固定资产”科目期末余额减去“累计折旧”“固定资产减值准备”科目余额后的净额填列；“无形资产”项目应根据“无形资产”科目期末余额减去“累计摊销”“无形资产减值准备”科目余额后的净额填列。

根据分析，Excel 版的资产负债表单元格公式如表 2.3 所示。

表 2.3 资产负债表单元格公式

行 次	单元格	期末数（C 列）	年初数（D 列）
001	流动资产：		
002	货币资金	=科目余额及发生额表!G3+科目余额及发生额表!G4+科目余额及发生额表!G5	=科目余额及发生额表!C3+科目余额及发生额表!C4+科目余额及发生额表!C5
003	以公允价值计量且其变动计入当期损益的金融资产	=科目余额及发生额表!G6	=科目余额及发生额表!C6
004	衍生金融资产		
005	应收票据	=科目余额及发生额表!G7	=科目余额及发生额表!C7
006	应收账款	=科目余额及发生额表!G8+科目余额及发生额表!H13	=科目余额及发生额表!C8-科目余额及发生额表!D13
007	预付款项	=科目余额及发生额表!G9	=科目余额及发生额表!C9
008	其他应收款	=科目余额及发生额表!G10+科目余额及发生额表!G11+科目余额及发生额表!G12	=科目余额及发生额表!C10+科目余额及发生额表!C11+科目余额及发生额表!C12
009	存货	=科目余额及发生额表!G15+科目余额及发生额表!G16+科目余额及发生额表!G17+科目余额及发生额表!G19+科目余额及发生额表!G20+科目余额及发生额表!G22+科目余额及发生额表!G73-科目余额及发生额表!G18-科目余额及发生额表!G21-科目余额及发生额表!G23	=科目余额及发生额表!C15+科目余额及发生额表!C16+科目余额及发生额表!C17+科目余额及发生额表!C19+科目余额及发生额表!C20+科目余额及发生额表!C22+科目余额及发生额表!C73-科目余额及发生额表!C18-科目余额及发生额表!C21-科目余额及发生额表!C23
010	持有待售资产		
011	一年内到期的非流动资产	=科目余额及发生额表!G24-科目余额及发生额表!G25	=科目余额及发生额表!C24-科目余额及发生额表!C25
012	其他流动资产	=科目余额及发生额表!G44	=科目余额及发生额表!C44
013	流动资产合计	=SUM(C6:C16)	=SUM(D6:D16)
014	非流动资产：		
015	可供出售金融资产	=科目余额及发生额表!G11	=科目余额及发生额表!C11
016	持有至到期投资		
017	长期应收款		
018	长期股权投资		
019	投资性房地产		
020	固定资产	=科目余额及发生额表!G32-科目余额及发生额表!H33	=科目余额及发生额表!C32-科目余额及发生额表!D33
021	在建工程		
022	生产性生物资产		
023	油气资产		
024	无形资产	=科目余额及发生额表!G13	=科目余额及发生额表!C13
025	开发支出		
026	商誉		
027	长期待摊费用	=科目余额及发生额表!G42	=科目余额及发生额表!C42

（续表）

行　次	单元格	期末数（C 列）	年初数（D 列）
028	递延所得税资产		
029	其他非流动资产		
030	非流动资产合计	=SUM(C19:C33)	=SUM(D19:D33)
039	资产总计	=C17+C34	=D17+D34
行　次	单元格	期末数（G 列）	年初数（H 列）
001	流动负债：		
002	短期借款	=科目余额及发生额表!H45	=科目余额及发生额表!D45
003	以公允价值计量且其变动计入当期损益的金融负债	=科目余额及发生额表!H46	=科目余额及发生额表!D46
004	衍生金融负债		
005	应付票据	=科目余额及发生额表!H47	=科目余额及发生额表!D47
006	应付账款	=科目余额及发生额表!H48	=科目余额及发生额表!D48
007	预收款项	=科目余额及发生额表!H49+科目余额及发生额表!H8	=科目余额及发生额表!D49+科目余额及发生额表!D8
008	应付职工薪酬	=科目余额及发生额表!H50	=科目余额及发生额表!D50
009	应交税费	=科目余额及发生额表!H51	=科目余额及发生额表!D51
010	其他应付款	=科目余额及发生额表!H52+科目余额及发生额表!H53+科目余额及发生额表!H54	=科目余额及发生额表!D52+科目余额及发生额表!D53+科目余额及发生额表!D54
011	持有待售负债		
012	一年内到期的非流动负债	=科目余额及发生额表!H55	=科目余额及发生额表!D55
013	其他流动负债	=科目余额及发生额表!H56	=科目余额及发生额表!D56
014	流动负债合计	=SUM(G6:G17)	=SUM(H6:H17)
015	非流动负债：		
016	长期借款	=科目余额及发生额表!H57	=科目余额及发生额表!D57
017	应付债券	=科目余额及发生额表!H58	=科目余额及发生额表!D58
018	其中：优先股		
019	永续债		
020	长期应付款	=科目余额及发生额表!H59	=科目余额及发生额表!D59
021	预计负债	=科目余额及发生额表!H62	=科目余额及发生额表!D62
022	递延收益	=科目余额及发生额表!H56	=科目余额及发生额表!D56
023	递延所得税负债	=科目余额及发生额表!H63	=科目余额及发生额表!D63
024	其他非流动负债		
025	非流动负债合计	=SUM(G20:G28)	=SUM(H20:H28)
026	负债合计	=G18+G29	=H29+H18
027	所有者权益（或股东权益）：		
028	实收资本（或股本）	=科目余额及发生额表!H67	=科目余额及发生额表!D67
029	其他权益工具		
030	其中：优先股		
031	永续债		
032	资本公积	=科目余额及发生额表!H68	=科目余额及发生额表!D68
033	减：库存股		
034	其他综合收益		
035	专项储备		
036	盈余公积	=科目余额及发生额表!H69	=科目余额及发生额表!D69
037	未分配利润	=科目余额及发生额表!H70−科目余额及发生额表!G71	=科目余额及发生额表!D70−科目余额及发生额表!C71
038	所有者权益（或股东权益）合计	=G32+G33+G36−G37+G38+G40+G41	=H32+H33+H36−H37+H38+H40+H41
039	负债和所有者权益（或股东权益）总计	=G30+G42	=H30+H42

三、资产负债表的编制

操作步骤

步骤 1　表头的建立。在“资产负债表”工作表的 A1 单元格中输入表头“资产负债表”。选中 A1:H1 单元格区域，设置合并后居中。在 A3 单元格中输入“编制单位：美景化工有限公司”，在 E3 单元格中输入“2019 年 9 月 30 日”，在 H2 单元格中输入“会企 01 表”，在 H3 单元格中输入“单位：元（角分）”，如图 2.25 所示。

步骤 2　参照本任务中资产负债表空表结构输入空表内容。

步骤 3　参照本任务中资产负债表单元格公式内容，输入每个单元格的公式。

资产负债表

会企01表

编制单位：美景化工有限公司　　2019年9月30日　　单位：元（角分）

行次	资产	期末余额	上年年末余额	行次	负债和所有者权益（或股东权益）	期末余额	上年年末余额
001	**流动资产：**			001	**流动负债：**		
002	货币资金	828,979.80	353,200.00	002	短期借款	520,000.00	320,000.00
003	以公允价值计量且其变动计入当期损益的金融资产	0.00	0	003	以公允价值计量且其变动计入当期损益的金融负债	0.00	0.00
004	衍生金融资产			004	衍生金融负债		
005	应收票据	0.00	38,000.00	005	应付票据	15,000.00	72,000.00
006	应收账款	105,797.20	62,400.00	006	应付账款	161,480.00	63,800.00
007	预付款项	0.00	0.00	007	预收款项	0.00	0.00
008	其他应收款	28,000.00	30,000.00	008	应付职工薪酬	1,100.00	0.00
009	存货	577,816.50	570,000.00	009	应交税费	120,803.91	71,500.00
010	持有待售资产			010	其他应付款	65,040.00	62,700.00
011	一年内到期的非流动资产	0.00	0.00	011	持有待售负债		
012	其他流动资产	0.00	600.00	012	一年内到期的非流动负债	0.00	0.00
013	**流动资产合计**	1,540,593.50	1,054,200.00	013	其他流动负债	0.00	0.00
014	**非流动资产：**			014	**流动负债合计**	883,423.91	590,000.00

图 2.25　资产负债表表头的建立

单元格公式中年初数的输入也可使用 VLOOKUP 函数从科目余额及发生额表中获取。此处不再赘述。

步骤 4　生成资产负债表。美景化工有限公司 2019 年 9 月份的资产负债表如图 2.26 所示。

资产负债表

会企01表

编制单位：美景化工有限公司　　2019年9月30日　　单位：元（角分）

行次	资产	期末余额	上年年末余额	行次	负债和所有者权益（或股东权益）	期末余额	上年年末余额
019	投资性房地产	0.00		019	永续债		
020	固定资产	528,300.00	537,700.00	020	长期应付款	0.00	0.00
021	在建工程	0.00		021	预计负债	7,000.00	7,000.00
022	生产性生物资产	0.00		022	递延收益	0.00	0.00
023	油气资产	0.00		023	递延所得税负债	0.00	0.00
024	无形资产	0.00	0.00	024	其他非流动负债	0.00	
025	开发支出	0.00		025	**非流动负债合计**	7,000.00	7,000.00
026	商誉	0.00		026	**负债合计**	890,423.91	597,000.00
027	长期待摊费用	72,000.00	72,000.00	027	**所有者权益（或股东权益）：**		
028	递延所得税资产	0.00		028	实收资本（或股本）	999,100.00	999,100.00
029	其他非流动资产	0.00		029	其他权益工具		
030	**非流动资产合计**	600,300.00	609,700.00	030	其中：优先股		
031				031	永续债		
032				032	资本公积	0.00	0.00
033				033	减：库存股	0.00	
034				034	其他综合收益		
035				035	专项储备		
036				036	盈余公积	67,800.00	67,800.00
037				037	未分配利润	183,569.59	0.00
038				038	**所有者权益（或股东权益）合计**	1,250,469.59	1,066,900.00
039	**资产总计**	2,140,893.50	1,663,900.00	039	**负债和所有者权益（或股东权益）总计**	2,140,893.50	1,663,900.00

图 2.26　美景化工有限公司 2019 年 9 月份资产负债表

微课-利润表的编制

任务六　利润表的编制

利润表是反映企业在一定会计期间的经营成果的会计报表。利润表主要有单步式和多步式 2 种结构。在我国，企业利润表采用的是多步式结构，即通过对当期的收入、费用、支出项目按性质加以归类，按利润形成的主要环节列示一些中间性利润指标，分步计算当期净损益。

一、利润表的结构及单元格公式

利润表的结构和单元格公式如表 2.4 所示。

表 2.4　利润表的结构和单元格公式

行次	科　目	本期金额	上期金额(略)
001	一、营业收入	=VLOOKUP("6001",科目余额及发生额表!A:H,5,0)	
002	减：营业成本	=VLOOKUP("6401",科目余额及发生额表!A:H,6,0)	
003	税金及附加	=VLOOKUP("6405",科目余额及发生额表!A:H,6,0)	
004	销售费用	=VLOOKUP("6601",科目余额及发生额表!A:H,6,0)	
005	管理费用	=VLOOKUP("6602",科目余额及发生额表!A:H,6,0)	
006	研发费用		
007	财务费用	=C12-C13	
008	其中：利息费用	=SUMIF(记账凭证表!$F$1:$F$126,"660302",记账凭证表!$I$1:$I$126)	
009	利息收入	=SUMIF(记账凭证表!$F$1:$F$126,"660301",记账凭证表!$J$1:$J$126)	
010	加：其他收益		
011	投资收益（损失以“-”号填列）	=VLOOKUP("6111",科目余额及发生额表!A:H,6,0)	
012	其中：对联营企业和合营企业的投资收益	=VLOOKUP("6111",科目余额及发生额表!A:H,6,0)	
013	公允价值变动损益（损失以“-”号填列）	=VLOOKUP("6101",科目余额及发生额表!A:H,6,0)	
014	资产减值损失（损失以“-”号填列）	=VLOOKUP("6701",科目余额及发生额表!A:H,6,0)	
015	资产处置收益（损失以“-”号填列）		
016	二、营业利润（损失以“-”号填列）	=C5-C6-C7-C8-C9-C10-C11-C18+C14+C15+C17+C19	
017	加：营业外收入	=VLOOKUP("6301",科目余额及发生额表!A:H,5,0)	
018	减：营业外支出	=VLOOKUP("6711",科目余额及发生额表!A:H,6,0)	
019	三、利润总额（损失以“-”号填列）	=C20+C21-C22	
020	减：所得税费用	=VLOOKUP("6801",科目余额及发生额表!A:H,5,0)	
021	四、净利润（净亏损以“-”号填列）	=C23-C24	
022	（一）持续经营净利润（净亏损以“-”号填列）	=C23-C24	
023	（二）终止经营净利润（净亏损以“-”号填列）		
024	五、其他综合收益的税后净额		
025	（一）不能重分类进损益的其他综合收益		
026	1．重新计量设定受益计划变动额		
027	2．权益法下不能转损益的其他综合收益		

（续表）

行次	科　目	本期金额	上期金额(略)
028	……		
029	（二）将重分类进损益的其他综合收益		
030	1．权益法下可转损益的其他综合收益		
031	2．可供出售金融资产公允价值变动损益		
032	3．持有至到期投资重分类为可供出售金融资产损益		
033	4．现金流量套期损益的有效部分		
034	5．外币财务报表折算差额		
035	……		
036	六、综合收益总额		
037	七、每股收益：		
038	（一）基本每股收益		
039	（二）稀释每股收益		

二、利润表的编制

根据利润表的结构和单元格公式编制生成美景化工有限公司的利润表，如图 2.27 所示。

利润表

会企02表

编制单位：美景化工有限公司　　　　单位：元（角分）

行次	科目	本期金额	上期金额（略）
001	一、营业收入	702,600.00	
002	减：营业成本	383,806.60	
003	税金及附加	5,913.19	
004	销售费用	28,110.00	
005	管理费用	37,912.76	
006	研发费用		
007	财务费用	2,150.00	
008	其中：利息费用	2,340.00	
009	利息收入	190.00	
010	加：其他收益		
011	投资收益（损失以“-”号填列）	0.00	
012	其中：对联营企业和合营企业的投资收益	0.00	
013	公允价值变动损益（损失以“-”号填列）	0.00	
014	资产减值损失（损失以“-”号填列）	0.00	
015	资产处置收益（损失以“-”号填列）		
016	二、营业利润（损失以“-”号填列）	244,707.45	
017	加：营业外收入	52.00	
018	减：营业外支出	0.00	
019	三、利润总额（损失以“-”号填列）	244,759.45	
020	减：所得税费用	61,189.86	
021	四、净利润（净亏损以“-”号填列）	183,569.59	
022	（一）持续经营净利润（净亏损以“-”号填列）	183,569.59	
023	（二）终止经营净利润（净亏损以“-”号填列）		
024	五、其他综合收益的税后净额		
025	（一）不能重分类进损益的其他综合收益		
026	1．重新计量设定受益计划变动额		
027	2．权益法下不能转损益的其他综合收益		
028	……		
029	（二）将重分类进损益的其他综合收益		
030	1．权益法下可转损益的其他综合收益		
031	2．可供出售金融资产公允价值变动损益		
032	3．持有至到期投资重分类为可供出售金融资产损益		
033	4．现金流量套期损益的有效部分		
034	5．外币财务报表折算差额		
035	……		
036	六、综合收益总额		
037	七、每股收益：		
038	（一）基本每股收益		
039	（二）稀释每股收益		

图 2.27　美景化工有限公司利润表

微课-现金流量表的编制

任务七　现金流量表的编制

因编制现金流量表的会计事项比较复杂，所以不管是用财务软件还是选择手工，难度都比较大。如果在手工识别分类的基础上再使用 Excel 进行编制，则相对比较简单。

调整会计分录

操作步骤

1．插入新的工作表，重命名为“现金流量记账凭证”

2．复制记账凭证表中与货币资金相关的分录

将原“账务及报表处理”文件中的记账凭证表进行筛选，选择总账科目是“库存现金”“银行存款”的记录。

单击“数据”|“筛选”按钮，表头字段出现下拉按钮，单击“总账科目”右侧的下拉按钮，选择筛选条件，如图 2.28 所示。

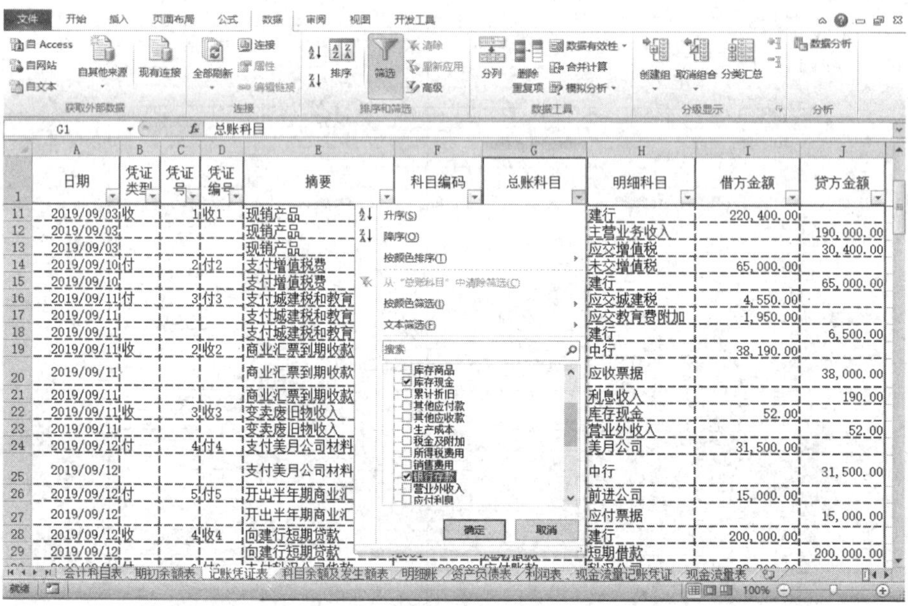

图 2.28　筛选现金流量科目会计分录

筛选出所有与货币资金相关的会计分录，复制到新的工作表“现金流量记账凭证”中。

3．调整记账凭证内容

增加“现金流量项目”一列，并对会计分录做相应的调整处理。借贷均涉及货币资金科目的删除，不做处理。例如，删除“提现备发工资”分录。输入“现金流量项目”列的每行信息，如图 2.29 所示。

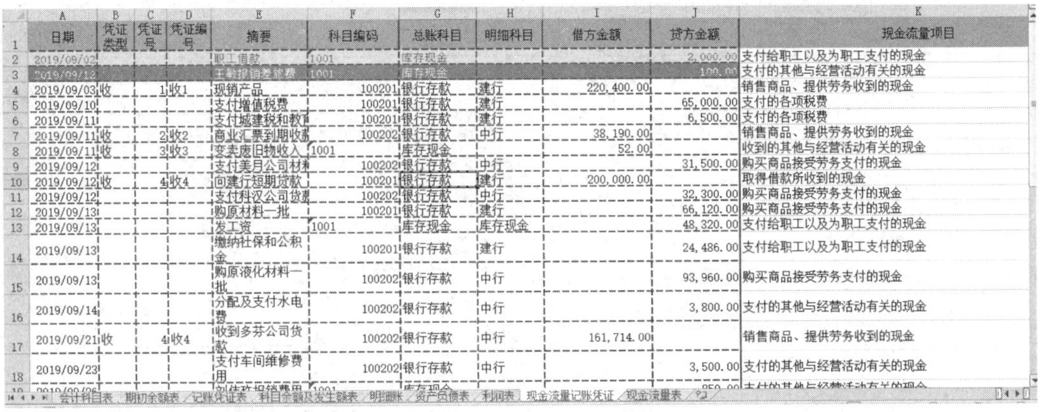

	A	B	C	D	E	F	G	H	I	J	K
1	日期	凭证类型	凭证号	凭证编号	摘要	科目编码	总账科目	明细科目	借方金额	贷方金额	现金流量项目
2	2019/09/02				职工借款	1001	库存现金			2,000.00	支付给职工以及为职工支付的现金
3	2019/09/12				王敏报销差旅费	1001	库存现金			100.00	支付的其他与经营活动有关的现金
4	2019/09/03	收	1	收1	现销产品	100201	银行存款	建行	220,400.00		销售商品、提供劳务收到的现金
5	2019/09/10				支付增值税费	100201	银行存款	建行		65,000.00	支付的各项税费
6	2019/09/11				支付城建税和教	100201	银行存款	建行		6,500.00	支付的各项税费
7	2019/09/11	收	2	收2	商业汇票到期收	100202	银行存款	中行	38,190.00		销售商品、提供劳务收到的现金
8	2019/09/11	收	3	收3	变卖废旧物收入	1001	库存现金		52.00		收到的其他与经营活动有关的现金
9	2019/09/12				支付美月公司材	100202	银行存款	中行		31,500.00	购买商品接受劳务支付的现金
10	2019/09/12	收	4	收4	向建行短期贷款	100201	银行存款	建行	200,000.00		取得借款所收到的现金
11	2019/09/12				支付科汉公司货	100202	银行存款	中行		32,300.00	购买商品接受劳务支付的现金
12	2019/09/13				购原材料一批	100201	银行存款	建行		66,120.00	购买商品接受劳务支付的现金
13	2019/09/13				发工资	1001	库存现金	库存现金		48,320.00	支付给职工以及为职工支付的现金
14	2019/09/13				缴纳社保和公积金	100201	银行存款	建行		24,486.00	支付给职工以及为职工支付的现金
15	2019/09/13				购原液化材料一批	100202	银行存款	中行		93,960.00	购买商品接受劳务支付的现金
16	2019/09/14				分配及支付水电费	100202	银行存款	中行		3,800.00	支付的其他与经营活动有关的现金
17	2019/09/21	收	4	收4	收到多芬公司货款	100202	银行存款	中行	161,714.00		销售商品、提供劳务收到的现金
18	2019/09/23				支付车间维修费用	100202	银行存款	中行		3,500.00	支付的其他与经营活动有关的现金

图 2.29 输入现金流量项目信息

4. 现金流量表计算

现金流量表的结构和单元格公式如表 2.5 所示。

其中，公式“=SUMIF(现金流量记账凭证!K:K,TRIM(A6),现金流量记账凭证!I:I)”是指在现金流量记账凭证的 K 列查找当前表中 A6 单元格的值，并把其对应的 I 列（“借方金额”列）数据相加；公式“=SUMIF(现金流量记账凭证!K:K,TRIM(A10),现金流量记账凭证!J:J)是指把 A10 单元格所对应的现金流量记账凭证中的贷方数据相加。

表 2.5 现金流量表的结构及单元格公式

项 目	行次	本期金额	上期金额（略）
一、经营活动产生的现金流量：			
销售商品、提供劳务收到的现金	1	=SUMIF(现金流量记账凭证!K:K,TRIM(A6),现金流量记账凭证!I:I)	
收到的税费返还	2	=SUMIF(现金流量记账凭证!K:K,TRIM(A7),现金流量记账凭证!I:I)	
收到其他与经营活动有关的现金	3	=SUMIF(现金流量记账凭证!K:K,TRIM(A8),现金流量记账凭证!I:I)	
经营活动现金流入小计	4	=SUM(C6:C8)	
购买商品、接受劳务支付的现金	5	=SUMIF(现金流量记账凭证!K:K,TRIM(A10),现金流量记账凭证!J:J)	
支付给职工以及为职工支付的现金	6	=SUMIF(现金流量记账凭证!K:K,TRIM(A11),现金流量记账凭证!J:J)	
支付的各项税费	7	=SUMIF(现金流量记账凭证!K:K,TRIM(A12),现金流量记账凭证!J:J)	
支付的其他与经营活动有关的现金	8	=SUMIF(现金流量记账凭证!K:K,TRIM(A13),现金流量记账凭证!J:J)	
经营活动现金流出小计	9	=SUM(C10:C13)	
经营活动产生的现金流量净额	10	=C9-C14	
二、投资活动产生的现金流量：	11		
收回投资收到的现金	12	=SUMIF(现金流量记账凭证!K:K,TRIM(A17),现金流量记账凭证!I:I)	
取得投资收益收到的现金	13	=SUMIF(现金流量记账凭证!K:K,TRIM(A18),现金流量记账凭证!I:I)	
处置固定资产、无形资产和其他长期资产收回的现金净额	14	=SUMIF(现金流量记账凭证!K:K,TRIM(A19),现金流量记账凭证!I:I)	
处置子公司及其他营业单位收到的现金净额	15		

（续表）

项　目	行次	本期金额	上期金额（略）
收到其他与投资活动有关的现金	16	=SUMIF(现金流量记账凭证!K:K,TRIM(A21),现金流量记账凭证!I:I)	
投资活动现金流入小计	17	=SUM(C17:C21)	
购建固定资产、无形资产和其他长期资产支付的现金	18	=SUMIF(现金流量记账凭证!K:K,TRIM(A23),现金流量记账凭证!J:J)	
投资支付的现金	19	=SUMIF(现金流量记账凭证!K:K,TRIM(A24),现金流量记账凭证!J:J)	
取得子公司及其他营业单位支付的现金净额	20		
支付其他与投资活动有关的现金	21	=SUMIF(现金流量记账凭证!K:K,TRIM(A26),现金流量记账凭证!J:J)	
投资活动现金流出小计	22	=SUM(C23:C26)	
投资活动产生的现金流量净额	23	=C22-C27	
三、筹资活动产生的现金流量：	24		
吸收投资收到的现金	25	=SUMIF(现金流量记账凭证!K:K,TRIM(A30),现金流量记账凭证!I:I)	
取得借款收到的现金	26	=SUMIF(现金流量记账凭证!K:K,TRIM(A31),现金流量记账凭证!I:I)	
收到其他与筹资活动有关的现金	27	=SUMIF(现金流量记账凭证!K:K,TRIM(A32),现金流量记账凭证!I:I)	
筹资活动现金流入小计	28	=SUM(C30:C32)	
偿还债务支付的现金	29	=SUMIF(现金流量记账凭证!K:K,TRIM(A34),现金流量记账凭证!J:J)	
分配股利、利润和偿付利息支付的现金	30	=SUMIF(现金流量记账凭证!K:K,TRIM(A35),现金流量记账凭证!J:J)	
支付其他与筹资活动有关的现金	31	=SUMIF(现金流量记账凭证!K:K,TRIM(A36),现金流量记账凭证!J:J)	
筹资活动现金流出小计	32	=SUM(C34:C36)	
筹资活动产生的现金流量净额	33	=C33-C37	
四、汇率变动对现金及现金等价物的影响	34		
五、现金及现金等价物净增加额	35	=C15+C28+C38	
加：期初现金及现金等价物余额	36	（略）	
六、期末现金及现金等价物余额	37	（略）	

5．生成现金流量表

根据现金流量表的单元格公式，计算生成美景化工有限公司 2019 年 9 月份的现金流量表，如图 2.30 所示。

6．数据验算

数据验算分为现金流量表和经营性现金流量的验算。

现金流量表验算可以通过计算货币资金的期初、期末差额进行，经营性现金流量验算可以通过间接法进行。

	现金流量表			
2				会企03表
3	编制单位：美景化工有限公司	2019年9月		单位:元
4	项目	行次	本期金额	上期金额（略）
5	**一、经营活动产生的现金流量：**			
6	销售商品、提供劳务收到的现金	1	809,808.80	
8	收到其他与经营活动有关的现金	3	807.00	
9	**经营活动现金流入小计**	4	810,615.80	
10	购买商品、接受劳务支付的现金	5	348,080.00	
11	支付给职工以及为职工支付的现金	6	74,806.00	
12	支付的各项税费	7	71,500.00	
13	支付的其他与经营活动有关的现金	8	41,050.00	
14	**经营活动现金流出小计**	9	535,436.00	
15	**经营活动产生的现金流量净额**	10	275,179.80	
16	**二、投资活动产生的现金流量：**	11		
19	处置固定资产、无形资产和其他长期资产收回的现金净额	14	600.00	
22	**投资活动现金流入小计**	17	600.00	
27	**投资活动现金流出小计**	22	-	
28	**投资活动产生的现金流量净额**	23	600.00	
29	**三、筹资活动产生的现金流量：**	24		
31	取得借款收到的现金	26	200,000.00	
33	**筹资活动现金流入小计**	28	200,000.00	
37	**筹资活动现金流出小计**	32	-	
38	**筹资活动产生的现金流量净额**	33	200,000.00	
39	**四、汇率变动对现金及现金等价物的影响**	34		
40	**五、现金及现金等价物净增加额**	35	475,779.80	
41	**加：期初现金及现金等价物余额**	36	略	
42	**六、期末现金及现金等价物余额**	37	略	

图 2.30　美景化工有限公司 2019 年 9 月份现金流量表

技能训练

实训二　账务和报表处理

实训目的

掌握利用 Excel 进行账务处理的方法，能够根据账务数据编制财务报表。

实训资料

某公司 2019 年 6 月份的期初余额表与会计分录如表 2.6 和表 2.7 所示。利用 Excel 建立账务处理模型，完成科目汇总、总账登记、明细账登记，并制作资产负债表、利润表和现金流量表。

表 2.6　某公司 2019 年 6 月份的期初余额表　　单位：元

类　型	科目编码	科目名称	计量单位	余额方向	期初余额
资产	1001	库存现金		借	54 050
资产	1002	银行存款		借	400 000
资产	100201	商业银行——北京支行		借	400 000
资产	1122	应收账款		借	200 000
资产	1403	原材料		借	48 900
资产	1405	库存商品		借	417 000
资产	140501	圆珠笔		借	417 000
资产	1409	自制半成品		借	4 800
资产	1601	固定资产		借	1 162 000

（续表）

类　型	科目编码	科目名称	计量单位	余额方向	期初余额
负债	2001	短期借款		贷	120 000
负债	200101	商业银行——北京支行		贷	120 000
负债	2202	应付账款		贷	166 000
负债	220201	一般应付款		贷	166 000
负债	2204	暂估应付款		贷	750
权益	4001	实收资本		贷	2 000 000

表 2.7　某公司 2019 年 6 月份的会计分录

单位：元

日　期	摘　要	科目编码	科目名称	借方金额	贷方金额
2019-01-01	采购	140303	原材料	7 200	
2019-01-01	采购	22210101	应交税费	1 152	
2019-01-01	采购	220201	应付账款		8 352
2019-01-02	入库	140303	原材料	7 200	
2019-01-02	入库	140203	在途物资		7 200
2019-01-06	销售	1122	应收账款	174 000	
2019-01-06	销售	6001	主营业务收入		150 000
2019-01-06	销售	22210103	应交税费		24 000
2019-01-06	结转销售成本	6401	主营业务成本	125 000	
2019-01-06	结转销售成本	1405	库存商品		125 000
2019-01-08	委托代销发货	1406	发出商品	100 000	
2019-01-08	委托代销发货	1405	库存商品		100 000
2019-01-10	现付采购	140301	原材料	31 000	
2019-01-10	现付采购	22210101	应交税费	4 960	
2019-01-10	现付采购	100201	银行存款		35 960
2019-01-10	红字回冲单	140301	原材料	-30 000	
2019-01-10	红字回冲单	220202	应付账款		-30 000
2019-01-10	蓝字回冲单	140301	原材料	31 000	
2019-01-10	蓝字回冲单	140201	在途物资		31 000
2019-01-13	销售	1122	应收账款	58 000	
2019-01-13	销售	6001	主营业务收入		50 000
2019-01-13	销售	22210103	应交税费		8 000
2019-01-13	采购	140302	原材料	10 000	
2019-01-13	采购	22210101	应交税费	1 600	
2019-01-13	采购	220201	应付账款		11 600
2019-01-14	收款	1122	银行存款	175 500	
2019-01-14	收款	1122	应收账款		175 500
2019-01-16	材料出库	5001	生产成本	82 800	
2019-01-16	材料出库	140302	原材料		12 000

（续表）

日　期	摘　要	科目编码	科目名称	借方金额	贷方金额
2019-01-16	材料出库	140303	原材料		12 000
2019-01-16	材料出库	140304	原材料		12 000
2019-01-16	材料出库	140305	原材料		18 000
2019-01-16	材料出库	140307	原材料		28 800
2019-01-17	材料出库	5001	生产成本	56 000	
2019-01-17	材料出库	140301	原材料		12 000
2019-01-17	材料出库	140304	原材料		16 000
2019-01-17	材料出库	140306	原材料		28 000
2019-01-18	运费发票	140202	在途物资	186	
2019-01-18	运费发票	22210101	原材料	14	
2019-01-18	运费发票	220201	应付账款		200
2019-01-18	采购入库单	140302	原材料	10 186	
2019-01-18	采购入库单	140202	在途物资		10 186
2019-01-19	购置办公用品	660201	管理费用	600	
2019-01-19	购置办公用品	510101	制造费用	400	
2019-01-19	购置办公用品	1001	库存现金		1 000
2019-01-20	收款单	100201	银行存款	58 000	
2019-01-20	现金折扣	660302	财务费用	500	
2019-01-20	收款单	1122	应收账款		58 500
2019-01-22	销售专用发票	1122	应收账款	58 000	
2019-01-22	销售专用发票	6001	主营业务收入		50 000
2019-01-22	销售专用发票	22210103	应交税费		8 000
2019-01-22	采购专用发票	1405	库存商品	40 000	
2019-01-22	采购专用发票	22210101	应交税费	6 400	
2019-01-22	采购专用发票	220201	应付账款		46 400
2019-01-22	确认销售成本	6401	主营业务成本	40 000	
2019-01-22	确认销售成本	1405	库存商品		40 000
2019-01-23	采购	140306	原材料	69160	
2019-01-23	采购	1901	待处理财产损溢	982.8	
2019-01-23	采购	22210101	应交税费	11 065.6	
2019-01-23	采购	22210104	应交税费	−142.8	
2019-01-23	采购	220201	应付账款		81 065.6
2019-01-24	处理非合理损耗	1221	其他应收款	982.8	
2019-01-24	处理非合理损耗	1901	待处理财产损溢		982.8
2019-01-26	采购专用发票	140203	在途物资	−2 400	
2019-01-26	采购专用发票	22210101	应交税费	−384	
2019-01-26	采购专用发票	220201	应付账款		−2 784

（续表）

日　期	摘　要	科目编码	科目名称	借方金额	贷方金额
2019-01-26	采购入库单	140303	原材料	-2 400	
2019-01-26	采购入库单	140203	在途物资		-2 400
2019-01-27	运费发票	140206	在途物资	930	
2019-01-27	运费发票	22210101	应交税费	93	
2019-01-27	运费发票	220201	应付账款		1 023
2019-01-27	结转采购成本	140306	原材料	930	
2019-01-27	结转采购成本	140206	在途物资		930
2019-01-29	现结销售	100201	银行存款	69 600	
2019-01-29	现结销售	6001	主营业务收入		60 000
2019-01-29	现结销售	22210103	应交税费		9 600
2019-01-29	结转销售成本	6401	主营业务成本	75 000	
2019-01-29	结转销售成本	1406	发出商品		75 000
2019-01-30	票据到期结算	100201	银行存款	117 000	
2019-01-30	票据到期结算	1121	应收票据		117 000
2019-01-30	票据贴现	100201	银行存款	174 115.5	
2019-01-30	票据贴现	660301	财务费用	1 384.5	
2019-01-30	票据贴现	1121	应收票据		175 500
2019-01-31	采购暂估	140307	原材料	300	
2019-01-31	采购暂估	220202	应付账款		300
2019-01-31	计提工资	660204	管理费用	8 600	
2019-01-31	计提工资	660204	管理费用	5 100	
2019-01-31	计提工资	660204	管理费用	3 500	
2019-01-31	计提工资	660204	管理费用	2 800	
2019-01-31	计提工资	660102	销售费用	9 000	
2019-01-31	计提工资	5001	生产成本	7 100	
2019-01-31	计提工资	5001	生产成本	7 100	
2019-01-31	计提工资	221101	应付职工薪酬		43 200
2019-01-31	计提折旧	660202	管理费用	957.45	
2019-01-31	计提折旧	660103	销售费用	740.59	
2019-01-31	计提折旧	510102	制造费用	1 501.79	
2019-01-31	计提折旧	1602	累计折旧		3 199.83
2019-01-31	结转制造费用	5001	生产成本	1 141.07	
2019-01-31	结转制造费用	5001	生产成本	760.72	
2019-01-31	结转制造费用	510101	制造费用		400
2019-01-31	结转制造费用	510102	制造费用		1 501.79
2019-01-31	产成品入库单	1405	库存商品	91 041.07	
2019-01-31	产成品入库单	5001	生产成本		91 041.07

（续表）

日　期	摘　要	科目编码	科目名称	借方金额	贷方金额
2019-01-31	产成品入库单	1405	库存商品	63 860.72	
2019-01-31	产成品入库单	5001	生产成本		63 860.72
2019-01-31	结转销售成本	6401	主营业务成本	41 756	
2019-01-31	结转销售成本	1405	库存商品		41 756
2019-01-31	结转未交增值税	22210105	应交税费	24 856.2	
2019-01-31	结转未交增值税	222102	应交税费		24 856.2
2019-01-31	期间损益结转	4103	本年利润		310 000
2019-01-31	期间损益结转	6001	主营业务收入	210 000	
2019-01-31	期间损益结转	6001	主营业务收入	100 000	
2019-01-31	期间损益结转	4103	本年利润	314 938.54	
2019-01-31	期间损益结转	6401	主营业务成本		200 000
2019-01-31	期间损益结转	6401	主营业务成本		81 756
2019-01-31	期间损益结转	660102	销售费用		9 000
2019 01 31	期间损益结转	660103	销售费用		740.59
2019-01-31	期间损益结转	660201	管理费用		600
2019-01-31	期间损益结转	660202	管理费用		957.45
2019-01-31	期间损益结转	660204	管理费用		8 600
2019-01-31	期间损益结转	660204	管理费用		5 100
2019-01-31	期间损益结转	660204	管理费用		3 500
2019-01-31	期间损益结转	660204	管理费用		2 800
2019-01-31	期间损益结转	660301	财务费用		1 384.5
2019-01-31	期间损益结转	660302	财务费用		500

实训要求

为了满足企业的管理要求，利用 Excel 进行以下处理。

1．输入会计凭证。

2．完成科目汇总，制作科目余额及发生额工作表。

3．编制该公司的资产负债表和利润表。

4．在会计分录中增加现金流量项目，编制现金流量表。

项目三

Excel在财务分析中的应用

拓展阅读：建设制造强国，把制造业做实做优做强

学习目标

1. 了解财务分析的含义、目的，理解财务分析的重要性。
2. 掌握财务分析的常用方法，如比较分析法、比率分析法和财务指标综合分析法。
3. 掌握建立Excel财务分析模型的方法和技巧，能够熟练分析资产负债表、利润表和现金流量表。
4. 能够根据财务数据性质和不同的需求，选择不同的图表工具描述财务分析结果。
5. 通过对财务报表的分析，提高应用能力，培养数据思维，养成细致严谨、脚踏实地的工作作风。

项目介绍

财务分析是指以企业的财务报表等会计资料为依据和起点，采用专门的方法，分析和评价企业的经营成果、财务状况及其变动情况，目的是了解过去、评价现在、预测未来，帮助利益关系集团改善决策。利用 Excel进行财务分析，可以很方便地得到财务分析指标，从而全面地了解和评价企业的偿债能力、盈利能力、资产管理能力和发展能力，为有关各方做出决策提供帮助。

重点难点

1. Excel财务分析模型的建立和财务分析方法的灵活运用。
2. 财务指标分析数据的展示和解读。

任务描述

利用项目二计算生成的资产负债表、利润表和现金流量表，对美景化工有限公司的财务状况、经营情况进行结构分析、增减变化分析、重要财务指标分析。

任务分析

利用 Excel工具，完成对美景化工有限公司 3张财务报表数据的分析，可以细分为 3步：建立分析模型→生成分析数据→财务数据解读。

其中，建立分析模型是财务分析的重点，模型建立可以从数据增减变化、构成比例、财务比率和重要财务指标着手考虑。对计算出来的财务指标数据，还要考虑用什么样的图表能更好地诠释和解读。这就需要具备财务管理和管理会计的相关知识。

背景知识

1. 财务报表分析的理论基础。
2. Excel公式和函数、选择性粘贴等技巧的应用。
3. Excel图表的应用。

任务实施

任务一　财务分析概述

一、财务分析的含义

财务分析也称财务报表分析，是指对财务报表中的有关项目进行计算而得出的一系列的财务比率，将其结合相关资料进行系统和深入的分析研究，从中发现、分析和评价企业的财务状况与经营中存在的问题及成因，从而向使用者提供有用的信息。通过财务分析，可以为财务决策、计划和控制提供帮助。

财务报表中涉及的数据种类繁多，而且要对不同历史时期、不同企业的数据进行比较，所以计算工作量大、数据不够直观。因此，可以利用 Excel 强大的数据整理、计算、分析统计和图表图形功能，迅速、准确、形象地完成财务分析工作。

二、财务分析的目的

一般来说，企业生产经营的规律具体反映在财务报表的各项指标数值中。通过各项指标数值的横向、纵向比较，可以了解过去的生产经营状况，揭示生产经营的现状和存在的问题，并分析问题存在的主要原因，寻找能够解决问题的途径和方法，以达到改善经营管理、提高经济效益的目的。因此，财务分析的目的可以概括为：评价过去的经营业绩，衡量现在的财务状况，预测未来的发展趋势。

三、财务分析的方法

1. 比较分析法

财务报表的比较分析法是指对 2 个或 2 个以上的可比数据进行对比，找出企业财务状况、经营成果中的差异与问题。根据比较对象的不同，比较分析法分为趋势分析法、横向比较法和预算差异分析法。常见的比较分析法有重要财务指标的比较、会计报表的比较和会计报表项目构成的比较 3 种。

2. 比率分析法

比率分析法是通过计算各种比率指标来确定财务活动变动程度的方法。比率指标的类型主要有构成比率、效率比率和相关比率 3 类。

3．财务指标综合分析法

财务指标综合分析法是依据分析指标与其影响因素的关系，从数量上确定各因素对分析指标影响方向和影响程度的一种方法。财务指标综合分析法具体有 2 种：连环替代法和差额分析法。

四、财务分析的数据来源

财务分析的数据来源主要可以通过以下 2 种方式获取。

1．财务报告数据源

财务报告数据源是指按照现行会计准则，通过 Excel 生成的资产负债表、利润表和现金流量表等，如项目二中的相关报表。本项目将以在项目二中生成的资产负债表、利润表和现金流量表中的相关数据为基础，通过计算来生成所需的数据报表，然后对其进行加工处理，得到一系列的财务指标。

2．外部数据库

（1）Microsoft Query

Microsoft Query 是一个 Excel 用于获取外部数据源的应用程序。Excel 可以通过 Microsoft Query，从安装了 ODBC 驱动程序的数据库中获取数据。

（2）VBA

除上述工具外，利用 VBA 也可直接与 ODBC 通信，获取外部数据库中的数据，跳过 Query。

任务二　财务报表的比较分析

一、资产负债表的比较分析

美景化工有限公司本期资产负债表产生后，就可以对其进行比较分析操作，得出 2 个时期资产负债表各个项目的金额增减情况。

微课-资产负债表的比较分析

1．建立分析模型

操作步骤

步骤 1　新建工作簿，命名为“项目三财务分析”。将 Sheet1 命名为“资产负债表”、Sheet2 命名为“资产负债表比较分析”。

步骤 2　将项目二中计算的本期资产负债表复制到当前工作簿的“资产负债表”工作表中。由于项目二中的资产负债表中有一些单元格使用了公式，所以使用选择性粘贴，不考虑单元格公式和格式，只粘贴数值，如图 3.1 所示。

步骤 3　设置数值为 0 的项不显示。选择“文件”|“选项”|“高级”选项，取消选中“在具有零值的单元格中显示零”复选框，以美化报表，如图 3.2 所示。

步骤 4　按相同的方法，将资产负债表复制到“资产负债表比较分析”工作表中。

步骤 5　在“资产负债表比较分析”工作表中的“年初数”后面新增“差额”“差额百分比”2 列。利用单元格公式功能在“差额”列（E6）中输入公式“=C6-D6”，在“差额百分比”列（F6）中输入公式“=E6/D6”。

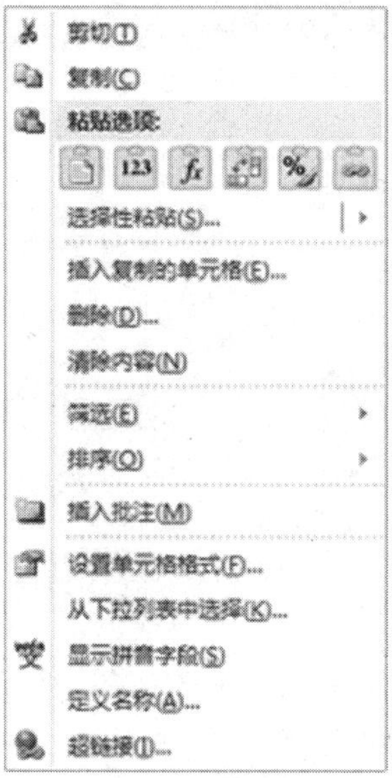

图 3.1　选择性粘贴

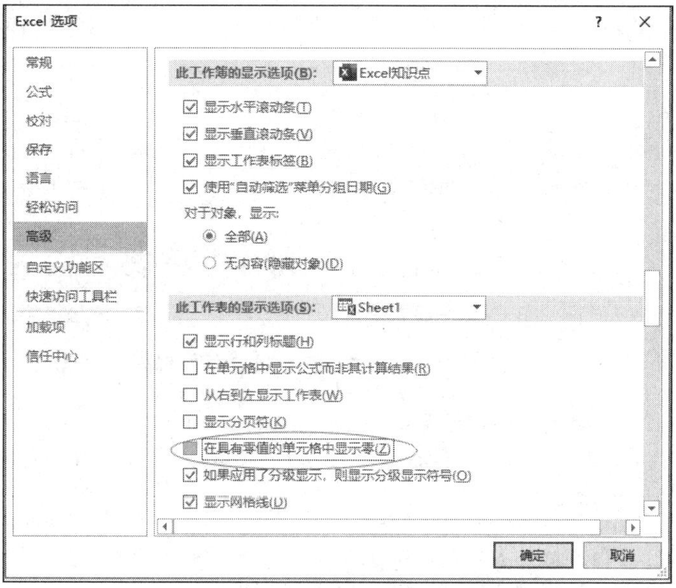

图 3.2　不显示数值为 0 的项

步骤 6　选中 E6:F6 单元格区域，向下填充复制，生成差额和差额百分比数据，如图 3.3 所示。

资产负债表

会企01表

编制单位：美景化工有限公司　　2019年9月30日　　单位：元

行次	资产	期末数	年初数	差额	差额百分比	行次	负债及所有者权益	期末数	年初数
001	流动资产：					001	流动负债：		
002	货币资金	828,979.80	353,200.00	475,779.80	134.71%	002	短期借款		200,000.00
003	以公允价值计量且其变动计入当期损益的金融资产					003	以公允价值计量且其变动计入当期损益的金融负债		
004	衍生金融资产					004	衍生金融负债		
005	应收票据		38,000.00	-38,000.00	-100.00%	005	应付票据		15,000.00
006	应收账款	105,797.20	62,400.00	43,397.20	69.55%	006	应付账款		206,480.00
007	预付款项					007	预收款项		161,714.00
008	其他应收款	28,000.00	30,000.00	-2,000.00	-6.67%	008	应付职工薪酬		73,975.00
009	存货	577,816.50	570,000.00	7,816.50	1.37%	009	应交税费		233,219.91
010	持有待售资产					010	其他应付款		8,951.00
011	一年内到期的非流动资产					011	持有待售负债		
012	其他流动资产		600.00	-600.00	-100.00%	012	一年内到期的非流动负债		
013	流动资产合计	1,540,593.50	1,054,200.00	486,393.50	46.14%	013	其他流动负债		
014	非流动资产：					014	流动负债合计		899,339.91
015	可供出售金融资产					015	非流动负债		
016	持有至到期投资					016	长期借款		
017	长期应收款					017	应付债券		
018	长期股权投资					018	其中：优先股		
019	投资性房地产					019	永续债		
020	固定资产	528,300.00	537,700.00	-9,400.00	-1.75%	020	长期应付款		
021	在建工程					021	预计负债		
022	生产性生物资产					022	递延收益		
023	油气资产					023	递延所得税负债		
024	无形资产					024	其他非流动负债		

图 3.3　计算“差额”“差额百分比”列

步骤 7　选中 F 列，选择“开始”|“格式”|“设置单元格格式”命令，打开“设置单元格格式”对话框。在“数字”选项卡的“分类”列表框中选择“百分比”选项，并将“小数位数”微调框中的数值设置为 2，如图 3.4 所示。

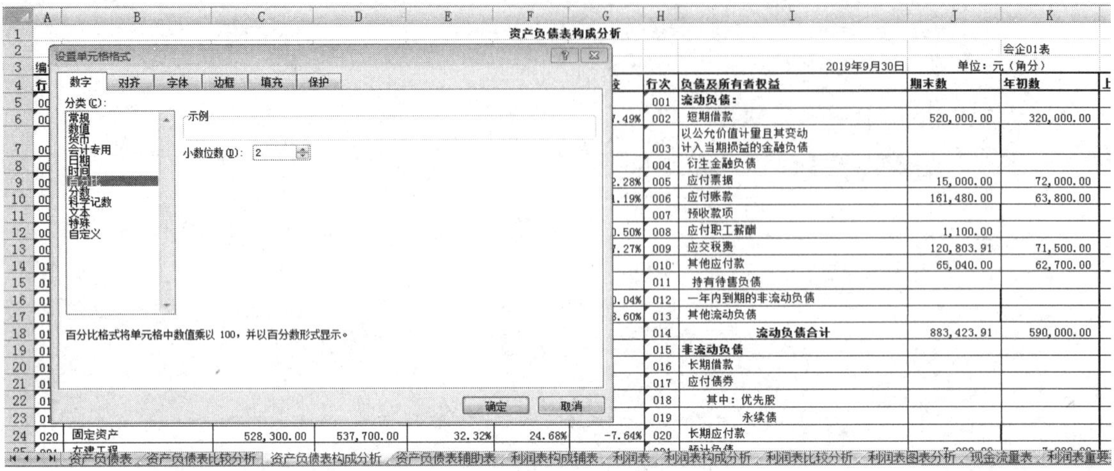

图 3.4　设置单元格显示格式为百分比

2．数据的比较分析

企业某一特定时点的资产负债表对信息使用者的帮助非常有限。但通过对不同时点的资产负债表进行比较可以发现资产负债表中的哪些项目发生了变化，进一步结合其他相关信息，可以知道本年度中哪些事件造成了项目数据的变化及这些事件对未来会有什么影响等。这些有助于管理者进行决策。

资产负债表比较分析也可用于进行多期数据比较，以获得不同会计年度的数据差额，取得不同的比较信息。

二、利润表的比较分析

微课-利润表的比较分析

美景化工有限公司本期利润表产生后，就可以对利润表进行比较分析操作，得出连续 2 个时期利润表各个项目的金额增减情况了。通过利润表比较分析，可以从利润形成的角度了解利润的变动情况，揭示企业在利润形成过程中的管理业绩和存在的问题。

1．建立分析模型

操作步骤

步骤 1　在“项目三财务分析”工作簿中插入一张新的工作表，命名为“利润表”。

步骤 2　复制本年度利润表，将其数据粘贴到“利润表”“利润表比较分析”工作表中。

步骤 3　将“利润表比较分析”工作表“本期金额”列中的数据转换成以千元为单位。

插入 1 列，在 D4 单元格中输入“2019 年累计数”；在 D5 单元格中输入公式“=ROUND(C5/1000,0)”，向下填充复制，完成 C 列本月数据的单位“元”向“千元”的转换，并增加过去 2 个年度利润表的数据，以便进行数据分析。连续 3 年的利润表数据如图 3.5 所示。

	A	B	C	D	E	F
1	利润表					
2						会企02表
3	编制单位：美景化工有限公司					单位：千元
4	项　　目	行数	本月数/元	2019年累计数	2018年累计数	2017年累计数
5	一、营业收入	1	702,600.00	703	623	590
6	减：营业成本	2	383,806.60	384	380	350
7	税金及附加	3	5,913.19	6	6	6
8	销售费用	4	28,110.00	28	28	26
9	管理费用	5	37,912.76	38	25	20
10	研发费用	6				
11	财务费用	7	2,150.00	2	5	3
12	其中：利息费用	8	2,340.00			
13	利息收入	9	190.00			
14	加：其他收益	10				
15	投资收益（损失以"-"号填列）	11				
16	其中：对联营企业和合营企业的投资收益	12				
17	公允价值变动损益（损失以"-"号填列）	13				
18	资产减值损失（损失以"-"号填列）	14				
19	资产处置收益（损失以"-"号填列）	15				
20	二、营业利润（损失以"-"号填列）	16	244,707.45	245	179	185
21	加：营业外收入	17	52.00			
22	减：营业外支出	18				
23	三、利润总额（损失以"-"号填列）	19	244,759.45	245	179	185
24	减：所得税费用	20	61,189.86	61	69	52
25	四、净利润（净亏损以"-"号填列）	21	183,569.59	184	110	133
26	（一）持续经营净利润（净亏损以"-"号填列）	22	183,569.59			
27	（二）终止经营净利润（净亏损以"-"号填列）	23				

资产负债表构成分析　资产负债表辅助表　利润表构成辅表　利润表　利润表构成分析　利润表比较分析　利润

图 3.5　连续 3 年的利润表数据

步骤 4　在"利润表比较分析"工作表的下方增加比较分析区域，列示待考查年度的差额和差额百分比。利用单元格公式功能在"差额"及"差额百分比"列中输入计算公式，如表 3.1 所示。

表 3.1　利润表比较分析公式

项　目	2019 年		2018 年	
	差　额	差额百分比	差　额	差额百分比
营业收入	=D5-E5	=C32/E5	=E5-F5	=E32/F5
营业成本	=D6-E6	=C33/E6	=E6-F6	=E33/F6
税金及附加	=D7-E7	=C34/E7	=E7-F7	=E34/F7
营业利润	=D20-E20	=C35/E20	=E20-F20	=E35/F20
期间费用	=(D8+D9+D10)-(E8+E9+E10)	=C36/(E8+E9+E10)	=(E8+E9+E10)-(F8+F9+F10)	=E36/(F8+F9+F10)
利润总额	=D23-E23	=C37/E23	=E23-F23	=E37/F23
所得税费用	=D24-E24	=C38/E24	=E24-F24	=E38/F24
税后利润	=D25-E25	=C39/E25	=E25-F25	=E39/F25

在"利润表比较分析"表中，C 列列示了美景化工有限公司 2019 年与 2018 年的比较数据，E 列列示了美景化工有限公司 2018 年与 2017 年的比较数据。其计算结果如图 3.6 所示。

	利润表比较分析					
30			2019年		2018年	
31	项目		差额	差额百分比	差额	差额百分比
32	营业收入		80	12.84%	33	5.59%
33	营业成本		4	1.05%	30	8.57%
34	税金及附加					
35	营业利润		66	36.87%	-6	-3.24%
36	期间费用		13	24.53%	7	15.22%
37	利润总额		66	36.87%	-6	-3.24%
38	所得税费用		-8	-11.59%	17	32.69%
39	税后利润		74	67.27%	-23	-17.29%

图 3.6　利润表比较分析

2．数据比较分析

通过比较连续 3 年得出的 2 组数据，可以发现收入、成本和利润的变化速度，便于查找利润的变化与收入和成本的关系，以便做好成本预算和控制；可以发现相邻年度费用的变化情况，便于做好费用的控制；可以了解企业获利能力的变化。也可通过 Excel 提供的图表功能来绘制一种图形，更直观地反映变化情况。美景化工有限公司连续 3 年的利润变化情况如图 3.7 所示。

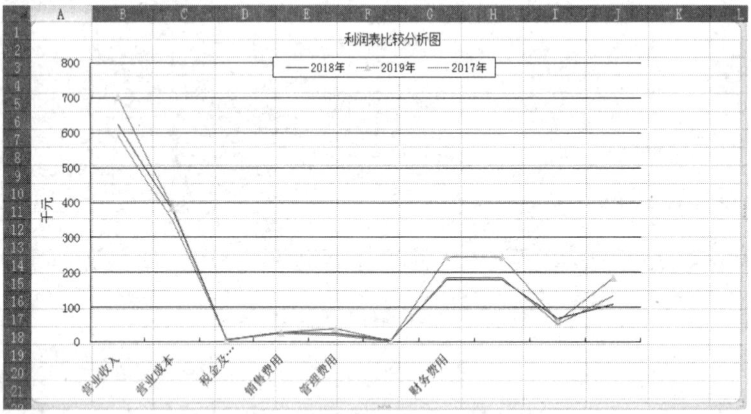

图 3.7　美景化工有限公司连续 3 年的利润变化情况

任务三　财务报表的构成分析

利用 Excel 对财务报表的构成进行比较分析就是以报表比较为基础，以某个总体指标作为全部，计算出各项目占总体指标的百分比，以此来比较各个项目的增减变动，判断相关财务活动的变化趋势。

构成分析的计算公式为：

$$构成百分比=项目\div总体指标\times100\%$$

一、资产负债表的构成分析

在资产负债表构成分析中，常以资产总额为总体指标来分析资产项目的增减变动情况。

微课-资产负债表的构成分析

1．建立分析模型

操作步骤

步骤 1　在“项目三财务分析”工作簿中，新建工作表，命名为“资产负债表构成分析”。

步骤 2　复制“资产负债表”到“资产负债表构成分析”中，注意要使用选择性粘贴，只粘贴数值，修改表头并在表中新增“上期构成”“本期构成”“构成比较”3 列，如图 3.8 所示。

资产负债表构成分析

会企01表

编制单位：美景化工有限公司　　2019年9月30日　　单位：元（角分）

行次	资产	期末数	年初数	上期构成	本期构成	构成比较	行次	负债及所有者权益	期末数	年初数	上期构成	本期构成	构成比较

图 3.8　“资产负债表构成分析”工作表结构

步骤 3　选中新增栏目，打开“设置单元格格式”对话框，在“数字”选项卡的“分类”列表框中选择“百分比”选项，并将“小数位数”微调框中的数值设置为 2。

步骤 4　在“上期构成”(E6)单元格中输入公式“=IF($D$41=0,0,D6/$D$41)”，代表上期该项目与总资产（或负债及所有者权益总额）的比值。

步骤 5　在“本期构成”(F6)单元格中输入公式“=IF($C$41=0,0,C6/$C$41)”，代表本期构成百分比=本期项目÷本期资产总额（或负债及所有者权益总额）。

步骤 6　在“构成比较”(G7)单元格中输入公式“=F6-E6”。

步骤 7　向下填充复制到其他单元格。选中 E6:G6 单元格区域，当鼠标指针变成黑十字形时，向下填充复制。负债及所有者权益类的数据以此类推，完成资产负债表构成分析，如图 3.9 所示。

资产负债表构成分析

会企01表

编制单位：美景化工有限公司　　2019年9月30日　　单位：元（角分）

行次	资产	期末数	年初数	上期构成	本期构成	构成比较	行次	负债及所有者权益	期末数	年初数	上期构成	本期构成	构成比较
001	流动资产：						001	流动负债：					
002	货币资金	828,979.80	353,200.00	21.23%	38.72%	17.49%	002	短期借款	520,000.00	320,000.00	19.23%	24.29%	5.06%
003	以公允价值计量且其变动计入当期损益的金融资产						003	以公允价值计量且其变动计入当期损益的金融负债					
004	衍生金融资产						004	衍生金融负债					
005	应收票据		38,000.00	2.28%		-2.28%	005	应付票据	15,000.00	72,000.00	4.33%	0.70%	-3.63%
006	应收账款	105,797.20	62,400.00	3.75%	4.94%	1.19%	006	应付账款	161,480.00	63,800.00	3.83%	7.54%	3.71%
007	预付款项						007	预收款项					
008	其他应收款	28,000.00	30,000.00	1.80%	1.31%	-0.50%	008	应付职工薪酬	1,100.00			0.05%	0.05%
009	存货	577,816.50	570,000.00	34.26%	26.99%	-7.27%	009	应交税费	120,803.91	71,500.00	4.30%	5.64%	1.35%
010	持有待售资产						010	其他应付款	65,040.00	62,700.00	3.77%	3.04%	-0.73%
011	一年内到期的非流动资产						011	持有待售负债					
012	其他流动资产		600.00	0.04%		-0.04%	012	一年内到期的非流动负债					
013	流动资产合计	1,540,593.50	1,054,200.00	63.36%	71.96%	8.60%	013	其他流动负债					
014	非流动资产：						014	流动负债合计	883,423.91	590,000.00	35.46%	41.26%	5.81%
015	可供出售金融资产						015	非流动负债					
016	持有至到期投资						016	长期借款					
017	长期应收款						017	应付债券					
018	长期股权投资						018	其中：优先股					
019	投资性房地产						019	永续债					
020	固定资产	528,300.00	537,700.00	32.32%	24.68%	-7.64%	020	长期应付款					
021	在建工程						021	预计负债	7,000.00	7,000.00	0.42%	0.33%	-0.09%
022	生产性生物资产						022	递延收益					
023	油气资产						023	递延所得税负债					
024	无形资产						024	其他非流动负债					
025	开发支出						025	非流动负债合计	7,000.00	7,000.00	0.42%	0.33%	-0.09%
026	商誉						026	负债合计	890,423.91	597,000.00	35.88%	41.59%	5.71%
027	长期待摊费用	72,000.00	72,000.00	4.33%	3.36%	-0.96%	027	所有者权益（或股东权益）：					
028	递延所得税资产						028	实收资本（或股本）	999,100.00	999,100.00	60.05%	46.67%	-13.38%
029	其他非流动资产						029	其他权益工具					
030	非流动资产合计	600,300.00	609,700.00	36.64%	28.04%	-8.60%	030	其中：优先股					
031							031	永续债					
032							032	资本公积					
033							033	减：库存股					
034							034	其他综合收益					
035							035	专项储备					
036							036	盈余公积	67,800.00	67,800.00			
037							037	未分配利润	183,569.59				
038							038	者权益（或股东权益）	1,250,469.59	1,066,900.00	64.12%	58.41%	-5.71%
039	资产总计	2,140,893.50	1,663,900.00				039	所有者权益（或股东权益	2,140,893.50	1,663,900.00			

图 3.9　资产负债表构成分析

2．资产负债表构成数据的分析

（1）数据比较分析

根据资产负债表构成分析表中的数据，可以看到上年各资产项目占总资产的比例、本年各资产项目占总资产的比例和增减变化的比例值，并可对资产的份额及增减的比例做排序，以便掌握企业资产的比例；可以看到流动负债、长期负债和所有者权益的比重，并判断企业资金的来源是长期还是短期、是内部还是外部，从而掌握企业经营的稳定性。

根据图 3.9，可以看到美景化工有限公司 2019 年总资产中各项资产的比重：货币资金占总资产的 38.72%，比例过高，显示公司机会成本过高，不能获取应有的收益；固定资产占总资产的比重为 32.32%，对于生产加工型企业，比值偏低，说明企业抗风险能力和经营能力较弱；应收款项和其他应收款比重较低，说明企业资金管理良好；本年负债占的比重为 35.88%，资金结构合理。当然，在比较分析时，还要结合宏观环境、行业形势等因素综合考虑。

（2）图形比较分析

也可通过 Excel 提供的图表功能来绘制一种图形，这样能更直观地反映变化情况。在做图形分析时，财务人员可以剔除对分析无用的数据，制作辅助表格，以便更准确地描述构成情况。资产负债表的辅助表如图 3.10 所示。

资产构成分析

编制单位：美景化工有限公司

行次		期末数	年初数
002	货币资金	828979.80	353200.00
005	应收票据	0.00	38000.00
006	应收账款	105797.20	62400.00
009	其他应收款	0.00	0.00
010	存货	28000.00	30000.00
020	固定资产	0.00	0.00
029	长期待摊费用	0.00	0.00

图 3.10　资产负债表的辅助表

对辅助表进行图表分析，可以很直观地看到各项资产占总资产的比重。

操作步骤

步骤 1　选择“插入”|“饼图”|“二维饼图”命令，选择布局和样式，如图 3.11 所示。这时会在表格下方出现图表区域。调整图表区域至合适的位置和大小。

图 3.11　图表的布局和样式

步骤 2　单击“选择数据”按钮，选择资产负债表辅助表中的项目和期末数，如图 3.12 所示。

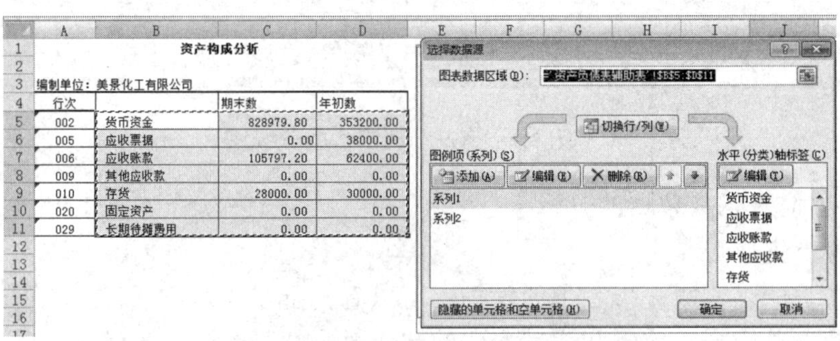

图 3.12　图表数据的来源

步骤 3　生成各项目占总资产比重的饼图，如图 3.13 所示。

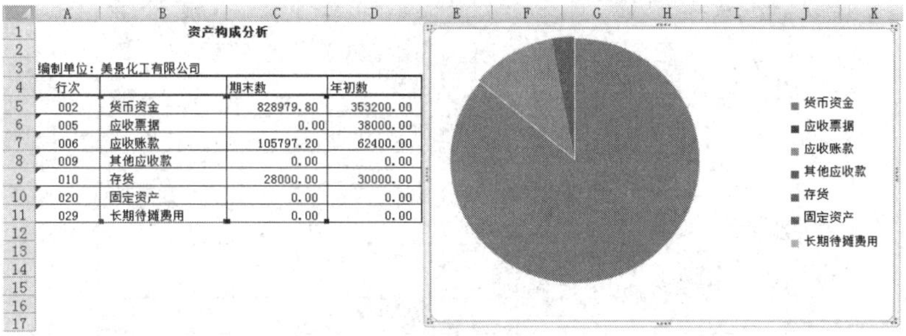

图 3.13　各项资产占总资产的比重

二、利润表的构成分析

微课-利润表的构成分析

利润表的构成分析是以主营业务收入为总体指标来考核利润表各项目的比重及比重的增减变动情况，以此来判断成本费用与收入的直接关系，为后期的成本费用控制提供参考依据。

1．建立分析模型

操作步骤

步骤 1　在“项目三财务分析”工作簿中追加工作表，复制本期利润表选择性粘贴到新工作表中，并将新工作表重命名为“利润表构成分析”。将上期数据追加入工作表中，并在工作表中新增“上期结构”“本期结构”“结构比较”3 列，描述当前项目与营业收入的关系。

步骤 2　选中新增栏目后选择“开始”|“格式”|“设置单元格格式”命令，打开“设置单元格格式”对话框。在“数字”选项卡的“分类”列表框中选择“百分比”选项，并将“小数位数”微调框中的数值设置为 2。

步骤 3　设置“本期结构”的单元格公式为“本期构成=项目本月数÷本期主营业务收入”。在 E5 单元格中输入公式“=IF($C$5=0,0,C5/$C$5)”。

步骤 4　设置“上期结构”的单元格公式为“上期构成=项目上月数÷上期主营业务收入”。在 F5 单元格中输入公式“=IF($D$5=0,0,D5/$D$5)”。

步骤 5　设置“构成比较”的单元格公式为“构成比较=本月构成-上月构成”。在 G5 单元格中输入公式“=E5-F5”。

步骤 6　选中 E5:G5 单元格区域，当鼠标指针变成黑十字形时，拖动鼠标进行复制。

步骤 7　设置工作表中 0 值不显示。选择“文件”|“选项”|“高级”命令，设置数据为 0 时不显示。计算结果如图 3.14 所示。

2．利润表构成数据的比较分析

（1）数据分析

根据利润表构成分析表中的数据，可以查看本月及上月各成本费用项目占总收入的比重，以便未来对成本费用进行控制；可以查看各成本费用占总收入的比重的先后顺序——2 个会计期间的营业成本所占比重最大、财务费用所占比重最小，以此了解企业创造的收入所支付的各成本费用的比重情况，以便对成本费用的结构进行调整；可以查看构成增减变动的情况并对增减的幅度进行排序。

利润表构成分析

会企02表

编制单位:美景化工有限公司　　　　单位:千元

项　目	行数	本期数/元	上期数	本期构成	上期构成	构成比较
一、营业收入	1	702,600.00	623	100.00%	100.00%	
减：营业成本	2	383,806.60	380	54.63%	61.00%	-6.37%
税金及附加	3	5,913.19	6	0.84%	0.96%	-0.12%
销售费用	4	28,110.00	28	4.00%	4.49%	-0.49%
管理费用	5	37,912.76	25	5.40%	4.01%	1.38%
研发费用	6					
财务费用	7	2,160.00	5	0.31%	0.80%	-0.50%
其中：利息费用	8	2,340.00		0.33%		0.33%
利息收入	9	190.00		0.03%		0.03%
加：其他收益	10					
投资收益（损失以"-"号填列）	11					
其中：对联营企业和合营企业的投资收益	12					
公允价值变动损益（损失以"-"号填列）	13					
资产减值损失（损失以"-"号填列）	14					
资产处置收益（损失以"-"号填列）	15					
二、营业利润（损失以"-"号填列）	16	244,707.45	179	34.83%	28.73%	6.10%
加：营业外收入	17	52.00		0.01%		0.01%
减：营业外支出	18					
三、利润总额（损失以"-"号填列）	19	244,759.45	179	34.84%	28.73%	6.10%
减：所得税费用	20	61,189.86	69	8.71%	11.08%	-2.37%
四、净利润（净亏损以"-"号填列）	21	183,569.59	110	26.13%	17.66%	8.47%
（一）持续经营净利润（净亏损以"-"号填列）	22	183,569.59	110	26.13%	17.66%	8.47%
（二）终止经营净利润（净亏损以"-"号填列）	23					
五、其他综合收益的税后净额	24					
（一）不能重分类进损益的其他综合收益	25					
1．重新计量设定受益计划变动额	26					
2．权益法下不能转损益的其他综合收益	27					
……	28					
（二）将重分类进损益的其他综合收益	29					
1．权益法下可转损益的其他综合收益	30					
2．可供出售金融资产公允价值变动损益	31					
3．持有至到期投资重分类为可供出售金融资产损益	32					
4．现金流量套期损益的有效部分	33					
5．外币财务报表折算差额	34					
……	35					
六、综合收益总额	36					
七、每股收益：	37					
（一）基本每股收益	38					
（二）稀释每股收益	39					

图 3.14　利润表构成分析

在图 3.14 中，美景化工有限公司本月营业成本占总收入的比重较大、管理费用比上期略有增加、营业成本在本期较上期负增长，说明本月营业成本控制较好。

（2）图形分析

可以选择合适的图表工具，更直观地看到各项数据的增减变动或比重情况。例如，如果要考查各项费用占营业收入的比重变动情况，可以选择柱形图。在进行图形分析之前，要挑选出需要分析的数据做成辅助表格，以便突出需要比较的数据。

成本费用占营业收入比重的增减变化如图 3.15 所示。

利润表构成分析

会企02表

编制单位:美景化工有限公司　　　　单位:千元

项　目	行数	本期数	上期数	本期构成	上期构成	构成比较
营业收入	1	703	623	100.00%	100.00%	0.00%
营业成本	4	384	380	54.62%	61.00%	-6.37%
税金及附加	5	6	6	0.85%	0.96%	-0.11%
销售费用	14	28	28	3.98%	4.49%	-0.51%
管理费用	15	38	25	5.41%	4.01%	1.39%
财务费用	16	2	5	0.28%	0.80%	-0.52%

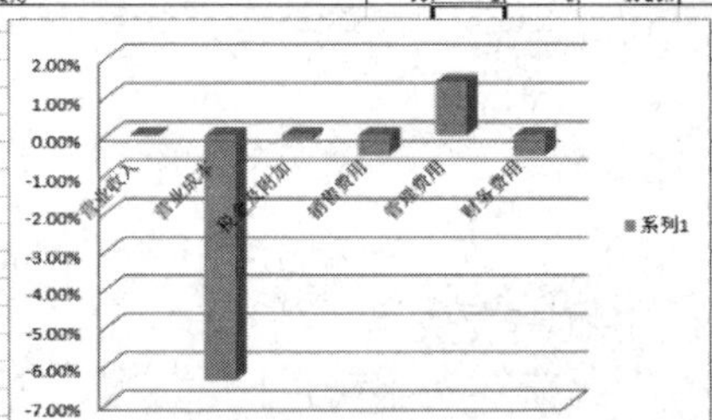

图 3.15　成本费用占营业收入比重的增减变化

根据图形能直观地看到各成本费用项目的构成变化情况：营业成本构成为负增长，本月较上月控制较好；管理费用构成增长最大，即本月比上月有所增加，需要查明原因。

任务四　财务比率分析

微课-财务比率分析

一、财务比率分析基础知识

财务比率分析即财务指标分析，是根据同一时期财务报表中 2 个或多个项目之间的关系计算其比率，以评价企业的财务状况和经营成果的一种方法。

财务比率分析是以某一基准进行比较的分析方法，单纯的财务比率是没有意义的。财务比率是通过财务报表中的财务数据的关联性计算得到的，显示了财务报表项目之间的关系。

财务比率分析分为外部比较和内部比较 2 种：外部比较是企业之间的比较，以同行业或同类型企业的平均值为基础进行比较；内部比较是对企业近几年的财务比率进行比较，考察本企业的财务状况和经营成果的变化趋势。

总结和评价企业财务状况和经营成果的分析指标包括偿债能力指标、运营能力指标、获利能力指标和发展能力指标。以下分类说明相关具体指标。

1．偿债能力指标

偿债能力是指企业偿还到期债务的能力，包括短期偿债能力和长期偿债能力。

（1）短期偿债能力

短期偿债能力是指企业流动资产对流动负债及时足额偿还的保证程度。它可以衡量企业当前财务能力，特别是流动资产的变现能力。其主要有流动比率、速动比率、现金流动负债比率 3 项指标。

① 流动比率

这是流动资产与流动负债的比率，表明企业每一元流动负债有多少流动资产作为偿还保证，反映企业用可在短期内转变为现金的流动资产偿还到期流动负债的能力。其计算公式为：

$$流动比率=流动资产\div流动负债\times100\%$$

一般情况下，流动比率越高，企业的短期偿债能力越强，债权人的权益越有保障。国际上通常认为流动比率等于 200%时较为合适，因为此时企业的财务状况稳定可靠，有足够的财力偿还到期债务。

流动比率分析：从企业的角度来看，流动比率越高表示企业闲置资金持有越多，企业的机会成本增加；另一方面，也可能是由于存货积压、应收账款增多或待处理、待摊费用增加造成了假象，所以需要进一步对现金流量进行考查；从债权人角度来看，流动比率越高越安全。

② 速动比率

这是企业速动资产与流动负债的比率。速动资产是指流动资产减去变现能力较差且不稳定的存货、预付账款、一年内到期的非流动资产和其他流动资产等的余额。因此，速动比率比流动比率更能准确可靠地评价企业资产的流动性和偿还短期负债的能力。其计算公式为：

速动比率=速动资产÷流动负债×100%

一般情况下，速动比率越高，企业偿还流动负债的能力就越强。国际上通常认为速动比率等于 100%较为合适。

速动比率分析：速动比率低的企业的偿还能力并不一定就低，如果其存货的流转及变现能力较高，企业的偿债能力依然很强。

③ 现金流动负债比率

这是企业一定时期的经营现金净流量同流动负债的比率，是从现金流量角度来反映企业当期偿付短期负债的能力。其计算公式为：

现金流动负债比率=经营现金净流量÷流动负债×100%

一般情况下，该比率越高，企业按期偿债的能力越强。用该指标评价企业偿债能力应更加谨慎。

现金流动负债比率分析：企业经营活动产生的现金净流量越大，该比率越大，偿债能力越强。但也不能太大，否则企业流动资金利用不充分，获利能力不强。

（2）长期偿债能力

长期偿债能力是企业偿还长期负债的能力，主要有资产负债率、产权比率、或有负债比率、已获利息倍数和带息负债比率 5 项指标。

① 资产负债率

这是企业负债总额与资产总额的比率，表示资产总额中债权的比重及企业资产对债权人权益的保障程度。其计算公式为：

资产负债率=负债总额÷资产总额×100%

一般情况下，此比率越小，企业长期偿债能力越强。国际上通常认为该比率等于 60%较为适当。

资产负债率分析：从债权人角度来说，该指标越小越好，越小代表企业的偿债能力越有保证；从企业角度来说，60%较为合适，过大表明企业债务重，企业资金实力不强，过小则表明企业没有充分利用财务杠杆。

② 产权比率

这是负债总额和权益总额的比率，是企业财务结构是否稳健的重要标志，反映企业所有者权益对债权人权益的保障程度，揭示自有资金对偿债风险的承受能力。其计算公式为：

产权比率=负债总额÷权益总额×100%

③ 或有负债比率

这是企业或有负债总额与所有者权益总额的比率。其计算公式为：

或有负债比率=或有负债总额÷所有者权益总额×100%

或有负债比率分析：从企业角度来说，或有负债比率越低，企业的长期偿债能力越强；反之，企业承担的风险越大。

④ 已获利息倍数

这是企业一定时期息税前利润与利息支出的比率，是企业举债经营的前提，也是衡量企业长期偿债能力的重要标志，可用来分析公司在一定盈利水平下支付债务利息的能力。

一般已获利息倍数为 3，至少也应当大于 1。其计算公式为：

已获利息倍数=息税前利润总额÷利息支出

⑤ 带息负债比率

这是企业某一时点的带息负债金额与负债总额的比率，主要反映企业在未来偿还利息的压力。其计算公式为：

带息负债比率=（短期借款+一年内到期的长期负债+长期借款+应付债券+应付利息）÷负债总额×100%

带息负债比率分析：带息负债比率越低，企业的偿债压力越小；反之，企业的偿债压力越大。

2．运营能力指标

（1）人力资源运营能力指标

该指标采用劳动效率来分析，是企业营业收入或净资产值与平均职工人数的比率。其计算公式为：

劳动效率=营业收入或净资产值÷平均职工人数×100%

劳动效率分析：该比率可以与计划比率、历史比率比较来找差距；劳动效率高说明会计期间企业劳动者的积极性、能动性得到了提高，企业的经营效率高。

（2）生产资料运营能力指标

该指标反映企业总资产及其各个组成要素的运营能力，主要包括以下 5 项。

① 应收账款周转率

这是企业一定时期内营业收入与平均应收账款余额的比率，反映企业应收账款的变现速度。营业收入为扣除折扣和折让后的销售净额；平均应收账款是指未扣除坏账准备的应收账款金额，是期初应收账款余额和期末应收账款的平均数。其计算公式为：

应收账款周转率=营业收入÷平均应收账款余额×100%

应收账款周转率分析：应收账款周转率越高说明企业的收账速度越快，资产流动性越好，坏账的可能性越小，企业运营管理情况越好。

按会计准则编制的资产负债表上的应收账款是扣除坏账准备后的金额。如果坏账准备金额较大而不扣除，就会造成应收账款收回次数增加、业绩改善的假象。我们可以结合报表附注中年末的应收账款坏账准备的信息调整应收账款的金额。一般情况下，应收票据也是赊销形成的，是应收账款的另一种形式，也应该将其纳入应收账款周转率计算。

② 存货周转率

这是企业一定时期营业成本与平均存货余额的比率，主要反映企业流动资产的变现能力和获利能力。其计算公式为：

存货周转率=营业成本÷平均存货余额×100%

存货周转率分析：该比率越高越好，说明变现速度快，资产占用低，企业采购、生产、销售各环节的状况比较好；通过该比率可以及时发现存货管理上的问题，存货过多容易积压，存货过少会造成生产中断或销售中断。

在评价资产的变现能力时，需要计量存货转换为现金的金额和时间，此时应采用营业收入计算存货周转率；在评估存货的管理业绩时，应使用营业成本计算存货周转率。实际上，2 种周转率都是销售毛利引起的，用哪种计算方法都能达到分析目的。

③ 流动资产周转率

这是企业一定时期营业收入与平均流动资产总额的比率，反映流动资产的周转情况。其计算公式为：

流动资产周转率=营业收入÷平均流动资产总额×100%

流动资产周转率分析：该周转率越高，表明企业流动资产的利用效果越好，企业的运营能力越高。

④ 固定资产周转率

这是企业一定时期营业收入与平均固定资产净值的比率，反映企业固定资产的利用效率。其计算公式为：

固定资产周转率=营业收入÷平均固定资产净值×100%

固定资产周转率分析：该周转率越高，表明企业固定资产利用充分，结构合理，投资得当；反之，固定资产未获得充分利用，有设备处于闲置状态，造成浪费。

⑤ 总资产周转率

这是企业一定时期营业收入与平均资产总额的比率，反映企业全部资产的利用率。其计算公式为：

总资产周转率=营业收入÷平均资产总额×100%

总资产周转率分析：该比率越高，说明企业全部资产的使用效率越高；反之，说明企业全部资产的使用效率越低。

3．获利能力指标

该指标反映企业资金的增值能力，主要包括以下 5 项。

（1）营业利润率

这是企业一定时期营业利润与营业收入的比率。其计算公式为：

营业利润率=营业利润÷营业收入×100%

营业利润率分析：该比率越高，说明企业的市场竞争力越强，发展潜力越大，企业获利能力越强。

（2）成本费用利润率

这是企业一定时期利润总额与成本费用总额的比率。其计算公式为：

成本费用利润率=利润总额÷成本费用总额×100%

成本费用利润率分析：该比率越高，说明企业为取得利润支付的成本费用越小，企业获利能力越强。

（3）盈余现金保障倍数

这是企业一定时期经营现金净流量与净利润的比率，反映企业当期净利润中有多少是有现金保障的。当净利润大于 0 时，该指标应当大于 1。其计算公式为：

盈余现金保障倍数=经营现金净流量÷净利润×100%

盈余现金保障倍数分析：该指标越大，说明企业的净利润对现金的贡献越大，企业盈余状况越好。

（4）总资产报酬率

这是企业一定时期内获得的息税前利润总额与平均资产总额的比率，反映企业全部资产的综合利用效果。其计算公式为：

总资产报酬率=息税前利润总额÷平均资产总额×100%

总资产报酬率分析：该比率越高，说明企业资产综合获利能力越好，企业经营管理水平越高。

（5）净资产收益率

这是企业一定时期净利润与平均净资产的比率，反映企业自有资金收益水平。计算公式为：

净资产收益率=净利润÷平均净资产×100%

净资产收益率分析：该比率越高，表明企业自有资金的获利能力越强，企业运营管理情况越好，企业的投资人和债权人的利益越有保证。

（6）资本收益率

这是企业一定时期净利润与平均资本的比率，反映企业投资额的回报水平。其计算公式为：

资本收益率=净利润÷平均资本×100%

资本收益率分析：该比率越高，表明企业的投资回报越大，企业的获利能力越强。

（7）每股收益

这是企业普通股股东持有股份每一股所能享有的企业利润或亏损。其计算公式为：

每股收益=归属于普通股股东的当期净利润÷当期发行在外普通股的加权平均数×100%

每股收益分析：该指标越高，说明公司的获利能力越强。

（8）每股股利

这是上市公司本年发放的普通股股利总额与年末普通股总数的比率。其计算公式为：

每股股利=普通股股利总额÷年末普通股总数×100%

每股股利分析：该指标越高，说明公司的获利能力越强。

（9）市盈率

这是上市公司普通股每股市价相当于每股收益的倍数，反映投资者对上市公司每一元净利润愿意支付的价格。其计算公式为：

市盈率=普通股每股市价÷普通股每股收益×100%

市盈率分析：该比率越高，说明企业的获利能力越强，投资者愿意出高价购买企业的股票；但是过高，则说明该股票的投资风险也较大。

（10）每股净资产

这是上市公司年末净资产与年末普通股总数的比率。其计算公式为：

每股净资产=年末净资产÷年末普通股总数×100%

每股净资产分析：该指标越高，说明公司的获利能力越强。

4．发展能力指标

该指标考核企业在生存的基础上扩大规模、壮大实力的潜在能力。其主要通过以下几项反映。

（1）营业收入增长率

这是企业本年营业收入增长额和上年营业收入总额的比率，反映企业成长状况和发展能力。其计算公式为：

营业收入增长率=本年营业收入增长额÷上年营业收入总额×100%

营业收入增长率分析：该比率如果大于 0，表示本年的营业收入增长，企业有新的发展；如果小于 0，说明企业本年营业收入负增长，企业应查明原因，解决问题。

（2）资本保值增值率

这是企业年末所有者权益总额与年初所有者权益总额的比率（扣除客观因素）。其计算公式为：

资本保值增值率=年末所有者权益总额÷年初所有者权益总额×100%

资本保值增值率分析：该比率越高，表明企业资本增长越快，企业发展前景越好。

（3）资本积累率

这是企业本年所有者权益增长额和年初所有者权益的比率，反映企业本年资本积累能力。其计算公式为：

资本积累率=本年所有者权益增长额÷年初所有者权益×100%

资本积累率分析：该比率如果大于 0，越高则越说明企业的资本积累较多，抵抗风险的能力较大。

（4）总资产增长率

这是企业本年总资产增长额和年初资产总额的比率。其计算公式为：

总资产增长率=本年总资产增长额÷年初资产总额×100%

总资产增长率分析：该比率越高，说明企业资产经营规模扩张的速度越快，企业发展前景越广阔，后劲越足。

（5）营业利润增长率

这是企业本年营业利润增长额和上年营业利润总额的比率。其计算公式为：

营业利润增长率=本年营业利润增长额÷上年营业利润总额×100%

营业利润增长率分析：该比率越高，说明企业营业利润的增长越多，企业发展速度越快，前景越好。

在分析指标时，资产负债表上的数据与利润表上的数据相比，通常资产负债表上的数据应取期初和期末的平均值，以减少某个时点的单独影响。

二、财务比率分析的实现

1. 建立分析模型

操作步骤

步骤 1　在“项目三财务分析”工作簿中插入一新工作表，命名为“财务比率计算表”。

步骤 2　输入财务比率公式。在 A4 至 A34 单元格中输入企业财务分析所用到的财务指标名称。在 C5 至 C34 单元格中描述财务指标对应的计算公式。以 C5 单元格为例，在 C5 单元格中输入公式“=资产负债表!C16/资产负债表!G17”。

步骤 3　输入剩余公式。

步骤 4　计算结果如图 3.16 所示。

2. 进行财务比率分析

在美景化工有限公司本期财务比率计算表中，从短期偿债能力指标来看，可以看到企业财务状况稳定可靠，有财力偿还到期债务；从长期偿债能力指标来看，企业的所有者权益对企业负债的保障能力高，企业偿债能力高；从运营能力指标来看，企业的收账速度快，坏账的可能性小，企业全部资产的使用效率较高；从获利能力指标来看，需要用同行业的营业利润率来对比美景化工有限公司的市场竞争力，以分析企业的发展潜力。经分析：企业为取得利润支付的成本费用少，成本费用控制良好；企业资产综合运营能力良好；企业自有资金的获利能力良好，企业的投资人和债权人的利益有保证。

	A	B	C
1		主要财务比率计算表	
2	单位名称：美景化工有限公司	2019年	
3	财务指标	财务指标计算公式	比率值
4	一、偿债能力指标		
5	1、流动比率	流动资产/流动负债*100%	174.39%
6	2、速动比率	速动资产/流动负债*100%	108.98%
7	二、长期偿债能力指标		
8	1、资产负债率	负债总额/资产总额*100%	41.59%
9	2、产权比率	负债总额/所有者权益总额*100%	71.21%
10	3、或有负债比率	或有负债余额/所有者权益总额	
11	4、已获利息倍数	（利息总额+利润总额）/利息支出	114.84
12	三、运营能力指标		
13	1、应收账款周转率	营业收入/（应收账款余额年初数+应收账款余额年末数）*2*100%	681.48%
14	2、存货周转率	营业成本/（存货余额年初数+存货余额年末数）*2*100%	66.88%
15	3、流动资产周转率	营业收入/（流动资产总额年初数+流动资产总额年末数）*2*100%	54.15%
16	4、固定资产周转率	营业收入/（固定资产净值年初数+固定资产净值年末数）*2*100%	131.82%
17	5、总资产周转率	营业收入/（资产总额年初数+资产总额年末数）*2*100%	36.93%
18	四、获利能力指标		
19	1、营业利润率	营业利润/营业收入*100%	34.83%
20	2、成本费用利润率	利润总额/（营业成本+税金及附加+营业费用+管理费用+财务费用）*100%	53.45%
21	3、盈余现金保障倍数	经营现金净流量/净利润	2.59
22	4、总资产报酬率	（利息总额+利润总额）/平均资产总额*100%	12.98%
23	5、净资产收益率	净利润/（所有者权益年初数+所有者权益年末数）*2*100%	15.84%
24	6、资本收益率	净利润/（实收资本年初数+资本公积年初数+资本公积年末数+实收资本年末数）*2*100%	17.21%
25	7、每股收益	归属于普通股股东的当期净利润/当期发行在外普通股的加权平均数	
26	8、每股股利	普通股股利总额/年末普通股股数	
27	9、市盈率	普通股每股市价/普通股每股收益*100%	
28	10、每股净资产	年末股东权益/年末普通股总数	
29	五、发展能力指标		
30	1、营业收入增长率	本年营业收入增长额/上午营业收入总额*100%	12.84%
31	2、资本保值增值率	扣除客观因素后的年末所有者权益总额/年初所有者权益总额*100%	117.21%
32	3、资本积累率	本年所有者权益增长额/年初所有者权益*100%	17.21%
33	4、总资产增长率	本年总资产增长额/年初资产总额*100%	28.67%
34	5、营业利润增长率	本年营业利润增长额/上年营业利润总额*100%	36.87%

图 3.16 财务指标计算结果

任务五 财务指标综合分析

一、财务指标综合分析基础知识

1．有效的综合分析

了解这些财务指标后，可以根据企业的财务报表数据，利用 Excel 对财务比率进行分析，以便对企业的现状进行了解，更好地为未来进行决策。但是单独分析一项财务指标没有任何意义，难以全面、准确地评价企业，所以需要从偿债能力指标、运营能力指标、获利能力指标和发展能力指标来全面总结和评价企业财务状况与经营成果。

2．有效的综合分析应符合的要求

（1）财务指标要完整

需要从偿债能力指标、运营能力指标、获利能力指标和发展能力指标总体考核。

（2）指标分析要主次分明

某些指标是企业采用的国际上通用的重点或主要的分析指标，而某些指标是辅助分析时使用的，所以需要确定各指标的主次地位，以便能更有层次地进行分析。

（3）满足多方使用者的需要

财务报告的使用者主要包括企业所有者、企业债权人、投资人、企业经营决策者和政府部门等。各使用方所参考的财务指标的角度不一样，有效的综合分析应满足多方使用者的需要。

3．财务指标综合分析的方法

财务指标综合分析的方法很多，其中国际上使用比较广泛的有杜邦财务指标分析法和沃尔比重评分法。

（1）杜邦财务指标分析法

杜邦财务指标分析法由美国杜邦公司的财务经理布朗创立并成功运用。它是利用各个财务指标的关系，对企业的经营状况和财务成果进行分析的一种方法。它以净资产收益率为核心，将其逐步分解为若干财务指标，通过分析各个分解过的财务指标对净资产收益率的影响来揭示企业的经营状况和财务成果及其变化的原因。杜邦财务指标分析法各主要指标的关系为：

净资产收益率=总资产净利率×权益乘数=营业净利率×总资产周转率×权益乘数

其中：

营业净利率=净利润÷营业收入×100%

总资产周转率=营业收入÷平均资产总额×100%

权益乘数=资产总额÷所有者权益×100%=1÷（1-资产负债率）

杜邦财务指标分析法可使财务比率分析的层次更清晰、条理更突出，为分析者全面、仔细地了解企业的经营和盈利状况提供方便。它有助于企业管理层更加清晰地看到净资产收益率的决定因素，以及营业净利率和总资产周转率、资产负债率之间的相互关系，为管理层提供一张明晰的考察公司资产管理效率和是否最大化股东投资回报的路线图。杜邦财务指标分析法的数据来源是企业的财务报表。

（2）沃尔比重评分法

沃尔比重评分法是指将选定的财务比率用线性关系结合起来，并分别给定各自的分数比重，然后与标准比率进行比较，确定各项指标的得分和总体指标的累计分数，从而对企业的信用水平做出评价的方法。

在计算财务比率之后，财务人员在进行财务分析时，只能根据本企业的历史数据来比较，不能评价其在市场竞争中的地位。也就是说，财务比率没有一个统一的行业标准。20 世纪初，沃尔提出了信用能力指数的概念，将流动比率、产权比率、固定资产比率、存货周转率、应收账款周转率、固定资产周转率、自有资金周转率 7 项财务比率用线性关系结合起来，分别给出比重，然后与标准比率进行比较，确定各项指标的得分及总指标分数，从而评价公司的整体水平。

但是沃尔比重评分法最初的 7 项指标已难以完全满足当前企业评价的需求。现在选择指标时通常认为偿债能力、运营能力、获利能力、发展能力指标均应选到，并可选用一些非财务指标作为参考。

应用沃尔比重评分法的基本步骤如下。

步骤 1　选择评价指标并分配指标权重。

步骤 2　根据各项财务比率的重要程度确定其标准评分值。

步骤 3　确定各项评价指标的标准值。

步骤 4　对各项评价指标计分并计算综合分数。

步骤 5　形成评价结果。

二、杜邦财务指标分析法的实现

微课-杜邦分析

操作步骤

步骤 1　在“项目三财务分析”工作簿中新建“杜邦财务指标分析表”工作表。

步骤 2　在“杜邦财务指标分析表”中输入各项指标公式，如表 3.2 所示。

表 3.2　杜邦财务指标分析表公式

项目名位置	项目名称	公式位置	项目对应公式
G2	净资产收益率	G3	=E7*J7
E6	总资产净利率	E7	=B13*H13
J6	权益乘数	J7	=资产负债表!C41/资产负债表!G40
B12	营业净利率	B13	—A17/C17
H12	总资产周转率	H13	=G17/(J17+J18)*2
A16	净利润	A17	=A22－B22－D22
C16	营业收入	C17	=利润表!C5
G16	营业收入	G17	=利润表!C5
J16	资产总额(年初数)	J17	=H22+K22
	资产总额(年末数)	J18	=H23+K23
A21	营业收入	A22	=利润表!C5
B21	－营业成本	B22	=A27+B27+C27+D27+E27
D21	－所得税	D22	=利润表!C24
H21	长期资产(年初数)	H22	=G27+H27+I27
	长期资产(年末数)	H23	=G28+H28+I28
K21	流动资产(年初数)	K22	=J27+K27+L27
	流动资产(年末数)	K23	=J28+K28+L28
A26	营业成本	A27	=利润表!C6
B26	+销售费用	B27	=利润表!C8
C26	+管理费用	C27	=利润表!C9
D26	+财务费用	D27	=利润表!C11
E26	+税金及附加	E27	=利润表!C7
G26	长期股权投资(期初)	G27	=资产负债表!D21
	长期股权投资(期末)	G28	=资产负债表!C21
H26	+固定资产(期初)	H27	=资产负债表!D23
	+固定资产(期末)	H28	=资产负债表!C23
I26	+长期待摊费用(期初)	I27	=资产负债表!D30
	+长期待摊费用(期末)	I28	=资产负债表!C30
J26	+货币资金(期初)	J27	=资产负债表!D6

（续表）

项目名位置	项目名称	公式位置	项目对应公式
	＋货币资金(期末)	J28	＝资产负债表!C6
K26	＋存货(期初)	K27	＝资产负债表!D12
	＋存货(期末)	K28	＝资产负债表!C12
L26	＋其他流动资产(期初)	L27	＝资产负债表!D15
	＋其他流动资产(期末)	L28	＝资产负债表!C15

步骤 3　在杜邦财务指标分析模型中输入上述计算公式，计算结果如图 3.17 所示。

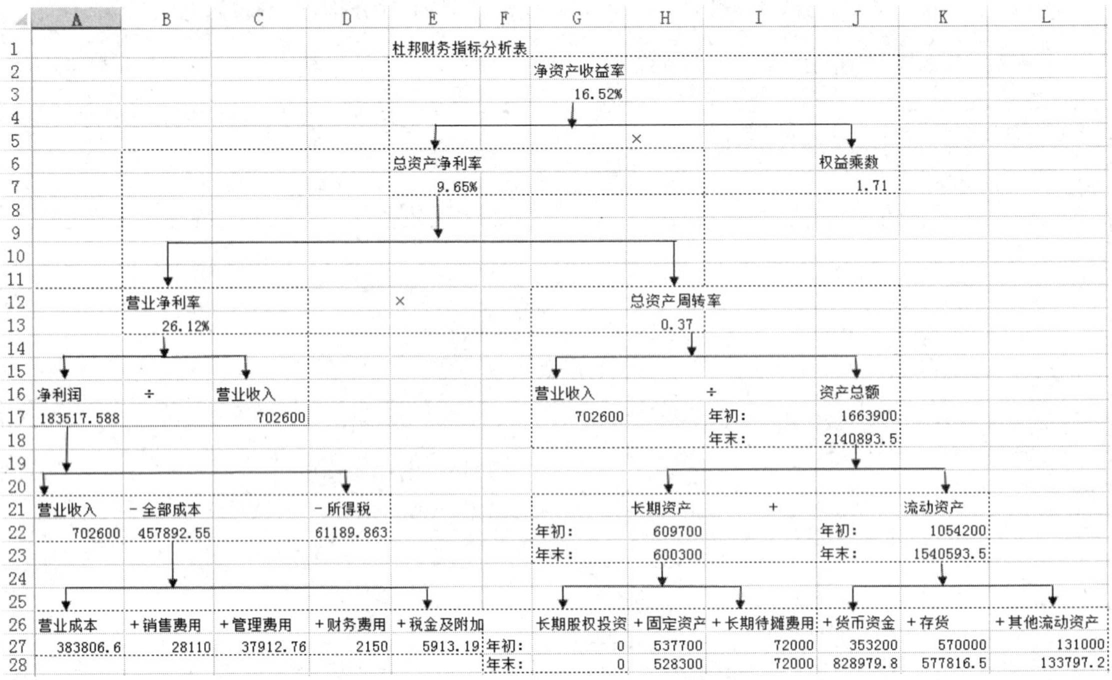

图 3.17　美景化工有限公司 2019 年杜邦财务指标分析结果

按照同样的方法还可计算出 2018 年的数据，假设 2018 年、2019 年的数据如表 3.3 所示。

表 3.3　2018 年、2019 年美景化工有限公司杜邦财务指标分析法结果比较

年　份	净资产收益率	总资产净利率	权益乘数	营业净利率	总资产周转率
2018	12.57%	7.35%	1.71	19.34%	0.38
2019	16.52%	9.65%	1.71	26.12%	0.37

从表 3.3 中可以看到，美景化工有限公司的净资产收益率 2019 年有所上升，这说明所有者投入资金的获利能力增强，企业的运营效果较去年好。因权益乘数没有改变，表明 2019 年净资产收益率的变化主要来自企业总资产净利率的变化。总资产净利率 2019 年有所增长，表明本企业资产利用充分、营业收入提高或成本费用控制比上年好。企业总资产净利率可分解为营业净利率和总资产周转率，总资产周转率 2019 年稍微下降，说明本企业资产总额实现收入的能力发生了变化，可检查资产使用效率降低的因素。而同时营业净利率提高较大，

说明企业的盈利有所提高，体现在 2019 年该企业的收入增加，成本降低了。

三、沃尔比重评分法的实现

1. 建立分析模型

微课-沃尔比重分析法

操作步骤

步骤 1　在“项目三财务分析”工作簿中，新建“沃尔财务指标分析表”工作表。

步骤 2　在“沃尔财务指标分析表”的 B 列输入财务指标分配权重，如表 3.4 所示。

表 3.4　财务指标分配权重

选择的指标	分配权重
一、偿债能力指标	20
1. 资产负债率	12
2. 已获利息倍数	8
二、获利能力指标	38
1. 净资产收益率	25
2. 总资产报酬率	13
三、运营能力指标	18
1. 总资产周转率	9
2. 流动资产周转率	9
四、发展能力指标	24
1. 营业收入增长率	12
2. 资本积累率	12
综合得分	100

步骤 3　在“沃尔财务指标分析表”的 C 列输入指标的标准值，如表 3.5 所示。

表 3.5　财务指标的标准值

选择的指标	标准值
一、偿债能力指标	
1. 资产负债率	60%
2. 已获利息倍数	3
二、获利能力指标	
1. 净资产收益率	25%
2. 总资产报酬率	16%
三、运营能力指标	
1. 总资产周转率	2
2. 流动资产周转率	5
四、发展能力指标	
1. 营业收入增长率	10%
2. 资本积累率	15%

步骤 4　输入实际数据，并计算分值。计算结果如图 3.18 所示。

	A	B	C	D	E
1	沃尔财务指标分析表				
2	选择的指标	分配权重①	指标的标准值②	指标的实际值③	实际得分④=①×③÷②
3	一、偿债能力指标				
4	1. 资产负债率	12	60%	41.59%	8.32
5	2. 已获利息倍数	8	3	114.93	306.48
6	二、获利能力指标				
7	1. 净资产收益率	25	25%	15.84%	15.84
8	2. 总资产报酬率	13	16%	12.98%	10.55
9	三、运营能力指标				
10	1. 总资产周转率	9	2	1.32	5.93
11	2. 流动资产周转率	9	5	0.54	0.97
12	四、发展能力指标				
13	1. 营业收入增长率	12	10%	12.84%	15.41
14	2. 资本积累率	12	15%	17.21%	13.76
15	综合得分	100			377.27

图 3.18　美景化工有限公司沃尔财务指标分析计算结果

在计算 E 列相关数据的数值时，可以采用数组公式的方式输入。例如，计算偿债能力得分值时，选择 E4:E5 区域，在活动单元格中输入“=D4:D5/C4:C5*B4:B5”，然后按 Ctrl+Shift+Enter 组合键即可计算出相关数值。

2. 沃尔财务指标分析及应注意的问题

美景化工有限公司的综合得分为 377.03 分，大于 100 分。说明其财务状况的整体水平优于评价标准。但是仔细分析，可以发现已获利息倍数实际值远远高于标准值，这是因为当某一单项指标的实际值畸高时，会导致最后总分大幅度增加，掩盖情况不良的指标，从而出现“一美遮百丑”的现象。因此，在实务运用时，可以设定各指标得分值的上限或下限。另外，在实务中，有些指标可能是低于标准值才代表理想值，但是用沃尔比重评分法计算出来该指标的分数却低于标准分，显然与实际不符。例如，资产负债率越高，说明财务风险越大，但得分值却越高，所以在选择指标时，应注意评价指标的同向性，对资产负债率用倒数的值来代替资产负债率指标。通过以上两方面处理，可以从程序上避免沃尔比重评分法的局限性。

任务六　重要财务指标的分析

一、重要财务指标分析的基础

对企业重要财务指标进行比较，直接观察其增减变动情况和变动幅度，考察其发展趋势，预测其发展前景。对不同时期财务指标的比较有定基动态比率和环比动态比率 2 种方法。现以定基动态比率为例来介绍 Excel 重要财务指标分析。

假设某公司 2015 年至 2018 年的重要财务指标如表 3.6 和表 3.7 所示。

表 3.6　资产负债表重要指标　　单位：万元

重要指标项目	分析年度			
	2015 年	2016 年	2017 年	2018 年
流动资产：				
速动资产	500	620	710	560
存货	550	600	660	720
非流动资产：				
固定资产	800	920	1 580	1 880
无形资产	200	250	300	350
资产总计	2 050	2 390	3 250	3 510
负债：				
流动负债	260	350	480	400
非流动负债	250	320	380	490
所有者权益：				
实收资本	1 000	1 000	1 000	1 000
公积金	120	180	270	310
未分配利润	930	1 210	1 980	2 200
负债及所有者权益合计	2 050	2 390	3 250	3 510

表 3.7　利润表重要指标　　单位：万元

重要指标项目	分析年度			
	2015 年	2016 年	2017 年	2018 年
营业收入	1 800	2 100	2 600	3 000
营业成本及税金	1 000	1 200	1 500	2 000
期间费用	200	250	280	320
利润总额	600	650	820	680

定基动态比率分析就是选择一个会计期间的数据作为基期数据，用其他年度的相同项目的数据来进行比较而计算出来的比率，以此来发现各重要指标变化的趋势。

现以资产负债表和利润表为例来说明。其他报表分析可采用类似的方法。

二、资产负债表重要指标定基动态比率比较分析的实现

微课-资产负债表定基动态比率分析

1．建立分析模型

操作步骤

步骤 1　在“项目三财务分析”工作簿中新建一工作表，命名为“资产负债表重要指标定基动态比率分析”。

步骤 2　根据表 3.6 所示的内容，输入各年度资产负债表的重要数据。

步骤 3　新增 4 列计算分析区，并确定基年为 2015 年。

步骤 4　确定基年的计算公式。其计算公式为：

$$定基动态比率=分析期数据\div基期数据\times100\%$$

在 F6 中输入公式“=B6/B6”，然后把 F6 单元格公式复制到 F7 至 F19 单元格。

步骤 5　确定分析年度计算公式。在 G6 中输入公式“=C6/B6”，然后将 G6 单元格公式复制到 G7 至 G19 单元格；在 H6 中输入公式“=D6/B6”，然后将 H6 单元格公式复制到 H7 至 H19 单元格；在 I6 中输入公式“=E6/B6”，然后将 I6 单元格公式复制到 I7 至 I19 单元格。

步骤 6　公式输入完后，选中 G6:I19 单元格区域。选择“开始”|“格式”|“设置单元格格式”命令，打开“设置单元格格式”对话框。在“数字”选项卡的“分类”列表框中选择“百分比”选项，并将“小数位数”微调框中的数值设置为 2。

计算结果如图 3.19 所示。

	A	B	C	D	E	F	G	H	I
1	资产负债表重要指标定基动态比率分析表								
2									单位：万元
3	重要指标项目	分析年度				计算分析区			
4		2015年	2016年	2017年	2018年	基年	2016年	2017年	2018年
5	流动资产：								
6	速动资产	500	620	710	560	100.00%	124.00%	142.00%	112.00%
7	存货	550	600	660	720	100.00%	109.09%	120.00%	130.91%
8	非流动资产：								
9	固定资产	800	920	1580	1880	100.00%	115.00%	197.50%	235.00%
10	无形资产	200	250	300	350	100.00%	125.00%	150.00%	175.00%
11	资产总计	2050	2390	3250	3510	100.00%	116.59%	158.54%	171.22%
12	负债：								
13	流动负债	260	350	480	400	100.00%	134.62%	184.62%	153.85%
14	非流动负债	250	320	380	490	100.00%	128.00%	152.00%	196.00%
15	所有者权益：								
16	实收资本	1000	1000	1000	1000	100.00%	100.00%	100.00%	100.00%
17	公积金	120	180	270	310	100.00%	150.00%	225.00%	258.33%
18	未分配利润	930	1210	1980	2200	100.00%	130.11%	212.90%	236.56%
19	负债及所有者权益合计	2050	2390	3250	3510	100.00%	116.59%	158.54%	171.22%

图 3.19　资产负债表重要指标定基动态比率分析表

2．资产负债表重要指标定基动态比率数据的比较分析

（1）数据分析

根据资产负债表重要指标定基动态比率分析表中 2015 年至 2018 年公司的数据，资产中资产总额稳步增长；速动资产在 2018 年有所下降，说明能迅速变现的资产减少；存货连年增加，可能是企业生产能力正在提高，也可能是销售能力下降或生产环节出现问题，有待进一步分析。在负债中，长期负债稳步增长，并在 2018 年超过了流动负债的金额，说明企业外来筹集资金的方式正在改变。在权益中，实收资本没有发生变化，企业没有增资；未分配利润稳步增长，说明企业经营状况良好、盈利能力逐步增强。

（2）图形分析

利用 Excel 的图表功能，通过折线图分析各比率的增减变动情况。

操作步骤

步骤 1　利用图形进行分析之前，先做一个辅助表格，便于图形的制作，如图 3.20 所示。

步骤 2　选择“插入”|“折线图”|“二维折线图”命令，工作表中出现空白图表区域后，选择“图表工具”中的图表样式和图表布局，如图 3.21 所示。

步骤 3　在图表中右击，选择“选择数据”命令，打开“选择数据源”对话框。在图

例项中添加待比较的各年份，在水平轴中添加比较要素，如图 3.22 所示。

资产负债表重要指标定基动态比率分析表				
				单位：万元
重要指标项目	计算分析区			
	基年	2016年	2017年	2018年
速动资产	100.00%	124.00%	142.00%	112.00%
存货	100.00%	109.09%	120.00%	130.91%
固定资产	100.00%	115.00%	197.50%	235.00%
无形资产	100.00%	125.00%	150.00%	175.00%
流动负债	100.00%	134.62%	184.62%	153.85%
非流动负债	100.00%	128.00%	152.00%	196.00%
实收资本	100.00%	100.00%	100.00%	100.00%
公积金	100.00%	150.00%	225.00%	258.33%
未分配利润	100.00%	130.11%	212.90%	236.56%

图 3.20　资产负债表重要指标定基动态比率分析辅助表格

图 3.21　图表工具选项

步骤 4　修改标题提示信息，得到资产负债表重要指标动态比率分析的折线图，如图 3.23 所示。

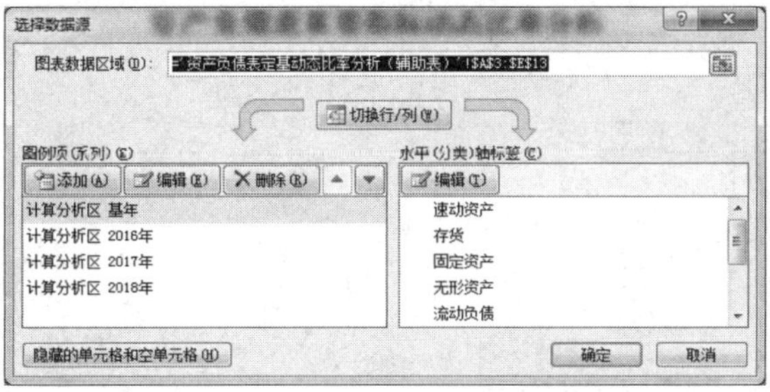

图 3.22　选择数据源

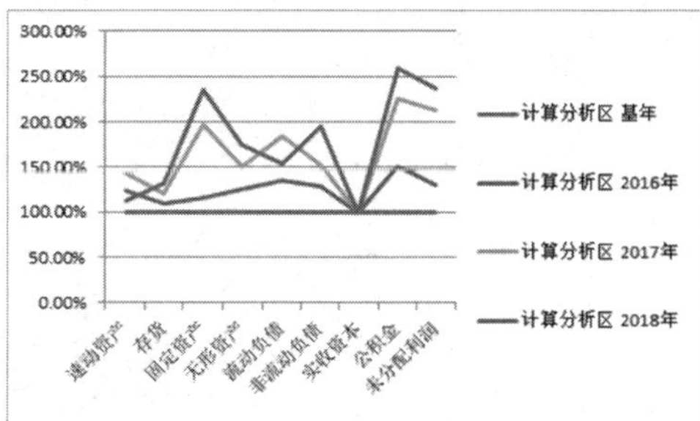

图 3.23　资产负债表重要指标定基动态比率分析折线图

根据图 3.23 可以很直观地看到各年度重要指标的变化情况。例如，在连续 4 年中，固定资产的增长幅度较大，而存货的增长幅度很小；2018 年企业的速动资产下降，说明企业销售能力可能下降，所以在未来应考虑产品导向，寻找市场出路。

三、利润表重要指标定基动态比率比较分析的实现

微课-利润表定基动态比率分析

1．建立分析模型

操作步骤

步骤 1　在“项目三财务分析”工作簿中新建一工作表，命名为“利润表重要指标定基动态比率分析表”。

步骤 2　根据表 3.7 所示的内容，输入各年度利润表的重要数据。

步骤 3　新增 4 列计算分析区，并确定基期为 2015 年。

步骤 4　确定基期的计算公式。计算结果如图 3.24 所示。

利润表重要指标定基动态比率分析表				
				单位：万元
重要指标项目	计算分析区			
	基期	2016年	2017年	2018年
营业收入	100.00%	116.67%	144.44%	166.67%
营业成本及税金	100.00%	120.00%	150.00%	200.00%
期间费用	100.00%	125.00%	140.00%	160.00%
利润总额	100.00%	108.33%	136.67%	113.33%

图 3.24　利润表重要指标定基动态比率分析

2．利润表重要指标定基动态比率数据的比较分析

（1）数据分析

从“利润表重要指标定基动态比率分析表”中的数据可看到：营业收入连年增长，2018 年增长较快；营业成本连年增长，2018 年增幅较大；期间费用连年增长，增幅不大；利润在 2015 年和 2016 年增幅较小，2017 年增幅较大，而 2018 年增幅却下降了。

（2）图形分析

利用 Excel 的图表功能，通过折线图或柱形图可以很直观地看到各项指标的增减变动情况。这里以柱形图为例，如图 3.25 所示。

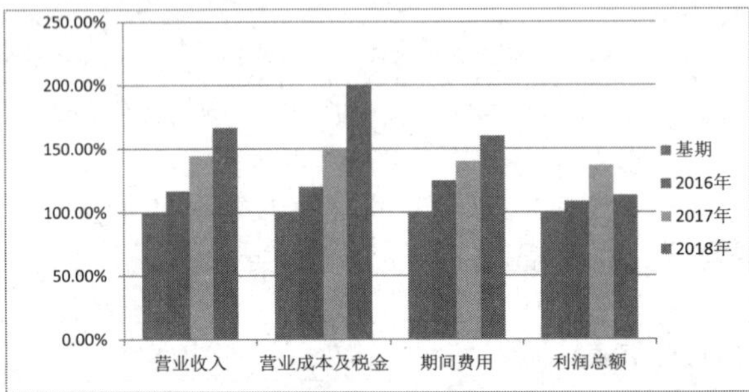

图 3.25　利润表重要指标定基动态比率分析柱形图

从图 3.25 中更能直观地看到利润表重要指标的数据变化，更容易发现数据变化中的问题，如主营收入虽然连年增长，但是低于成本增长速度，以至于利润总额增长幅度变小并在 2018 年呈现下降趋势。因此，企业应在未来加强控制成本和费用。

技能训练

实训三　利用 Excel 进行财务分析

实训目的

掌握 Excel 财务分析的方法，能够根据报表数据分析财务状况。

实训资料

某公司资产负债表和利润表如表 3.8 和表 3.9 所示。利用 Excel 建立财务分析模型，完成公司财务数据的趋势分析、比率分析和综合分析。

表 3.8 资产负债表

会企 01 表

编制单位：河南兴隆自行车厂　　2019 年 9 月 30 日　　单位：元

资　产	行次	年初数	期末数	负债和所有者权益	行次	年初数	期末数
流动资产：				流动负债：			
货币资金	1	1 259 000.00	1 641 045.50	短期借款	34	200 000.00	200 000.00
以公允价值计量且其变动计入当期损益的金融资产	2			以公允价值计量且其变动计入当期损益的金融负债	35		
应收票据	3			应付票据	36		
应收账款	4	583 830.00	525 330.00	应付账款	37	615 000.00	732 516.00
应收股利	5			预收款项	38		
应收利息	6			应付职工薪酬	39		43 200.00
其他应收款	7	8 000.00	8 982.80	应交税费	40		26 272.80
预付款项	8			应付利息	41		
存货	9	2 780 890.00	2 641 611.79	应付股利	42		
一年内到期的非流动资产	10			其他应付款	43		
其他流动资产	11			一年内到期非流动负债	44		
				其他流动负债	45		
流动资产合计	12	4 631 720.00	4 816 970.09	流动负债合计	46	815 000.00	1 001 988.80
非流动资产：				非流动负债：	47		
可供出售金融资产	13			长期借款	48	414 000.00	414 000.00
持有至到期投资	14			应付债券	49		
投资性房地产	15			长期应付款	50		
长期股权投资	16			专项应付款	51		
长期应收款	17			预计负债	54		
固定资产	20	1 644 000.00	1 640 800.17	非流动负债合计		414 000.00	414 000.00
油气资产	21			负债合计		1 229 000.00	1 415 988.80
开发支出	22				55		
生产性生物资产	23			所有者权益：	56		
工程物资	24			实收资本（或股本）	57	5 046 720.00	5 046 720.00
在建工程	25			资本公积	58		
固定资产清理	26			减：库存股	59		
无形资产	27			盈余公积	60		
商誉	28			未分配利润	61		−4 938.54
长期待摊费用	29			所有者权益合计	62	5 046 720.00	5 041 781.46
递延所得税资产	30						
其他非流动资产	31						
非流动资产合计	32	1 644 000.00	1 640 800.17				
资产总计	33	6 275 720.00	6 457 770.26	负债和所有者权益总计	63	6 275 720.00	6 457 770.26

表 3.9　利润表

编制单位：河南兴隆自行车厂　　　　2019 年 9 月　　　　单位：元

行次	项　目	本期金额	本年累计数
001	一、营业收入	310 000.00	310 000.00
002	减：营业成本	271 756.00	271 756.00
003	税金及附加		
004	销售费用	9 740.59	9 740.59
005	管理费用	21 557.45	21 557.45
006	研发费用		
007	财务费用	1 884.50	1 884.50
008	其中：利息费用	1 884.50	1 884.50
009	利息收入		
010	加：其他收益	-4 938.54	-4 938.54
011	投资收益（损失以“-”号填列）		
012	其中：对联营企业和合营企业的投资收益		
013	公允价值变动损益（损失以“-”号填列）		
014	资产减值损失（损失以“-”号填列）	-4 938.54	-4 938.54
015	资产处置收益（损失以“-”号填列）		
016	二、营业利润（损失以“-”号填列）	122.92	122.92
017	加：营业外收入	1 000.00	1000.00
018	减：营业外支出		
019	三、利润总额（损失以“-”号填列）	1 122.92	1 122.92
020	减：所得税费用	112.29	112.29
021	四、净利润（净亏损以“-”号填列）	1 010.63	1 010.63
022	（一）持续经营净利润（净亏损以“-”号填列）	1 010.63	1 010.63
023	（二）终止经营净利润（净亏损以“-”号填列）		
024	五、其他综合收益的税后净额		
025	（一）不能重分类进损益的其他综合收益		
026	1．重新计量设定受益计划变动额		
027	2．权益法下不能转损益的其他综合收益		
028	……		
029	（二）将重分类进损益的其他综合收益		
030	1．权益法下可转损益的其他综合收益		
031	2．可供出售金融资产公允价值变动损益		
032	3．持有至到期投资重分类为可供出售金融资产损益		
033	4．现金流量套期损益的有效部分		
034	5．外币财务报表折算差额		
035	……		

（续表）

行次	项　目	本期金额	本年累计数
036	六、综合收益总额		
037	七、每股收益：		
038	（一）基本每股收益		
039	（二）稀释每股收益		

注：依据财税〔2018〕77 号规定，自 2018 年 1 月 1 日至 2020 年 12 月 31 日，将小型微利企业的年应纳税所得额上限由 50 万元提高至 100 万元，对年应纳税所得额低于 100 万元（含 100 万元）的小型微利企业，其所得减按 50%计入应纳税所得额，按 20%的税率缴纳企业所得税。

实训要求

1. 建立分析模型，进行该公司财务指标的趋势分析。
2. 建立分析模型，进行该公司的财务比率分析。
3. 建立分析模型，进行该公司的财务综合分析。
4. 根据以上分析结果，撰写财务分析报告。

项目四

Excel 在工资管理中的应用

拓展阅读：从社保政策看中国制度

学习目标

1. 了解工资项目设置的重要性。
2. 理解工资管理业务的处理流程。
3. 能够结合企业实际情况，运用 Excel设计工资核算系统。
4. 能够运用数据查询及数据透视技术完成工资数据的查询与分析。
5. 通过社保项目的设置、个税的计算与阶段性减免政策的应用，提高应用能力，坚定制度自信。

项目介绍

工资管理是企业管理的组成部分，包括不同员工的工资标准、工资项目、工资数据的统计分析等。Excel具有强大的数据统计、分析和计算功能，用来管理工资，可以自动完成相关的计算、统计工作，提高工资管理的效率。

重点难点

1. Excel进行工资项目核算的方法与流程，以及工资条的制作方法。
2. 利用数据筛选和数据透视技术对工资数据进行查询与统计分析。

任务描述

美景化工有限公司主要有 3 个部门：综合部、技术部、市场部。该公司有 10 名员工，主要有 3 种职工类别，即管理人员、技术人员和销售人员。每个员工的工资项目包括基本工资、岗位工资、职务津贴、奖金、事假扣款、病假扣款、社保、住房公积金、个人所得税，除了基本工资因人而异之外，其他工资项目将根据员工的职工类别、部门和考勤来决定，而且随着时间的变化而变化。2019 年 9 月份美景化工有限公司职工基本工资信息如表 4.1所示。

表 4.1　美景化工有限公司职工基本工资信息

单位：元

职工代码	职工姓名	性　别	年　龄	部　门	工作岗位	职工类别	事　假	病　假	基本工资
001	张三	男	36	综合部	总经理	管理人员	1		9 000
002	赵丽	女	34	综合部	会计主管	管理人员	2		7 000
003	王栋	男	38	技术部	研发员	技术人员			5 000
004	李四	男	40	技术部	研发员	技术人员			4 000
005	周涛	女	35	技术部	研发员	技术人员	1	3	3 000
006	郑飞	女	26	技术部	研发员	技术人员			2 500
007	闫钢	男	32	市场部	销售员	销售人员	2		2 000
008	陈锋	男	28	市场部	销售员	销售人员			1 800
009	郭楠	男	36	市场部	销售员	销售人员			2 000
010	李琳	女	27	市场部	销售员	销售人员		10	1 800

其他工资项目的发放情况及有关规定如下。

（1）岗位工资根据职工类别的不同而不同，具体要求如表 4.2所示。

表 4.2　岗位工资标准

职工类别	岗位工资/元
管理人员	1 800
技术人员	1 500
销售人员	1 200

（2）职务津贴是基本工资与岗位工资之和的 10%。

（3）奖金根据职工所在部门的不同而有差别，具体规定如表 4.3所示。

表 4.3　奖金标准

部门类别	岗位工资/元
综合部	500
技术部	600
市场部	400

（4）其他约定。上述员工均为我国居民纳税人；除上述工资、薪金所得外，无其他所得项目；所有员工均不存在个人所得税的专项附加扣除项目；请事假按日基本工资扣款；请一天病假扣款 40元；代扣社保额为应发工资的 11%；代扣住房公积金为应发工资的 12%；个人所得税根据税前工资，即应发工资扣除社保和住房公积金的数额确定，要求如表 4.4所示。

表 4.4　个人所得税税率表（按月综合所得适用）

级　数	全月应纳税所得额	应纳税所得额/元	税　率	速算扣除数
		税前工资-5 000≤0	0	0
1	不超过 3000 元的部分	0<税前工资-5 000≤3 000	3%	0
2	超过 3 000 元至 12 000 元的部分	3 000<税前工资-5 000≤12 000	10%	210
3	超过 12 000 元至 25 000 元的部分	12 000<税前工资-5 000≤25 000	20%	1 410
4	超过 25 000 元至 35 000 元的部分	9 000<税前工资-5 000≤35 000	25%	2 660
5	超过 35 000 元至 55 000 元的部分	35 000<税前工资-5 000≤55 000	30%	4 410
6	超过 55 000 元至 80 000 元的部分	55 000<税前工资-5 000≤80 000	35%	7 160
7	超过 80 000 元的部分	税前工资-5 000>80 000	45%	15 160

为了满足企业的管理要求，请利用 Excel对工资进行如下处理。

（1）计算职工各工资项目数额。

（2）制作工资条。

（3）用筛选功能进行工资数据的查询。

（4）依据部门和职工类别进行工资统计分析。

拓展阅读：“四位一体”管控模式

任务分析

用 Excel 处理以上业务的流程是：工资数据输入→工资项目的设置→制作工资条→工资数据的查询与统计分析。

工资数据输入是指建立员工工资的基本信息数据库，包括员工的个人基本信息和基本工资情况。在基本信息建立之后，工资项目设置的任务就是按照企业每月的实际情况，对各工资项目进行计算，得到每位员工的具体工资情况。每月工资发放之后，需要为员工提供工资条。制作工资条的任务是指使用 Excel 高效、准确地完成公司所有员工工资条的制作。最后工资数据的查询与统计分析是指利用数据筛选和数据透视技术对工资进行数据处理及分析，为管理者决策提供数据支持。

背景知识

1. 数据有效性设置、记录单输入数据的应用。
2. VLOOKUP、SUM、IF、INDEX 等函数的应用。
3. 使用数组进行个人所得税计算的技巧。
4. 数据筛选和数据透视表（图）的应用。

任务实施

微课-工资表输入

任务一　工资数据输入

职工工资数据是进行工资管理的基础，需要建立 Excel 工作表来记录这些数据。输入工资数据有工作表输入数据法和记录单输入数据法 2 种方法。

一、工作表输入数据法

操作步骤

步骤 1　打开 Excel 工作簿，将 Sheet1 重命名为“工资初始数据”。

步骤 2　建立工资项目“职工代码”“职工姓名”“性别”“年龄”“部门”“工作岗位”“职工类别”“事假天数”“病假天数”“基本工资”“岗位工资”“职务津贴”“奖金”“事假扣款”“病假扣款”“应发工资”“社保”“住房公积金”“税前工资”“个人所得税”“实发工资”，如图 4.1 和图 4.2 所示。

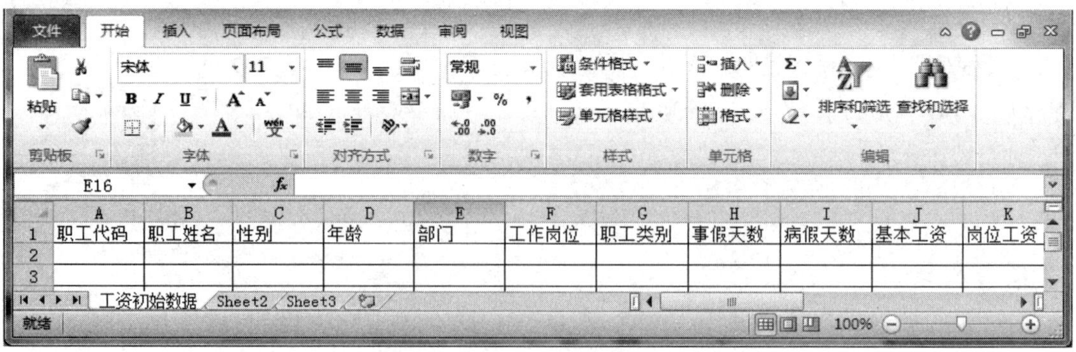

图 4.1　职工工资初始数据 1

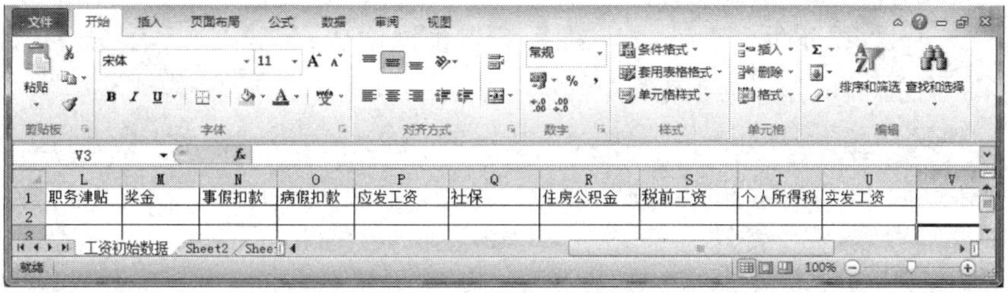

图 4.2　职工工资初始数据 2

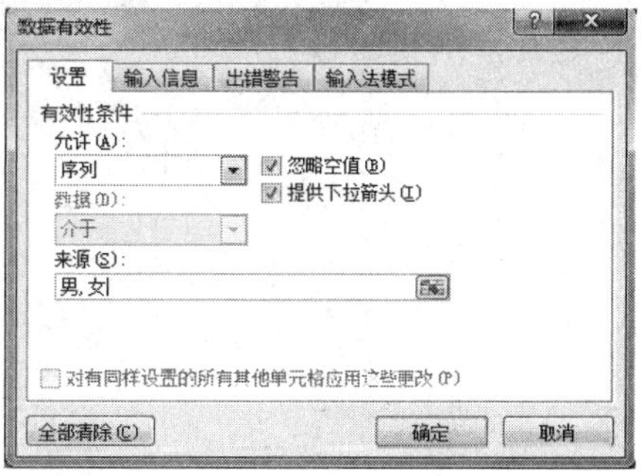

图 4.3　添加有效性控制

步骤 3　为了输入方便并防止出错，可对某些数据列添加有效性控制。例如，对“性别”列添加有效性控制，选中 C2 单元格，选择“数据”|“数据有效性”|“数据有效性”命令，打开“数据有效性”对话框。在该对话框的“设置”选项卡的“允许”下拉列表框中选择“序列”选项。根据性别在“来源”文本框中输入“男,女”，如图 4.3 所示。然后单击“确定”按钮，完成对“性别”数据的有效性设定。设置完毕后，利用填充功能将 C2 单元格的有效性控制复制到 C 列的其他单元格中。

步骤 4　采用同样的方法对其他需要设置数据有效性的数据列（如“部门”“工作岗位”“职工类别”等）进行设置。

步骤 5　根据表 4.1 所给的数据分别输入“职工代码”“职工姓名”“性别”“年龄”“部门”“工作岗位”“职工类别”“事假天数”“病假天数”“基本工资”等列的初始数据，其他数据项的信息暂不输入。完成后的效果如图 4.4 所示。

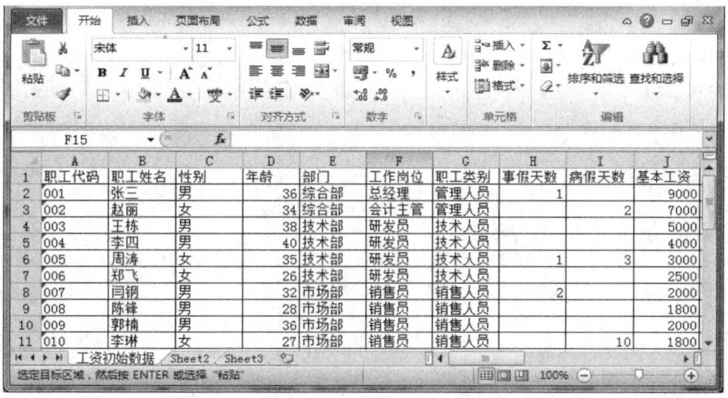

职工代码	职工姓名	性别	年龄	部门	工作岗位	职工类别	事假天数	病假天数	基本工资
001	张三	男	36	综合部	总经理	管理人员	1		9000
002	赵丽	女	34	综合部	会计主管	管理人员		2	7000
003	王栋	男	38	技术部	研发员	技术人员			5000
004	李四	男	40	技术部	研发员	技术人员			4000
005	周涛	女	35	技术部	研发员	技术人员	1	3	3000
006	郑飞	女	26	技术部	研发员	技术人员			2500
007	闫钢	男	32	市场部	销售员	销售人员	2		2000
008	陈锋	男	28	市场部	销售员	销售人员			1800
009	郭楠	男	36	市场部	销售员	销售人员			2000
010	李琳	女	27	市场部	销售员	销售人员		10	1800

图 4.4　职工工资初始数据输入

二、记录单输入数据法

操作步骤

步骤 1　选择“文件”|“选项”|“快速访问工具栏”选项，在“从下列位置选择命令”

下拉列表框中选择“所有命令”选项，在其下列表框中选择“记录单”选项，并单击“添加”按钮，将“记录单”添加到快速访问工具栏中，如图 4.5 所示。

步骤 2　将鼠标指针移动到将要输入新数据的 A12 单元格，在快速访问工具栏中单击“记录单”按钮，打开“工资初始数据”对话框，如图 4.6 所示。

步骤 3　单击“新建”按钮，开始输入一条新记录“职工代号：011；姓名：桃芝，性别：女；年龄：36；部门：销售部”，如图 4.7 所示。也可通过单击“下一条”按钮，查询下一条记录；单击“上一条”按钮，查询上一条记录。

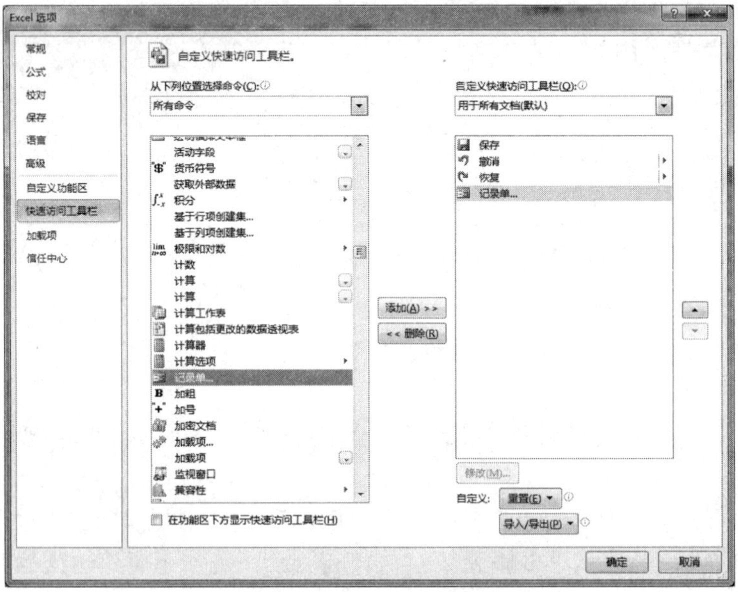

图 4.5　添加记录单到快速访问工具栏

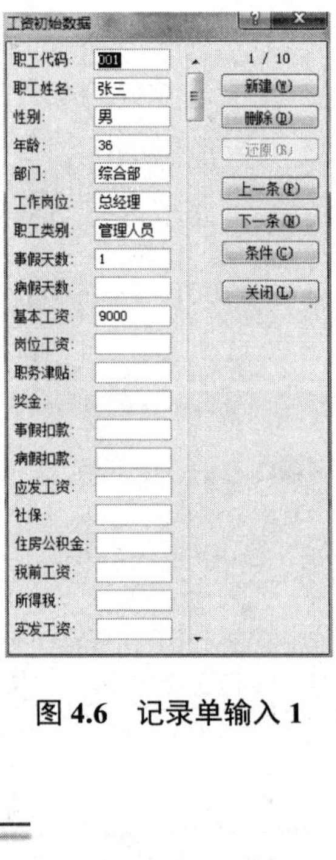

图 4.6　记录单输入 1

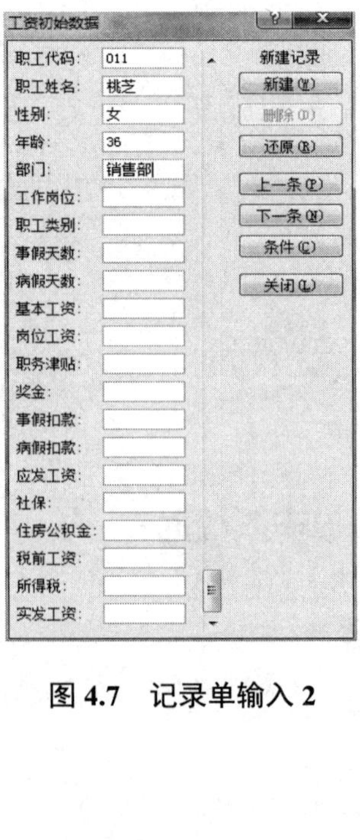

图 4.7　记录单输入 2

任务二　工资项目的设置

微课-工资项目的设置

一、设置奖金标准及个人所得税税率

根据美景化工有限公司岗位工资及奖金标准的规定，新建一张“工资奖金标准及个人所得税税率表”工作表作为工资项目设置的基础信息，将表 4.2、表 4.3 和表 4.4 的数据输入，如图 4.8 所示。“岗位工资”“奖金”及“所得税”项目将用到该工作表中的数据。

	A	B	C	D	E
1		岗位工资标准			奖金标准
2	职工类别	岗位工资/元		部门类别	奖金/元
3	管理人员	1800		综合部	500
4	技术人员	1500		技术部	600
5	销售人员	1200		市场部	400
6					
7					
8					
9					
10	个人所得税税率表——（工资、薪金所得适用）				
11	级数	全月应纳税所得额	应纳税所得额	税率/%	扣除数
12			税前工资－5000≤0	0%	0
13	1	不超过3000元的部分	0<税前工资－5000≤3000	3%	0
14	2	超过3000元至12000元的部分	3000<税前工资－5000≤12000	10%	210
15	3	超过12000元至25000元的部分	12000<税前工资－5000≤25000	20%	1410
16	4	超过25000元至35000元的部分	9000<税前工资－5000≤35000	25%	2660
17	5	超过35000元至55000元的部分	35000<税前工资－5000≤55000	30%	4410
18	6	超过55000元至80000元的部分	55000<税前工资－5000≤80000	35%	7160
19	7	超过80000元的部分	税前工资－5000>80000	45%	15160

图 4.8　创建工资奖金标准及个人所得税税率表

二、设置各工资项目的计算公式

1．岗位工资项目的设置

操作步骤

步骤 1　选中工作表“工资初始数据”中的 K2 单元格，单击“插入函数”按钮，打开“插入函数”对话框。在“或选择类别”下拉列表框中选择“全部”选项，在“选择函数”列表框中选择 VLOOKUP 选项。然后单击“确定”按钮，打开“函数参数”对话框。

步骤 2　输入 VLOOKUP 函数中的各参数，如图 4.9 所示。查找 G2“管理人员”所对应的岗位工资，查找区域为“工资奖金标准及个人所得税税率表”中的岗位工资标准“$A$2:$B$5”区域；岗位工资位于该区域的第 2 列，在 Col_index_num 文本框中输入 2；该查找为精确查找，在 Range_lookup 文本框中输入 0。

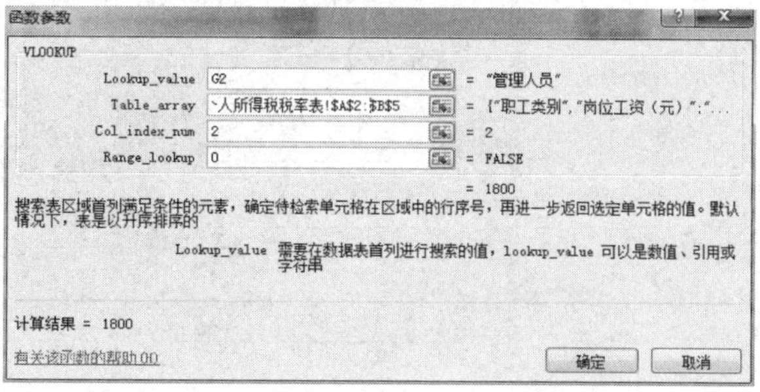

图 4.9　VLOOKUP 函数参数设置

步骤 3　因为 G2 单元格的内容为

“管理人员”，所以 K2 单元格的内容为 1 800，如图 4.10 所示。然后将 K2 单元格的公式复制到 K 列的其他单元格中，结果如图 4.11 所示。

	A	B	C	D	E	F	G	H	I	J	K
1	职工代码	职工姓名	性别	年龄	部门	工作岗位	职工类别	事假天数	病假天数	基本工资	岗位工资
2	001	张三	男	36	综合部	总经理	管理人员	1		9000	1800
3	002	赵丽	女	34	综合部	会计主管	管理人员		2	7000	
4	003	王栋	男	38	技术部	研发员	技术人员			5000	
5	004	李四	男	40	技术部	研发员	技术人员			4000	
6	005	周涛	女	35	技术部	研发员	技术人员	1	3	3000	
7	006	郑飞	女	26	技术部	研发员	技术人员			2500	
8	007	闫钢	男	32	市场部	销售员	销售人员	2		2000	
9	008	陈锋	男	28	市场部	销售员	销售人员			1800	
10	009	郭楠	男	36	市场部	销售员	销售人员			2000	
11	010	李琳	女	27	市场部	销售员	销售人员		10	1800	

图 4.10　设置 K2 单元格的结果

	A	B	C	D	E	F	G	H	I	J	K
1	职工代码	职工姓名	性别	年龄	部门	工作岗位	职工类别	事假天数	病假天数	基本工资	岗位工资
2	001	张三	男	36	综合部	总经理	管理人员	1		9000	1800
3	003	王栋	男	38	技术部	研发员	技术人员			5000	1500
4	004	李四	男	40	技术部	研发员	技术人员			4000	1500
5	005	周涛	女	35	技术部	研发员	技术人员	1	3	3000	1500
6	006	郑飞	女	26	技术部	研发员	技术人员			2500	1500
7	007	闫钢	男	32	市场部	销售员	销售人员	2		2000	1200
8	008	陈锋	男	28	市场部	销售员	销售人员			1800	1200
9	009	郭楠	男	36	市场部	销售员	销售人员			2000	1200
10	010	李琳	女	27	市场部	销售员	销售人员		10	1800	1200
11	002	赵丽	女	34	综合部	会计主管	管理人员		2	7000	1800

图 4.11　复制 K2 单元格公式到 K 列的结果

2．职务津贴项目的设置

假设美景化工有限公司规定职务津贴是基本工资与岗位工资之和的 10%。

操作步骤

将 L2 单元格的公式设置为“=(J2+K2)*0.1”，如图 4.12 所示。然后将 L2 单元格的公式复制到 L 列的其他单元格中。

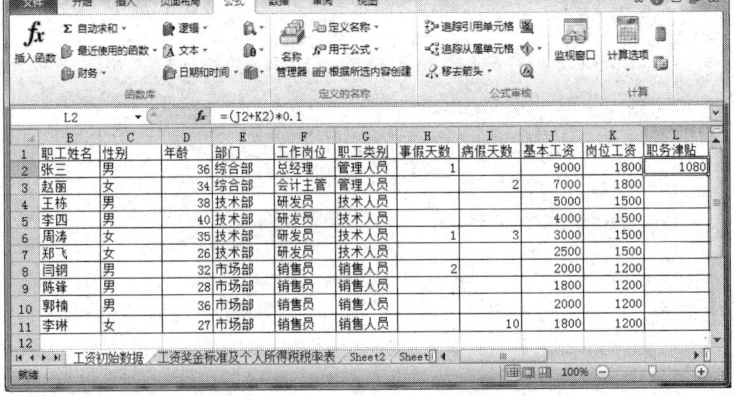

	B	C	D	E	F	G	H	I	J	K	L
1	职工姓名	性别	年龄	部门	工作岗位	职工类别	事假天数	病假天数	基本工资	岗位工资	职务津贴
2	张三	男	36	综合部	总经理	管理人员	1		9000	1800	1080
3	赵丽	女	34	综合部	会计主管	管理人员		2	7000	1800	
4	王栋	男	38	技术部	研发员	技术人员			5000	1500	
5	李四	男	40	技术部	研发员	技术人员			4000	1500	
6	周涛	女	35	技术部	研发员	技术人员	1	3	3000	1500	
7	郑飞	女	26	技术部	研发员	技术人员			2500	1500	
8	闫钢	男	32	市场部	销售员	销售人员	2		2000	1200	
9	陈锋	男	28	市场部	销售员	销售人员			1800	1200	
10	郭楠	男	36	市场部	销售员	销售人员			2000	1200	
11	李琳	女	27	市场部	销售员	销售人员		10	1800	1200	

图 4.12　职务津贴项目的设置

3．奖金项目的设置

奖金项目的设置方法与岗位工资类似。

操作步骤

步骤 1　选中“工资初始数据”工作表中的 M2 单元格，单击“插入函数”按钮，从打开的“插入函数”对话框中选择 VLOOKUP 选项。然后单击“确定”按钮，打开“函数参数”对话框。

步骤 2　输入 VLOOKUP 函数中的各参数，如图 4.13 所示。查找 E2“综合部”所对应的奖金，查找区域为“工资奖金标准及个人所得税税率表”中的奖金标准“$D$2:$E$5”区域；奖金位于该区域的第 2 列，在 Col_index_num 文本框中输入 2；该查找为精确查找，在 Range_lookup 文本框中输入 0。然后将 M2 单元格的公式复制到 M 列的其他单元格中，结果如图 4.14 所示。

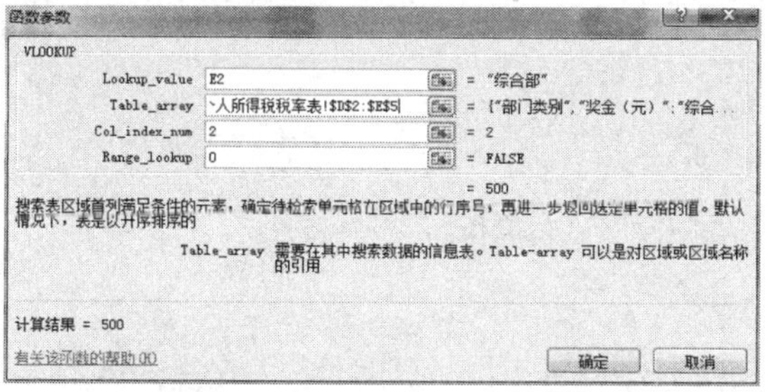

图 4.13　奖金项目的设置

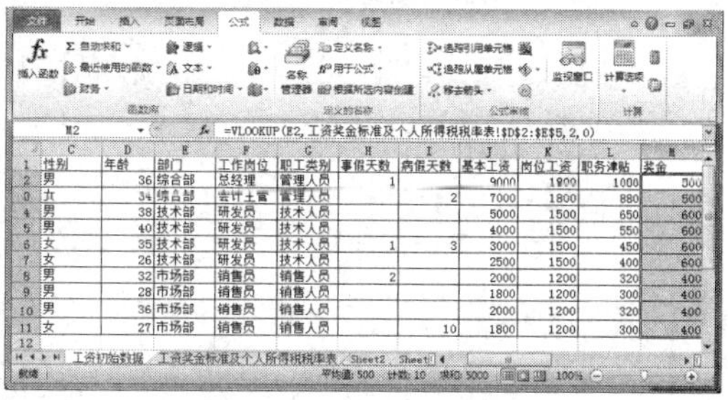

图 4.14　M 列设置后的结果

4．应发工资项目的设置

应发工资为基本工资、岗位工资、职务津贴、奖金之和扣除事假扣款及病假扣款。

操作步骤

将 P2 单元格的公式设置为“=SUM(J2:M2)−N2−O2”，如图 4.15 所示。然后将 P2 单元格的公式复制到 P 列的其他单元格中。

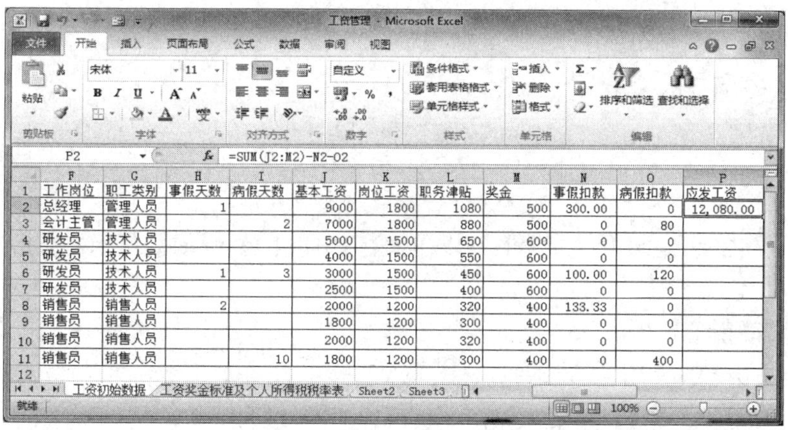

图 4.15　应发工资项目的设置

5．社保项目的设置

美景化工有限公司规定社保计提标准为应发工资的 11%。

操作步骤

将 Q2 单元格的公式设置为“=ROUND(P2*0.11,2)”，如图 4.16 所示。然后将 Q2 单元格的公式复制到 Q 列的其他单元格中。

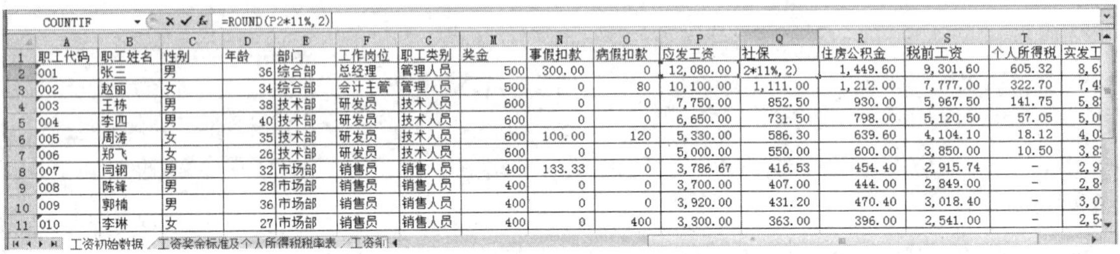
COUNTIF =ROUND(P2*11%, 2)

	A	B	C	D	E	F	G	M	N	O	P	Q	R	S	T	
1	职工代码	职工姓名	性别	年龄	部门	工作岗位	职工类别	奖金	事假扣款	病假扣款	应发工资	社保	住房公积金	税前工资	个人所得税	实发工
2	001	张三	男	36	综合部	总经理	管理人员	500	300.00	0	12,080.00	2*11%, 2)	1,449.60	9,301.60	605.32	8,6
3	002	赵丽	女	34	综合部	会计主管	管理人员	500	0	80	10,100.00	1,111.00	1,212.00	7,777.00	322.70	7,4
4	003	王栋	男	38	技术部	研发员	技术人员	600	0	0	7,750.00	852.50	930.00	5,967.50	141.75	5,8
5	004	李四	男	40	技术部	研发员	技术人员	600	0	0	6,650.00	731.50	798.00	5,120.50	57.05	5,0
6	005	周涛	女	35	技术部	研发员	技术人员	600	100.00	120	5,330.00	586.30	639.60	4,104.10	18.12	4,0
7	006	郑飞	女	26	技术部	研发员	技术人员	600	0	0	5,000.00	550.00	600.00	3,850.00	10.50	3,8
8	007	闫钢	男	32	市场部	销售员	销售人员	400	133.33	0	3,786.67	416.53	454.40	2,915.74	-	2,9
9	008	陈锋	男	28	市场部	销售员	销售人员	400	0	0	3,700.00	407.00	444.00	2,849.00	-	2,8
10	009	郭楠	男	36	市场部	销售员	销售人员	400	0	0	3,920.00	431.20	470.40	3,018.40	-	3,0
11	010	李琳	女	27	市场部	销售员	销售人员	400	0	400	3,300.00	363.00	396.00	2,541.00	-	2,5

工资初始数据 / 工资奖金标准及个人所得税税率表 / 工资剖

图 4.16　社保项目的设置

6．住房公积金项目的设置

美景化工有限公司规定住房公积金的计提标准为应发工资的 12%。

操作步骤

将 R2 单元格的公式设置为“=ROUND(P2*0.12,2)”，如图 4.17 所示。然后将 R2 单元格的公式复制到 R 列的其他单元格中。

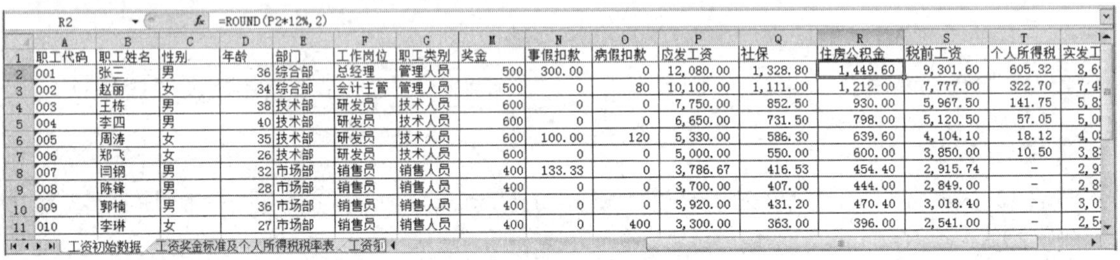
R2 =ROUND(P2*12%, 2)

	A	B	C	D	E	F	G	M	N	O	P	Q	R	S	T	
1	职工代码	职工姓名	性别	年龄	部门	工作岗位	职工类别	奖金	事假扣款	病假扣款	应发工资	社保	住房公积金	税前工资	个人所得税	实发工
2	001	张三	男	36	综合部	总经理	管理人员	500	300.00	0	12,080.00	1,328.80	1,449.60	9,301.60	605.32	8,6
3	002	赵丽	女	34	综合部	会计主管	管理人员	500	0	80	10,100.00	1,111.00	1,212.00	7,777.00	322.70	7,4
4	003	王栋	男	38	技术部	研发员	技术人员	600	0	0	7,750.00	852.50	930.00	5,967.50	141.75	5,8
5	004	李四	男	40	技术部	研发员	技术人员	600	0	0	6,650.00	731.50	798.00	5,120.50	57.05	5,0
6	005	周涛	女	35	技术部	研发员	技术人员	600	100.00	120	5,330.00	586.30	639.60	4,104.10	18.12	4,0
7	006	郑飞	女	26	技术部	研发员	技术人员	600	0	0	5,000.00	550.00	600.00	3,850.00	10.50	3,8
8	007	闫钢	男	32	市场部	销售员	销售人员	400	133.33	0	3,786.67	416.53	454.40	2,915.74	-	2,9
9	008	陈锋	男	28	市场部	销售员	销售人员	400	0	0	3,700.00	407.00	444.00	2,849.00	-	2,8
10	009	郭楠	男	36	市场部	销售员	销售人员	400	0	0	3,920.00	431.20	470.40	3,018.40	-	3,0
11	010	李琳	女	27	市场部	销售员	销售人员	400	0	400	3,300.00	363.00	396.00	2,541.00	-	2,5

工资初始数据 / 工资奖金标准及个人所得税税率表 / 工资剖

图 4.17　住房公积金项目的设置

7．税前工资项目的设置

美景化工有限公司的税前工资为应发工资扣除社保和住房公积金。

操作步骤

将 S2 单元格的公式设置为“=P2-Q2-R2”，如图 4.18 所示。然后将 S2 单元格的公式复制到 S 列的其他单元格中。

8．个人所得税项目的设置

个人所得税根据税前工资的金额确定，要求参见表 4.4。由于个人所得税为七级超额累进，所以采用数组的方法可以进行快捷计算。

微课-个税的计算

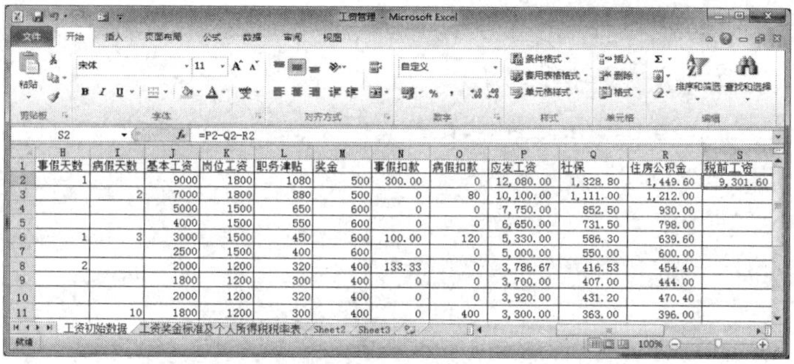

图 4.18　税前工资项目的设置

操作步骤

步骤 1　选择“工资奖金标准及个人所得税税率表”，选中税率所在的 D12:D19 单元格区域，然后单击“公式”|“定义名称”按钮，打开“新建名称”对话框。在“名称”文本框中输入“税率”，如图 4.19 所示。然后单击“确定”按钮。

步骤 2　选中扣除数所在的 E12:E19 单元格区域，单击“公式”|“定义名称”按钮，打开“新建名称”对话框。在“名称”文本框中输入“扣除数”，如图 4.20 所示。

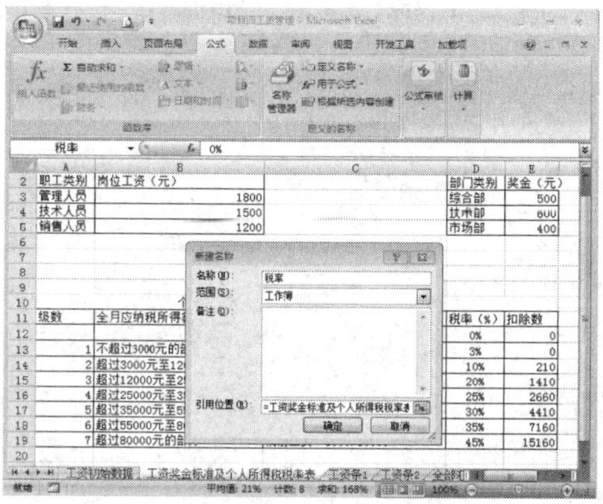

图 4.19　定义税率

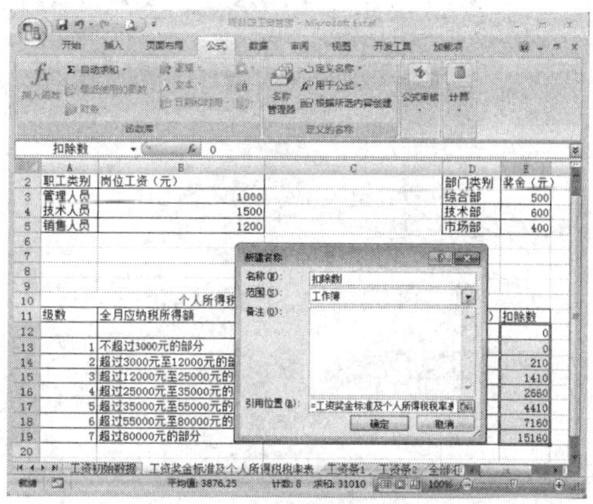

图 4.20　定义扣除数

步骤 3　将“工资初始数据”表中的 T2 单元格公式设置为“=MAX((S2−5 000)*税率−扣除数)”，然后按 Ctrl+Shift+Enter 组合键，即使用税率与扣除数对应的 2 列数组分别计算税前工资需要缴纳的个人所得税。其中，计算出来的最大值即为应缴的个人所得税。结果如图 4.21 所示。最后将 T2 单元格的公式复制到 T 列的其他单元格中。

T2　{=MAX((S2-5000)*税率-扣除数)}

职工代码	职工姓名	性别	年龄	部门	工作岗位	职工类别	基本工资	岗位工资	职务津贴	奖金	事假扣款	病假扣款	应发工资	社保	住房公积金	税前工资	个人所得税
001	张三	男	36	综合部	总经理	管理人员	9000	1800	1080	500	300.00	0	12,080.00	1,328.80	1,449.60	9,301.60	220.16
003	王栋	男	38	技术部	研发员	技术人员	5000	1500	650	600	0	0	7,750.00	852.50	930.00	5,967.50	29.03
004	李四	男	40	技术部	研发员	技术人员	4000	1500	550	600	0	0	6,650.00	731.50	798.00	5,120.50	3.62
005	周涛	女	35	技术部	研发员	技术人员	3000	1500	450	600	100.00	120	5,330.00	586.30	639.60	4,104.10	-
006	郑飞	女	26	技术部	研发员	技术人员	2500	1500	400	600	0	0	5,000.00	550.00	600.00	3,850.00	-
007	闫钢	男	32	市场部	销售员	销售人员	2000	1200	320	400	133.33	0	3,786.67	416.53	454.40	2,915.74	-
008	陈锋	男	28	市场部	销售员	销售人员	1800	1200	300	400	0	0	3,700.00	407.00	444.00	2,849.00	-
009	郭楠	男	36	市场部	销售员	销售人员	2000	1200	320	400	0	0	3,920.00	431.20	470.40	3,018.40	-
010	李琳	女	27	市场部	销售员	销售人员	1800	1200	300	400	0	400	3,300.00	363.00	396.00	2,541.00	-
002	赵丽	女	34	综合部	会计主管	管理人员	7000	1800	880	500	0	80	10,100.00	1,111.00	1,212.00	7,777.00	83.31

图 4.21　个人所得税项目的设置

注意，图 4.21 因为采用数组计算，所以“个人所得税”项目的公式栏中，外层大括号无须输入，按 Ctrl+Shift+Enter 组合键就会自动出现。

9．实发工资项目的设置

实发工资为税前工资扣除个人所得税。

操作步骤

将 U2 单元格的公式设置为“=S2−T2”，然后将 U2 单元格的公式复制到 U 列的其他单元格中，如图 4.22 所示。

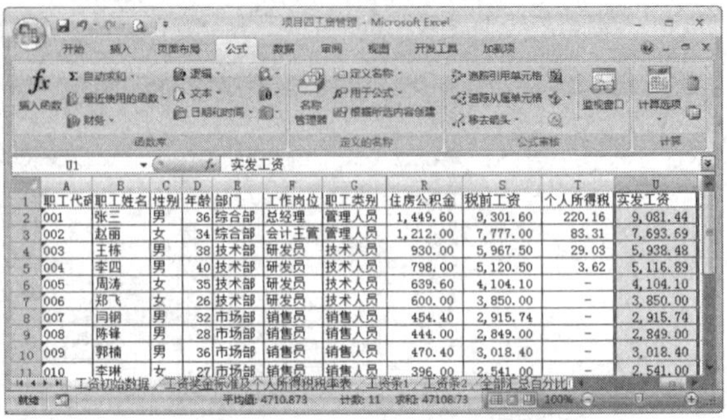

图 4.22　实发工资项目的设置

任务三　制作工资条

微课-工资条的制作（1）

每月发工资时要向员工提供一张包含工资各项目名称和具体数值的工资条。打印工资条时要求在每个职工的工资条间有一空行便于彼此裁开。这里介绍 Excel 制作工资条的 2 种方法，即排序法和函数法。

一、排序法

操作步骤

步骤 1　新建一工作表，命名为“工资条 1”。复制工作表“工资初始数据”到工作表“工资条 1”，使用选择性粘贴，在“粘贴”选项组中选中“值和数字格式”单选按钮，如图 4.23 所示。

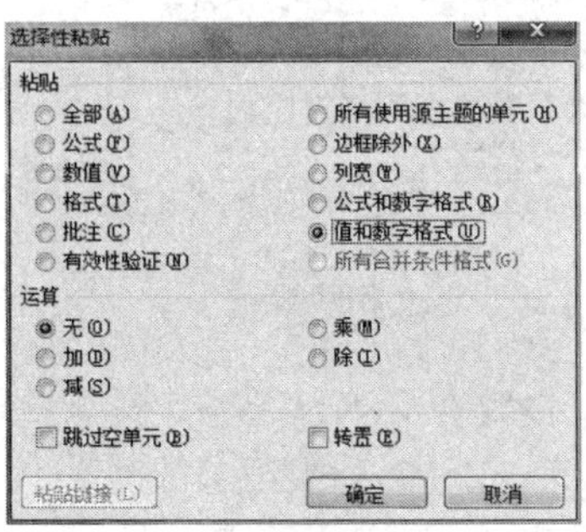

图 4.23　选择性粘贴

步骤 2　在 V 列添加辅助列，并设置保留 2 位小数。在 V2 单元格中输入 1，拖动填充柄到 V11 单元格，使用填充序列，使 V2 到 V11 单元格的数字从 1.00 到 10.00 排序，如图 4.24 所示。

步骤 3　继续在 V12 单元格中输入 1.1，拖动填充柄到 V21 单元格，使用填充序列，使 V12 到 V21 单元格的数字从 1.10 到 10.10 排序，如图 4.25 所示。

步骤 4　选中 V2 单元格，选择“开始”|“排序和筛选”|“升序”命令，将辅助列数字按升序排列，结果如图 4.26 所示。

步骤 5　选中 A1 单元格，单击“数据”|“筛选”按钮。单击 A1 单元格右侧的下拉按钮，在“文本筛选”搜索框中输入“空白”，将空白行筛选出来，如图 4.27 所示。

步骤 6　选中 A1:U1 单元格区域，使用填充柄向下拖动至 21 行，将 A1:U1 单元格区域的数据复制到空白行，如图 4.28 所示。

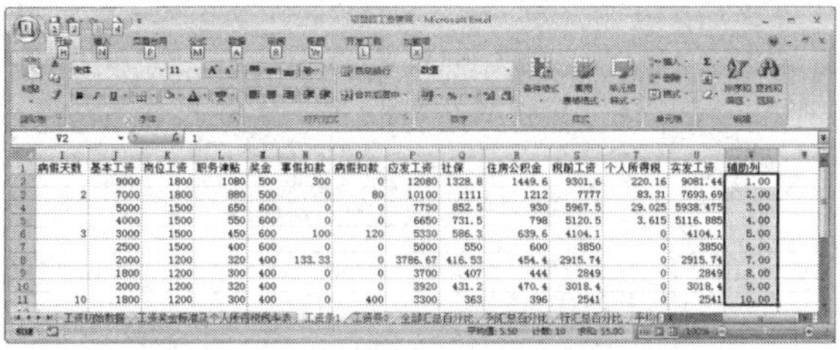

图 4.24　添加辅助列 1

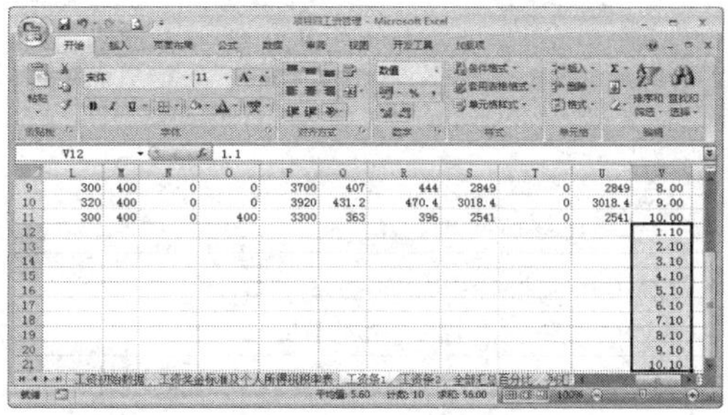

图 4.25　添加辅助列 2

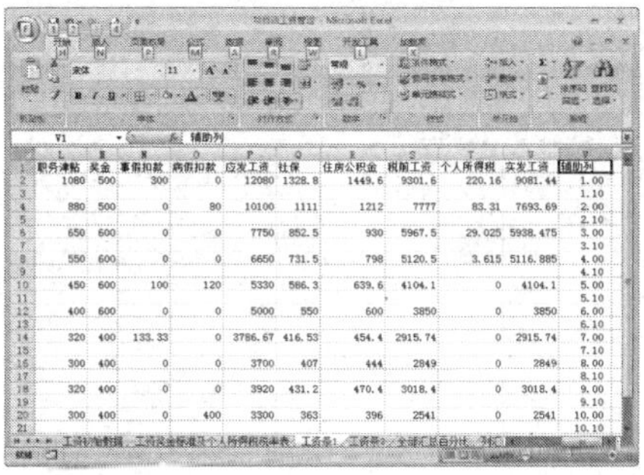

图 4.26　辅助列排序

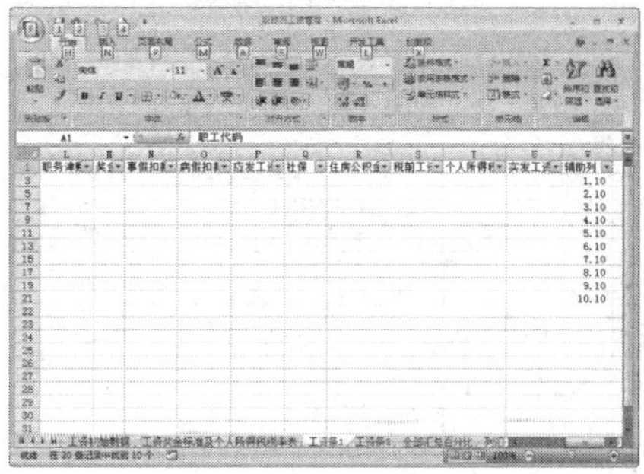

图 4.27　空白行筛选

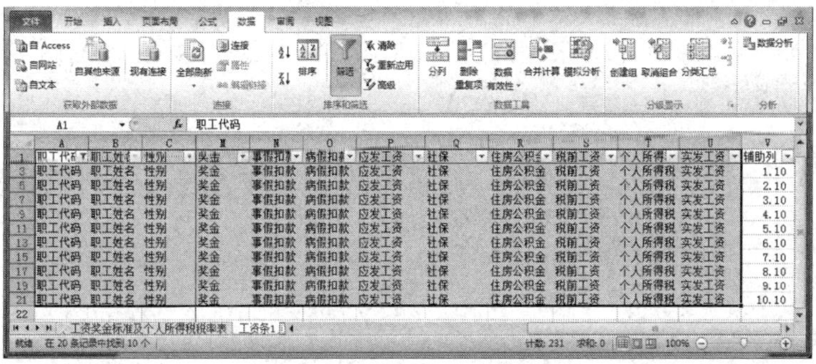

图 4.28　复制工资条表头

步骤 7　取消筛选，继续在 V22 单元格中输入 1.01，拖动填充柄到 V31 单元格，使用填充序列，使 V22 到 V31 单元格的数字从 1.01 到 10.01 排序，如图 4.29 所示。

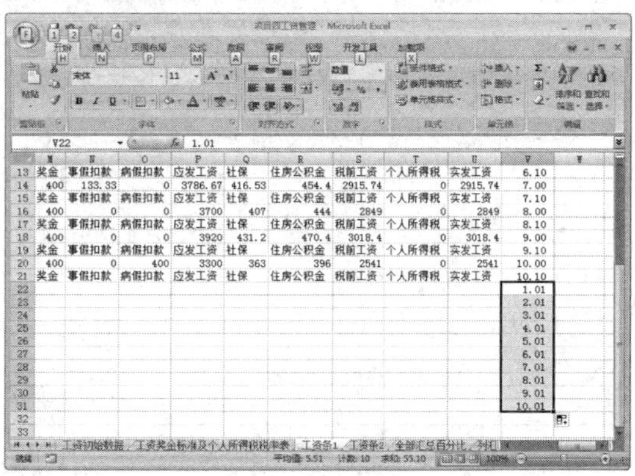

图 4.29　辅助列数据输入

步骤 8　选中 V2 单元格，选择“开始”|“排序和筛选”|“升序”命令，将辅助列数字按升序排列，如图 4.30 所示。

步骤 9　设置第 1 名员工工资条的格式，在 A1:U2 单元格区域加上边框。选中第 1 行到第 3 行的单元格区域，单击“格式刷”按钮，拖动格式刷到第 29 行，将第 1 行到第 3

行的格式复制到其他区域。删除辅助列 V 列，则制作出了该公司 10 名员工的工资条，如图 4.31 所示。

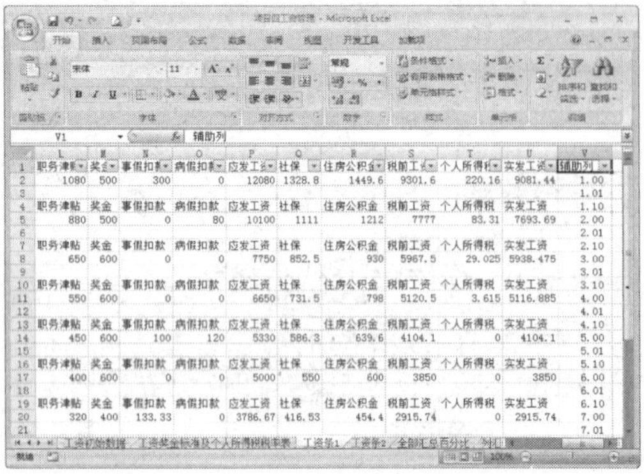

图 4.30　辅助列数据排序

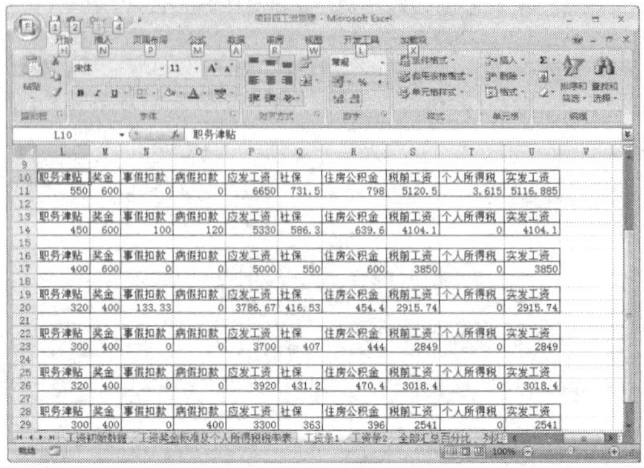

图 4.31　设置工资条格式

二、函数法

微课-工资条的制作（2）

操作步骤

步骤 1　新建一工作表，命名为“工资条 2”。选中 A1 单元格，输入公式“=IF(MOD(ROW(),3)=0,"",IF(MOD(ROW(),3)=1,工资初始数据!A$1,INDEX(工资初始数据!$A:$U,(ROW()+4)/3,COLUMN())))”，如图 4.32 所示。

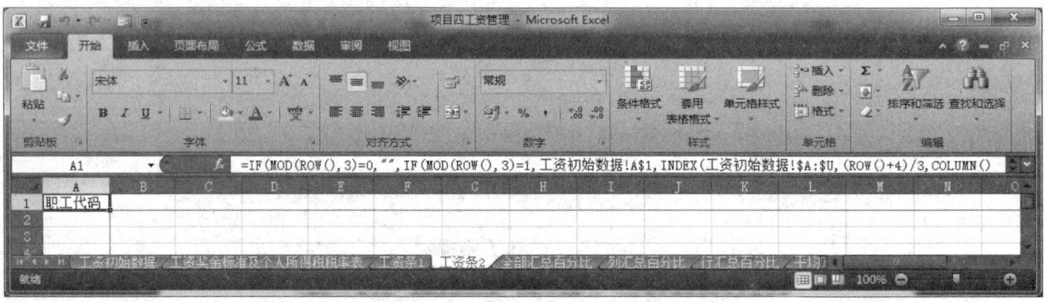

图 4.32　输入公式

步骤 2　复制 A1 单元格，使用选择性粘贴，粘贴公式到 A1:U29 单元格区域的其余单元格，如图 4.33 所示。

该公式的意义为计算单元格所在行数能否被 3 整除。使用 MOD 函数，如果能够整除，则为空白；如果被 3 整除余数为 1，则该单元格的数据为工作表“工资初始数据”中第 1 行对应单元格的数据。否则，使用 INDEX 函数查找出工作表“工资初始数据”$A:$U 单元格区域第(ROW()+4)/3 行第 COLUMN()列所对应单元格的数据。

步骤 3　设置第 1 名员工工资条的格式，在 A1:U2 单元格区域加上边框。选中第 1 行到第 3 行的单元格区域，单击“格式刷”按钮，拖动格式刷到第 29 行，将第 1 行到第 3 行的格式复制到其余区域，制作出该公司 10 名员工的工资条。

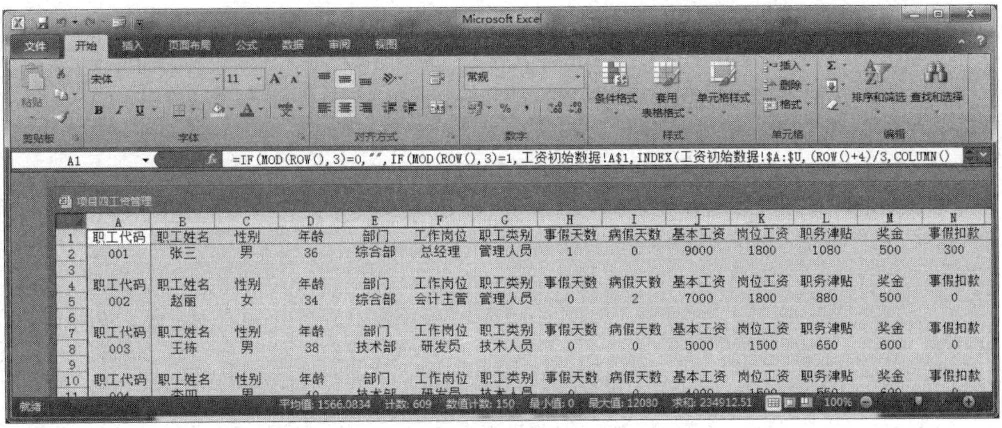

图 4.33 复制公式

任务四 工资数据的查询与统计分析

微课-工资数据查询

一、工资数据的查询

在大型企业中，员工众多，要了解某个或满足某些条件的职工的工资情况并非易事。这时通常可以使用简单或高级筛选的办法。本任务将介绍利用简单筛选功能进行工资数据查询的方法。

操作步骤

步骤 1 如果要利用筛选功能进行工资数据查询，首先要进入筛选状态。选中 A1 单元格，单击“数据”|“筛选”按钮，进入筛选状态，如图 4.34 所示。

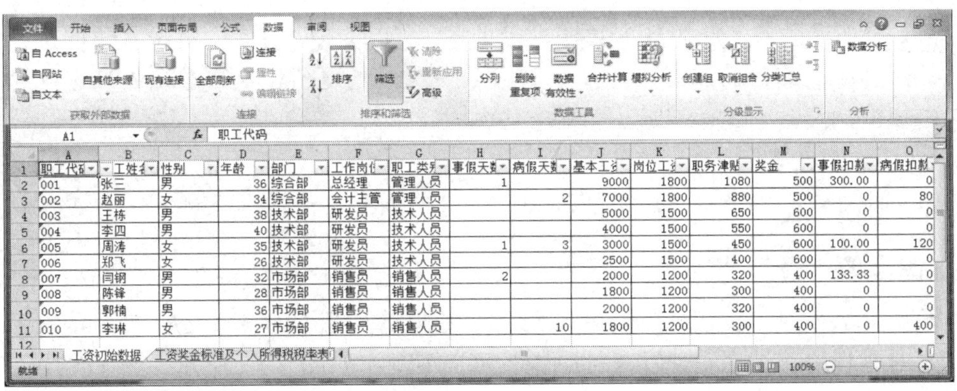

图 4.34 进入筛选状态

步骤 2 以“职工姓名”为依据进行查询。例如，查询职工姓名为“李四”的职工的工资情况。单击“职工姓名”右侧的下拉按钮，输入要查询职工的姓名（见图 4.35），过滤出满足条件的记录。

图 4.35　依据职工姓名进行查询

步骤 3　以“部门”为依据进行查询。例如，查询“市场部”所有职工的工资情况，单击“部门”右侧的下拉按钮，选中“市场部”复选框，如图 4.36 所示。

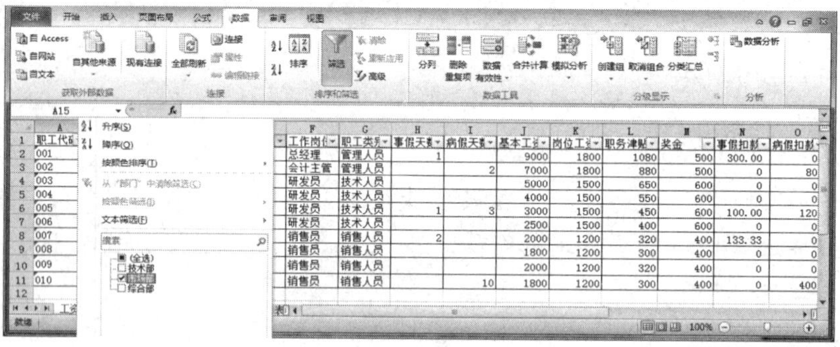

图 4.36　依据部门进行查询

二、工资的统计分析

运用 Excel 对员工工资的基本数据进行处理，可以简便、快捷地对这些数据进行分析，为管理者提供很大的帮助。本任务介绍如何运用数据透视图和数据透视表来进行简单的数据处理和分析。

1．部门汇总工资

例如，计算每个部门每类职工的“应发工资”的汇总数。

微课-工资数据汇总

操作步骤

步骤 1　选择“插入”|“数据透视表”|“数据透视图”命令，选择要汇总的工资数据区域及数据透视表产生的位置。在此选择新工作表，如图 4.37 所示。然后单击“确定”按钮。

步骤 2　在“数据透视表字段列表”模板中选择要添加到报表中的字段。选中“部门”复选框，并拖动到“图例字段”；选中“职工类别”复选框，并拖动到“轴字段”；选中“应发工资”复选框，并拖动到“数值”，如图 4.38 所示。

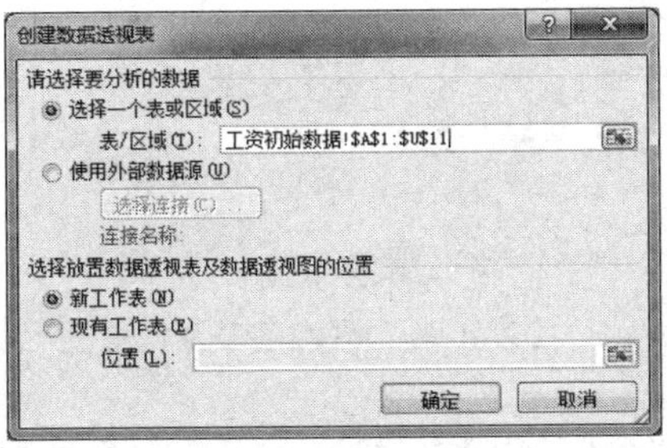

图 4.37　选择放置数据透视表及数据透视图的位置

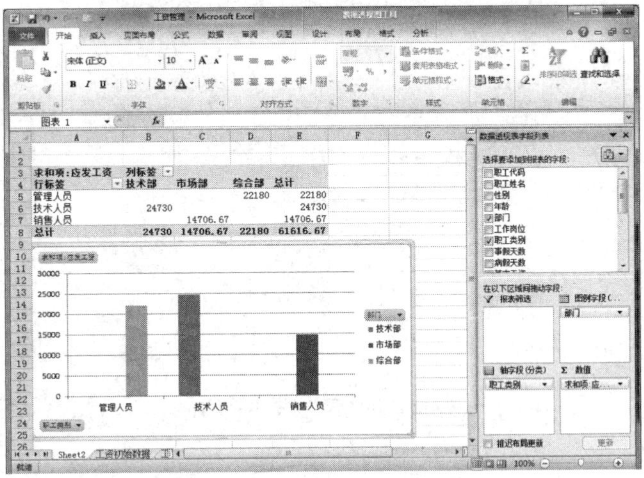

图 4.38　布局透视图

步骤 3　选中 B3 单元格，将列标签的名称改为“部门”、行标签的名称改为“职工类别”，如图 4.39 所示。

步骤 4　选择“页面布局”|“数据标签”|“居中”命令，以便在数据透视图上显示数字，如图 4.40 所示。

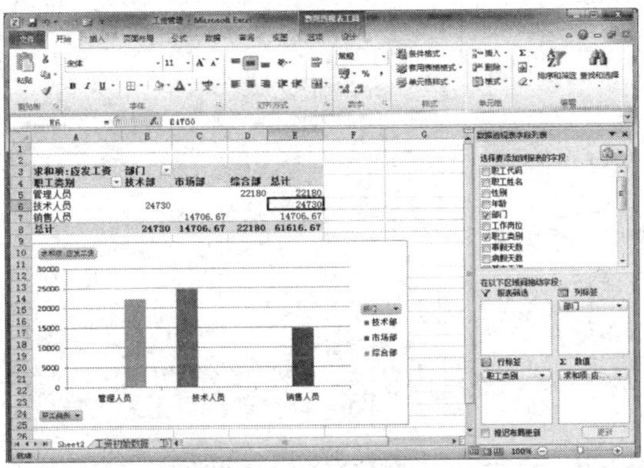

图 4.39　修改标签

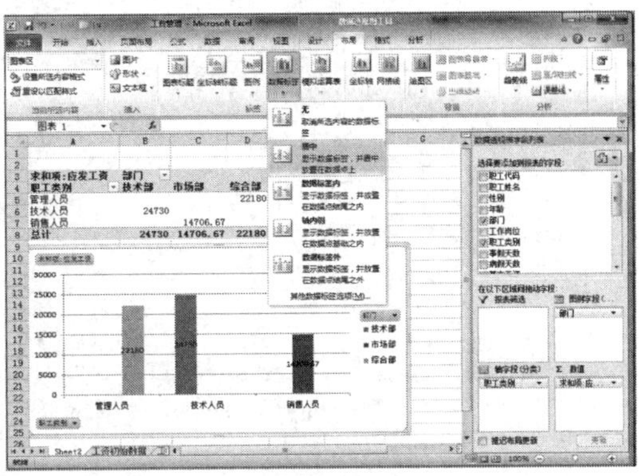

图 4.40　数据透视图数据标签的设置

2．计算平均工资

例如，计算每个部门每一职工类别“应发工资”的平均数。

操作步骤

单击“求和项”，从菜单中选择“值字段设置”命令，如图 4.41 所示。把值汇总方式设置为“平均值”，计算结果如图 4.42 所示。

3．计算所占比例

例如，计算每一部门每一职工类别“应发工资”的汇总数占“应发工资”总和的百分比。

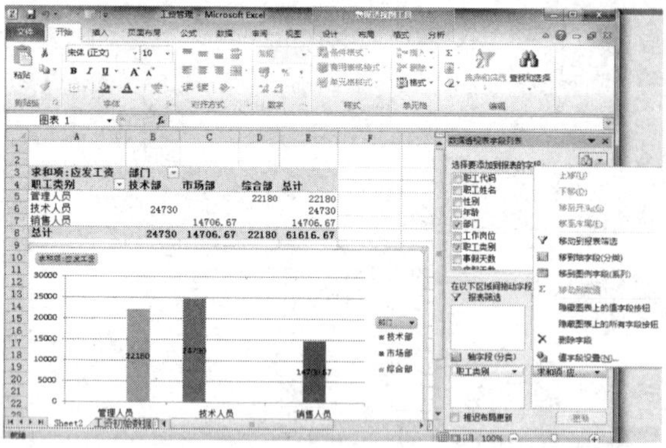

图 4.41　把数据求和改变为求“平均值”

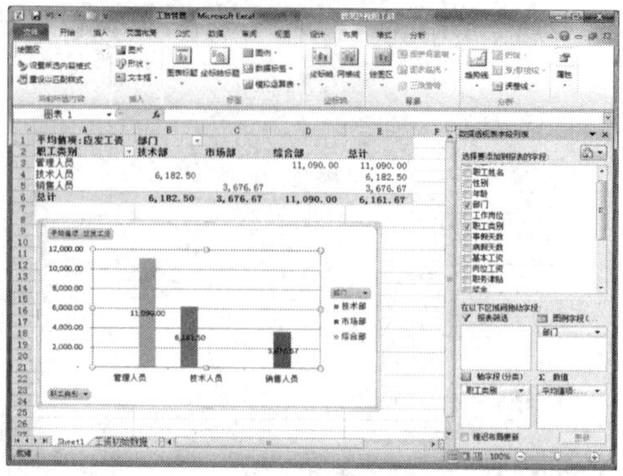

图 4.42　“应发工资”平均值表及柱形图

操作步骤

单击“平均值项”，选择“值字段设置”命令，如图 4.43 所示。把值汇总方式设置为“求和”，如图 4.44 所示。在“值显示方式”下拉列表框中选择“全部汇总百分比”选项，如图 4.45 所示。结果如图 4.46 所示。

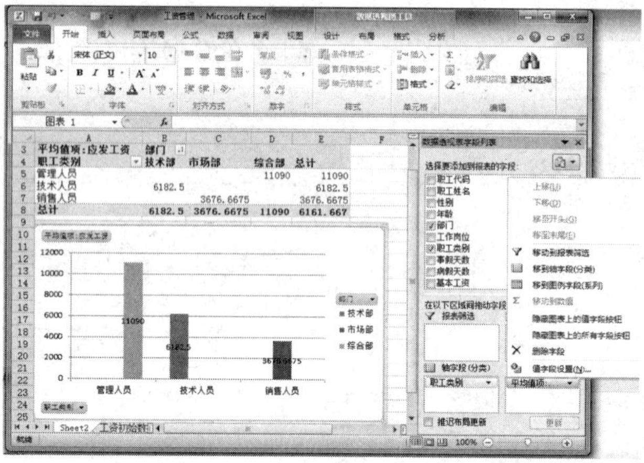

图 4.43　单击“平均值项”

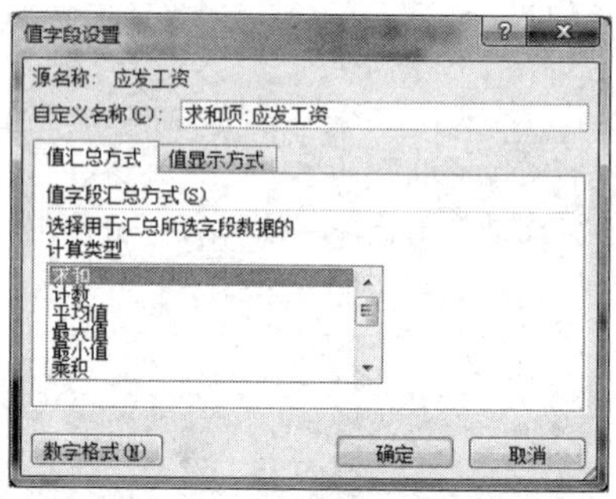

图 4.44　选择值汇总方式

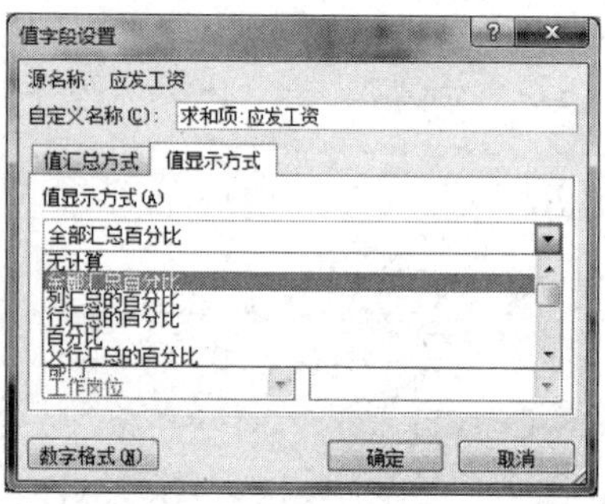

图 4.45　选择值显示方式

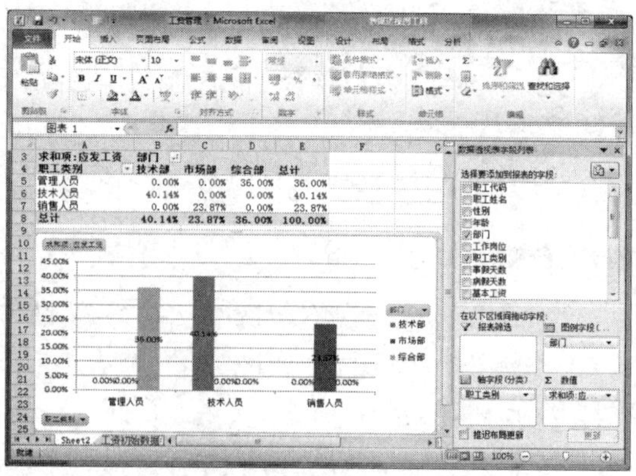

图 4.46　各部门各职工类别“应发工资”占总工资数的百分比图表

如果选择“列汇总的百分比”或“行汇总的百分比”，还可以计算同一部门不同职工类别应发工资占此部门应发工资总和的百分比，或者同一类别不同部门应发工资占此类别应发工资总和的百分比。

技能训练

实训四　工资的处理

实训目的

练习工资数据的输入，掌握工资数据的查询、分析方法，以及工资条的制作。

实训资料

ABC 公司是一家小型工业企业，主要有 3 个部门——厂部、车间 1、车间 2；职工人数不多，主要有 3 种职工类别——管理人员、辅助管理人员、工人。每个职工的工资项目有基本工资、岗位工资、福利费、奖金、事假扣款、病假扣款，除基本工资因人而异外，其他工资项目将根据职工类别、部门和考勤来决定，而且随时间的变化而变化。2019 年 1 月 ABC 公司职工基本工资情况与出勤情况如表 4.5 所示。

表 4.5　ABC 公司职工基本工资情况与出勤情况　　单位：元

职工代码	职工姓名	部　门	性　别	职工类别	年龄/岁	基本工资	事假天数/天	病假天数/天
00001	张	厂部	男	管理人员	30	2 500	2	
00002	王	厂部	女	管理人员	40	2 000		2
00003	李	厂部	男	管理人员	24	2 200		
00004	赵	车间 1	女	工人	35	1 700		
00005	刘	车间 1	男	工人	26	1 800	16	
00006	齐	车间 1	女	辅助管理人员	29	2 400		6
00007	孙	车间 2	女	工人	40	1 900		
00008	袁	车间 2	男	工人	50	2 000		17
00009	宫	车间 2	男	工人	36	3 000		
00010	任	车间 2	男	辅助管理人员	21	1 500	5	

其他工资项目的发放情况及有关规定如下。

（1）岗位工资。根据职工类别进行发放，工人为 1 000 元，辅助管理人员为 1 200 元，管理人员为 1 500 元。

（2）福利费。职工的福利费为基本工资的 20%。

（3）奖金。奖金根据部门的效益来决定，本月厂部的奖金为 500 元，车间 1 的奖金为 300 元，车间 2 的奖金为 800 元。

（4）事假扣款规定。按日基本工资扣款。

（5）病假扣款规定。请一天病假扣款 50 元。

（6）社保为应发工资的 11%。

（7）个人所得税根据应发工资数额确定，要求参见表 4.4。

实训要求

1．计算每位职工的实发工资。

2．制作每位职工的工资条。

3．计算每个部门应发工资数占总工资数的百分比。

4．计算每个职工类别应发工资数占总工资数的百分比。

5．计算每个部门每一职工类别应发工资数占总工资数的百分比。

6．按性别统计人数。

7．按年龄段统计人数。

8．按基本工资段统计人数。

项目五

Excel 在固定资产管理中的应用

拓展阅读：固定资产加速折旧涉税政策

学习目标

1. 了解固定资产管理内容和常见业务处理流程。
2. 掌握固定资产增加、减少等日常业务的处理方法。
3. 能够利用 Excel折旧函数计算固定资产折旧并完成折旧费用分配。
4. 能够利用筛选和数据透视功能进行固定资产数据管理。
5. 通过固定资产折旧税收政策优惠的变迁，理解政策对制造业发展的推动作用，坚定制度自信和道路自信。

项目介绍

固定资产是企业生产经营过程中的重要劳动资料，具体是指使用期限超过 1 年且单位价值较高并保持原有实物形态的资产。固定资产在企业经营和管理中占据重要地位，起重要作用。本项目主要介绍固定资产的日常管理，包括固定资产卡片的制作、当月折旧的计算、折旧费用的分配和折旧凭证的制作，最后形成固定资产台账。

重点难点

1. 固定资产管理模型的建立。
2. 折旧函数的灵活应用，以及折旧费用的分配。

任务描述

美景化工有限公司对于固定资产的管理流程如下：资产购入后，先由各相关部门验收，出具意见书；凭此验收单填写固定资产入库单，送交财务部一份；由其对购入资产进行编号，填写固定资产卡片，贴上资产封签，并由使用人办理资产使用手续。

美景化工有限公司虽然规模不大，固定资产也不多，但固定资产的管理对于企业来说相当重要。公司有行政、销售、工程、采购、仓库、生产、财务等部门。固定资产的所属部门使用固定资产并负责它的日常维护。目前，美景化工有限公司已有各类固定资产 23 台（套、个、辆），如表 5.1 所示。固定资产的集中管理在财务部门，每类固定资产都有一张卡片记录其增加方式、减少方式、开始使用日期、固定资产编码、规格、种类、所属部门、原始价值、累计折旧、净值、折旧方法等信息。

表 5.1　美景化工有限公司固定资产一览

单位：元

资产名称	类　别	数　量	单　位	原　值	已计提折旧	开始使用日期	使用部门
高速分散机 GJ-100	3	2	台	32 900	7 466.47	2015/11/6	生产一部
灌装线 GZF-6L	3	1	套	100 000	19 000.00	2018/4/18	生产一部
半自动直列式灌装机	3	1	台	15 400	3 494.94	2016/1/26	生产一部
反应釜 1 000L	1	3	台	36 000	6 840.00	2016/7/12	生产二部
锅炉 LSO 0.3-0.4-Q	1	3	个	29 000	5 510.00	2018/1/21	生产二部
高速搅拌器	1	3	台	33 000	6 270.00	2018/1/21	生产二部
研磨机 SJ-D9200	1	3	台	19 000	3 610.00	2017/12/9	生产二部
涂料灌装机 DCS-50-T	1	3	台	18 000	3 420.00	2017/7/16	生产二部
智能喷码机 YX-9100	1	3	台	26 000	4 940.00	2017/7/16	仓库
手动液压叉车	1	2	台	2 300	521.97	2018/4/17	仓库
联想电脑	2	8	台	48 000	16 464.00	2017/6/5	行政、销售、采购、仓库各 2 台
打印复印一体机	2	1	台	2 6000	891.80	2017/6/15	行政部
五十铃货车 1.8-6t	3	1	辆	480 000	1 108.73	2019/8/30	销售部
上海大众小轿车	3	1	辆	200 000	2 762.11	2019/8/11	行政部
合　计				1 436 800	687 683.91		

其中，五十铃货车当月行驶 2 357 千米，大众小轿车当月行驶 3 601 千米。

美景化工有限公司固定资产分为 3 类——运输设备、办公设备、生产设备，类别编码分别为 3、2、1。美景化工有限公司固定资产类别如表 5.2所示。

表 5.2　美景化工有限公司固定资产类别

类别编码	类别名称	增加方式	净残值率	使用年限/工作量	折旧方法
3	运输设备	购入	4%	20 万千米	年数总和法
2	办公设备	购入	3%	10 年	平均年限法
1	生产设备	购入	5%	15 年	平均年限法

美景化工有限公司现用固定资产卡片样式如表 5.3和表 5.4所示。

表 5.3　美景化工有限公司固定资产卡片（生产设备、办公设备）

卡片序号：　　　　　　　　　　　　　　　　　　　　　　　　单位：元

卡片编号	仪器编号	资产名称	
资产分类代码		计量单位	
规格型号		使用年限	
数量		卡片金额	
取得方式		取得日期	
使用部门		使用人	
存放地点		备注	

使用单位负责人：　　　　　　　　　　　　　　验收人：

美景化工有限公司固定资产日常管理的业务有固定资产增加、减少，部门间的调拨，折旧的计提，折旧数据的汇总分析等。

表 5.4　美景化工有限公司固定资产卡片（车辆）

卡片序号：　　　　　　　　　　　　　　　　　　　　　　　　单位：元

卡片编号	仪器编号	资产名称	
资产分类代码		计量单位	
厂牌型号		使用年限	
车辆产地	进口、国产	车牌号	
排气量		分类（用途）	
编制情况	是否财政编制	保修截止日	
数量		卡片金额	
取得方式	购入、捐赠	取得日期	
使用部门		使用人	

使用单位负责人：　　　　　　　　　　　　验收人：

任务分析

从任务描述可以看出，利用Excel处理以上业务，必须细分成以下工作过程：建立固定资产信息库→固定资产信息管理→固定资产折旧分配→固定资产统计分析。

建立固定资产信息库，输入固定资产信息是固定资产管理的起点。一般来说，在固定资产信息库中所填列的内容比较多，固定资产卡片未必要包含信息库中的所有信息，所以输入方便的卡片格式就显得很重要。计提折旧后，还需要进行费用的分配，生成转账凭证，对资产的增减变动情况也要有所记录。

背景知识

1. 固定资产计提折旧的方法。
2. 折旧函数的使用。
3. Excel图表的应用。
4. MATCH函数和INDEX函数的应用。

任务实施

任务一　建立固定资产信息库

微课-建立固定资产信息库

一、建立固定资产信息库模型

固定资产的管理涉及企业成立之初最初固定资产的构建到企业经营过程中固定资产的管理与更新，以及固定资产的处置。整个过程中所导致的会计记录极为烦琐，生成的现金流量极为复杂，计算量和预测的工作量都很大。因此，如何有效地借助Excel，充分利用其强大的数据统计、处理及分析功能进行固定资产管理，就成为企业经营管理者、金融分析人员极为必要且迫切需要掌握的技能。

固定资产初始信息库是记录固定资产购置、使用、折旧和处置等各方面信息的Excel工作表，是固定资产手工记录向计算机管理的一个衔接。它的建立要求对企业现有固定资产重新进行核对，按照统一的格式将各项固定资产的有关信息全部输入到Excel工作表中。

操作步骤

步骤 1　新建一个 Excel 工作簿，命名为“项目五固定资产管理”，用于进行固定资产的管理。

步骤 2　把 Sheet1 命名为“固定资产信息库”，设定固定资产初始信息的各个栏目，并调整工作表格式，如图 5.1 所示。从图中可以看出，固定资产初始信息尽可能保持手工账目和计算机信息卡的栏目与内容相一致，并通过编号将其一一对应起来，以此保证企业会计记录的连续性。

固定资产信息库

日期　2019年8月28日

资产编号	资产名称	规格型号	类别编号	类别名称	使用部门	增加方式	使用状况	可使用年限	开始使用日期	折旧方法	资产原值	已计提月份	至上月止累计折旧额	本月计提折旧额	本月末账面净值	净残值率	折旧费用类别

图 5.1　固定资产信息库栏目信息

步骤 3　在“固定资产信息库”工作表中输入美景化工有限公司的各项固定资产，结果如图 5.2 所示。

固定资产信息库

日期　2019年8月28日

资产编号	资产名称	规格型号	类别编号	类别名称	使用部门	增加方式	使用状况	可使用年限	开始使用日期	折旧方法	资产原值	已计提月份	至上月止累计折旧额	本月计提折旧额	本月末账面净值	净残值率	折旧费用类别
021001	高速分散机	GJ-100	1	生产设备	生产一部	购入	正常使用	30	2015/11/6	平均法年限	32,900.00	45	3,906.88	86.82	28,906.30	5.00%	制造费用
021002	高速分散机	GJ-100	1	生产设备	生产一部	购入	正常使用	30	2015/11/6	平均法年限	32,900.00	45	3,906.88	86.62	28,906.30	5.00%	制造费用
021003	灌装线	GZF-6L	1	生产设备	生产一部	购入	正常使用	30	2016/4/8	平均法年限	100,000.00	40	10,555.56	263.89	89,180.55	5.00%	制造费用
021004	半自动直列式灌装机		1	生产设备	生产二部	购入	正常使用	25	2016/1/26	平均法年限	15,400.00	31	1,511.77	48.77	13,839.46	5.00%	制造费用
021005	反应釜	1000L	1	生产设备	生产二部	购入	正常使用	8	2016/7/8	平均法年限	36,000.00	12	4,275.00	356.25	31,368.75	5.00%	制造费用
021006	锅炉	LS00.3	1	生产设备	生产二部	自建	正常使用	4	2018/1/21	平均法年限	29,000.00	19	10,905.21	573.96	17,520.83	5.00%	制造费用
021007	高速搅拌器		1	生产设备	生产二部	购入	正常使用	4	2018/1/21	平均法年限	33,000.00	19	12,409.38	653.13	19,937.49	5.00%	制造费用
021008	研磨机	SJ-D9200	1	生产设备	生产二部	购入	正常使用	5	2017/12/9	平均法年限	19,000.00	20	6,016.67	300.83	12,682.50	5.00%	制造费用
021009	涂料灌装机	DCS-50-T	1	生产设备	生产二部	购入	正常使用	10	2017/7/16	平均法年限	18,000.00	24	3,420.00	142.50	14,437.50	5.00%	制造费用
021010	智能喷码机	YX-9100	1	生产设备	生产二部	购入	正宗使用	10	2017/7/16	平均法年限	26,000.00	24	4,940.00	205.83	20,854.17	5.00%	制造费用
021011	手动液压叉车		1	生产设备	生产二部	购入	正常使用	5	2018/4/17	平均法年限	2,300.00	16	582.67	36.42	1,680.91	5.00%	制造费用
021012	手动液压叉车		1	生产设备	生产二部	购入	正常使用	5	2018/4/17	平均法年限	2,300.00	16	582.67	36.42	1,680.91	5.00%	制造费用
021013	联想电脑		2	办公设备	行政部	购入	正常使用	5	2017/6/15	平均法年限	48,000.00	26	20,176.00	776.00	27,048.00	3.00%	管理费用
021014	联想电路		2	办公设备	行政部	购入	正常使用	5	2017/6/15	平均法年限	48,000.00	26	20,176.00	776.00	27,048.00	3.00%	管理费用
021015	联想电脑		2	办公设备	销售部	购入	正常使用	5	2017/6/15	平均法年限	48,000.00	26	20,176.00	776.00	27,048.00	3.00%	销售费用
021016	联想电脑		2	办公设备	销售部	购入	正常使用	5	2017/6/15	平均法年限	48,000.00	26	20,176.00	776.00	27,048.00	3.00%	销售费用
021017	联想电脑		2	办公设备	采购部	购入	正常使用	5	2017/6/15	平均法年限	48,000.00	26	20,176.00	776.00	27,048.00	3.00%	管理费用
021018	联想电脑		2	办公设备	采购部	购入	正常使用	5	2017/6/15	平均法年限	48,000.00	26	20,176.00	776.00	27,048.00	3.00%	管理费用
021019	联想电脑		2	办公设备	仓库	购入	正常使用	5	2017/6/15	平均法年限	48,000.00	26	20,176.00	776.00	27,048.00	3.00%	管理费用
021020	联想电脑		2	办公设备	仓库	购入	正常使用	5	2017/6/15	平均法年限	48,000.00	26	20,176.00	776.00	27,048.00	3.00%	管理费用
021021	打印复印一体机		2	办公设备	行政部	购入	正常使用	5	2017/6/15	平均法年限	26,000.00	26	10,928.67	420.33	14,651.00	3.00%	管理费用
021022	五十铃货车	1.8-6t	3	运输设备	销售部	购入	正常使用	10	2019/8/30	工作量法	480,000.00	0	-	-	480,000.00	4.00%	管理费用
021023	上海大众小轿车		3	运输设备	行政部	购入	正常使用	10	2019/8/11	工作量法	200,000.00	0	-	-	200,000.00	4.00%	管理费用

图 5.2　固定资产信息库

在输入固定资产信息库的过程中，为了提高信息的输入速度，可以对部分项目内容设定数据有效性。现以“类别名称”项目数据有效性的设定为例来说明数据有效性的设置。

选中“固定资产信息库”工作表中的 E3 单元格，选择“数据”|“数据有效性”|“数据有效性”命令，打开“数据有效性”对话框。在“设置”选项卡“允许”下拉列表框中选择“序列”选项，在“来源”文本框中填写类别名称来源，如“生产设备,办公设备,运输设备”，各设备名称之间用英文的逗号隔开，如图 5.3 所示。

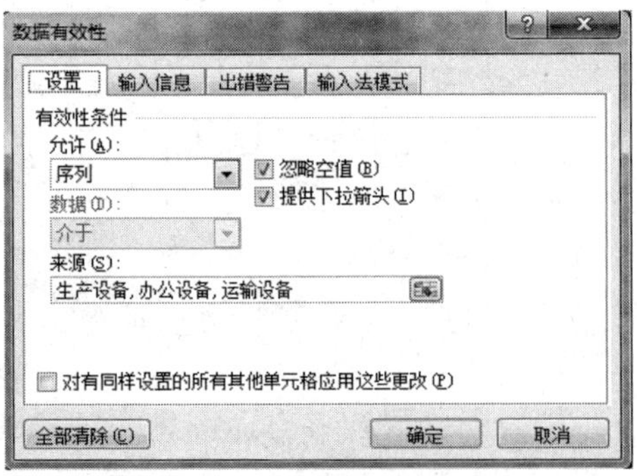

图 5.3　类别名称的数据有效性设置

完成“类别名称”数据有效性的设置后，利用自动填充功能，将数据有效性复制到该列区域中的其他单元格。此时，如果单击 E 列中的某个单元格，就可见下拉按钮及选项，从中选择即可。

按照上述方法依次设定以下各项目的数据有效性。

① 使用部门：生产一部、生产二部、行政部、销售部、仓库。

② 使用状态：正常使用、报废、调拨、投资、维修、更新、季节性停用、停用。

③ 增加方式：购入、自建、捐赠、投入、盘盈。

④ 使用状况：正常使用、报废、调拨、投资。

⑤ 折旧方法：平均年限法、双倍余额递减法、年数总和法、工作量法。

二、计提折旧的方法和折旧函数

1．固定资产折旧计提的方法

固定资产折旧是指在固定资产使用寿命内，按照确定的方法对应计折旧额进行的系统分摊。其中，应计折旧额是指应当计提折旧的固定资产原价扣除其预计净残值后的余额，如果已对固定资产计提减值准备，还应当扣除已计提的固定资产减值准备累计金额。固定资产折旧计入生产成本的过程，就是随着固定资产价值的转移，以折旧的形式在产品销售收入中得到补偿，并转化为货币资金的过程。

企业应当根据固定资产的性质和使用方法，合理地确定固定资产的使用寿命和预计净残值，并根据科技发展、环境及其他因素，选择合理的固定资产折旧方法，按照管理权限，经股东大会或董事会，或者经理（厂长）会议或类似机构批准，作为计提折旧的依据。同时，依据法律、行政法规的规定报送有关各方备案，并备置于企业所在地，以供股东等有关各方查阅。企业已经确定并对外报送，或者备置于企业所在地的有关固定资产使用寿命和预计净残值、折旧方法等，一经确定不得随意变更，如须变更，则仍然按照上述程序，经批准后报送有关各方备案，并在会计报表附注中予以说明。

企业可选择的折旧方法包括平均年限法、工作量法、年数总和法和双倍余额递减法。

（1）平均年限法

平均年限法（又称直线法）是将固定资产的折旧均衡地分摊到各期的一种方法。采用这种方法计算的每期折旧额均相等。其计算公式为：

$$\text{年折旧率}=\frac{1-\text{预计净残值率}}{\text{预计使用年限}}\times 100\%$$

$$\text{月折旧率}=\text{年折旧率}\div 12$$

$$\text{月折旧额}=\text{固定资产原值}\times\text{月折旧率}$$

（2）工作量法

工作量法是根据实际工作量计提折旧额的一种方法。这种方法弥补了平均年限法只重视实用时间，不考虑实用强度的缺陷。其计算公式为：

$$\text{每一工作量折旧额}=\frac{\text{固定资产原值}\times（1-\text{净残值率}）}{\text{预计总工作量}}$$

$$某项固定资产月折旧额=该项固定资产当月工作量\times每一工作量折旧额$$

（3）加速折旧法

加速折旧法又称快速折旧法或递减折旧法，特点是固定资产有效使用年限的前期多提折旧，后期则少提折旧，从而相对加快折旧的速度，以使固定资产成本在有效使用年限中加快得到补偿。

加速折旧的计提方法有多种，常用的有以下 2 种。

① 双倍余额递减法。双倍余额递减法是在不考虑固定资产残值的情况下，根据每期起初固定资产账面余额和双倍的直线法折旧率计算固定资产折旧的一种方法。其计算公式为：

$$年折旧率=\frac{2}{预计的折旧年限}\times100\%$$

$$月折旧率=年折旧率\div12$$

$$月折旧额=固定资产账面净值\times月折旧率$$

由于双倍余额递减法不考虑固定资产的预计净残值，所以在应用这种方法时必须注意不能把固定资产的账面折余价值降低到其预计净残值以下，即实行双倍余额递减法计提折旧的固定资产，应当在其固定资产折旧年限到期以前 2 年内，将固定资产净值扣除预计净残值后的余额平均摊销。

② 年数总和法。年数总和法又称合计年限法，是将固定资产的原值减去净残值后的净额乘以一个逐年递减的分数计算每年的折旧额。这个分数的分子代表固定资产尚可使用的年数，分母代表使用年数的逐年数字总和。其计算公式为：

$$年折旧率=\frac{尚可使用年数}{预计使用年限的年数总和}\times100\%$$

或

$$年折旧率=\frac{预计使用年限-已使用年限}{预计使用年限\times（预计使用年限+1）\div2}\times100\%$$

$$月折旧率=年折旧率\div12$$

$$月折旧额=（固定资产原值-预计净残值）\times月折旧率$$

2．固定资产计提折旧的原则

① 根据不同时期的市场需求、公司目标，对不同类型的固定资产采用不同的计提折旧方法。

② 新增固定资产当月不计提折旧。

③ 已经提足折旧仍在继续使用的固定资产不再计提折旧。

④ 提前报废的固定资产停止计提折旧。

⑤ 在部门间调拨的固定资产在进行资产账目的会计处理时，资产历史成本价值连带累计折旧一同进行划拨，不影响计提折旧。

⑥ 因为各种原因，在最后 1 个月计提折旧时，可能会出现固定资产的剩余价值小于按正常公式计算的折旧值，这时最后 1 个月的折旧值就是固定资产的剩余价值。

按照上述有关固定资产折旧的处理原则，以下是 Excel 进行企业各项固定资产的折旧计提方法。

3．Excel 折旧函数

（1）平均年限法计提折旧

格式为 SLN(cost,salvage,life)。

其中，cost 表示资产原值；salvage 表示资产在折旧期末的价值（有时也称为资产残值），此值可以是 0；life 表示折旧期限（有时也称作资产的使用寿命）。

例如，某企业购买一辆价值 300 000 元的设备，使用年限为 10 年，残值为 30 000 元。在任一工作表中选中某一单元格，然后输入“=SLN(300000,30000,10)”，确认后显示计算结果为年折旧额 27 000 元。

（2）工作量法计提折旧

工作量法是根据实际工作量计提固定资产折旧额的一种方法。其计算公式为：

单位工作量折旧额=固定资产原值×(1−预计净残值率)÷预计总工作量

某项固定资产月折旧额=该项固定资产当月工作量÷单位工作量折旧额

例如，某公司的一台机器设备原价为 680 000 元，预计生产产品产量为 2 000 000 件，预计净残值率为 3%，本月生产产品 34 000 件，则这台机器设备的月折旧额计算如下。

单件折旧额=680 000×(1−3%)÷2 000 000=0.329 8（元/件）

月折旧额=34 000×0.329 8=11 213.2（元）

（3）双倍余额递减法计提折旧

双倍余额递减法是在不考虑固定资产预计净残值的情况下，根据每年年初固定资产净值和双倍的直线法折旧率计算固定资产折旧额的一种方法。应用这种方法计算折旧额时，由于每年年初固定资产净值没有扣除预计净残值，所以在计算固定资产折旧额时，应在其折旧年限到期前 2 年内，将固定资产的净值扣除预计净残值后的余额平均摊销。

例如，某公司有一台机器设备原价为 600 000 元，预计使用寿命为 5 年，预计净残值率为 4%。按双倍余额递减法计算折旧，每年折旧额计算如下。

年折旧率=2÷5=40%

第 1 年应提的折旧额=600 000×40%=240 000（元）

第 2 年应提的折旧额=(600 000−240 000)×40%=144 000（元）

第 3 年应提的折旧额=(360 000−144 000)×40%=86 400（元）

从第 4 年起改按平均年限法计提折旧：

第 4 年、第 5 年应提的折旧额=(129 600−600 000×4%)÷2=52 800（元）

① 双倍余额递减法本期折旧函数

格式：DDB(cost,salvage,life,period,factor)

其中，cost 表示资产原值；salvage 表示资产在折旧期末的价值（有时也称为资产残值），此值可以是 0；life 表示折旧期限（有时也称作资产的使用寿命）；period 表示需要计算折旧值的期间——必须与 life 使用相同的单位；factor 表示余额递减速率，如果被省略，则假设为 2（双倍余额递减法）。

② 双倍余额递减法累计折旧函数

格式：VDB(cost,salvage,life,start_period,end_period,factor,no_switch)

其中，cost 表示资产原值；salvage 表示资产在折旧期末的价值（有时也称为资产残值），此值可以是 0；life 表示折旧期限（有时也称作资产的使用寿命）；start_period 表示进行折旧计算的起始期间——必须与 life 的单位相同；end_period 表示进行折旧计算的截止期间——必须与 life 的单位相同；factor 表示余额递减速率（折旧因子），如果被省略，则假设为 2（双倍余额递减法），如果不想使用双倍余额递减法，可改变参数 factor 的值；no_switch 为逻辑值，确定当折旧值大于余额递减计算值时，是否转用平均年限法——如果 no_switch 为 TRUE，即使折旧值大于余额递减计算值时 Excel 也不转用平均年限法，如果 no_switch 为 FALSE 或被忽略且折旧值大于余额递减计算值时，Excel 将转用平均年限法。

上例如果用 Excel 来计算，结果如表 5.5 所示。

表 5.5　采用双倍余额递减法计提折旧

年　度	公　式	计算结果
第 1 年	DDB(600000,24000,5,1)	¥240 000.00
第 2 年	DDB(600000,24000,5,2)	¥144 000.00
第 3 年	DDB(600000,24000,5,3)	¥86 400.00
前 3 年的累计折旧	VDB(600000,24000,5,0,3)	¥470 400.00
第 4 年	(600000−VDB(600000,24000,5,0,3)−24000)/2	¥52 800.00
第 5 年	(600000−VDB(600000,24000,5,0,3)−24000)/2	¥52 800.00

（4）年数总和法计提折旧

格式：SYD(cost,salvage,life,per)。

其中，cost 表示资产原值；salvage 表示资产在折旧期末的价值（有时也称为资产残值）；life 表示折旧期限（有时也称作资产的使用寿命）；per 表示期间，其单位与 life 相同。

例如，某公司购入一项固定资产，该资产原值为 50 000 万元，采用年数总和法计提折旧，预计使用年限为 5 年，预计净残值为 2 000，采用年数总和法计算，结果如表 5.6 所示。

表 5.6　采用年数总和法计提折旧

年　度	公　式	计算结果
第 1 年	SYD(50000,2000,5,1)	¥16 000.00
第 2 年	SYD(50000,2000,5,2)	¥12 800.00
第 3 年	SYD(50000,2000,5,3)	¥9 600.00
第 4 年	SYD(50000,2000,5,4)	¥6 400.00
第 5 年	SYD(50000,2000,5,5)	¥3 200.00

三、Excel 计提折旧的实现

利用 Excel 函数可以计算固定资产当月应提折旧和累计折旧。

因为美景化工有限公司的办公设备和生产设备都是采用平均年限法计提折旧的，所以公式相对简单。

微课-固定资产折旧方法的比较

操作步骤

步骤 1　在“固定资产信息库”工作表中选中 O4 单元格，输入公式“=L4*(1−Q4)/I4/12”，向下填充至“打印复印一体机”一行即可。

步骤 2　对于“五十铃货车”“上海大众小轿车”2 项资产，采用工作量法计提折旧，在 O24 单元格中输入计算公式“=2357*(L24*(1−Q24)/200000)”，在 O25 单元格中输入计算公式“=3601*(L25*(1−Q25)/200000)”，即可计算出美景化工有限公司当月所有固定资产的折旧。

步骤 3　通用公式的实现。如果资产类型和折旧计提方法比较多，上述计算折旧的方法就显得不够灵活。下面介绍通用公式，即不管折旧方法是哪种，都可以向下填充复制，具有通用性。

在 O4 单元格中输入公式“=IF(A4="","",ROUND(IF(K4="平均年限法",L4*(1−Q4)/I4/12,IF(K4="双倍余额递减法",IF(INT(M4/12)<=I4−2,DDB(L4,L4*Q4,I4,INT(M4/12)+1)/12,(L4−VDB(L4,L4*Q4,I4*12,0,M4,2)−L4*Q4)/2),IF(K4="年数总和法",SYD(L4,L4*Q4,I4,IF(M4=I4*12,I4,INT(M4/12)+1))/12))),2))”。

对公式中的函数介绍如下。

① 四舍五入函数

格式：ROUND(number,num_digits)

其中，number 为需要进行四舍五入的数字；num_digits 是指定的位数，按此位数进行四舍五入。

在上述公式中，对计算结果四舍五入保留 2 位小数。

② 公式含义

如果 K4="平均年限法"，则用公式“L4*(1−Q4)/I4/12”计算当月折旧。如果 K4="双倍余额递减法"，则要判断是不是最后 2 年，是最后 2 年用“(原值−累计折旧−残值)/2”；如果不是最后 2 年，直接用函数 DDB 求折旧，公式为“=IF(INT (M4/12)<=I4−2,DDB(L4,L4*Q4,I4,INT(M4/12)+1)/12,(L4−VDB(L4,L4*Q4,I4*12,0,M4,2)−L4*Q4)/2)”。如果 K4="年数总和法"，则执行 SYD(L4,L4*Q4,I4,IF(M4=I4*12,I4,INT(M4/12)+ 1))/12)。如果 K4="工作量法"，则执行“当月工作量*(原值*(1−净残值率/总工作量))”。

输完 O4 单元格公式，可直接向下填充，完成各种不同类型折旧的计算。

步骤 4　累计折旧的实现。在 N4 单元格中输入公式“=IF(A4="","",ROUND(IF(K4="平均年限法",(1−Q4)/I4/12*L4*M4,IF(K4="双倍余额递减法",IF(M4<=(I4−2)*12,VDB(L4,L4*Q4,I4,0,INT(M4/12))+DDB(L4,L4*Q4,I4,INT(M4/12)+1)/12*MOD(M4,12),VDB(L4,L4*Q4,I4,0,I4−2)+(L4−VDB(L4,L4*Q4,I4,0,I4−2)−L4*Q4)/2*((INT((M4−(I4−2)*12)/12))+MOD(M4,12)/12)),IF(K4="年数总和法",(L4−L4*Q4)/I4/(I4+1)*INT(M4/12)*(2*I4−INT(M4/12)+1)+SYD(L4,L4*Q4,I4,IF(M4=I4*12,I4,INT(M4/12)+1))/12*MOD(M4,12)))),2))”。输入完 O4 单元格公式，可直接向下填充，完成各种不同类型累计折旧的计算，实现通用累计折旧的计算。

步骤 5　已计提月份的计算。在 M4 单元格中输入公式“=IF(A4="","",(YEAR($C$2)−YEAR(J4))*12+MONTH($C$2)−MONTH(J4)−1)”。其中，YEAR 函数返回日期型自变量的年份；YEAR($C$2)−YEAR(J4)表示当前年份，即开始使用日期的年份。

任务二　固定资产信息管理

微课-固定资产卡片管理

一、制作固定资产卡片

固定资产卡片是进行明细分类核算的一种账簿形式。它是每一项固定资产的全部档案记录，即固定资产从进入企业开始到退出企业的整个生命周期所发生的全部情况都要在卡片上予以记载。

固定资产信息库建成以后，还要对每一项固定资产编制、打印一个对应的固定资产卡片。假设某公司固定资产卡片样式如图 5.4 所示。

固定资产卡片

卡片编号	0011		日期	2019年9月1日	
固走资产编号	021001	固走资产名称	高速分散机		
类别编号	1	类别名称	生产设备		
规格型号	GJ-100	部门名称	生产一部		
增加方式	购入	存放地点	生产一部		
使用方式	正常使用	使用年限	30年	开始使用日期	2015年11月6日
原值	32, 900. 00	净残值率	5. 00%	净残值	1, 645. 00
折旧方法	平均年限法	已计提月数	46月	尚可使用月数	314月
已计提累计折旧额	3, 993. 69	尚可计提折旧额	28, 819. 48	折旧费用类别	制造费用

图 5.4　固定资产卡片样式

操作步骤

步骤 1　新建一工作表，重命名为“固定资产卡片”。

步骤 2　在工作表中输入文本内容，如图 5.5 所示。

固定资产卡片

卡片编号			日期		
固走资产编号		固走资产名称			
类别编号		类别名称			
规格型号		部门名称			
增加方式		存放地点			
使用方式		使用年限		开始使用日期	
原值		净残值率		净残值	
折旧方法		已计提月数		尚可使用月数	
已计提累计折旧额		尚可计提折旧额		折旧费用类别	

图 5.5　固定资产卡片文本

步骤 3　设置各数据项来源。其中，卡片编号和固定资产编号需要手工输入，其他数据可通过公式或函数自动获取。

在 F2 单元格中输入公式“=固定资产信息库!C2”或输入函数“=Now()”，获取当前日期。其他单元格公式如表 5.7 所示。

表 5.7　固定资产卡片中的公式和函数

单元格名称	项目名称	公　式
C4	类别编号	= INDEX(固定资产信息库!D4:D1009,MATCH(C3,固定资产信息库!A4:A1009,0))
C5	规格型号	= INDEX(固定资产信息库!C4:C1009,MATCH(C3,固定资产信息库!A4:A1009,0))
C6	增加方式	= INDEX(固定资产信息库!G4:G1009,MATCH(C3,固定资产信息库!A4:A1009,0))
C7	使用方式	= INDEX(固定资产信息库!H4:H1009,MATCH(C3,固定资产信息库!A4:A1009,0))

（续表）

单元格名称	项目名称	公 式
C8	原值	=INDEX(固定资产信息库!L4:L1009,MATCH(C3,固定资产信息库!A4:A1009,0))
C9	折旧方法	=INDEX(固定资产信息库!K4:K1009,MATCH(C3,固定资产信息库!A4:A1009,0))
C10	已计提累计折旧额	=INDEX(固定资产信息库!N4:N1009,MATCH(C3,固定资产信息库!A4:A1009,0))
E3	固定资产名称	=INDEX(固定资产信息库!N4:N1009,MATCH(C3,固定资产信息库!A4:A1009,0))
E4	类别名称	=INDEX(固定资产信息库!N4:N1009,MATCH(C3,固定资产信息库!A4:A1009,0))
E5	部门名称	=INDEX(固定资产信息库!F4:F1009,MATCH(C3,固定资产信息库!A4:A1009,0))
E6	存放地点	=INDEX(固定资产信息库!F4:F1009,MATCH(C3,固定资产信息库!A4:A1009,0))
E7	使用年限	=INDEX(固定资产信息库!I4:I1009,MATCH(C3,固定资产信息库!A4:A1009,0))
F7	开始使用日期	=INDEX(固定资产信息库!J4:J1009,MATCH(C3,固定资产信息库!A4:A1009,0))
E8	净残值率	=INDEX(固定资产信息库!Q4:Q1009,MATCH(C3,固定资产信息库!A4:A1009,0))
G8	净残值	=C8*E8
E9	已计提月数	=INDEX(固定资产信息库!M4:M1009,MATCH(C3,固定资产信息库!A4:A1009,0))
F9		=IF(C9="","",IF(C9="平均年限法","尚可使用工作量","尚可使用月数"))
G9	尚可使用月数	=IF(C9="","",IF(C9="平均年限法",E7－E9,E7*12－E9))
E10	尚可计提折旧额	=C8－C10－G8
G10	折旧费用类别	=INDEX(固定资产信息库!R4:R1009,MATCH(C3,固定资产信息库!D4:D1009,0))

函数 MATCH(C3,固定资产信息库!A4:A1009,0)的含义是：在固定资产信息库 D4 单元格至 D1009 单元格内查找第 1 个等于 C3 的数值为第几个，返回其值。此处返回 1。

函数 INDEX(固定资产信息库!B4:B1009,1)的含义是：在固定资产信息库 B4 单元格至 B1009 单元格内查找第 1 行的值，并返回这个值。此处返回“高速分散机”。

MATCH 函数和 INDEX 函数搭配使用，是制作固定资产卡片的技巧，可以省去很多重复输入数据的麻烦。

二、固定资产增减变动

微课-固定资产增减变动管理

固定资产的增减变动包括以下几个方面。

① 固定资产增加。固定资产增加是指通过企业自建、投资者以资产形式增加投资、接受捐赠、直接购买、部门调拨等途径增加企业的固定资产存量。这其中就涉及固定资产的资产增加，另外还会因固定资产增加的途径不同而相应地引起现金、应付账款、权益等科目的资产发生变化，以及现金的流动。

② 固定资产部门调拨。固定资产在部门间的调拨是资源在企业内部的优化配置。通过资产调拨可以提高资产的使用效率，最大限度地发挥其使用价值。因此，这一过程也是固

定资产管理中重要的一个方面。

③ 固定资产减少。与固定资产增加相对，固定资产还可能通过投资、报废、出售、部门调拨等途径减少。只有固定资产存量增减的动态平衡才能保障企业的正常运作。

1. 固定资产增加

增加固定资产在信息管理的角度就是增加记录，可采用直接输入和记录单输入 2 种方法将该项新增资产的信息输入到固定资产卡片中。如果工作表中行列信息比较多，则直接输入需要在不同的行列之间切换，容易出错，此时可以以记录单方式输入信息。

操作步骤

步骤 1　把“记录单”添加到快速访问工具栏中。

单击左上角的“自定义快速访问工具栏”按钮，如图 5.6 所示。选中“其他命令”，打开“Excel 选项”对话框。方法同前，把“记录单”添加到快速访问工具栏中，如图 5.7 所示。

图 5.6　增加自定义快速访问

图 5.7　增加“记录单”至快速访问工具栏

步骤 2　输入固定资产信息。先选中固定资产信息库中的列标签，再单击“记录单”，打开如图 5.8 所示的对话框。单击“新建”按钮，得到一张空白的记录单，然后在新记录单中输入新增固定资产的信息。

2. 固定资产部门调拨

固定资产部门调拨过程涉及 2 个以上的部门，财务记录上有一定的复杂性。现具体介绍如何通过 Excel 来实现这一过程的处理。

例如，公司决定将固定资产编号为 021006 的联想电脑由销售部调拨给仓库使用。

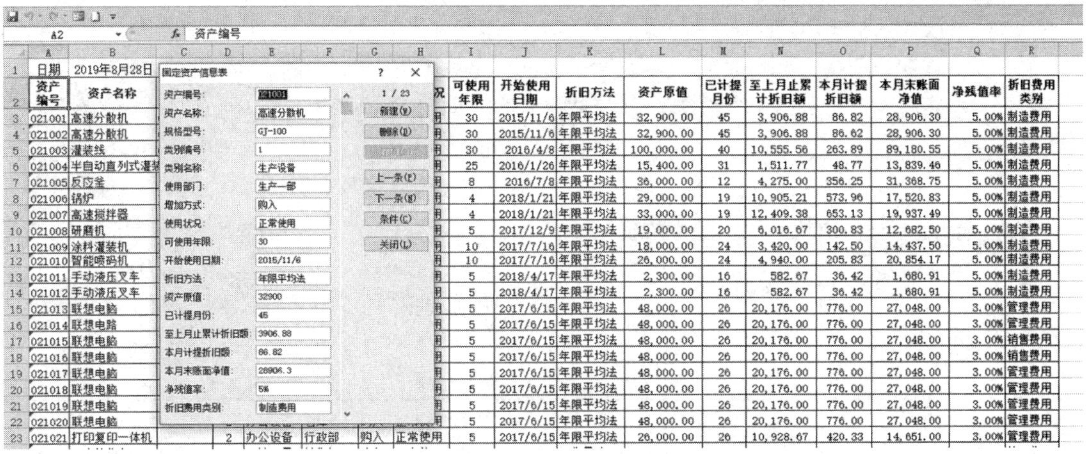

图 5.8 利用记录单增加信息

操作步骤

步骤 1 筛选数据。选中数据区域，单击“数据”|“筛选”按钮，进入自动筛选状态。单击“资产编号”右侧的下拉按钮，筛选出满足条件的记录，如图 5.9 所示。

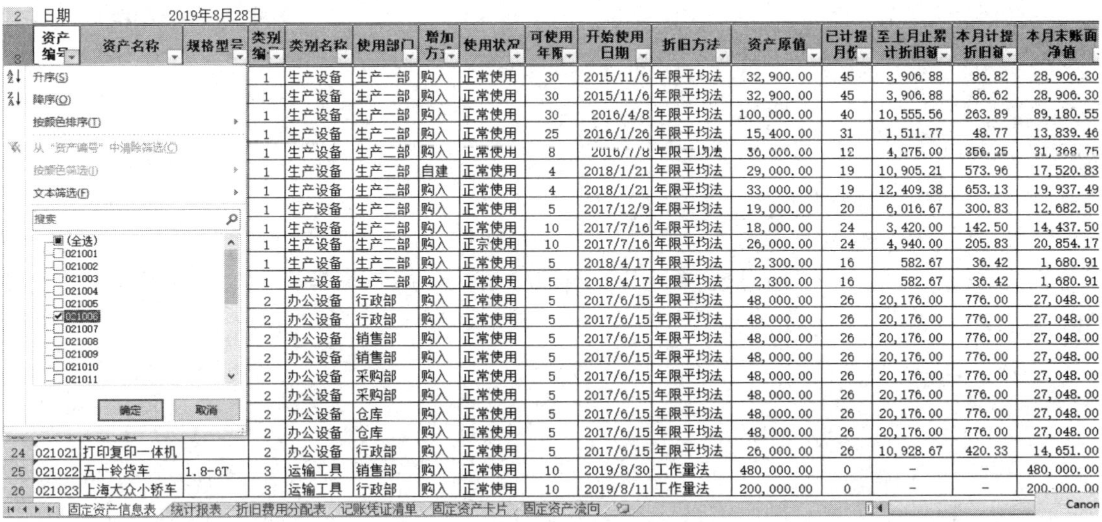

图 5.9 筛选编号为 021006 的固定资产

步骤 2 修改使用部门，如图 5.10 所示。

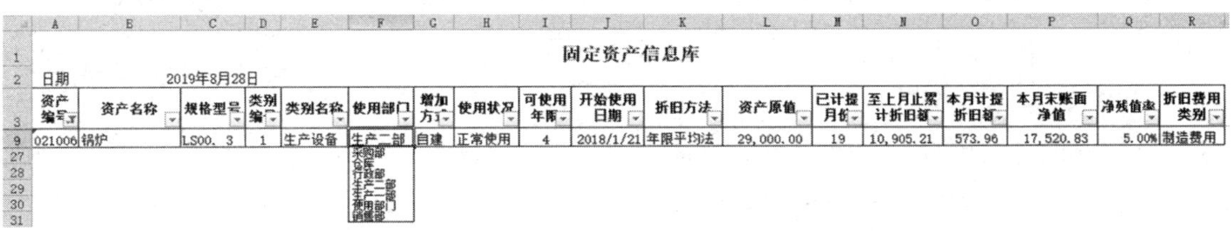

图 5.10 修改编号为 021006 的固定资产的使用部门

任务三　固定资产折旧分配

微课-计提固定资产折旧

一、固定资产折旧分配的原理

固定资产当月的折旧费用要按照部门进行分配，然后记入不同的会计科目。表 5.8 所示是某单位固定资产折旧的分配表。

表 5.8　固定资产折旧分配

车间、部门	会计科目	明细科目	分配金额/元
基本生产车间	制造费用	基本生产车间	9 000
供电、机修车间	辅助生产成本	供电车间	1 800
机修车间	辅助生产成本	机修车间	4 500
厂部管理部门	管理费用		5 000
合　计			20 300

根据表 5.8，编制会计分录如下。

借：制造费用　　9 000
　　辅助生产成本　　6 300
　　管理费用　　5 000
　　贷：累计折旧　　20 300

二、固定资产折旧分配的实现

根据任务一固定资产信息库中的内容，利用 Excel 的数据透视功能实现固定资产折旧分配。

操作步骤

选中固定资产信息库中的$A$3:$R$26，插入数据透视表，拖动“折旧费用类别”“使用部门”至“行标签”处，拖动“资产原值”“至上月止累计折旧额”“本月计提折旧额”到“数值”处，完成折旧费用的分配，如图 5.11 所示。

由数据透视图可以很方便地写出折旧分配的凭证。

借：管理费用　　5 076.33
　　销售费用　　1 552.00
　　制造费用　　2 791.64
　　贷：累计折旧　　9 419.97

也可以把“使用部门”拖动到“报表筛选”处，这样生成的数据更直观，可方便地筛选出任何一个部门的资产使用情况，如图 5.12 所示。

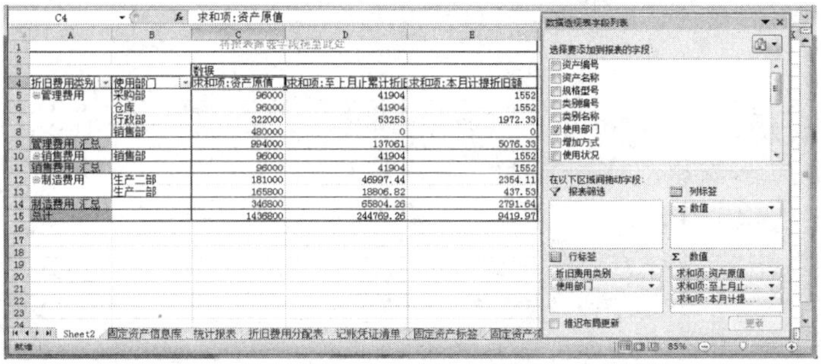

图 5.11　不同部门折旧费用的分配

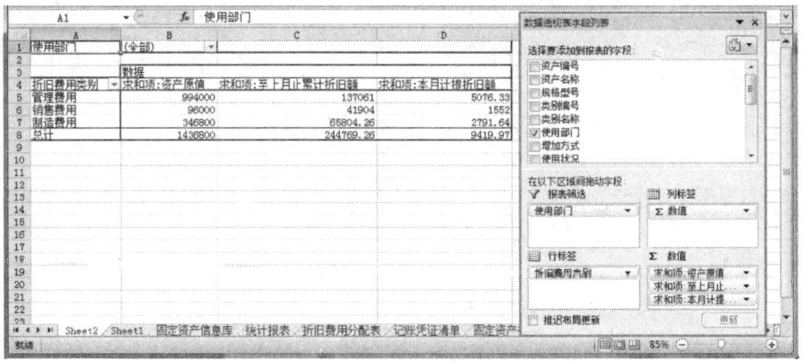

图 5.12　部门折旧费用的分配

任务四　固定资产统计分析

微课-固定资产查询统计分析

一、固定资产统计表

固定资产信息库中的内容是所有资产的信息，每一个资产均有记录，如图 5.13 所示。8 台联想电脑属于同一次购进，除资产编号不同外，其他信息完全一样。

固定资产信息库

日期　2019年9月28日

资产编号	资产名称	规格型号	类别编号	类别名称	使用部门	增加方式	使用状况	可使用年限	开始使用日期	折旧方法	资产原值	已计提月份	至上月止累计折旧额	本月计提折旧额	本月末账面净值	净残值率	折旧费用类别
021001	高速分散机	GJ-100	1	生产设备	生产一部	购入	正常使用	30	2015/11/6	年限平均法	32,900.00	45	3,906.88	86.82	28,906.30	5.00%	制造费用
021002	高速分散机	GJ-100	1	生产设备	生产一部	购入	正常使用	30	2015/11/6	年限平均法	32,900.00	45	3,906.88	86.62	28,906.30	5.00%	制造费用
021003	灌装线	CZP-6L	1	生产设备	生产一部	购入	正常使用	30	2016/4/8	年限平均法	100,000.00	40	10,555.56	263.89	89,180.55	5.00%	制造费用
021004	半自动直列式灌装机		1	生产设备	生产二部	购入	正常使用	25	2016/1/26	年限平均法	15,400.00	31	1,511.77	48.77	13,839.46	5.00%	制造费用
021005	反应釜	1000L	1	生产设备	生产二部	购入	正常使用	8	2016/7/8	年限平均法	36,000.00	12	4,275.00	356.25	31,368.75	5.00%	制造费用
021006	锅炉	LS00.3	1	生产设备	生产二部	自建	正常使用	4	2018/1/21	年限平均法	29,000.00	19	10,905.21	573.96	17,520.83	5.00%	制造费用
021007	高速搅拌器		1	生产设备	生产二部	购入	正常使用	4	2018/1/21	年限平均法	33,000.00	19	12,409.38	653.13	19,937.49	5.00%	制造费用
021008	研磨机	SJ-D9200	1	生产设备	生产二部	购入	正常使用	5	2017/12/9	年限平均法	19,000.00	20	6,016.67	300.83	12,682.50	5.00%	制造费用
021009	涂料灌装机	DCS-50-T	1	生产设备	生产二部	购入	正常使用	10	2017/7/16	年限平均法	18,000.00	24	3,420.00	142.50	14,437.50	5.00%	制造费用
021010	智能喷码机	YX-9100	1	生产设备	生产二部	购入	正常使用	10	2017/7/16	年限平均法	26,000.00	24	4,940.00	205.83	20,854.17	5.00%	制造费用
021011	手动液压叉车		1	生产设备	生产二部	购入	正常使用	5	2018/4/17	年限平均法	2,300.00	16	582.67	36.42	1,680.91	5.00%	制造费用
021012	手动液压叉车		1	生产设备	生产二部	购入	正常使用	5	2018/4/17	年限平均法	2,300.00	16	582.67	36.42	1,680.91	5.00%	制造费用
021013	联想电脑		2	办公设备	行政部	购入	正常使用	5	2017/6/15	年限平均法	48,000.00	26	20,176.00	776.00	27,048.00	3.00%	管理费用
021014	联想电脑		2	办公设备	行政部	购入	正常使用	5	2017/6/15	年限平均法	48,000.00	26	20,176.00	776.00	27,048.00	3.00%	管理费用
021015	联想电脑		2	办公设备	销售部	购入	正常使用	5	2017/6/15	年限平均法	48,000.00	26	20,176.00	776.00	27,048.00	3.00%	销售费用
021016	联想电脑		2	办公设备	销售部	购入	正常使用	5	2017/6/15	年限平均法	48,000.00	26	20,176.00	776.00	27,048.00	3.00%	销售费用
021017	联想电脑		2	办公设备	采购部	购入	正常使用	5	2017/6/15	年限平均法	48,000.00	26	20,176.00	776.00	27,048.00	3.00%	管理费用
021018	联想电脑		2	办公设备	采购部	购入	正常使用	5	2017/6/15	年限平均法	48,000.00	26	20,176.00	776.00	27,048.00	3.00%	管理费用
021019	联想电脑		2	办公设备	仓库	购入	正常使用	5	2017/6/15	年限平均法	48,000.00	26	20,176.00	776.00	27,048.00	3.00%	管理费用
021020	联想电脑		2	办公设备	仓库	购入	正常使用	5	2017/6/15	年限平均法	48,000.00	26	20,176.00	776.00	27,048.00	3.00%	管理费用
021021	打印复印一体机		2	办公设备	行政部	购入	正常使用	5	2017/6/15	年限平均法	26,000.00	26	10,928.67	420.33	14,651.00	3.00%	管理费用
021022	五十铃货车	1.8-6T	3	运输工具	销售部	购入	正常使用	10	2019/8/30	工作量法	480,000.00	0	-	-	480,000.00	4.00%	管理费用
021023	上海大众小轿车		3	运输工具	行政部	购入	正常使用	10	2019/8/11	工作量法	200,000.00	0	-	-	200,000.00	4.00%	管理费用

图 5.13　含有重复信息的固定资产信息库

实际管理时，对于同一批资产，往往作为一个独立的信息来考察。因此，需要对原固定资产信息库进行处理，只考察不重复的记录。

操作步骤

步骤 1　单击“数据”|“高级”按钮，打开“高级筛选”对话框。选中“将筛选结果复制到其他位置”单选按钮，在“复制到”文本框中输入 B30，并选中“选择不重复的记录”复选框，如图 5.14 所示。

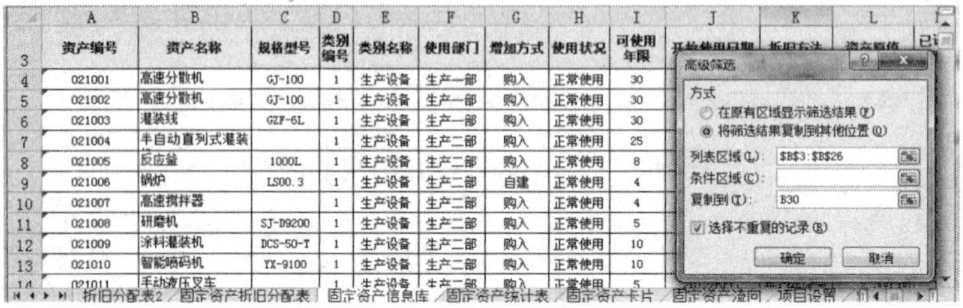

图 5.14　筛选不重复的记录

步骤 2　单击“确定”按钮，筛选出不重复的记录，并把需要考察的字段名复制到第 30 行，如图 5.15 所示。

图 5.15　复制固定资产统计表的表头信息

步骤 3　在 C31 单元格中输入函数“=INDEX(C$4:C$26,MATCH($B31,$B$4:$B$26,0))”。

函数 MATCH($B31,$B$4:$B$26,0)的含义是：返回 B4 至 B26 单元格中 B31“高速分散机”的位置。此处返回值为 2。

函数 INDEX(C$4:C$26,2)的含义是：返回 C 列中第 2 行的值，此处返回 GJ-100，正是该固定资产对应的规格型号。

向下向右填充 C31 单元格公式，取出每一资产对应的信息，如图 5.16 所示。注意此时公式中“绝对引用”“相对引用”的配合。

资产名称	规格型号	类别编号	类别名称	增加方式	使用状况	可使用年限	开始使用日期	折旧方法	资产原值	已计提月份	至上月止累计折旧额	本月计提折旧额	本月末账面净值	净残值率
高速分散机	GJ-100	1	生产设备	购入	正常使用	30	2015/11/6	年限平均法	32,900.00	46	3,993.70	86.82	28,906.30	5.00%
灌装线	GZF-6L	1	生产设备	购入	正常使用	30	2016/4/8	年限平均法	100,000.00	41	10,819.45	263.89	89,180.55	5.00%
半自动直列式灌装机		1	生产设备	购入	正常使用	25	2016/1/26	年限平均法	15,400.00	32	1,560.54	48.77	13,839.46	5.00%
反应釜	IOOOL	1	生产设备	购入	正常使用	8	2016/7/8	年限平均法	36,000.00	13	4,631.25	356.25	31,368.75	5.00%
锅炉	LS00.3	1	生产设备	自建	正常使用	4	2018/1/21	年限平均法	29,000.00	20	11,479.17	573.96	17,520.83	5.00%
高速搅拌器		1	生产设备	购入	正常使用	4	2018/1/21	年限平均法	33,000.00	20	13,062.51	653.13	19,937.49	5.00%
研磨机	SJ-D9200	1	生产设备	购入	正常使用	5	2017/12/9	年限平均法	19,000.00	21	6,317.50	300.83	12,682.50	5.00%
涂料灌装机	DCS-50-T	1	生产设备	购入	正常使用	10	2017/7/16	年限平均法	18,000.00	25	3,562.50	142.50	14,437.50	5.00%
智能喷码机	YX-9100	1	生产设备	购入	正宗使用	10	2017/7/16	年限平均法	26,000.00	25	5,145.83	205.83	20,854.17	5.00%
手动液压叉车		1	生产设备	购入	正常使用	5	2018/4/17	年限平均法	2,300.00	17	619.09	36.42	1,680.91	5.00%
联想电脑		2	办公设备	购入	正常使用	5	2017/6/15	年限平均法	48,000.00	27	20,952.00	776.00	27,048.00	3.00%
打印复印一体机		2	办公设备	购入	正常使用	5	2017/6/15	年限平均法	26,000.00	27	11,349.00	420.33	14,651.00	3.00%

图 5.16　提取固定资产相应信息

步骤 4　复制信息并选择性粘贴到“固定资产统计表”中。

使用选择性粘贴，只粘贴数值，形成固定资产的统计表。

二、固定资产统计分析

利用 Excel 图表和数据透视表功能，可以很方便地对固定资产使用情况进行统计分析，为固定资产投资决策提供依据。

1．折旧对比图

通过设计不同固定资产折旧方法的工作表，对比各折旧方法每年的折旧额，进而针对不同资产选择不同的折旧方法。

操作步骤

步骤 1　增加一新工作表，命名为“折旧方法对比表”，用不同的折旧方法计算同一资产每年的折旧额。假设资产原值为 200 000 元，净残值为 20 000 元，输入不同折旧函数计算每年的折旧额，如图 5.17 所示。

	A	B	C	D
1		平均年限法	双倍余额递减法	年数总和法
2	第一年	¥36,000.00	¥80,000.00	¥60,000.00
3	第二年	¥36,000.00	¥48,000.00	¥48,000.00
4	第三年	¥36,000.00	¥28,800.00	¥36,000.00
5	第四年	¥36,000.00	¥11,600.00	¥24,000.00
6	第五年	¥36,000.00	¥11,600.00	¥12,000.00
7				
8	累计折旧	¥180,000.00	¥180,000.00	¥180,000.00

图 5.17　不同折旧方法对比

步骤 2　各单元格公式和函数如图 5.18 所示。

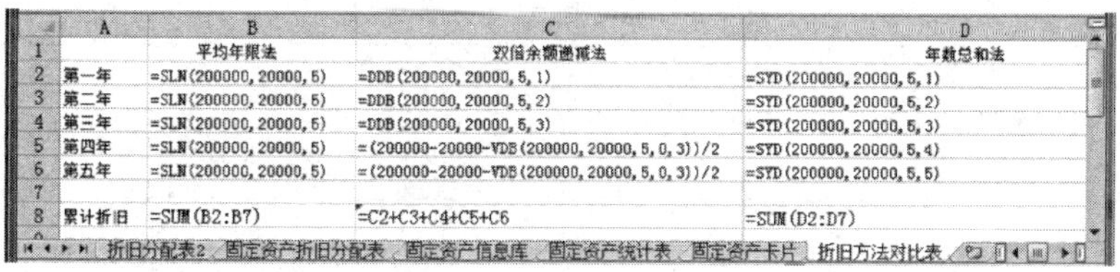

	A	B	C	D
1		平均年限法	双倍余额递减法	年数总和法
2	第一年	=SLN(200000,20000,5)	=DDB(200000,20000,5,1)	=SYD(200000,20000,5,1)
3	第二年	=SLN(200000,20000,5)	=DDB(200000,20000,5,2)	=SYD(200000,20000,5,2)
4	第三年	=SLN(200000,20000,5)	=DDB(200000,20000,5,3)	=SYD(200000,20000,5,3)
5	第四年	=SLN(200000,20000,5)	=(200000-20000-VDB(200000,20000,5,0,3))/2	=SYD(200000,20000,5,4)
6	第五年	=SLN(200000,20000,5)	=(200000-20000-VDB(200000,20000,5,0,3))/2	=SYD(200000,20000,5,5)
7				
8	累计折旧	=SUM(B2:B7)	=C2+C3+C4+C5+C6	=SUM(D2:D7)

图 5.18　不同折旧函数

步骤 3　选中数据区域，然后选择“插入”|“折线图”命令，生成不同折旧方法下的图表。不同年度不同折旧方法下的折旧额可以直观地显现，如图 5.19 所示。

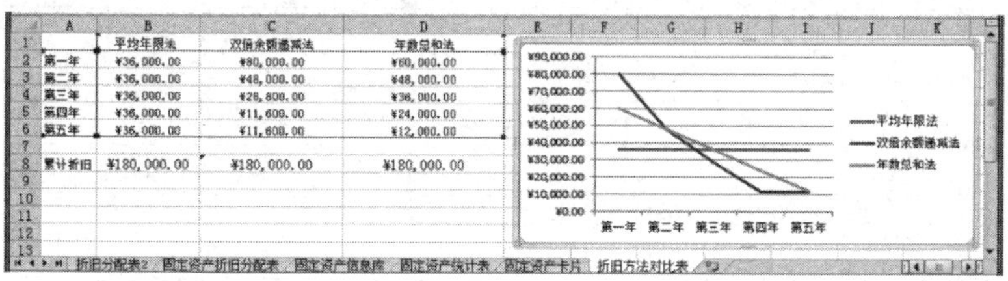

	A	B	C	D
1		平均年限法	双倍余额递减法	年数总和法
2	第一年	¥36,000.00	¥80,000.00	¥60,000.00
3	第二年	¥36,000.00	¥48,000.00	¥48,000.00
4	第三年	¥36,000.00	¥28,800.00	¥36,000.00
5	第四年	¥36,000.00	¥11,600.00	¥24,000.00
6	第五年	¥36,000.00	¥11,600.00	¥12,000.00
7				
8	累计折旧	¥180,000.00	¥180,000.00	¥180,000.00

图 5.19　不同折旧方法下的折线图分析

2．部门折旧统计图

通过数据透视表功能，生成不同部门折旧费用统计表，进而针对统计表进行图形分析，可以更直观地提供数据参考。

操作步骤

打开“折旧分配表 2”工作表，插入饼图，完成固定资产折旧各项费用的比率分析，如图 5.20 所示。

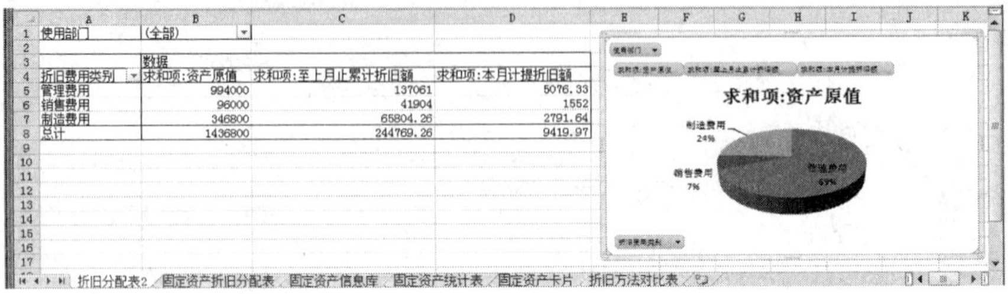

图 5.20　折旧分配比率分析

技能训练

实训五　固定资产折旧计算方法

实训目的

掌握 Excel 折旧的计提，固定资产的数据排序、汇总、筛选等操作。

实训资料

企业的固定资产资料如表 5.9 所示。

表 5.9　企业的固定资产资料　　单位：元

卡片编号	00001	00002	00003	00004	00005
固定资产编号	01101001	0120501001	0402001	0402002	0304003
固定资产名称	1 号楼	2 号楼	电脑	打印机	轿车
类别编号	011	012	04	04	03
类别名称	行政楼	厂房	办公设备	办公设备	运输设备
部门名称	综合管理部	生产部	财务部	财务部	销售部
增加方式	在建工程转入	在建工程转入	直接购入	直接购入	直接购入
使用状况	在用	在用	在用	在用	在用
使用年限	30 年	30 年	5 年	5 年	6 年
开始使用日期	2018-12-08	2018-12-08	2018-12-08	2018-11-08	2018-12-08
原值	500 000	450 000	9 000	3 000	200 000
净残值率	2%	2%	3%	3%	4%
累计折旧	0	0	0	48.60	0
对应折旧科目	管理费用	制造费用——折旧费	管理费用——折旧费	管理费用——折旧费	销售费用——折旧费

实训要求

1．建立固定资产信息库。
2．按使用部门进行排序、汇总。
3．利用筛选功能查找固定资产“电脑”的信息。
4．完成固定资产折旧的分配和折旧分析。

项目六

Excel 在进销存管理中的应用

学习目标

1. 了解进销存的主要内容和常见业务的处理流程。
2. 了解进销存管理各数据表之间的关系。
3. 掌握进销存管理工作表数据的操作。
4. 提升Excel数据处理的能力，通过供应链数字化协同案例，树立行业自信，明确责任担当。

拓展阅读：澳柯玛的供应链数字化协同

项目介绍

进销存管理又称为购销链管理，进是指从询价、采购到入库与付款的过程；销是指从报价、销售到出库与收款的过程；存是指在出入库之外，包括领料、退货、盘点、报损报溢、借出、调拨等影响库存数量的动作。进销存管理是企业对生产经营中的物流、资金流进行的管理，每一步都需要详尽、准确的数据。利用Excel在进销存管理中的应用，通过对采购与付款业务、销售与收款业务表单的制作，完成管理数据的及时获取。

重点难点

1. 进销存管理模型的建立。
2. 表间取数的应用，以及存货成本的计算。

任务描述

美景化工有限公司的材料仓库期初余额如表6.1所示，产成品仓库期初余额如表6.2所示。

表 6.1　材料仓库期初余额　　　单位：元

材料编码	材料名称	型号规格	单　位	期初库存	期初单位成本	期初余额
Y-101	粉剂原料	FJ-N9100	千克	5 000	11.06	55 300.00
Y-102	粉剂原料	FJ-G1080	千克	5 000	6.54	32 700.00
Y-203	固态原料	X310/Ⅰ	千克	4 800	10.00	48 000.00
Y-204	固态原料	X310/Ⅱ	千克	3 500	12.00	42 000.00
Y-305	液化原料		千克	10 000	10.20	102 000.00
合　计						280 000.00

表 6.2　产成品仓库期初余额

单位：元

商品编码	商品名称	型号规格	单　位	期初库存	期初单位成本	期初余额
090001	内墙涂料	MT-3	千克	3 100	15.00	46 500.00
090002	外墙涂料	VOC-5A	千克	4 540	25.00	113 500.00
合　计						160 000.00

本月美景化工有限公司的进销存业务如下。

（1）1 日，从美月公司购进粉剂原料 Y-101 9 000 千克，单价 11.26 元；粉剂原料 Y-102 9 000 千克，单价 6.86 元。

（2）3 日，零售内墙涂料 MT-3 3 000 千克，单价 30.00 元；零售外墙涂料 VOC-5A 2 000 千克，单价 50 元。

（3）13 日，从前进公司购入固态原料 Y-203 2 100 千克，单价 10.00 元；Y-204 3 000 千克，单价 12.00 元。

（4）17 日，采购粉剂原料 Y-101 7 864 千克，单价 10.30 元。

（5）19 日，产品入库：内墙涂料 MT-3 5 000 千克，成本 18.55 元；外墙涂料 VOC-5A 2 000 千克，成本 27.53 元。

（6）20 日，销售给多芬公司内墙涂料 MT-3 1 240 千克，单价 30.00 元；外墙涂料 VOC-5A 1 200 千克，单价 50 元。

（7）23 日，车间领用材料：粉剂原料 Y-101 4 300 千克，单价 11.06 元；粉剂原料 Y-102 4 300 千克，单价 6.54 元；固态原料 Y-203 4 800 千克，单价 10.00 元；固态原料 Y-204 3 500 千克，单价 12.00 元；液化原料 Y-305 8 630 千克，单价 10.20 元。

任务分析

对于企业来说，及时了解企业各种商品的库存情况很有必要。这有利于企业确定各种商品的最佳进货时间，以做到适时进货，节约资金。

建立进销存管理系统，能够对整个生产过程进行实时监控，加强采购部门、生产部门和销售部门之间的联系；通过进销存管理，可以清楚地看到企业库存产品的数量等信息，当库存不足或过满时应向系统报警；另外，对应收应付账款也要及时进行监控，即时提供资金往来信息。

根据以上业务分析，可以把进销存管理分解为：建立期初信息→采购与付款业务→销售与收款业务→出入库管理→编制总账和明细账→应收账款分析。

通过建立采购业务、销售业务、库存管理、收款业务和付款业务工作表，及时根据采购和销售业务更新库存，监控库存量和往来资金，生成库存商品、材料的总账和明细账。

在用 Excel 创建管理模型时，本项目广泛使用数据清单。数据清单与工作表相似，都是一个二维表格，是由行和列构成的。但数据清单与数据库更相似，每行表示一条记录，每列代表一个字段。与工作表相比，数据清单具有以下特点。

① 第 1 行是字段名，其余行是清单中的数据，每行表示一条记录；如果本数据清单有标题行，则标题行应与其他行（如字段名行）隔开一个或多个空行。

② 每列数据具有相同的性质。

③ 在数据清单中，不存在全空行或全空列。

创建数据清单有 2 种方法：一种是直接在工作表中输入；另一种是以记录单的形式输入。

背景知识

1. 进销存管理的业务流程。
2. 表间取数公式、查找引用函数的应用。
3. 数据透视表的应用。
4. 数据清单的应用。

任务实施

任务一　采购与付款业务

在采购与付款业务管理中，需要了解企业的商品或材料购入的基本信息和付款的有关信息。美景化工有限公司跟供应商建立了良好的合作关系，有稳定的供应商，货款采用一月一结制度。利用 Excel 进行采购与付款业务管理，是通过对付款业务与采购业务的数据清单管理实现的。

微课-建立采购业务数据清单

一、建立商品列表及期初数据表

在进销存管理系统中，会经常用到商品（材料）编号、商品（材料）名称、规格型号、计量单位等信息。这些信息存在一定的对应关系，可把这些对应关系事先放在一个工作表中，需要的时候通过商品或材料编号取数，从而提高操作的效率。

操作步骤

步骤 1　新建一工作簿，命名为“项目六 Excel 进销存管理”。

步骤 2　双击 Sheet1 工作表标签，重命名为“商品列表及期初数据”。

步骤 3　输入表 6.1 和表 6.2 的内容，选中表头区域，进行表头单元格格式定义。然后设置表头单元格的背景色，如图 6.1 所示。

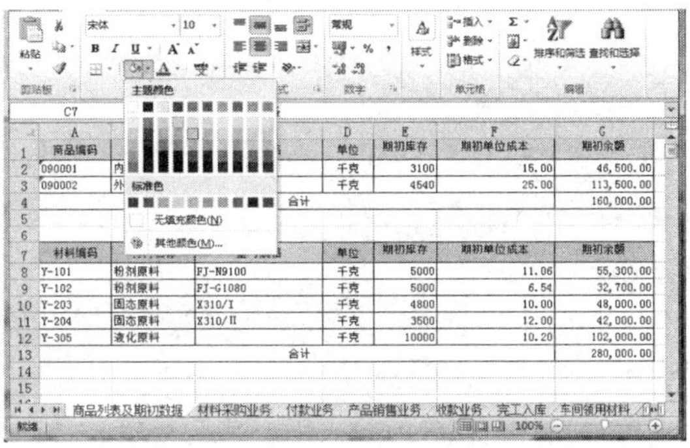

图 6.1　设置表头单元格的背景色

步骤 4　输入原材料、产品列表及其期初数据。

二、建立材料采购业务数据清单

材料采购业务表是记录企业商品采购和货款结算情况相关信息的数据清单，由采购人员管理。

操作步骤

步骤 1　在“项目六 Excel 进销存管理”工作簿中，双击 Sheet2 工作表标签，重命名为“材料采购业务”。

步骤 2　输入项目名称，如图 6.2 所示。在实际工作中，企业可根据自身的业务需要来设置项目名称。

业务日期	采购发票号	摘要	商品编码	商品名称	型号规格	单位	进货数量	进货单价	进货金额	供应商	已付货款	应付货款余额

图 6.2　建立材料采购业务项目名称

步骤 3　设置数据有效性。为了方便输入并防止输入错误，可对“供应商”一行进行数据有效性设置。设置完毕后，利用自动填充功能将数据有效性向下复制到该列区域的其他单元格中。

步骤 4　设置条件格式。例如，将结清货款的单元格设置为绿色背景。选中“材料采购业务”工作表的 M2 单元格，选择“开始”|“条件格式”|“突出显示单元格规则”|“等于”命令，如图 6.3 所示。打开“等于”对话框，在“为等于以下值的单元格设置格式”文本框中输入 0，并在“设置为”下拉列表框中选择“绿填充色深绿色文本”选项，如图 6.4 所示。

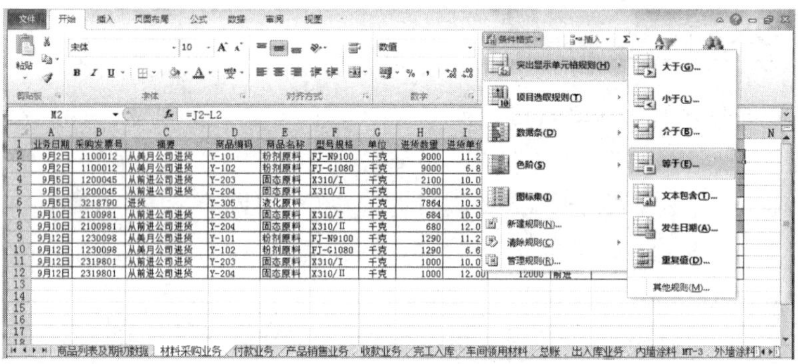

图 6.3　设置条件格式

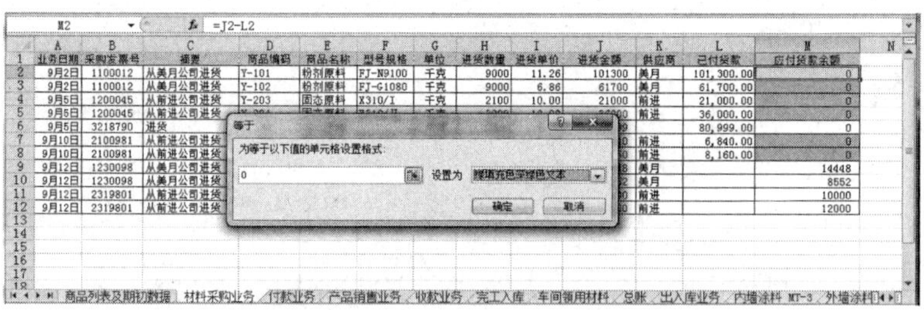

图 6.4　设置应付款为 0 时单元格填充为绿色

步骤 5　输入表体内容。直接输入业务日期、采购发票号、摘要、商品编码、进货数量、进货单价、已付货款等信息。对于商品名称、型号规格、单位等信息，可通过商品列表的对应关系自动显示。具体操作如下。

在 E2 单元格中输入函数“=VLOOKUP(D2,商品列表!A$1:G$13,2,0)”，向下自动填充即可自动计算出对应的商品名称。该函数的含义是：在商品列表中查找当前商品编码所对应的第 2 列，即“商品名称”。

在 G2 单元格中输入函数“=VLOOKUP(D2,商品列表!A$1:G$13,4,0)”，向下复制到其他单元格，即可得到商品所对应的计量单位。该函数的含义是：在商品列表中查找当前商品编码所对应的第 4 列，即“单位”。

另外，商品的型号规格也可利用这种方式获得。

“进货金额”一列，在 J2 单元格中输入公式“=H2*I2”，并向下填充。

“应付货款余额”一列，在 M2 单元格中输入公式“=J2−L2”，并向下填充。

材料采购业务表输入完毕，如图 6.5 所示。

业务日期	采购发票号	摘要	商品编码	商品名称	型号规格	单位	进货数量	进货单价	进货金额	供应商	已付货款	应付货款余额
9月2日	1100012	从美月公司进货	Y-101	粉剂原料	FJ-N9100	千克	9000	11.26	101300	美月	101,300.00	0
9月2日	1100012	从美月公司进货	Y-102	粉剂原料	FJ-G1080	千克	9000	6.86	61700	美月	61,700.00	0
9月5日	1200045	从前进公司进货	Y-203	固态原料	X310/I	千克	2100	10.00	21000	前进	21,000.00	0
9月5日	1200045	从前进公司进货	Y-204	固态原料	X310/II	千克	3000	12.00	36000	前进	36,000.00	0
9月5日	3218790	进货	Y-305	液化原料		千克	7864	10.30	80999		80,999.00	0
9月10日	2100981	从前进公司进货	Y-203	固态原料	X310/I	千克	684	10.00	6840	前进	6,840.00	0
9月10日	2100981	从前进公司进货	Y-204	固态原料	X310/II	千克	680	12.00	8160	前进	8,160.00	0
9月12日	1230098	从美月公司进货	Y-101	粉剂原料	FJ-N9100	千克	1290	11.20	14448	美月		14448
9月12日	1230098	从美月公司进货	Y-102	粉剂原料	FJ-G1080	千克	1290	6.63	8552	美月		8552
9月12日	2319801	从前进公司进货	Y-203	固态原料	X310/I	千克	1000	10.00	10000	前进		10000
9月12日	2319801	从前进公司进货	Y-204	固态原料	X310/II	千克	1000	12.00	12000	前进		12000

图 6.5　材料采购业务表

三、建立付款业务数据清单

付款业务表记录对供应商的付款情况。

微课-建立付款业务数据清单

操作步骤

步骤 1　进入“项目六 Excel 进销存管理”，双击 Sheet3 工作表标签，重命名为“付款业务”。

步骤 2　输入表头项目名称：付款日期、结算方式、结算票据号、供应商、应付货款、已付货款、应付账款余额。

步骤 3　设置数据有效性。为了方便输入并防止输入错误，对结算方式、供应商项目进行数据有效性设置。结算方式主要包括现金支票、转账支票、银行汇票、银行本票、汇兑、信用证等。美景化工有限公司的供应商有美月公司、前进公司。

例如，供应商的有效性设置具体操作如下：选择“数据”|“数据有效性”|“数据有效性”命令，打开“数据有效性”对话框，如图 6.6 所示；在“允许”下拉列表框中选择“序列”选项，在“来源”文本框中输入“美月,前进”，注意序列中各项之间用英文的逗号隔开。

图 6.6　供应商数据的有效性设置

步骤 4　输入表体内容。根据采购业务表中所记录的内容，在应付货款 E2 单元格中输入函数“=SUMIF(材料采购业务!K$2:K$25,付款业务!D2,材料采购业务!J$2:J$25)”，并向下填充。

在已付货款 F2 单元格中输入函数“=SUMIF(材料采购业务!K$2:K$25,付款业务!D2,材料采购业务!L$2:L$25)”，并向下填充。

应付账款余额公式为“=E2-F2”。

条件求和 SUMIF 函数可以根据指定条件对若干单元格、单元格区域或引用求和。

例如，某单位统计工资报表中职称为“中级”的员工工资总额。假设工资总额存放在工作表的 F 列，员工职称存放在工作表的 B 列，则公式为“=SUMIF(B1:B1000,"中级",F1:F1000)”。其中，“B1:B1000”为提供逻辑判断依据的单元格区域；“中级”为判断条件，就是仅仅统计 B1:B1000 单元格区域中职称为“中级”的单元格；F1:F1000 为实际求和的单元格区域。

经过计算，付款业务表如图 6.7 所示。

付款日期	结算方式	结算票据号	供应商	应付货款	已付货款	应付账款余额
9月2日	转账支票	00001	美月	186000	163000	23000
9月10日	现金支票	20002	前进	94000	72000	22000

图 6.7　付款业务表

任务二　销售与收款业务

销售是企业生产经营活动中的一个重要环节，是取得营业收入的必要手段。在销售与收款业务管理中，企业要了解有关的商品销售基本信息和收款结算的信息，要跟客户建立良好的关系，在客户联系记录表中输入与该客户的沟通联系和还款情况。利用 Excel 进行销售与收款业务管理，应建立销售业务和收款业务的数据清单。

一、建立销售业务数据清单

销售业务表是记录企业商品销售和货款结算情况相关信息的数据清单，由销售人员管理。

微课-建立销售业务数据清单

操作步骤

步骤 1　打开“项目六 Excel 进销存管理”工作簿，插入一个新的工作表，命名为“产品销售业务”。

步骤 2　输入项目名称。销售业务项目名称如图 6.8 所示。在实际工作中，企业可根据自身的业务需要来设置项目名称。

业务日期	摘要	客户	商品编码	商品名称	型号规格	单位	销售数量	销售单价	销售货款	实收货款	应收账款余额	销售成本	销售毛利

图 6.8　销售业务项目名称

步骤 3　设置数据有效性。为了方便输入并防止输入错误，可对“客户”一列进行数据有效性设置。具体操作是：选择“数据”|“数据有效性”|“数据有效性”命令，打开“数据有效性”对话框，在“允许”下拉列表框中设置客户列表，如图 6.9 所示。设置完毕后利用自动填充功能将数据有效性向下复制到该列区域的其他单元格。

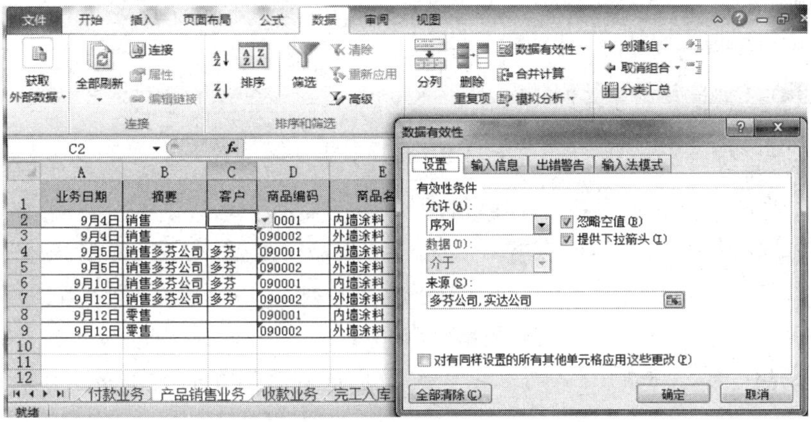

图 6.9　设置客户数据有效性

步骤 4　设置条件格式。例如，将结清货款的单元格设置为绿色背景。先选中“产品销售业务”工作表的 L2 单元格，然后选择“开始”|“条件格式”|“突出显示单元格规则”|“等于”命令，如图 6.10 所示。打开“等于”对话框，在“为等于以下值的单元格设置格式”文本框中输入 0，并在“设置为”下拉列表框中选择“绿填充色深绿色文本”选项。

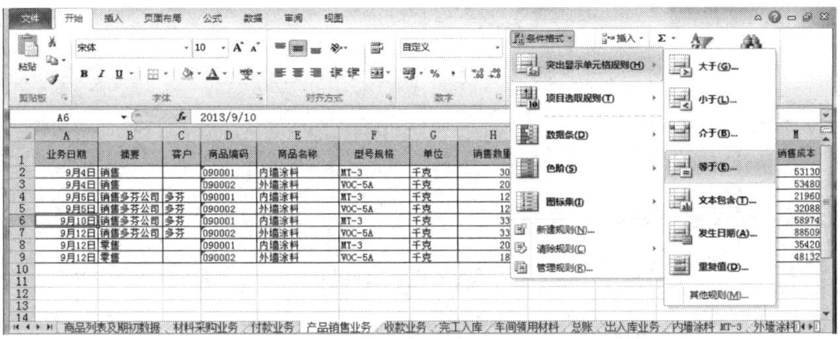

图 6.10　设置条件格式

步骤 5　输入表体内容。直接输入业务日期、摘要、商品编码、实收货款等信息。对于每个商品编码所对应的商品名称、型号规格、单位等信息，利用 VLOOKUP 函数可自动计算得出。在 E2 单元格中输入函数“=VLOOKUP(D2,商品列表及期初数据!A$1:G$13,2,0)”，在 F2 单元格中输入函数“=VLOOKUP(D2,商品列表及期初数据!A$1:G$13,3,0)”，在 G2 单元格中输入函数“=VLOOKUP(D2,商品列表及期初数据!A$1:G$13,4,0)”，在 J2 单元格中输入公式“=H2*I2”、在 L2 单元格中输入公式“=J2−K2”，分别向下填充复制，可得到产品销售业务表，如图 6.11 所示。

	A	B	C	D	E	F	G	H	I	J	K	L	M
1	业务日期	摘要	客户	商品编码	商品名称	型号规格	单位	销售数量	销售单价	应收货款	实收货款	应收账款余额	销售成本
2	9月4日	销售		090001	内墙涂料	MT-3	千克	3000	30	90000	90000	0	53130
3	9月4日	销售		090002	外墙涂料	VOC-5A	千克	2000	50	100000	100000	0	53480
4	9月5日	销售多芬公司	多芬	090001	内墙涂料	MT-3	千克	1240	30	37200	37200	0	21960
5	9月5日	销售多芬公司	多芬	090002	外墙涂料	VOC-5A	千克	1200	50	60000	60000	0	32088
6	9月10日	销售多芬公司	多芬	090001	内墙涂料	MT-3	千克	3330	30	99900		99900	58974
7	9月12日	销售多芬公司	多芬	090002	外墙涂料	VOC-5A	千克	3310	50	165500		165500	88509
8	9月12日	零售		090001	内墙涂料	MT-3	千克	2000	30	60000	60000	0	35420
9	9月12日	零售		090002	外墙涂料	VOC-5A	千克	1800	50	90000	90000	0	48132
10										702600	150000		

图 6.11　产品销售业务表

为方便计算每笔销售业务的销售成本和销售毛利，在销售业务表中增加 2 列，即“销售成本”“销售毛利”。通过与库存管理的配合使用，可实时获得每笔销售业务的利润。

销售成本等于销售数量乘以库存管理中的单位成本，所以在 M2 单元格中输入公式“=H2*SUMIF(库存管理!B:B,产品销售业务!F2,库存管理!K:K)”，在 N2 单元格中输入公式“=J2-M2”，即可生成完整的产品销售业务表。产品销售业务主要计算公式如表 6.3 所示。

表 6.3　产品销售业务主要计算公式

商品编码	商品名称	应收货款	应收账款余额	销售成本	销售毛利
090001	=VLOOKUP(D2,商品列表及期初数据!A$1:G$13,2,0)	=H2*I2	=J2-K2	=H2*SUMIF(库存管理!B:B,产品销售业务!F2,库存管理!K:K)	=J2-M2
090002	=VLOOKUP(D3,商品列表及期初数据!A$1:G$13,2,0)	=H3*I3	=J3-K3	=H3*SUMIF(库存管理!B:B,产品销售业务!F3,库存管理!K:K)	=J3-M3
090001	=VLOOKUP(D4,商品列表及期初数据!A$1:G$13,2,0)	=H4*I4	=J4-K4	=H4*SUMIF(库存管理!B:B,产品销售业务!F4,库存管理!K:K)	=J4-M4
090002	=VLOOKUP(D5,商品列表及期初数据!A$1:G$13,2,0)	=H5*I5	=J5-K5	=H5*SUMIF(库存管理!B:B,产品销售业务!F5,库存管理!K:K)	=J5-M5
090001	=VLOOKUP(D6,商品列表及期初数据!A$1:G$13,2,0)	=H6*I6	=J6-K6	=H6*SUMIF(库存管理!B:B,产品销售业务!F6,库存管理!K:K)	=J6-M6
090002	=VLOOKUP(D7,商品列表及期初数据!A$1:G$13,2,0)	=H7*I7	=J7-K7	=H7*SUMIF(库存管理!B:B,产品销售业务!F7,库存管理!K:K)	=J7-M7
090001	=VLOOKUP(D8,商品列表及期初数据!A$1:G$13,2,0)	=H8*I8	=J8-K8	=H8*SUMIF(库存管理!B:B,产品销售业务!F8,库存管理!K:K)	=J8-M8
090002	=VLOOKUP(D9,商品列表及期初数据!A$1:G$13,2,0)	=H9*I9	=J9-K9	=H9*SUMIF(库存管理!B:B,产品销售业务!F9,库存管理!K:K)	=J9-M9

通过产品销售业务表，管理人员可以及时了解企业的销售情况和每种产品的毛利润。

二、建立收款业务数据清单

微课-建立收款业务数据清单

收款业务包含的信息如图 6.12 所示。在实际工作中，企业也可根据自身的业务需要来设置项目名称。

收款日期	结算方式	结算票据号	客户	应收货款	已收货款	应付账款余额

图 6.12 收款业务项目名称

操作步骤

步骤 1 打开“项目六 Excel 进销存管理”工作簿，插入一个新的工作表，重命名为“收款业务”。

步骤 2 输入项目名称。

步骤 3 输入表体内容。直接输入收款日期、结算方式、结算票据号和客户等信息，应收货款和已收货款等信息可通过“产品销售业务”工作表计算得到。在 E2 单元格中输入函数“=SUMIF(产品销售业务!C2:C9,收款业务!D2,产品销售业务!J2:J9)”，在 F2 单元格中输入函数“=SUMIF (产品销售业务!C2:C9,收款业务!D2,产品销售业务!K2:K9)”。

步骤 4 通过计算，收款业务表，如图 6.13 所示。

E2 =SUMIF(产品销售业务!C2:C9,收款业务!D2,产品销售业务!J2:J9)

	A	B	C	D	E	F	G	H	I
1	收款日期	结算方式	结算票据号	客户	应收货款	已收货款	应付账款余额		
2	9月5日	转账支票	20001	多芬	362600	97200	265400		
3									
4									

图 6.13 收款业务表

任务三 出入库管理

存货是指企业在正常生产经营过程中持有的、以备销售的产成品或商品，或者处于生产过程中的产品，或者在生产过程、劳务过程中消耗的材料、物料等。存货是反映企业流动资金运作情况的晴雨表，因为它不仅在企业营运资本中占有很大比重，也是流动性较差的流动资产。存货管理就是对企业的存货进行管理，主要包括存货的信息管理和在此基础上的决策分析，最后进行有效控制，从而达到存货管理的最终目的——提高经济效益。以下几个数据清单，均由库存人员管理。

一、建立完工入库数据清单

微课-建立完工入库数据清单

为计算方便，完工入库表的项目名称沿用采购业务的项目名称。新建一个工作表，直接输入完工入库的信息，如图 6.14 所示。

业务日期	采购发票号	摘要	商品编码	商品名称	型号规格	单位	入库数量	入库单价	入库金额
9月5日		产品入库	090001	内墙涂料	MT-3	千克	5000	18.55	92750
9月5日		产品入库	090002	外墙涂料	VOC-5A	千克	2000	27.53	55060
9月10日		产品入库	090001	内墙涂料	MT-3	千克	3000	18.55	55650
9月10日		产品入库	090002	外墙涂料	VOC-5A	千克	4000	27.53	110120
9月15日		产品入库	090001	内墙涂料	MT-3	千克	2000	18.55	37100
9月15日		产品入库	090002	外墙涂料	VOC-5A	千克	4000	27.53	110120

图 6.14　完工入库表

二、建立车间领用材料数据清单

微课-建立车间领用数据清单

为更好地了解和控制生产、库存情况，还需要建立一个车间领用材料表，用于记录材料的出库情况。直接输入工作表的项目名称和数据，记录材料和商品的收发情况，如图 6.15 所示。具体操作在此不再赘述。

业务日期	商品编码	商品名称	型号规格	单位	销售/领用数量	销售单价	销售金额
9月6日	Y-101	粉剂原料	FJ-N9100	千克	4300	11.06	47,558.00
9月6日	Y-102	粉剂原料	FJ-G1080	千克	4300	6.54	28,122.00
9月6日	Y-203	固态原料	X310/I	千克	4800	10.00	48,000.00
9月6日	Y-204	固态原料	X310/II	千克	3500	12.00	42,000.00
9月6日	Y-305	液化原料		千克	8630	10.20	88,026.00
9月12日	Y-101	粉剂原料	FJ-N9100	千克	700	11.06	7,742.00
9月12日	Y-101	粉剂原料	FJ-N9100	千克	5050	11.26	56,863.00
9月12日	Y-102	粉剂原料	FJ-G1080	千克	700	6.54	4,578.00
9月12日	Y-102	粉剂原料	FJ-G1080	千克	4500	6.86	30,870.00
9月12日	Y-203	固态原料	X310/I	千克	1380	10.00	13,800.00
9月12日	Y-204	固态原料	X310/II	千克	1350	12.00	16,200.00
9月12日	Y-305	液化原料		千克	1370	10.20	13,974.00
9月12日	Y-305	液化原料		千克	2530	10.30	26,059.00

图 6.15　车间领用材料表

三、建立出入库业务汇总数据清单

微课-建立出入库业务汇总清单

按业务日期记录出入库情况，类似手工出入库流水账。

操作步骤

步骤 1　打开“项目六 Excel 进销存管理”工作簿，插入一个新的工作表，重命名为“出入库业务”。

步骤 2　输入项目名称。

步骤 3　输入表体内容。按日期先后输入出入库业务汇总情况，商品名称、型号规格、单位等信息可以用 VLOOKUP 函数从“商品列表及期初数据”工作表中引入。

由于“金额=单价×数量”，所以在 I2 单元格中输入公式“=G2*H2”，在 L2 单元格中输入公式“=J2*K2”。对有公式或函数的单元格，向下填充复制即可。

步骤 4　通过计算，生成出入库业务汇总表，如图 6.16 所示。

出入库业务汇总数据清单也可通过复制期初数据、材料采购业务、产品销售业务、完工入库、车间领用材料几个数据清单中的数据生成，但粘贴时应注意只粘贴数值。因考虑到这几个数据清单的使用部门不同，所以此处采用直接输入的方式生成出入库业务汇总表。

业务日期	摘要	商品编码	商品名称	型号规格	单位	进货/入库数量	进货单价	进货金额	销售/领用数量	销售单价	销售金额
	上期结转	Y-203	固态原料	X310/I	千克	4800	10.00	48,000.00			
	上期结转	Y-204	固态原料	X310/II	千克	3500	12.00	42,000.00			
	上期结转	090002	外墙涂料	VOC-5A	千克	4540	25.00	113,500.00			
	上期结转	090001	内墙涂料	MT-3	千克	3100	15.00	46,500.00			
	上期结转	Y-101	粉剂原料	FJ-N9100	千克	5000	11.06	55,300.00			
	上期结转	Y-102	粉剂原料	FJ-G1080	千克	5000	6.54	32,700.00			
	上期结转	Y-305	液化原料		千克	10000	10.20	102,000.00			
9月2日	从美月公司进货	Y-101	粉剂原料	FJ-N9100	千克	9000	11.26	101,300.00			
9月2日	从美月公司进货	Y-102	粉剂原料	FJ-G1080	千克	9000	6.86	61,700.00			
9月4日	销售	090002	外墙涂料	VOC-5A	千克				2000	50.00	100,000.00
9月4日	销售	090001	内墙涂料	MT-3	千克				3000	30.00	90,000.00
9月5日	从前进公司进货	Y-203	固态原料	X310/I	千克	2100	10.00	21,000.00			
9月5日	从前进公司进货	Y-204	固态原料	X310/II	千克	3000	12.00	36,000.00			
9月5日	产品入库	090002	外墙涂料	VOC-5A	千克	2000	27.53	55,060.00			
9月5日	销售多芬公司	090002	外墙涂料	VOC-5A	千克				1200	50.00	60,000.00
9月5日	产品入库	090001	内墙涂料	MT-3	千克	5000	18.55	92,750.00			
9月5日	销售多芬公司	090001	内墙涂料	MT-3	千克				1240	30.00	37,200.00
9月5日	进货	Y-305	液化原料		千克	7864	10.30	81,000.00			
9月6日	车间领用	Y-203	固态原料	X310/I	千克				4800	10.00	48,000.00
9月6日	车间领用	Y-204	固态原料	X310/II	千克				3500	12.00	42,000.00
9月6日	车间领用	Y-101	粉剂原料	FJ-N9100	千克				4300	11.06	47,558.00
9月6日	车间领用	Y-102	粉剂原料	FJ-G1080	千克				4300	6.54	28,122.00
9月6日	车间领用	Y-305	液化原料		千克				8630	10.20	88,026.00
9月10日	从前进公司进货	Y-203	固态原料	X310/I	千克	684	10.00	6,840.00			

图 6.16　出入库业务汇总表

任务四　编制总账和明细账

一、建立库存商品——原材料总账

微课-建立库存商品总账

操作步骤

步骤 1　打开“项目六 Excel 进销存管理”工作簿，插入一个新的工作表，重命名为“总账”。

步骤 2　输入项目名称。在实际工作中，企业可根据自身业务的需要来设置项目名称。库存管理项目名称如图 6.17 所示。

商品名称	规格型号	期初结存数量	期初结存金额	购入数量	本期增加金额	发出数量	发出成本	库存数量	结存金额	单位成本

图 6.17　库存管理项目名称

步骤 3　利用条件格式对存货数据进行监控。在“总账”工作表中选中 I2 单元格后分别选择“开始”|“条件格式”|“突出显示单元格规则”|“小于”或“大于”命令，对“小于 200”的单元格设置背景色为黄色，对“大于 2000”的单元格设置为浅红填充色深红色文本，并将条件格式向下复制到其他单元格。设置条件格式操作如图 6.18 所示。

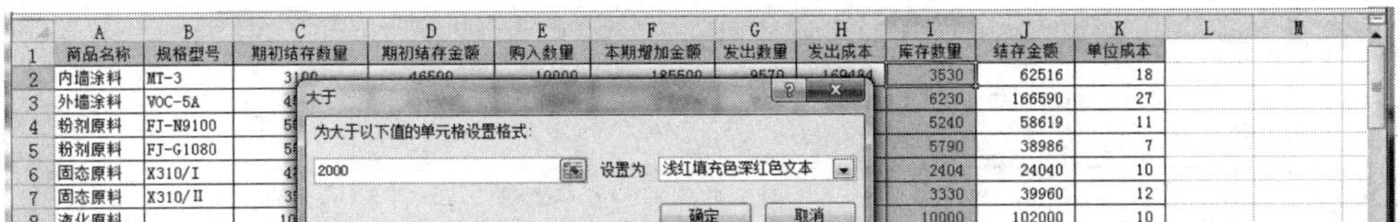

图 6.18　设置条件格式监控库存

条件格式设置的含义是：当结存数量小于等于 200 时，及时进货补充；大于等于 2 000 时，提醒不要再进货，以免造成积压。

步骤 4　输入表体内容。除商品名称和规格型号外，所有数据均可利用公式自动生成。在 C2 单元格中输入函数“=SUMIF(商品列表及期初数据!C:C,总账!B2,商品列表及期初数据!E:E)”；在 D2 单元格中输入函数“=SUMIF(商品列表及期初数据!C:C,总账!B2,商品列表及期初数据!G:G)”；在 E2 单元格中输入函数“=IF(RIGHT(A2,2)="涂料",SUMIF(完工入库!F:F,B2,完工入库!H:H),SUMIF(材料采购业务!F:F,总账!B2,材料采购业务!H:H))”；在 F2 单元格中输入函数“=IF(RIGHT(A2,2)="涂料",SUMIF(完工入库!F:F,总账!B2,完工入库!J:J),SUMIF(材料采购业务!F:F,总账!B2,材料采购业务!J:J))”；在 G2 单元格中输入函数“=IF(RIGHT(A2,2)="涂料",SUMIF(产品销售业务!F:F,总账!B2,产品销售业务!H:H),SUMIF(车间领用材料!D:D,总账!B2,车间领用材料!F:F))”；在 H2 单元格中输入公式“=G2*K2”；在 I2 单元格中输入公式“=C2+E2−G2”；美景化工有限公司的存货发出成本计价方法用的是加权平均法，所以计算单位成本的 K2 单元格的公式为“=(D2+F2)/(C2+E2)”；在结存金额的 J2 单元格中输入公式“=D2+F2−H2”。

公式或函数输入完毕后选中 A2:K2 单元格区域，并向下填充复制各单元格公式即可。计算结果如图 6.19 所示。

C2　=SUMIF(商品列表及期初数据!C:C,总账!B2,商品列表及期初数据!E:E)

商品名称	规格型号	期初结存数量	期初结存金额	购入数量	本期增加金额	发出数量	发出成本	库存数量	结存金额	单位成本
内墙涂料	MT-3	3100	46500	10000	185500	9570	169484	3530	62516	18
外墙涂料	VOC-5A	4540	113500	10000	275300	8310	222210	6230	166590	27
粉剂原料	FJ-N9100	5000	55300	10290	115748	10050	112429	5240	58619	11
粉剂原料	FJ-G1080	5000	32700	10290	70252	9500	63966	5790	38986	7
固态原料	X310/I	4800	48000	3784	37840	6180	61800	2404	24040	10
固态原料	X310/II	3500	42000	4680	56160	4850	58200	3330	39960	12
液化原料		10000	102000	0	0	0	0	10000	102000	10

商品列表及期初数据　材料采购业务　付款业务　产品销售业务　收款业务　完工入库　车间领用材料　总账　出入库业务　内墙涂料 MT-3　外墙涂料 VO

图 6.19　原材料总账数据

二、建立库存商品——原材料明细账

库存商品——原材料明细账的实现，既可使用数据透视表，也可使用筛选的方法。利用数据透视表生成明细账的方法在项目二中已做过详细介绍，本项目主要介绍利用筛选法制作明细账。

操作步骤

步骤 1　新建工作表，分别命名为“内墙涂料 MT-3”“外墙涂料 VOC-5A”“粉剂原料 FJ-N9100”“粉剂原料 FJ-G1080”“固态原料 X310-I”等。

步骤 2　根据实际情况，建立各工作表数据清单列字段名。例如，内墙涂料 MT-3 明细账各栏目的设置如图 6.20 所示。

业务日期	摘要	商品编码	商品名称	型号规格	单位	入库数量	入库成本	入库金额	销售数量	销售单价	销售金额	结存数量	结存成本	结存金额

图 6.20　内墙涂料 MT-3 明细账的表头信息

步骤 3　自动筛选“出入库业务”工作表。打开“出入库业务”工作表，单击“数据”|“筛选”按钮。然后单击“商品名称”右侧的下拉按钮，出现筛选条件，在筛选条件中选中“内墙涂料”复选框，筛选内墙涂料 MT-3 的信息，如图 6.21 所示。

图 6.21　筛选内墙涂料 MT-3 的信息

步骤 4　把筛选结果复制到“内墙涂料 MT-3”工作表中，如图 6.22 所示。

图 6.22　筛选出的内墙涂料 MT-3 的信息

步骤 5　输入其他计算公式。在“内墙涂料 MT-3”工作表的 M2 单元格中输入函数“=VLOOKUP(C2,商品列表及期初数据!A2:F3,5,0)”，取出期初库存；在“内墙涂料 MT-3”工作表的 N2 单元格中输入函数“=VLOOKUP(C2,商品列表及期初数据!A2:G3,6,0)”；在 M3 单元格中输入函数“=SUM(M2+G3−J3)”，并向下填充复制。

任务五　应收账款分析

应收账款是指企业因销售商品、产品或提供劳务等，应向购货客户或接受劳务的客户收取的款项或代垫的运杂费。应收账款的管理至关重要，关系到企业能否及时收回资金、能否有效利用资金，是企业管理的一个重要方面。

一、建立应收账款数据清单

微课-建立应收账款数据清单

某公司销售业务中牵涉应收账款的业务如表 6.4 所示。建立“应收账款”工作表，并进行账龄分析。

表 6.4　某公司应收账款业务

公司名称	发票号	应收账款金额/元	开票日期	收款期限/日	到期日
三利	a3012	9 450	2019/5/11	30	2019/6/10
红星	d6498	32 156	2019/6/12	90	2019/10/10
方正	n3125	60 000	2018/11/1	30	2018/12/31
宏远	b5019	3 600	2019/8/24	30	2019/9/23
大洋	1526688	56 000	2019/9/6	20	2019/9/26
大发	u54267	45 320	2019/7/14	30	2019/8/13
大洋	a3654	65 400	2019/7/5	30	2019/8/4
多芬	90002	2 654 000	2019/8/6	20	2019/8/26

操作步骤

步骤 1　建立应收账款数据清单。新建一个工作表，重命名为“应收账款”。

步骤 2　输入表体内容。直接输入公司名称、发票号、应收账款金额、开票日期、收款期限信息，其他数据信息通过函数公式自动生成。在“到期日”列的 F2 单元格中输入公式“=D2+E2”；在“是否到期”列的 G2 单元格中输入公式“=IF(F2<$N$2,"是","否")”，其中 N2 单元格存放收款的“当前日期”。

步骤 3　应收账款按账龄进行分类。假设某公司应收账款的账龄区间分为“未到期”“0～60 天”“61～120 天”“121～365 天”“366 天以上”等，则在相应单元格中输入以下公式。

在“未到期”列的 H2 单元格中输入公式“=IF($N$2-F2<0,C2,"/")”，在“0～60 天”列的 I2 单元格中输入公式“=IF(AND($N$2-F2>0,$N$2-F2<=60),C2,"/")”，在“60～120 天”列的 J2 单元格中输入公式“=IF(AND($N$2-F2>60,$N$2-F2<=120),C2,"/")”，在“121～365 天”列的 K2 单元格中输入公式“=IF(AND($N$2-F2>120,$N$2-F2<=366), C2,"/")”，在“366 天以上”列的 L2 单元格中输入公式“=IF($N$2-F2>366,C2,"/")”；第 10 行为“合计”数据，所以在 H10 单元格中输入公式“=SUM(H2:H9)”。

步骤 4　设置单元格的条件格式。例如，对已到期的应收账款设置背景色为浅红色。设置方法为：选中“是否到期”列后选择“开始”|“条件格式”|“突出显示单元格规则”|“等于”命令，打开“等于”对话框。在“为等于以下值的单元格设置格式”文本框中输入“是”，在“设置为”下拉列表框中选择“浅红填充色深红色文本”选项，如图 6.23 所示。

图 6.23　设置“是否到期”列单元格的条件格式

另外，可以将每个账龄区间的应收账款余额背景色设置为黄色，以做特殊提醒，如图 6.24 所示。

图 6.24　设置每个账龄区间单元格的条件格式

步骤 5　填充复制，即可生成应收账款数据清单，如图 6.25 所示。

	A	B	C	D	E	F	G	H	I	J	K	L
1	公司名称	发票号	应收账款金额/元	开票日期	收款期限/日	到期日	是否到期	未到期	0～60	61～120	121～365	366以上
2	三利	a3012	9450.00	2019/5/11	2019/6/10	43626	是	/	/	9450.00	/	/
3	红星	d6498	32156.00	2019/6/12	2019/9/10	43718	否	32156.00	/	/	/	/
4	方正	n3125	60000.00	2018/11/1	2018/12/1	43435	是	/	/	/	60000.00	/
5	宏远	b5019	3600.00	2019/8/24	2019/9/23	43731	否	3600.00	/	/	/	/
6	大洋	1526688	56000.00	2019/9/6	2019/9/26	43734	否	56000.00	/	/	/	/
7	大发	u54267	45320.00	2019/7/14	2019/8/13	43690	是	/	45320.00	/	/	/
8	大洋	a3654	65400.00	2019/7/5	2019/8/4	43681	是	/	65400.00	/	/	/
9	多芬	90002	2654000.00	2019/8/6	2019/8/26	43703	是	/	2654000.00	/	/	/
10	合计		2925926					91756.00	2764720.00	9450.00	60000.00	0.00

图 6.25　应收账款数据清单

二、进行应收账款账龄分析

在应收账款的日常管理中，企业应及时掌握每个客户的应收账款的账龄，并依据账龄长短来合理制定应收账款的催收制度和进行坏账准备提取。

微课-应收账款账龄分析

操作步骤

步骤 1　建立应收账款账龄分析表。在当前工作簿中插入一新工作表，重命名为“应收账款账龄分析表”，并输入表头信息，如图 6.26 所示。

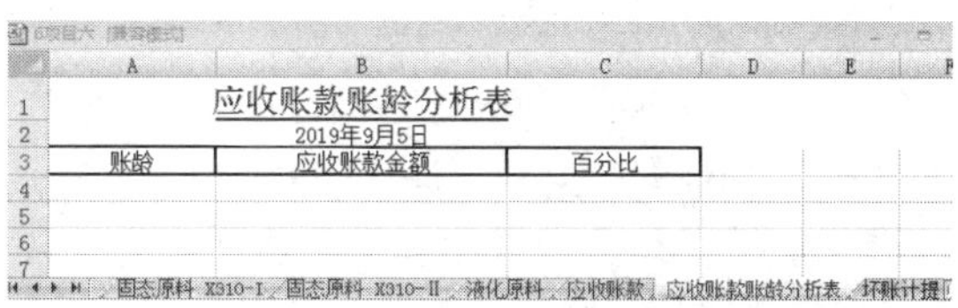

图 6.26　应收账款账龄分析表表头信息

步骤 2　从“应收账款”工作表中复制相关信息。选中“应收账款”工作表的 H2:L2 单元格区域后右击，选择“复制”命令。然后在“应收账款账龄分析表”工作表中选中 A4 单元格后右击，选择“粘贴选项”中的 命令，即可把以前横向显示的信息改为纵向显示，如图 6.27 所示。

复制“应收账款”工作表的 H10:L10 单元格区域后在“应收账款账龄分析表”工作表

中选中 B4 单元格右击，选择“选择性粘贴”命令。在打开的“选择性粘贴”对话框中选中“数值”单选按钮和“转置”复选框（见图 6.28），即可把各账龄区间的应收账款金额复制过来。复制好的数据如图 6.29 所示。

步骤 3　在 B9 单元格纵向求所有应收账款的和。

步骤 4　在“百分比”列的 C4 单元格中输入公式“=B4/B$9”，并向下自动填充。

得到的应收账款账龄分析表描述了不同时间区域内应收账款所占的百分比，如图 6.30 所示。

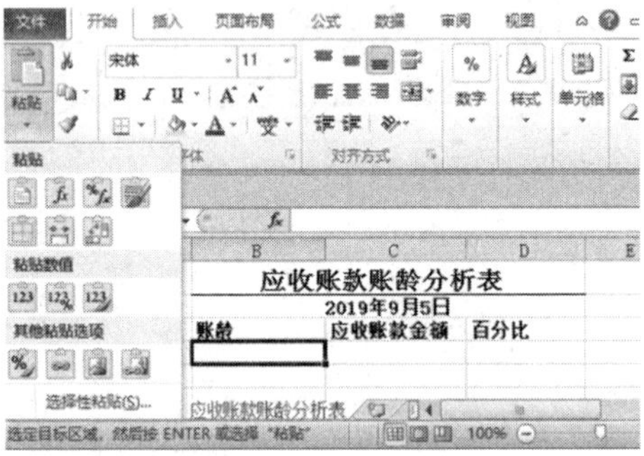

图 6.27　转置粘贴

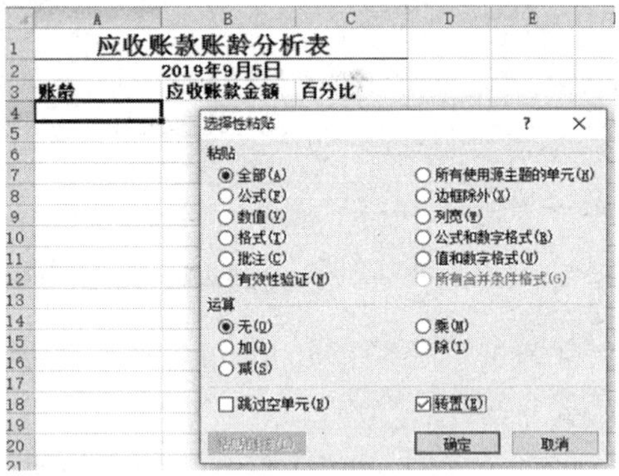

图 6.28　选择性粘贴设置

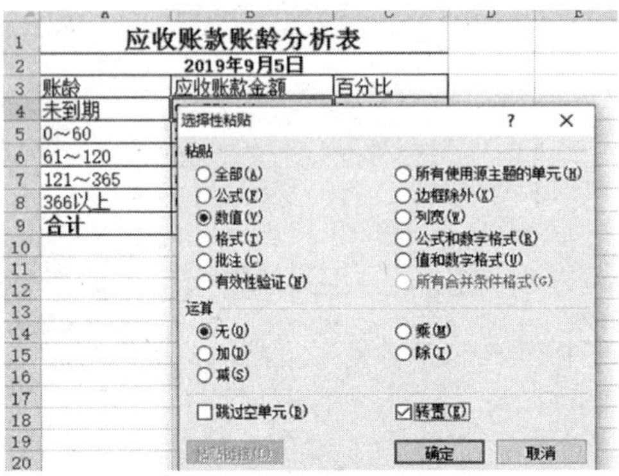

图 6.29　选择性粘贴结果

图 6.30　应收账款账龄分析表

三、计提坏账准备

对坏账损失进行估计的方法有应收账款余额百分比法、账龄分析法、赊销百分比法等。美景化工有限公司对应收账款采用账龄分析法进行坏账准备计提。

微课-计提坏账

操作步骤

步骤 1　复制“应收账款账龄分析表”，重命名为“坏账准备计提表”。

步骤 2　输入每个区间的估计损失率。

步骤 3　在 D4 单元格中输入公式“=B4*C4”，并自动填充至 D 列的其他单元格中。

经过计算，结果如图 6.31 所示。

坏账准备计提表			
2019年9月5日			
账龄	应收账款金额	估计损失	估计损失金额
未到期	91,756.00	0.50%	458.78
0~60	2,764,720.00	1.00%	27647.2
61~120	9,450.00	2.00%	189
121~365	60,000.00	3.00%	1800
366以上	0.00	5.00%	0
合计	2,925,926.00		30,094.98

图 6.31　坏账准备计提表

技能训练

实训六　Excel 进销存管理

实训目的

通过数据清单的操作，掌握 Excel 在进销存管理中的应用。

实训资料

某公司当月采购、销售业务如表 6.5 和表 6.6 所示。

表 6.5　采购业务

采购日期	商品名称	类别及规格型号	供应商	采购数量	单价/元	采购金额/元
2019-09-01	冰箱	1-TCL29	欧亚	20 台	1 500	30 000
2019-09-02	音响	2-XH5218	欧亚	5 套	600	3 000
2019-09-02	电视	1-TCL29	大华	30 台	2 000	60 000
2019-09-04	电视	1-TCL29	欧亚	30 台	1 600	48 000
2019-09-05	冰箱	3-HR2613	新时代	10 台	1 500	15 000
2019-09-07	音响	2-XH546	新世界	20 套	500	10 000
2019-09-08	电视	1-CH21	新世界	10 台	900	9 000
2019-09-18	洗衣机	4-XTE54	新世界	10 台	800	8 000
2019-09-23	微波炉	5-GLS156	新世界	20 台	200	4 000
2019-09-31	冰箱	4-XTE54	新世界	10 台	200	2 000

表 6.6　销售业务

元

日期	商品名称	规格型号	客　户	销售数量	单价	销售金额	销售成本	销售毛利
2019-09-12	电视	1-TCL29	利新公司	5 台	1 800			
2019-09-14	音响	2-XH5218	大公公司	5 套	700			
2019-09-16	电视	1-TCL29	科技公司	25 台	2 000			
2019-09-16	冰箱	3-HR2613	利新公司	10 台	1 800			
2019-09-16	洗衣机	4-XTE54	大公公司	10 台	1 100			
2019-09-18	微波炉	5-GLS156	大公公司	18 台	300			
2019-09-18	洗衣机	4-XTE54	利新公司	10 台	700			
2019-09-27	音响	2-XH546	伟业公司	15 套	600			
2019-09-28	电视	1-CH21	大公公司	8 台	1 100			

实训要求

1．计算发出商品的成本和每一种商品的毛利润。

2．对存货库存量进行监控：存货数量不足 10 的，以黄色背景显示；存货数量超过 50 的，以红色背景特殊显示。

3．制作如表 6.7 所示的库存管理表。

表 6.7　库存管理

单位：元

商品名称	规格型号	期初数量	期初余额	购入数量	本期增加金额	发出数量	发出成本	库存数量	结存金额	单位成本
电视	1-TCL29	0	0	80 台	138 000	30 台	51 750	50 台	86 250	1 725
电视	1-CH21	0	0	10 台	9 000	8 台	7 200	2 台	1 800	900
音响	2-XH5218	0	0	5 套	3 000	5 套	3 000	0	0	600
音响	2-XH546	0	0	20 套	10 000	15 套	7 500	5 套	2 500	500
冰箱	3-HR2613	0	0	10 台	15 000	10 台	15 000	0	0	1 500
洗衣机	4-XTE54	0	0	20 台	10 000	20 台	10 000	0	0	500
微波炉	5-GLS156	0	0	20 台	4 000	18 台	3 600	2 台	400	200

项目七

Excel 在成本核算中的应用

学习目标

1. 理解信息化环境下成本核算工作的基本思路。

2. 了解材料费用分配表、动力费用分配表、职工薪酬费用分配表、折旧费用分配表、制造费用分配表、完工产品与在产品成本分配表等工作表之间的关系，并能熟练编制上述工作表。

3. 通过 Excel 成本计算，理解信息系统处理业务的逻辑和数据关系，提升应用能力和成本效益思维。

拓展阅读：降本增效与高质量发展

项目介绍

Excel 成本核算主要应用于中小制造业企业会计部门的产品成本核算工作，可以完成要素费用的分配（材料费用的分配、动力费用的分配、职工薪酬费用的分配和折旧费用的分配）、辅助生产费用的分配、制造费用的分配、生产费用在完工产品和在产品之间的分配等成本核算相关表格的编制。

相比手工的成本核算工作，Excel 成本核算处理迅速、准确，分配率的计算、费用分配的环节都是自动生成数据，弥补了一般会计电算化软件成本核算功能的欠缺，简便灵活，可满足制造业企业成本核算的要求。

拓展阅读：我国制造业高质量发展面临的挑战与对策

重点难点

1. Excel环境下进行成本核算业务的思路。
2. 利用函数和公式进行各种费用分配表的编制。
3. 利用数据透视图表编制折旧费用分配表。
4. 月末完工产品与在产品成本分配表的编制。

任务描述

北方机械公司是一家生产某种设备的机加工企业，企业为一般纳税人，目前规模不大，产品也不多，月末成本核算采用品种法，工作量不大。该公司打算利用 Excel辅助进行成本核算工作，实现成本核算的计算机处理，以提高成本核算岗位的工作效率。该企业 2019 年 9 月份的生产情况和成本费用资料如下。

（1）生产情况如表 7.1所示。

表 7.1　北方机械公司 2019 年 9 月份的生产情况　单位：吨

产　品	月初在产品	本月投入	本月完工	月末在产品
甲产品	30	3 000	3 000	30
乙产品	40	2 000	1 800	240

（2）月初在产品成本如表 7.2所示。

表 7.2　北方机械公司 2019 年 9 月份的月初在产品成本　单位：元

产　品	直接材料	直接人工	燃料及动力	制造费用	合　计
甲产品	32 400	23 600	6 500	4 300	66 800
乙产品	21 140	10 240	4 352	2 880	38 612
合　计	53 540	33 840	10 852	7 180	105 412

（3）本月发生的生产费用如表 7.3至表 7.8所示。

表 7.3　北方机械公司 2019 年 9 月份的材料耗用　单位：元

<table>
<tr><td></td><td colspan="4">直接耗用</td><td colspan="2">共同耗用</td></tr>
<tr><td>材料用途</td><td>A 材料</td><td>B 材料</td><td>C 材料</td><td>机物料</td><td>D 材料</td><td>定额耗用量/吨</td></tr>
<tr><td>甲产品</td><td>55 000</td><td>3 200</td><td>7 000</td><td></td><td rowspan="2">20 000</td><td>300</td></tr>
<tr><td>乙产品</td><td>38 000</td><td>1 300</td><td>5 000</td><td></td><td>200</td></tr>
<tr><td>基本生产车间一般耗用</td><td></td><td></td><td></td><td>2 900</td><td></td><td></td></tr>
<tr><td>机修车间</td><td></td><td></td><td></td><td>300</td><td></td><td></td></tr>
<tr><td>供水车间</td><td></td><td></td><td></td><td>800</td><td></td><td></td></tr>
<tr><td>合　计</td><td>93 000</td><td>4 500</td><td>12 000</td><td>4 000</td><td>20 000</td><td></td></tr>
</table>

表 7.4　北方机械公司 2019 年 9 月份的职工薪酬费用　单位：元

部　门	职工薪酬
产品生产工人	64 000
企业管理人员	50 000
机修车间	8 500
供水车间	6 500
生产车间管理人员	21 000
销售人员	30 000
合　计	180 000

说明：企业按职工薪酬总额的 10%提取五险、6.5%提取住房公积金、2%提取工会经费、1.5%提取职工教育经费。

表 7.5　北方机械公司 2019 年 9 月份的电费　元

部　门	当月电费
生产车间动力电	32 000
生产车间照明电	2 000
机修车间	3 000
供水车间	2 000
企业管理部门	1 000
合　计	40 000

说明：电费尚未支付。

表 7.6　北方机械公司 2019 年 9 月份的固定资产情况　　单位：元

部　门	资产类别	上月资产原值	上月增加固定资产	上月减少固定资产
基本生产车间	房屋建筑物	3 000 000		
	机器设备	100 000	20 000	
机修车间	房屋建筑物	500 000		
	机器设备	50 000		10 000
供水车间	房屋建筑物	150 000		
	机器设备	20 000	5 000	
企业管理部门	房屋建筑物	2 000 000		
	办公设备	50 000		2 000
销售部门	机器设备	10 000		
	办公设备	8 000	2 000	
合　计		5 888 000	27 000	12 000

说明：该企业全部采用直线法计算折旧，且不存在使用寿命完结后仍然使用的固定资产。

表 7.7　北方机械公司固定资产折旧的有关规定

固定资产类别	房屋建筑物	机器设备	办公设备
使用寿命/年	50	16	5
预计净残值率	10.00%	4.00%	1.00%

表 7.8　北方机械公司 2019 年 9 月份的其他费用　　单位：元

项目 部门	低值易耗品摊销	劳动保护费	保险费	电话费	办公费	合计
基本生产车间	3 600	8 000	2 000	1 000	600	15 200
机修车间	400	500		400	100	1 400
供水车间	700	400	1 000	300	100	2 500
企业管理部门	400	200		1 000	3 000	4 600
销售部门	300	200		2 000	600	3 100
合　计	5 400	9 300	3 000	4 700	4 400	26 800

说明：以上低值易耗品费用摊销采用一次摊销法，其余均用银行存款支付。

（4）产品生产工时为甲产品 6 000 小时、乙产品 4 000 小时。

（5）辅助生产车间对外提供产品和劳务情况如表 7.9 所示。

表 7.9　辅助生产车间 2019 年 9 月份提供的产品及劳务量

受益部门	机修车间/小时	供水车间/吨
供水车间	500	
机修车间		5 000
基本生产车间	2 800	24 000
企业管理部门	70	4 000
合　计	3 370	33 000

（6）有关费用的分配方法。

① 甲产品和乙产品共同耗用的材料费用按照定额耗用量比例分配。

② 生产工人的工资按 2 种产品生产工时的比例分配。

③ 制造费用按 2 种产品生产工时的比例分配。

④ 甲产品的在产品成本按年初固定数计算、乙产品的在产品成本按约当产量计算，其产品的投料方式为生产开始时一次性投入，在产品的完工程度按 50%计算。

⑤ 辅助生产费用采用直接分配法。

任务分析

从北方机械公司以上成本基础数据分析，该企业的成本核算可细分成以下工作任务：材料费用、职工薪酬费用、折旧费用等要素费用的分配→辅助生产费用的分配→制造费用的分配→生产费用在完工产品和在产品之间的分配。

要完成此过程，首先可以把基础资料输入到 Excel 里形成基础数据表，然后按照成本核算的业务流程编制相关费用分配的 Excel 表。相关费用分配的 Excel 表从前面的基础资料 Excel 表格或费用分配 Excel 表格取数，最终计算出当月完工产品的成本。

背景知识

1. 成本核算的基本流程。
2. Excel 的引用、公式、函数（SUM 函数等）的使用。
3. 设置单元格属性、工作表操作等编辑技巧。
4. 数据透视表的使用。

任务实施

任务一　基础数据表格的制作

微课-成本核算基础数据录入

一、编制基础数据和费用分配表格

编制基础数据和费用分配表格是指初次使用时应根据企业成本核算的顺序编制与成本核算有关的基础数据及费用分配表格，如材料耗用、材料费用分配、动力费用、动力费用分配、工资费用、工资费用分配等表格。其基本思路是：对成本核算涉及的某项基础数据编制独立的表格，可方便每月根据企业费用发生的实际情况进行修改；而该项费用分配表根据基础数据表编制，利用引用从基础数据表取数，然后利用公式进行费用的自动分配。

操作步骤

步骤 1　打开 Excel 软件，建立新的工作簿。

步骤 2　把 Sheet1、Sheet2、Sheet3 分别命名为“材料耗用”“材料费用分配表”“电费情况”。

步骤 3　增加工作表 Sheet4、Sheet5、Sheet6、Sheet7、Sheet8、Sheet9、Sheet10、Sheet11、Sheet12、Sheet13、Sheet14、Sheet15、Sheet16、Sheet17、Sheet18，分别命名为“动力费用分配

表”“职工薪酬费用”“职工薪酬费用分配表”“固定资产情况”“折旧费用计算表”“折旧费用分配表”“其他费用”“辅助生产车间的劳务情况”“辅助生产成本明细账”“辅助生产成本分配表”“制造费用明细表”“制造费用分配表”“生产情况”“期初在产品成本”“完工产品与在产品费用分配表”。

步骤 4　保存此工作簿，命名为“成本核算”，如图 7.1 所示。

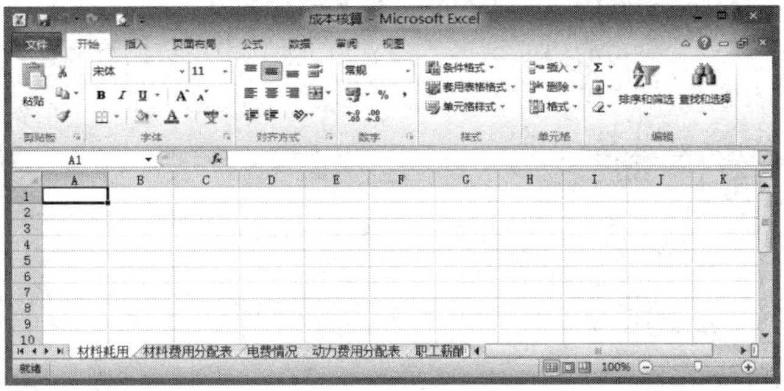

图 7.1　建立基础数据表格

二、输入与成本核算有关的基础数据

把与北方机械公司成本核算有关的基础数据输入上面建立的成本核算表格中。

操作步骤

步骤 1　在“材料耗用”工作表的 A1 至 G1 单元格中分别输入“材料用途”“A 材料”“B 材料”“C 材料”“机物料”“D 材料”“定额耗用量/吨”。

步骤 2　选中 F2 和 F3 单元格后单击“合并后居中”按钮，将 2 个单元格合并。

步骤 3　在“材料耗用”工作表的 A2:G7 单元格区域按照表 7.3 所示数据分别输入当月各种材料的耗用信息。

步骤 4　选中 A1:G7 单元格区域，选择“开始”|“格式”|“自动调整列宽”命令，把表格内容调整为合适的列宽，如图 7.2 所示。

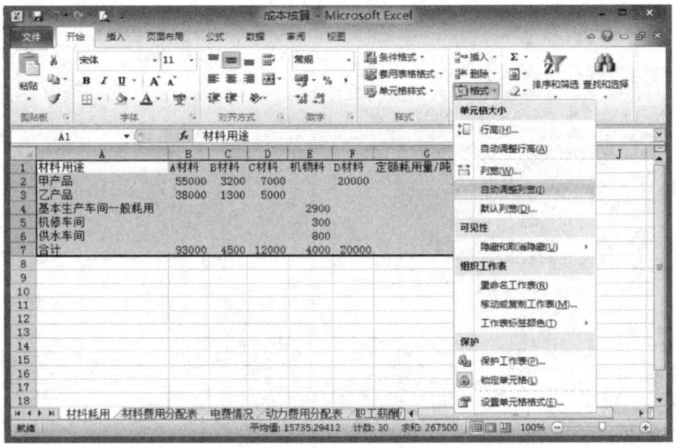

图 7.2　自动调整列宽

步骤 5　选中 A1:G1 单元格区域，单击工具栏上的“填充颜色”按钮，填充为青绿色。

步骤 6　选中 A1:G7 单元格区域，单击工具栏上的“边框”按钮，加上田字形边框，如图 7.3 所示。

步骤 7　依据步骤 1 到步骤 6 的方法，按照前文北方机械公司 2019 年 9 月份的生产情况和成本费用资料，完成“电费情况”“职工薪酬费用”“固定资产情况”“其他费用”“辅助生产车间的劳务情况”“生产情况”“期初在产品成本”工作表的设置，分别如图 7.4 至图 7.10 所示。

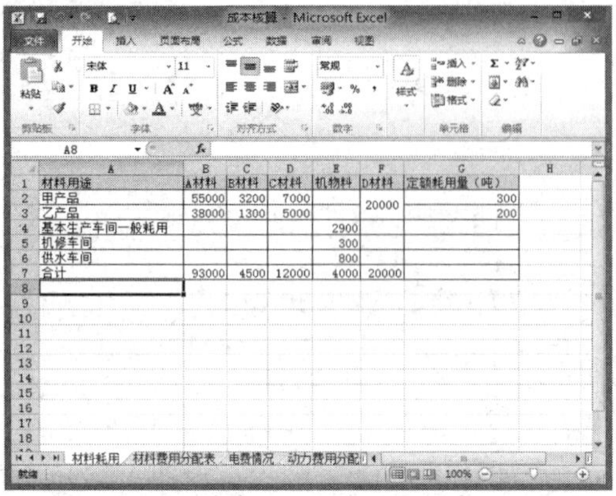

图 7.3　材料耗用

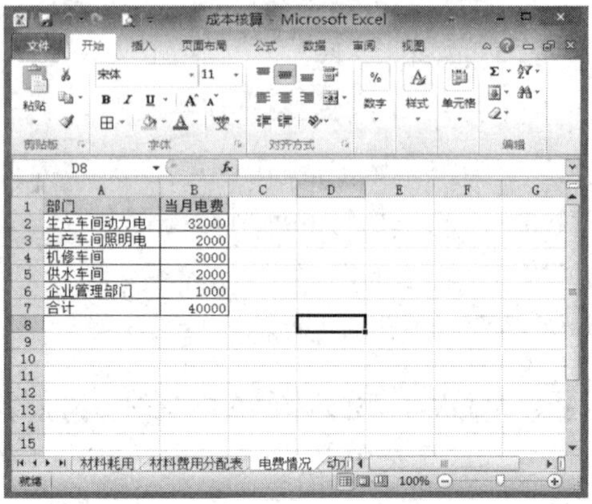

图 7.4　电费情况

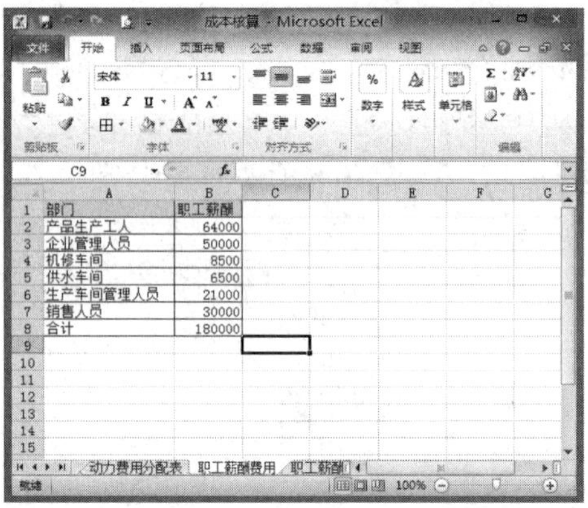

图 7.5　职工薪酬费用

图 7.6　固定资产情况

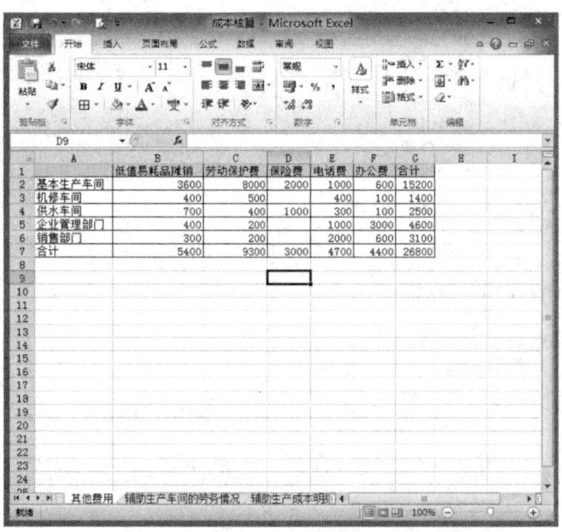

图 7.7　其他费用

图 7.8　辅助生产车间的劳务情况

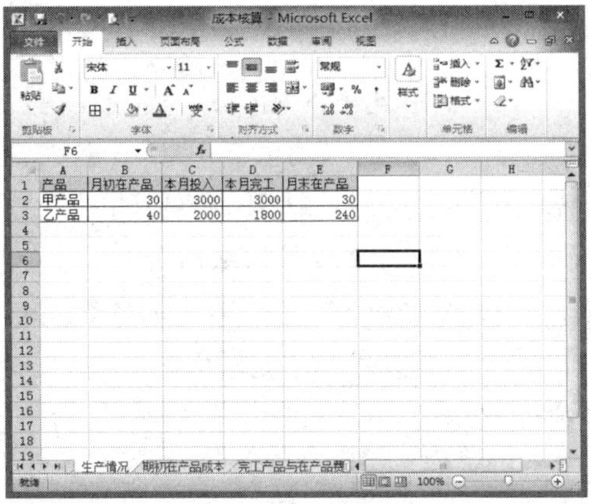

图 7.9　生产情况

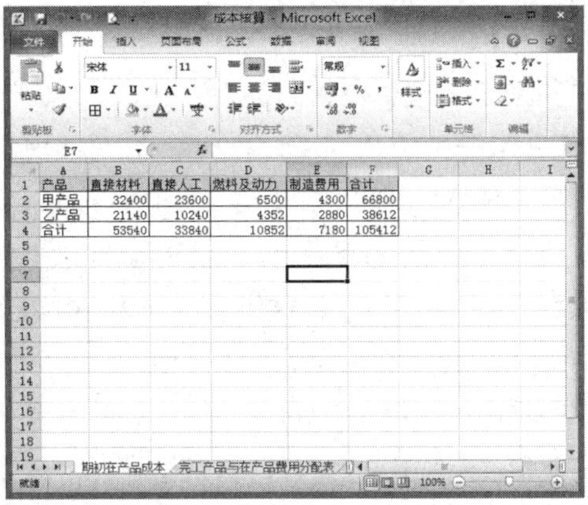

图 7.10　期初在产品成本

任务二　材料费用及动力费用的分配

微课-材料费用及动力费用的分配

一、编制材料费用分配表和动力费用分配表

材料费用分配与动力费用分配非常相似，都是按照其耗用的部门或受益的对象进行费用分配。

直接材料的耗用能分清受益产品的，采用直接追溯法，计入相应产品的直接材料费用；直接材料的耗用不能分清受益产品的，采用分摊法，分配计入相应产品的直接材料成本。间接材料的耗用，即车间一般性耗用的机物料等计入车间制造费用，月末再转入产品成本。行政部门和销售部门耗用的材料，计入管理费用和销售费用。

材料费用和动力费用的分配一般使用材料费用分配表和动力费用分配表来进行。

1. 表头设置

根据成本核算的需求，把手工会计的材料费用分配表和动力费用分配表输入电子表格，从而编制出材料费用分配表和动力费用分配表。其表头信息分别如图 7.11 和图 7.12 所示。

图 7.11　编制材料费用分配表

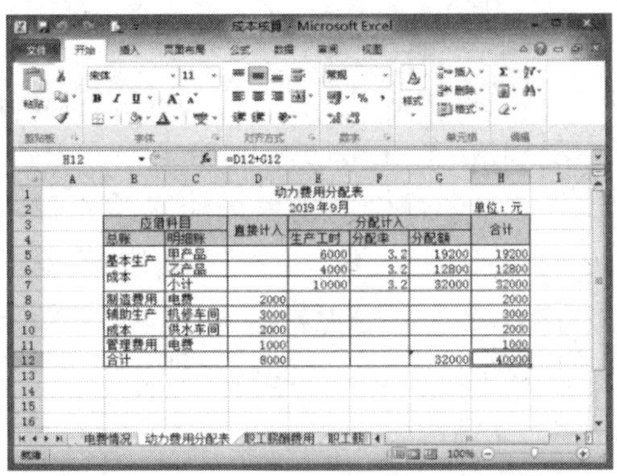

图 7.12　编制动力费用分配表

操作步骤

步骤 1　打开“材料费用分配表”工作表，选中 B1:H1 单元格区域合并、居中，输入“材料费用分配表”；选中 D2:F2 单元格区域后合并、居中，输入“2019 年 9 月”；选中 H2 单元格，输入“单位：元”；选中 B3:C3 单元格区域后合并、居中，输入“应借科目”；选中 D3:D4 单元格区域后合并、居中，输入“直接计入”；选中 E3:G3 单元格区域后合并、居中，输入“分配计入”；选中 H3:H4 单元格区域后合并、居中，输入“合计”；在 B4、C4、E4、F4、G4 单元格中分别输入“总账”“明细账”“定额耗用量”“分配率”“分配额”。

步骤 2　选中 B3:H4 单元格区域，设置填充颜色为青绿色。

步骤 3　选中 B3:H11 单元格区域，设置边框为“所有线框”。表头信息设置参见图 7.11。

2. 应借科目设置

操作步骤

选中 B5:B7 单元格区域后合并、居中，把合并后的单元格改为左对齐、自动换行，并输入“基本生产成本”；选中 B9、B10 单元格后合并、居中，把合并后的单元格改为左对齐、自动换行，并输入“辅助生产成本”；选中 B8 单元格，输入“制造费用”；在 C5 至 C10 单元格中分别输入“甲产品”“乙产品”“小计”“机物料”“机修车间”“供水车间”；在 B11 单元格中输入“合计”。

二、进行材料费用的分配和动力费用的分配

1. 基础数据取数公式的设置

操作步骤

直接计入的材料费用和分配计入的材料费用总额应该从“材料耗用”工作表中取得，所以这里要使用单元格的表间引用和 SUM 函数。

步骤 1　在 D5 单元格中输入公式“=SUM(材料耗用!B2:E2)”，单击工具栏上的“求和”按钮。然后选中“材料耗用”工作表的 B2:E2 单元格区域，对直接计入甲产品成本的直接材料费用求和。

步骤 2　采用同样的方法，在 D6 单元格中输入公式“=SUM(材料耗用!B3:E3)”，在 D8 单元格中输入公式“=SUM(材料耗用!B4:E4)”，在 D9 单元格中输入公式“=SUM(材料耗用!B5:E5)”，在 D10 单元格中输入公式“=SUM(材料耗用!B6:E6)”。

注意，还可以利用填充功能或复制粘贴的方法将 D8 单元格中的公式快速输入 D9、D10 单元格。此处要求“材料费用分配表”工作表直接计入费用的顺序正好与“材料耗用”工作表中相应费用的顺序相同，否则不能使用填充功能或复制粘贴工具。

步骤 3　分配计入的材料费用总额和分配标准也要使用取数公式。在 E5 单元格中输入公式“=材料耗用!G2”，在 E6 单元格中输入公式“=材料耗用!G3”，在 G7 单元格中输入公式“=材料耗用!F2”。

2．分配率、分配额、合计数公式的设置

操作步骤

步骤 1　计算分配计入 2 种产品材料费用的金额。在 E7 单元格中输入公式“=SUM(E5:E6)”，计算分配标准总额；在 F7 单元格中输入公式“=G7/E7”，计算分配率；在 F5、F6 单元格中分别输入公式“=$F$7”，引用分配率；在 G5、G6 单元格中分别输入公式“=E5*F5”“=E6*F6”，完成分配计入金额的计算。

步骤 2　计算 H 列的合计数。在 H5 单元格中输入公式“=D5+G5”，把计入甲产品材料费用的直接计入部分和分配计入部分相加。然后，在 H6 单元格中输入公式“=D6+G6”，在 H8 单元格中输入公式“=D8+G8”，在 H9 单元格中输入公式“=D9+G9”，在 H10 单元格中输入公式“=D10+G10”。

步骤 3　补充完成剩余合计数单元格的计算。在 D7 单元格中输入公式“=SUM(D5:D6)”，在 H7 单元格中输入公式“=SUM(H5:H6)”，在 D11 单元格中输入公式“=SUM(D7:D10)”，在 G11 单元格中输入公式“=SUM(G7:G10)”，在 H11 单元格中输入公式“=SUM(H7:H10)”。这里可以灵活利用填充功能或复制粘贴工具完成相关公式的输入。表格中所有公式的设置如图 7.13 所示。

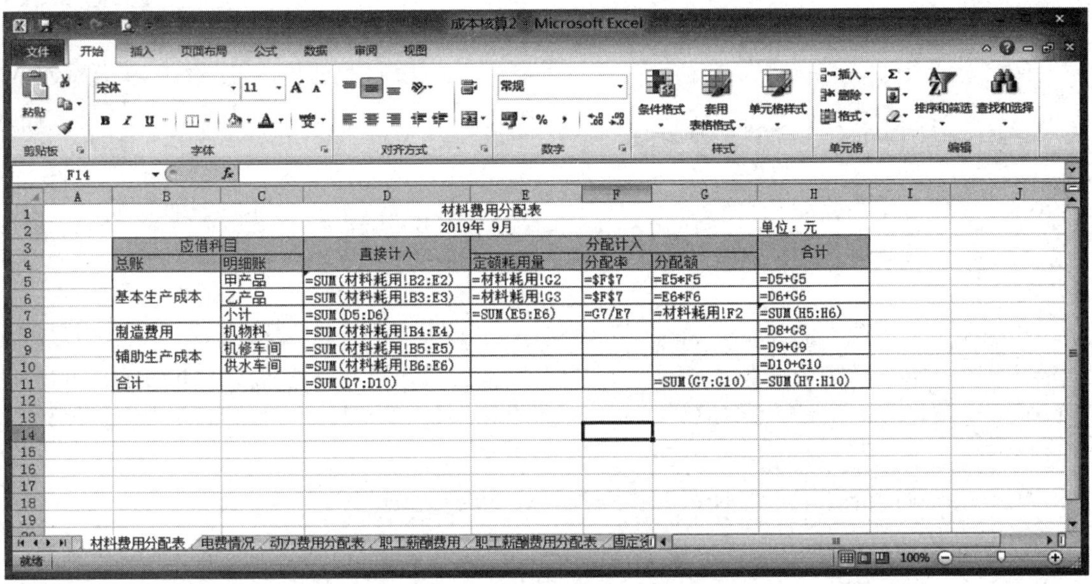

材料费用分配表

2019年 9月　　单位：元

应借科目		直接计入	分配计入			合计
总账	明细账		定额耗用量	分配率	分配额	
基本生产成本	甲产品	=SUM(材料耗用!B2:E2)	=材料耗用!G2	=$F$7	=E5*F5	=D5+G5
	乙产品	=SUM(材料耗用!B3:E3)	=材料耗用!G3	=$F$7	=E6*F6	=D6+G6
	小计	=SUM(D5:D6)	=SUM(E5:E6)	=G7/E7	=材料耗用!F2	=SUM(H5:H6)
制造费用	机物料	=SUM(材料耗用!B4:E4)				=D8+G8
辅助生产成本	机修车间	=SUM(材料耗用!B5:E5)				=D9+G9
	供水车间	=SUM(材料耗用!B6:E6)				=D10+G10
合计		=SUM(D7:D10)			=SUM(G7:G10)	=SUM(H7:H10)

图 7.13　材料费用分配表中的公式

“材料费用分配表”设置完成后，可使用类似的方法完成“动力费用分配表”的设置。其表格所有的公式如图 7.14 所示。这里不再重复说明设置过程，作为任务二的课堂自习内容。“材料费用分配表”“动力费用分配表”可以打印出来作为当月材料费用及动力费用分配的原始凭证。

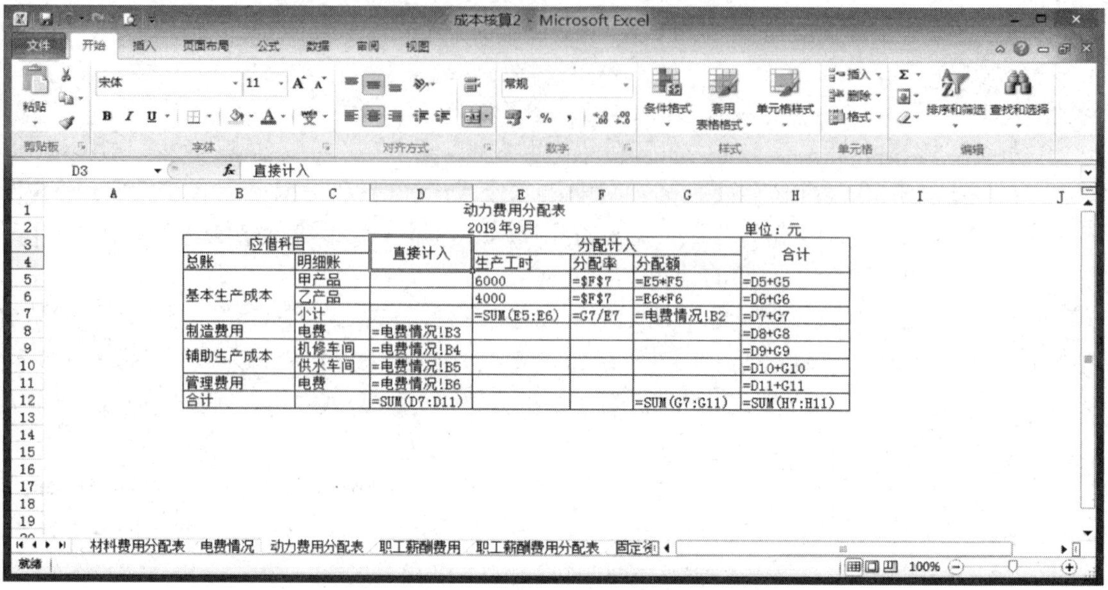

应借科目		直接计入	分配计入			合计
总账	明细账		生产工时	分配率	分配额	
基本生产成本	甲产品		6000	=$F$7	=E5*F5	=D5+G5
	乙产品		4000	=$F$7	=E6*F6	=D6+G6
	小计		=SUM(E5:E6)	=G7/E7	=电费情况!B2	=D7+G7
制造费用	电费	=电费情况!B3				=D8+G8
辅助生产成本	机修车间	=电费情况!B4				=D9+G9
	供水车间	=电费情况!B5				=D10+G10
管理费用	电费	=电费情况!B6				=D11+G11
合计		=SUM(D7:D11)			=SUM(G7:G11)	=SUM(H7:H11)

图 7.14　动力费用分配表中的公式

任务三　职工薪酬费用的分配

微课-职工薪酬费用的分配

一、编制职工薪酬费用分配表

职工薪酬费用的分配与材料费用的分配类似，是按照员工所在部门或服务的对象进行费用分配。不同之处在于职工薪酬费用的分配还要包括职工保险、公积金等职工福利费用的分配。

因为对于生产工人的薪酬，一般不能分清具体哪些工人生产哪种产品，所以一般采用分摊法，按一定的标准分配计入相应产品的直接人工成本。车间管理人员的薪酬一般计入车间制造费用，月末再转入产品成本；行政部门和销售部门人员的工资计入管理费用和销售费用。

职工薪酬费用的分配一般使用职工薪酬费用分配表来进行。

1．表头设置

根据成本核算的需求，把手工会计的职工薪酬费用分配表输入电子表格，从而编制出职工薪酬费用分配表。

操作步骤

步骤 1　打开“职工薪酬费用分配表”工作表，选中 B1:M1 单元格区域后合并、居中，输入“职工薪酬费用分配表”；选中 D2:J2 单元格区域后合并、居中，输入“2019 年 9 月”；选中 M2 单元格，输入“单位：元”；选中 B3:C3 单元格区域后合并、居中，输入“应借科目”；选中 D3:D4 单元格区域后合并、居中，输入“直接计入”；选中 E3:G3 单元格区域后合并、居中，输入“分配计入”；选中 H3:H4 单元格区域后合并、居中，输入“工资合计”；选中 M3:M4 单元格区域后合并、居中，输入“合计”；在 B4、C4、E4、F4、G4、I3、J3、K3、L3 单元格中分别输入“总账”“明细账”“生产工时”“分配率”“分配额”“社会保险费”“公积金”“工会经费”“职工教育经费”。

步骤 2　选中 B3:M4 单元格区域，设置填充颜色为青绿色。

步骤 3　选中 B3:M13 单元格区域，设置边框为“所有线框”。表头信息的设置如图 7.15 所示。

职工薪酬费用分配表

2019年3月　单位：元

应借科目		直接计入	分配计入			工资合计	社会保险费	公积金	工会经费	职工教育经费	合计
总账	明细账		生产工时	分配率	分配额		10%	6.50%	2%	1.50%	
基本生产成本	甲产品		6000	6.4	38400	38400	3840	2496	768	576	46080
	乙产品		4000	6.4	25600	25600	2560	1664	512	384	30720
	小计		10000	6.4	64000	64000	6400	4160	1280	960	76800
制造费用	工资	21000				21000	2100	1365	420	315	25200
辅助生产成本	机修车间	8500				8500	850	552.5	170	127.5	10200
	供水车间	6500				6500	650	422.5	130	97.5	7800
管理费用	工资	50000				50000	5000	3250	1000	750	60000
销售费用	工资	30000				30000	3000	1950	600	450	36000
合计		116000			64000	180000	18000	11700	3600	2700	216000

图 7.15　编制职工薪酬费用分配表

2．应借科目设置

操作步骤

选中 B5:B7 单元格区域后合并、居中，将合并后的单元格改为左对齐、自动换行，并输入“基本生产成本”；选中 B9:B10 单元格区域后合并、居中，将合并后的单元格改为左对齐、自动换行，并输入“辅助生产成本”；在 B8、B11、B12、B13 单元格中分别输入“制造费用”“管理费用”“销售费用”“合计”；在 C5:C12 单元格区域中依次输入“甲产品”“乙产品”“小计”“工资”“机修车间”“供水车间”“工资”“工资”。

二、进行职工薪酬费用的分配

1．基础数据取数公式的设置

操作步骤

直接计入的职工薪酬费用和分配计入的职工薪酬费用总额应该从前面的“职工薪酬费用”工作表中取得，所以这里要使用单元格的表间引用和 SUM 函数。

步骤 1　在 D8 单元格中输入公式“=职工薪酬费用!B6”，在 D9 单元格中输入公式“=职工薪酬费用!B4”，在 D10 单元格中输入公式“=职工薪酬费用!B5”，在 D11 单元格中输入公式“=职工薪酬费用!B3”，在 D12 单元格中输入公式“=职工薪酬费用!B7”。

步骤 2　分配计入的职工薪酬费用总额也要使用取数公式，在 G7 单元格中输入公式“=职工薪酬费用!B2”。而分配的标准，按照前面要求使用产品生产工时，所以在 E5、E6 单元格中分别输入 6 000 和 4 000。

职工福利费用的计算比率也一并输入，即在 I4、J4、K4、L4 单元格中输入相关福利费用的计算比率 10%、6.5%、2%、1.5%。

2．职工薪酬费用分配率、分配额、合计数公式的设置

操作步骤

步骤 1　计算分配计入 2 种产品职工薪酬费用的金额。在 E7 单元格中输入公式“=SUM(E5:E6)”，计算分配标准生产公式总额；在 F7 单元格中输入公式“=G7/E7”，计算分配率；在 F5、F6 单元格中分别输入公式“=$F$7”，引用分配率；在 G5、G6 单元格中分别输入公式“=E5*F5”“=E6*F6”，完成分配计入金额的计算。

步骤 2　计算 H 列的合计数。在 H5 单元格中输入公式“=D5+G5”，把计入甲产品职工薪酬费用的直接计入部分和分配计入部分相加；在 H6 单元格中输入公式“=D6+G6”；在 H8 单元格中输入公式“=D8+G8”；在 H9 单元格中输入公式“=D9+G9”；在 H10 单元格中输入公式“=D10+G10”；在 H11 单元格中输入公式“=D11+G11”；在 H12 单元格中输入公式“=D12+G12”。这里可以灵活利用填充功能或复制粘贴工具完成相关公式的输入。

步骤 3　补充完成剩余合计数单元格的计算。在 H7 单元格中输入公式“=SUM(H5:H6)”，在 D13 单元格中输入公式“=SUM(D7:D12)”，在 G13 单元格中输入公式“=SUM(G7:G12)”，在 H13 单元格中输入公式“=SUM(H7:H12)”。这里仍然可以灵活利用填充功能或复制粘贴工具完成相关公式的输入。表格中已经输入完成的公式如图 7.16 所示。

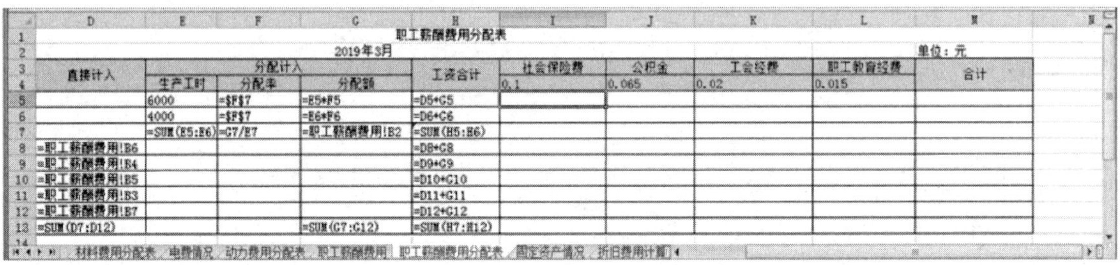

	D	E	F	G	H	I	J	K	L	M
1					职工薪酬费用分配表					
2				2019年3月						单位：元
3	直接计入	分配计入			工资合计	社会保险费	公积金	工会经费	职工教育经费	合计
4		生产工时	分配率	分配额		0.1	0.065	0.02	0.015	
5		6000	=$F$7	=E5*F5	=D5+G5					
6		4000	=$F$7	=E6*F6	=D6+G6					
7		=SUM(E5:E6)	=G7/E7	=职工薪酬费用!B2	=SUM(H5:H6)					
8	=职工薪酬费用!B6				=D8+G8					
9	=职工薪酬费用!B4				=D9+G9					
10	=职工薪酬费用!B5				=D10+G10					
11	=职工薪酬费用!B3				=D11+G11					
12	=职工薪酬费用!B7				=D12+G12					
13	=SUM(D7:D12)			=SUM(G7:G12)	=SUM(H7:H12)					

图 7.16　职工薪酬费用分配表中的公式

3．职工福利费用的计算

操作步骤

职工福利费是按上述计算出的工资合计数乘以一定比率计算得到的，这里建议使用混合引用和复制粘贴工具完成。先在 I5 单元格中输入含有混合引用的公式“=$H5*I$4”，计算生产甲产品工人的社会保险费金额。然后复制 I5 单元格，在 J5、K5、L5、I6、J6、K6、L6 单元格和 I8:L12 单元格区域的所有单元格进行粘贴，完成职工福利费用的自动计算，如图 7.17 所示。

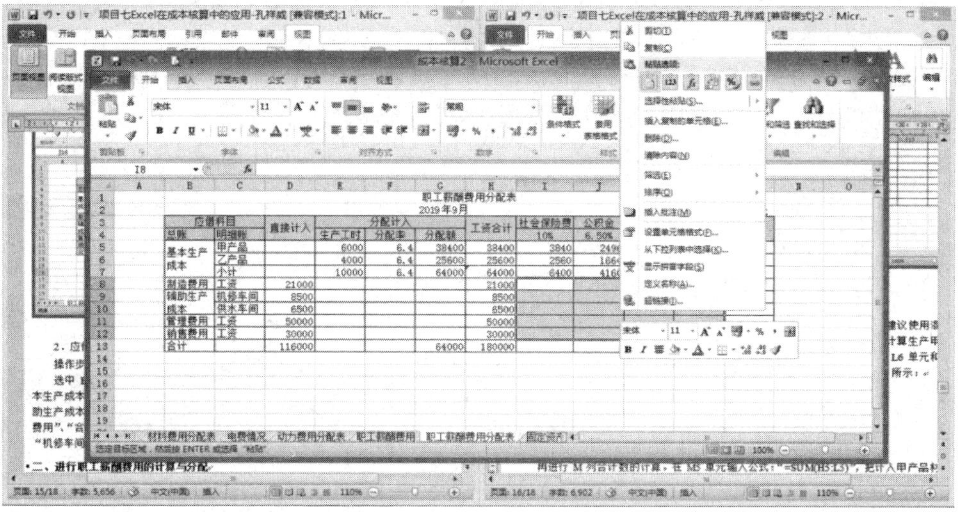

图 7.17　职工福利费用的计算

4．剩余合计内容的输入

操作步骤

步骤 1　第 7 行小计公式的输入。先选中 H7 单元格，然后将鼠标指针移到右下角，当变成黑十字形时，拖动填充至 I7、J7、K7、L7 单元格，如图 7.18 所示。

职工薪酬费用分配表

2019年9月　　单位：元

应借科目		直接计入	分配计入			工资合计	社会保险费	公积金	工会经费	职工教育经费	合计
总账	明细账		生产工时	分配率	分配额		10%	6.50%	2%	1.50%	
基本生产成本	甲产品		6000	6.4	38400	38400	3840	2496	768	576	46080
	乙产品		4000	6.4	25600	25600	2560	1664	512	384	30720
	小计		10000	6.4	64000	64000	6400	4160	1280	960	76800
制造费用	工资	21000				21000	2100	1365	420	315	25200
辅助生产成本	机修车	8500				8500	850	552.5	170	127.5	10200
	供水车	6500				6500	650	422.5	130	97.5	7800
管理费	工资	50000				50000	5000	3250	1000	750	60000
销售费	工资	30000				30000	3000	1950	600	450	36000
合计		116000			64000	180000	18000	11700	3600	2700	216000

图 7.18　“小计”公式的填充

步骤 2　第 13 行合计公式的输入。先选中 H13 单元格，然后按照上述方法，完成 I13、J13、K13、L13 单元格公式的自动填充。

步骤 3　M 列合计数的计算。在 M5 单元格中输入公式“=SUM(H5:L5)”，把计入甲产品人工成本的工资薪酬费用和福利费用部分相加。之后，先选中 M5 单元格，按照上述方法完成 M6:M13 单元格公式的自动填充。最终完成如图 7.18 所示的职工薪酬费用分配表。

三、编制职工薪酬费用表格

前文刚刚完成的“职工薪酬费用分配表”是根据职工薪酬费用表格编制而成的。在实际工作中，职工薪酬费用分配表是根据工资表汇总得到的，工资表的汇总其实可以使用电子表格中数据透视表工具来完成。由于前文北方机械公司的案例并没有涉及工资表，所以这里另外举例来说明职工薪酬费用表格的编制方法。

1．工资表的改进

图 7.19 所示是某企业职工的工资表。利用工资表进行职工薪酬费用表格的汇总，需要增加进行汇总的字段，即在工资表中需要增加职工人员类别的工资项目，增加的方法不再赘述。改进后的工资表如图 7.20 所示。

编号	月份	姓名	部门	基本工资	住房补贴	奖金	应发工资	保险扣款	其他扣款	实发工资
1	13.12	李渐	企划	3600	500	100	4200	342	30	3828
2	13.12	白成飞	销售	3750	480	300	4530	356.25	60	4113.75
3	13.12	张力	设计	3800	500	250	4550	361	80	4109
4	13.12	马中安	企划	3500	550	200	4250	332.5	60	3857.5
5	13.12	李敏新	生产	3700	620	180	4500	351.5	100	4048.5
6	13.12	王珊珊	生产	2650	450	200	3300	251.75	10	3038.25
7	13.12	赵同国	生产	2600	500	200	3300	247	60	2993
8	13.12	赵秀秀	生产	2600	520	100	3220	247	0	2973
9	13.12	王辉	生产	2800	600	180	3580	266	30	3284
10	13.12	许庆龙	生产	2750	500	200	3450	261.25	60	3128.75
11	13.12	邓锐	生产	2600	480	200	3280	247	60	2973
12	13.12	李元借	企划	3800	600	100	4500	361	80	4059
13	13.12	白小康	企划	3750	520	150	4420	356.25	70	3993.75
14	13.12	孙春红	销售	3600	600	200	4400	342	60	3998
15	13.12	王娜	销售	3600	500	300	4400	342	50	4008
16	13.12	李岩松	销售	3700	620	200	4520	351.5	40	4128.5
17	13.12	陈碧佳	销售	3600	520	250	4370	342	60	3968
18	13.12	康建平	销售	3650	500	200	4350	346.75	30	3973.25
19	13.12	贾青青	企划	3800	520	300	4620	361	60	4199
20	13.12	潘庆雷	生产	2600	500	200	3300	247	30	3023
21	13.12	张子菲	生产	2750	480	200	3430	261.25	60	3108.75
22	13.12	于晓萌	生产	2600	520	150	3270	247	60	2963
23	13.12	周琳琳	生产	2700	600	200	3500	256.5	80	3163.5
24	13.12	王明浩	生产	2600	500	200	3300	247	60	2993
25	13.12	刘超	设计	2600	520	150	3270	247	60	2963
26	13.12	徐亮	企划	3850	620	200	4670	365.75	50	4254.25
27	13.12	沙靖松	企划	3550	600	200	4350	337.25	20	3992.75
28	13.12	魏宏明	设计	3600	500	200	4300	342	60	3898
29	13.12	李洋洋	设计	3500	520	180	4200	332.5	70	3797.5
30	13.12	赵杰	设计	3900	600	200	4700	370.5	60	4269.5

图 7.19　某企业的工资表

图 7.20　改进后的工资表

2．利用数据透视表进行工资费用的汇总

改进后的工资表可以借助数据透视表工具进行职工薪酬费用表格的生成。

操作步骤

步骤 1　增加一个新的工作表，重命名为“职工薪酬费用”。

步骤 2　单击“职工薪酬费用”工作表标签，切换到该表。选中 A1 单元格，选择“插入”|“数据透视表”|“数据透视表”命令，打开“创建数据透视表”对话框，如图 7.21 所示。选中“选择一个表或区域”单选按钮，并将“表/区域”设置为“改进的工资表!$A$1:$L$31”，再选中“现有工作表”单选按钮，最后单击“确定”按钮。

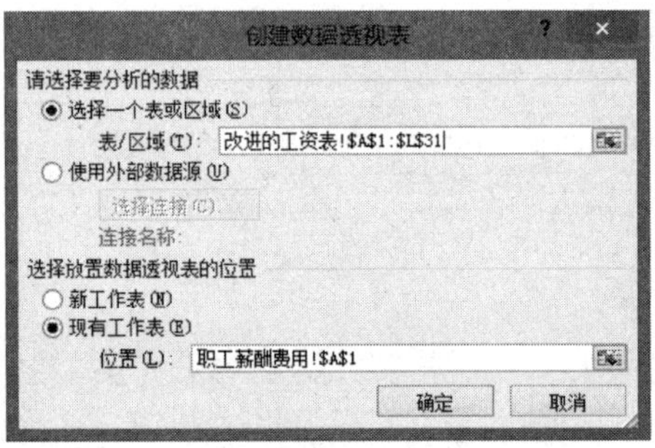

图 7.21　“创建数据透视表”对话框

步骤 3　打开如图 7.22 所示的窗口。数据透视表的布局包括“行标签”区域、“列标签”区域和“数值”区域。其中，“行标签”是报表的行记录信息、“列标签”是报表的列记录信息、“数值”是报表的汇总和统计的数据源。将“数据透视表字段列表”中的“人员类别”字段拖动到“将行字段拖至此处”，即可将“人员类别”字段添加到“行区域”中。同理，将“应发工资”字段拖动到“将值字段拖至此处”，如图 7.23 所示。

步骤 4　进行人员类别排列顺序的改变。右击 A6 单元格，在弹出的快捷菜单中选择“移动”|“将一般生产移至开头”命令。然后右击 A5 单元格，在弹出的快捷菜单中选择“移动”|“将生产管理上移”命令，最终完成职工薪酬费用表格的自动汇总生成。

图 7.22　数据透视表数据选择之前

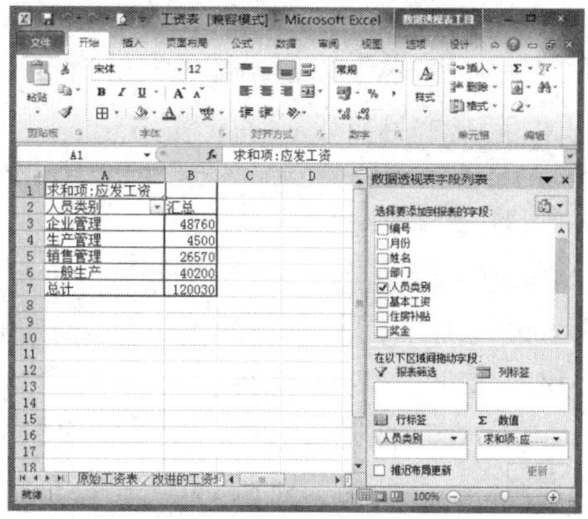

图 7.23　数据透视表数据字段选择之后

任务四　折旧费用的分配

微课-折旧费用的分配

一、编制折旧费用计算表

折旧费用的分配与材料费用的分配类似，是按照固定资产的使用部门进行费用分配的。车间固定资产的折旧费一般计入车间制造费用，月末再转入产品成本；行政部门和销售部门固定资产的折旧费，计入管理费用和销售费用。折旧费用的分配一般使用折旧费用分配表来进行。

这里给出了北方机械公司固定资产变动情况的表格和该企业固定资产折旧的规定，所以要先编制折旧费用计算表，计算出该企业当月各种固定资产的折旧额，然后再编制折旧费用分配表。

1. 折旧费用计算表结构的设置

根据之前的“固定资产情况”工作表编制折旧费用计算表，表结构信息如图 7.24 所示。

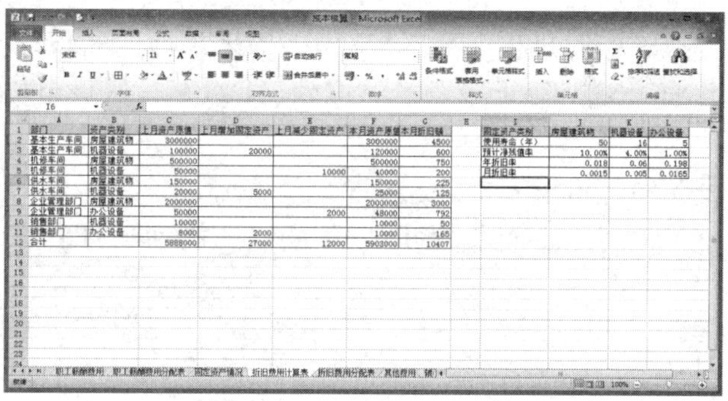

图 7.24　折旧费用计算表

操作步骤

步骤 1　打开“固定资产情况”工作表，选中 A1:J12 单元格区域后右击，选择“复制”命令。然后打开“折旧费用计算表”工作表，选中 A1 单元格进行粘贴，粘贴选项选择保留原列宽。

步骤 2　在“折旧费用计算表”工作表中选中 F 列后右击，连续选择“插入”命令 2 次，插入 2 列空列。然后选中 F1:G2 单元格区域，设置边框为“所有线框”；选中 I4:L5 单元格区域，设置边框为“所有线框”。

步骤 3　在 F1、G1、I4、I5 单元格中分别输入“本月资产原值”“本月折旧额”“年折旧率”“月折旧率”，这样就完成了折旧费用计算表结构的设置。

2．完成本月折旧额的计算

操作步骤

步骤 1　计算当月各类资产的月折旧率。在 J4 单元格中输入公式“=(1-J3)/J2”，计算房屋建筑物的年折旧率；在 J5 单元格中输入公式“=J4/12”，把年折旧率折算为月折旧率。然后利用填充功能或复制粘贴工具，完成机器设备、办公设备折旧率的计算，即选中 J4 和 J5 单元格，拖动鼠标指针完成 K4、K5、L4、L5 单元格公式的填充。

步骤 2　计算本月计提折旧各类资产的原值。在 F2 单元格中输入公式“=C2+D2-E2”，计算基本生产车间的房屋建筑物本月资产原值。然后利用填充功能或复制粘贴工具，完成其他资产原值的计算，即选中 F2 单元格，将鼠标指针移动到右下角，当变成黑色十字形时向下拖动，完成 F3:F12 单元格区域所有单元格的公式填充。

步骤 3　计算各部门当月每类资产的月折旧额。在 G2 单元格中输入基本生产车间的房屋建筑物折旧计算公式“=IF(B2=$J$1,F2*$J$5,IF(B2=$K$1,F2*$K$5,F2*$L$5))”。然后利用填充柄或复制粘贴工具，完成其他资产原值的计算，即选中 G2 单元格，将鼠标指针移动到右下角，当变成黑十字形时向下拖动，完成 G3:G12 单元格区域所有单元格的公式填充。

这里嵌套使用 IF 函数。

上述计算过程使用了函数“IF(B2=$J$1,F2*$J$5,IF(B2=$K$1,F2*$K$5,F2*$L$5))”，含义是根据资产类别，选择合适的月折旧率计算本月固定资产的折旧额。其中，“B2=$J$1”“B2=$K$1”表示对当前固定资产的资产类别进行判断。整个公式的含义是：如果当前固定资产类别是房屋建筑物（B2=$J$1），则本月折旧额（G2）等于本资产的原值（F2）乘以房屋建筑物的月折旧率（$J$5）；如果当前固定资产类别是机器设备（B2=$K$1），则本月折旧额（G2）等于本资产的原值（F2）乘以机器设备的月折旧率（$K$5）；否则，因为只剩下一种资产类别——办公设备，所以本月折旧额（G2）等于本资产的原值（F2）乘以办公设备的月折旧率（$L$5）。

需要注意的是，判断条件的资产类别和月折旧率都使用了绝对引用（$J$1、$J$5、$K$1、$K$5、$L$5），因为判断条件的资产类别和折旧率不能随着填充位置的移动而变化，相应类别资产的折旧率是固定值且一一对应。而资产类别及资产的原值则随着被填充到的位置的变化而发生变化，所以使用相对引用（B2、F2）。完成所有公式的输入和填充以后，折旧费用计算表中已经输入完成的公式如图 7.25 所示。

图 7.25　折旧费用计算表中的公式

二、编制折旧费用分配表

折旧费用计算表已编制完成，下一步就要根据折旧费用计算表来编制折旧费用分配表。这里可以使用数据透视表工具来完成。

1．利用数据透视表进行折旧费用的分配

操作步骤

步骤 1　打开“折旧费用分配表”工作表，选中 C3 单元格，选择“插入”|“表格”|“数据透视表”|“数据透视表”命令，打开“创建数据透视表”对话框，如图 7.26 所示。选中“选择一个表或区域”单选按钮，将表/区域设置为“折旧费用计算表!$A$1:$G$12”，即把折旧费用计算表的所有数据区域选为需要分析的数据，然后单击“确定”按钮。

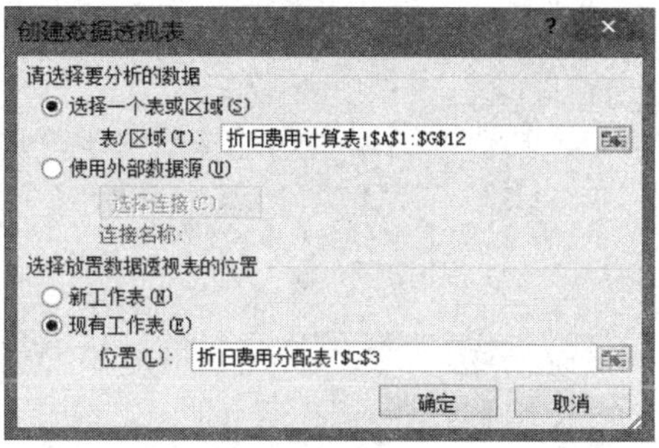

图 7.26　“创建数据透视表”对话框

步骤 2　将“数据透视表字段列表”中的“部门”字段拖动到“在以下区域间拖动字段”的“行标签”中，即可将“部门”字段添加到“行区域”中。同理，将“资产类别”字段拖动到“列标签”中，将“本月折旧额”拖放到“数值”中。这样左边相应的数据透视表区域就会出现数据透视的结果，如图 7.27 所示。

步骤 3　对数据透视表显示结果进行调整。单击“行标签”右侧的下拉按钮，取消选中“合计”复选框，如图 7.28 所示。

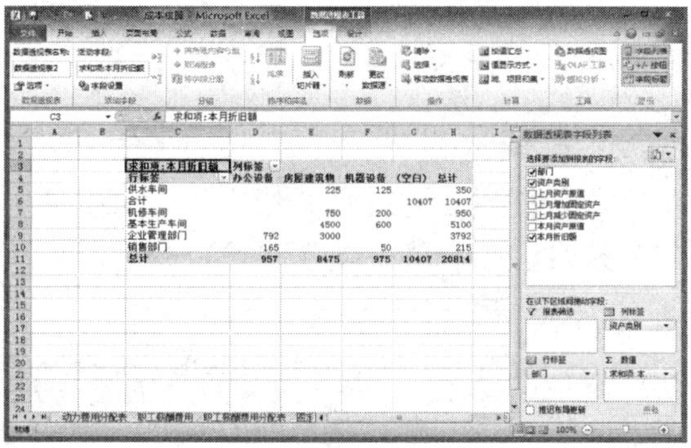

图 7.27　数据透视表的字段布局

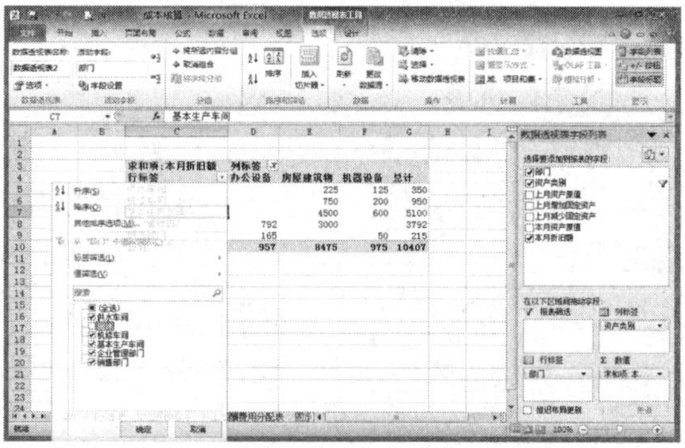

图 7.28　数据透视表显示结果调整

步骤 4　进行标签排列顺序的改变。右击 C7 单元格，在弹出的快捷菜单中选择“移动”|“将基本生产车间移至开头”命令。然后右击 C7 单元格，在弹出的快捷菜单中选择“移动”|“将机修车间上移”命令，即根据费用分配表的一般顺序调整费用项目的排列顺序，最终得到如图 7.29 所示的表格。

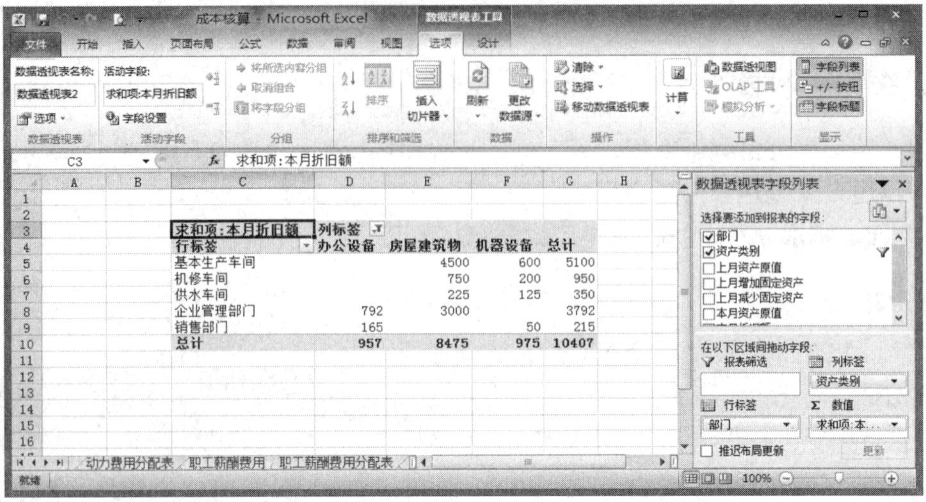

图 7.29　数据透视表的行标签顺序调整

2. 对折旧费用分配表进行格式编辑

使用数据透视表工具生成的表格并不是最终的折旧费用分配表，还要按费用分配表的格式进行编辑。

操作步骤

步骤 1　设置表头和行标题。选中 B1:G1 单元格区域后合并、居中，输入“折旧费用分配表”；选中 D2、E2 单元格后单击工具栏上的“合并后居中”按钮，输入“2019 年 9 月”；选中 G2 单元格，输入“单位：元”；选中 B6、B7 单元格后单击工具栏上的“合并后居中”按钮，将合并后的单元格改为左对齐、自动换行，并输入“辅助生产成本”；在 B4、B5、B8、B9 单元格中分别输入“总账”“制造费用”“管理费用”“销售费用”；将 C4 单元格中的“行标签”改为“明细账”。

步骤 2　设置显示效果。右击第 3 行，在弹出的快捷菜单中选择“隐藏”命令，如图 7.30 所示。适当调整列宽，将 B4:G4 单元格区域的填充颜色设置为青绿色；选中 B4:G10 单元格区域，设置边框为“所有线框”；将 C10:G10 单元格区域的填充颜色设置为白色，效果如图 7.31 所示。

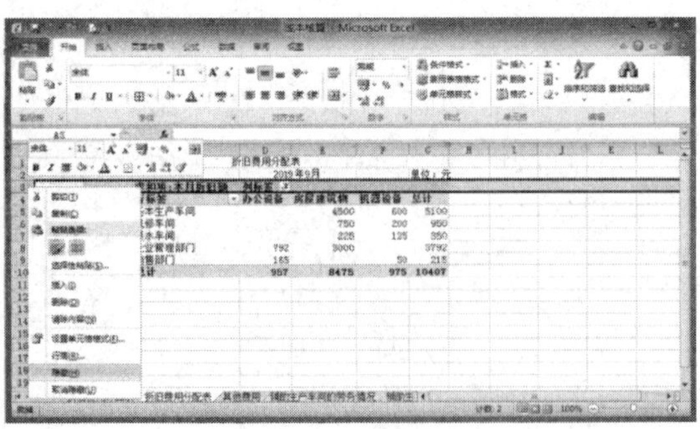

图 7.30　行的隐藏

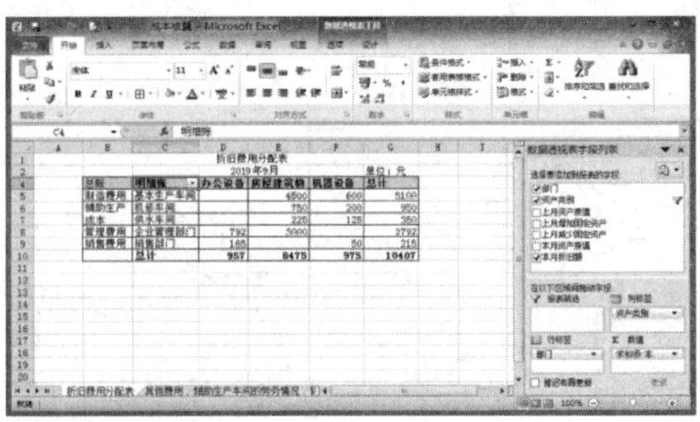

图 7.31　设置折旧费用分配表显示效果

任务五 辅助生产费用的分配

微课-辅助生产费用的分配

一、编制辅助生产成本明细账

辅助生产费用的核算，首先应该将各辅助生产车间在提供服务过程中所发生的服务费用进行归集，然后再将归集的费用按受益部门（或产品）的受益量进行合理分配。

就北方机械公司来说，首先应按辅助生产车间编制辅助生产成本明细账，对辅助生产费用进行归集。然后根据辅助生产费用明细账归集的结果，按照辅助生产车间对外服务的情况，编制辅助生产费用分配表，将辅助生产费用进行分配。这里先进行辅助生产成本明细账的编制。

操作步骤

步骤 1 打开“辅助生产成本明细表”工作表，选中 B1:K1 单元格区域后单击工具栏上的“合并后居中”按钮，输入“辅助生产成本明细账”。

步骤 2 选中 B2、C2、D2 单元格，单击工具栏上的“合并后居中”按钮，输入“车间：机修车间”；选中 B3、C3 单元格，单击工具栏上的“合并后居中”按钮，输入“2019 年”；选中 F2、G2 单元格，单击工具栏上的“合并后居中”按钮，输入“2019 年 9 月”。

步骤 3 在 D3:K3 单元格区域中依次输入“凭证号”“摘要”“材料费”“职工薪酬”“动力费用”“折旧费”“其他费用”“合计”；在 E4:E10 单元格区域中依次输入“材料费用分配表”“职工薪酬费用分配表”“动力费用分配表”“折旧费用分配表”“其他费用”“本月发生额”“本月转出额”；在 K2 单元格中输入“单位：元”。

步骤 4 选中 B2:K10 单元格区域，选择“开始”|“格式”|“自动调整列宽”命令，将表格内容调整为合适的列宽。

步骤 5 选中 B3:K3 单元格区域，单击工具栏上的“填充颜色”右侧的下拉按钮，填充为青绿色。

步骤 6 选中 B3:K10 单元格区域，单击工具栏上的“边框”右侧的下拉按钮，加上田字形边框。

步骤 7 选中 B1:K10 单元格区域，进行复制，然后粘贴到 B12 单元格，即将机修车间的辅助生产成本明细账结构复制一遍。最后将 B13 单元格中的内容改为“车间：供水车间”。结果如图 7.32 所示。

步骤 8 利用单元格的引用，完成辅助生产成本明细账中明细数据的填制。分别在 F4、G5、H6、I7、J8、F15、G16、H17、I18、J19 单元格中输入公式“=材料耗用!E5”“=职工薪酬费用分配表!M9”“=动力费用分配表!H9”“=折旧费用分配表!G6”“=其他费用!G3”“=材料费用分配表!H10”“=职工薪酬费用分配表!M10”“=动力费用分配表!H10”“=折旧费用分配表!G7”“=其他费用!G4”，即从前面的相应分配表中取数。

步骤 9 完成辅助生产成本明细账中剩余数据的自动计算。首先是机修车间，选中 K4 单元格，输入公式“=SUM(F4:J4)”，然后利用填充功能向下填充至 K5 至 K10 单元格中；选中 F9 单元格，输入公式“=SUM(F4:F8)”，然后利用填充功能向右填充至 G9 至 J9 单元格中；选中 F10 单元，输入公式“=-F9”，然后利用填充柄向右填充至 G10 至 J10 单元格中。用同样的方法可以完成供水车间合计数和转出数的自动计算，如图 7.33 所示。

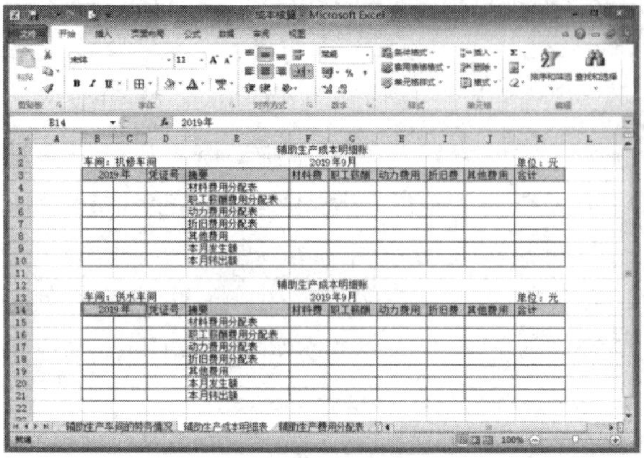

图 7.32　辅助生产成本明细表的结构

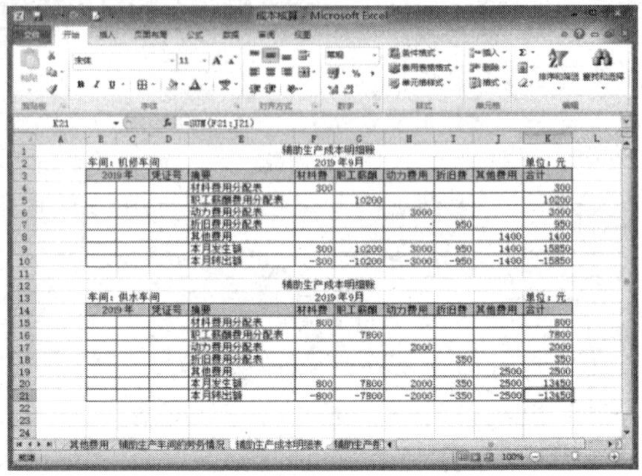

图 7.33　编制完成的辅助生产成本明细表

二、编制辅助生产成本分配表

辅助生产成本明细表已编制完成，下一步就要根据该表来编制辅助生产成本分配表。

操作步骤

步骤 1　打开“辅助生产成本分配表”工作表，选中 B1:E1 单元格区域，单击工具栏上的“合并后居中”按钮，输入“辅助生产成本分配表”；选中 B2:E2 单元格区域，单击工具栏上的“合并后居中”按钮，输入“2019 年 9 月”。

步骤 2　在 C3:E3 单元格区域中依次输入“机修车间”“供水车间”“合计”；在 B4:B10 单元格区域中依次输入“待分配费用”“对外提供劳务总量”“费用分配率”“基本生产车间劳务总量”“制造费用”“管理部门劳务总量”“管理费用”。

步骤 3　手工调整各列的列宽，使表格标题和时间对齐。

步骤 4　选中 B3:E3 单元格区域，单击工具栏上的“填充颜色”右侧的下拉按钮，填充为青绿色。

步骤 5　选中 B3:E10 单元格区域，单击工具栏上的“边框”右侧的下拉按钮，加上田字形边框。到本步骤为止，完成了辅助生产成本分配表的结构设置，如图 7.34 所示。

步骤 6　辅助生产费用基础数据的输入。在 C4、C5、C7、C9、D4、D5、D7、D9 单元格中依次输入公式“=辅助生产成本明细表!K9”“=辅助生产车间的劳务情况!B6-辅助生产车间的劳务情况!B2”“=辅助生产车间的劳务情况!B4”“=辅助生产车间的劳务情况!B5”“=辅助生产成本明细表!K20”“=辅助生产车间的劳务情况!C6-辅助生产车间的劳务情况!C3”“=辅助生产车间的劳务情况!C4”“=辅助生产车间的劳务情况!C5”，即待分配费用从前面的“辅助生产成本明细表”工作表获得、劳务量从前面的“辅助生产车间的劳务情况”工作表获得。

步骤 7　计算费用分配率，据以计算相关费用金额。在 C6 单元格中输入公式“=C4/C5”；在 D6 单元格中输入公式“=D4/D5”，计算出对外分配的分配率（直接分配法不需要考虑辅助生产车间之间互相提供劳务的情况）；在 C8 单元格中输入公式“=C7*C$6”；在 C10 单元格中输入公式“=C9*C$6”；在 D8 单元格中输入公式“=D7*D$6”；在 D10 单元格中输入公式“=D9*D$6”，完成对外分配费用的计算；在 E4、E8、E10 单元格中分别输入公式“=SUM(C4:D4)”“=SUM(C8:D8)”“=SUM(C10:D10)”，完成相关费用的汇总；对 E8、E10 单元格设置单元格格式，在“数字”选项卡中设置分类为“数值”、小数位数为 0（本例没有要求保留小数位数，所以默认取整）。到此为止，辅助生产成本分配表编制完成，如图 7.35 所示。

图 7.34　辅助生产成本分配表的结构

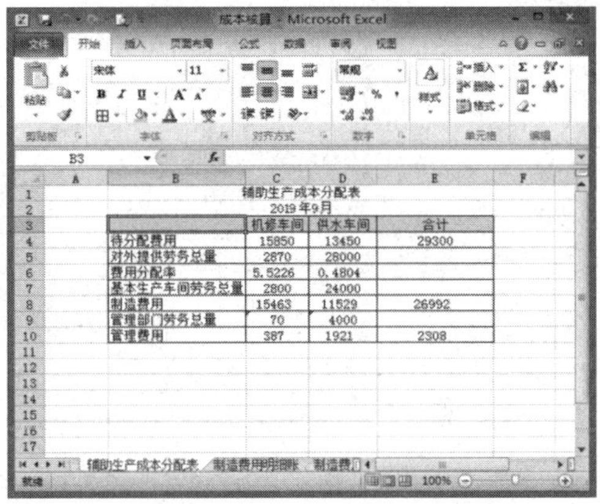

图 7.35　编制完成的辅助生产成本分配表

任务六　制造费用的分配

微课-制造费用的分配

一、编制制造费用明细账

制造费用平时是按车间归集的间接费用，到了期末要转入各种产品的生产成本中。如果生产车间只生产一种产品，制造费用直接转入该产品生产成本即可。但如果生产车间同时生产多种产品，则制造费用应采用合理的分配方法，分配计入各种产品的生产成本。

就北方机械公司来说，该企业有 2 种产品。因此，首先应按基本生产车间编制制造费用明细账，对制造费用进行归集；然后根据制造费用明细账归集的结果，按照各种产品生产工时的标准编制制造费用分配表，将制造费用在各种产品之间进行分配。这里先进行制造费用明细账的编制。

操作步骤

步骤 1　打开“制造费用明细账”工作表，选中 B1:M1 单元格区域，单击工具栏上的“合并后居中”按钮，输入“制造费用明细账”；选中 B2:D2 单元格区域，单击工具栏上的“合并后居中”按钮，输入“车间：基本生产车间”；选中 M2 单元格，输入“单位：元”。

步骤 2　选中 B3、C3 单元格，单击工具栏上的“合并后居中”按钮，输入“2019 年”；在 D3:M3 单元格区域中依次输入“凭证号”“摘要”“材料费”“职工薪酬”“动力费用”“折旧费”“其他费用”“维修费”“水费”“合计”；在 E4:E11 单元格区域中依次输入“材料费用分配表”“职工薪酬费用分配表”“动力费用分配表”“折旧费用分配表”“其他费用”“辅助生产成本分配表”“本月发生额”“本月转出额”。

步骤 3　选中 B2:M11 单元格区域，选择“开始”|“格式”|“自动调整列宽”命令，把表格内容调整为合适的列宽。

步骤 4　选中 B3:M3 单元格区域，单击工具栏上的“填充颜色”右侧的下拉按钮，填充为青绿色。

步骤 5　选中 B3:M11 单元格区域，单击工具栏上“边框”右侧的下拉铵扭，加上田字形边框。结果如图 7.36 所示。

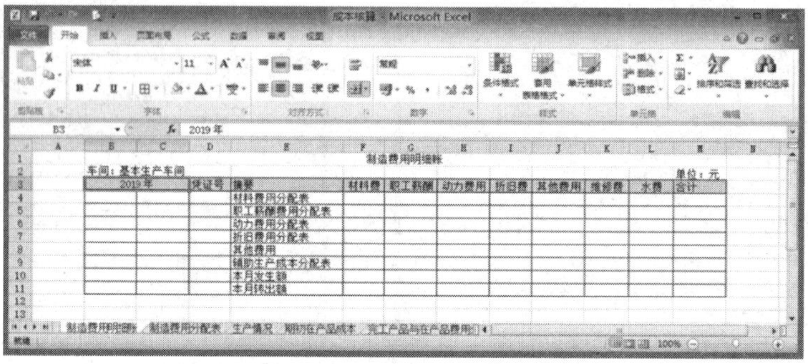

图 7.36　制造费用明细账的结构

步骤 6　利用单元格的引用，完成制造费用明细账中明细数据的填制。在 F4、G5、H6、I7、J8、K9、K10 单元格中分别输入公式“=材料费用分配表!H8”“=职工薪酬费用分配表!M8”“=动力费用分配表!H8”“=折旧费用分配表!G5”“=其他费用!G2”“=辅助生产成本分配表!C8”“=辅助生产成本分配表!D”，即从前面的相应分配表取数。

步骤 7　完成制造费用明细账中剩余数据的自动计算。选中 M4 单元格，输入公式“=SUM(F4:L4)”，然后利用填充功能向下填充 M5:M11 单元格区域；选中 F10 单元格，输入公式“=SUM(F4:F9)”，然后利用填充功能向右填充 G10:L10 单元格区域；选中 F11 单元格，输入公式“=-F10”，然后利用填充功能向右填充 G11:L11 单元格区域。这里，如果合计数出现小数，则进行单元格格式设置，在“数字”选项卡中设置分类为“数值”，小数位数为 0。最终结果如图 7.37 所示。

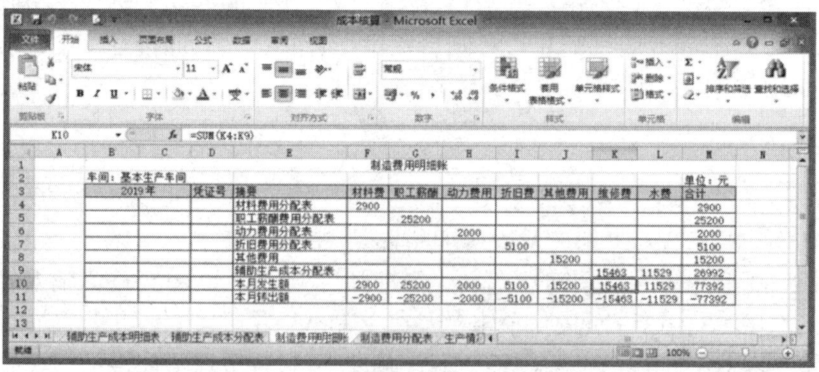

图 7.37　编制完成的制造费用明细账

二、编制制造费用分配表

制造费用明细账已编制完成，下一步要据此来编制制造费用分配表。

操作步骤

步骤1　打开“制造费用分配表”工作表，选中B1:E1单元格区域，单击工具栏上的“合并后居中”按钮，输入“制造费用分配表”；选中C2、D2单元格，单击工具栏上的“合并后居中”按钮，输入“2019年9月”；选中E2单元格，输入“单位：元”。

步骤2　在B3:E3单元格区域中依次输入“产品名称”“工时”“分配率”“金额”；在B4:B6单元格区域中依次输入“甲产品”“乙产品”“合计”。

步骤3　选中B3:E3单元格区域，单击工具栏上“填充颜色”右侧的下拉按钮，填充为青绿色。

步骤4　选中B3:E6单元格区域，单击工具栏上“边框”右侧的下拉按钮，加上田字形边框。

步骤5　制造费用基础数据的输入。在C4、C5单元格中分别输入甲产品和乙产品当月的工时6 000、4 000；在E6单元格中输入公式“=制造费用明细账!M10”；制造费用总额从前面的“制造费用明细账”获得。

步骤6　计算费用分配率，据以计算各种产品分配制造费用的金额。在C6单元格中输入公式“=SUM(C4:C5)”；在D6单元格中输入公式“=E6/C6”，计算出制造费用分配率（按工时比率分配）；在D4、D5单元格中输入相同的公式“=$D$6”；在E4、E5单元格中分别输入公式“=C4*D4”“=C5*D5”，完成制造费用的分配。

步骤7　选中B2:E6单元格区域，选择“开始”|“格式”|“自动调整列宽”命令，把表格内容调整为合适的列宽。到此为止，制造费用分配表就编制完成了，如图7.38所示。

图7.38　编制完成的制造费用分配表

任务七　生产费用在完工产品和在产品之间的分配

微课-完成完工产品与在产品费用的分配

一、编制完工产品与在产品费用分配表

各项生产费用在各种产品之间进行分配和归集以后，应计入各种产品的生产费用都归集到了相关产品明细账（也称为产品成本计算单）中。对于生产企业来说，如果生产的产品当期已经全部完工而没有期末在产品，那么计入该产品明细账中的全部生产费用，包括期初在产品成本和本期归集的生产费用就是该种完工产品的成本。如果当期没有完工产品，期末全部为在产品的，那么计入该产品明细账中的全部生产费用就是该种产品的在产品成本。大多数生产企业既有完工产品又有期末在产品，因此全部生产费用应在同一种产品的完工产品和在产品之间进行划分。

生产费用在完工产品和在产品之间的划分主要有 2 类方法：一类是倒轧的方法；另一类是分配的方法。北方机械公司的甲产品采用的是倒轧的方法，乙产品采用的是分配的方法。

下面先建立完工产品与在产品费用分配表的结构。

操作步骤

步骤 1　打开“完工产品与在产品费用分配表”工作表，选中 B1:J1 单元格区域，单击工具栏上的“合并后居中”按钮，输入“生产成本明细账”（这里，利用生产成本明细账进行生产费用在完工产品和在产品之间的分配）。

步骤 2　选中 B2、C2、D2 单元格，单击工具栏上的“合并后居中”按钮，输入“产品名称：甲产品”；选中 B3、C3 单元格，单击工具栏上的“合并后居中”按钮，输入“2019 年”；选中 E2、F2、G2 单元格，单击工具栏上的“合并后居中”按钮，输入“2019 年 9 月”；在 J2 单元格中输入“单位：元”。

步骤 3　在 D3:J3 单元格区域中依次输入“凭证号”“摘要”“直接材料”“直接人工”“燃料动力”“制造费用”“合计”；在 E4:E11 单元格区域中依次输入“月初在产品”“材料费用分配表”“职工薪酬费用分配表”“动力费用分配表”“制造费用分配表”“合计”“结转完工产品成本”“月末在产品成本”。

步骤 4　选中 B2:J11 单元格区域，选择“开始”|“单元格”|“格式”|“自动调整列宽”命令，把表格内容调整为合适的列宽。

步骤 5　选中 B3:J3 单元格区域，单击工具栏上的“填充颜色”右侧的下拉按钮，填充为青绿色。

步骤 6　选中 B3:J11 单元格区域，单击工具栏上的“边框”右侧的下拉按钮，加上田字形边框。

步骤 7　选中 B1:J11 单元格区域进行复制，然后粘贴到 B12 单元格，即把甲产品的成本明细账复制一遍，最后把 B13 单元格的内容改为“产品名称：乙产品”；选中第 21 行右击，选择“插入”命令，插入一行，再连续 4 次选择“插入”行命令，插入 4 个空行；在 E21、E22、E23、E24、E25 单元格中分别输入“完工产品数量”“在产品数量”“在产品约当产量”“约当总产量”“单位成本”。表结构建立完成后如图 7.39 所示。

图 7.39　完工产品与在产品费用分配表的结构

二、完成完工产品与在产品费用分配表的设置

要完成完工产品与在产品费用分配表，首先要从前面的分配表取得基础数据后汇总，然后进行生产费用的分配。

操作步骤

步骤 1　利用单元格的引用，完成生产成本明细账中明细数据的填制。在F4单元格中输入公式“=期初在产品成本!B2”，然后利用填充功能向右填充G4、H4、I4单元格，把甲产品的期初数据引入到当前表格。同理，在F15单元格中输入公式“=期初在产品成本!B3”，然后利用填充功能向右填充G15、H15、I15单元格，把乙产品的期初数据引入到当前表格。

步骤 2　在F5、G6、H7、I8单元格中分别输入公式“=材料费用分配表!H5”“=职工薪酬费用分配表!M5”“=动力费用分配表!H5”“=制造费用分配表!E4”，即从前面的相应分配表取数。同理，在F16、G17、H18、I19单元格中分别输入公式“=材料费用分配表!H6”“=职工薪酬费用分配表!M6”“=动力费用分配表!H6”“=制造费用分配表!E5”。

步骤 3　完成生产成本明细账中合计数据的自动计算。首先是甲产品，选中J4单元格，输入公式“=SUM(F4:I4)”，利用填充功能向下填充J5:J11单元格区域；选中F9单元格，输入公式“=SUM(F4:F8)”，利用填充功能向右填充G9:I9单元格区域。同理，完成乙产品相关费用汇总的自动计算，如图7.40所示。

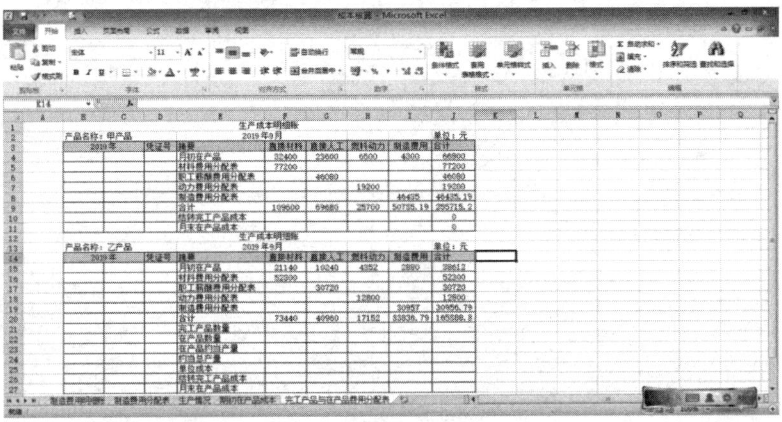

图7.40　完工产品与在产品费用分配表的基础数据

步骤 4　进行甲产品生产费用的最终分配。甲产品在产品成本按年初固定数计算，所以在F11单元格中输入公式“=F4”，然后利用填充功能向右填充G11、H11、I11单元格，完成月末在产品成本的计算。之后，在F10单元格中输入公式“=F9-F11”，利用填充功能向右填充G10、H10、I10单元格，完成完工产品成本的计算。

步骤 5　进行乙产品生产费用的最终分配。由于乙产品的在产品按约当产量计算，所以要先计算乙产品在产品的约当产量和乙产品的约当总产量，然后进行费用的分配。

① 在F21单元格中输入公式“=生产情况!$D$3”，利用填充功能向右填充G21、H21、I21单元格；在F22单元输入公式“=生产情况!$E$3”，然后利用填充功能向右填充G22、

H22、I22 单元格，即把产量情况输入到当前表格。

② 由于原材料在生产开始时一次性投入，所以在 F23 单元格中输入公式“=F22”。而在产品完工程度按 50%计算，所以在 G23、H23、I23 单元格中分别输入公式“=G22/2”“=H22/2”“=I22/2”，计算在产品约当产量。

③ 在 F24 单元格中输入公式“=F21+F23”，然后利用填充功能向右填充 G24、H24、I24 单元格，即计算约当总产量。

④ 在 F25 单元格中输入公式“=F20/F24”，然后利用填充功能向右填充 G25、H25、I25 单元格，即计算单位成本。

⑤ 在 F26 单元格中输入公式“=F25*F21”，然后利用填充功能向右填充 G26、H26、I26 单元格，即计算完工产品成本。

⑥ 在 F27 单元格中输入公式“=F25*F23”，然后利用填充功能向右填充 G27、H27、I27 单元格，即计算在产品成本。

⑦ 在 J25、J26、J27 单元格分别输入公式“=SUM (F25: I25)”“=SUM(F26:I26)”“=SUM(F27:I27)”，完成单位成本、完工产品成本、在产品成本总金额的计算。如果表格中的数据出现小数，则进行单元格格式设置，在“数字”选项卡中设置分类为“数值”、小数位数为 0。最终结果如图 7.41 所示。

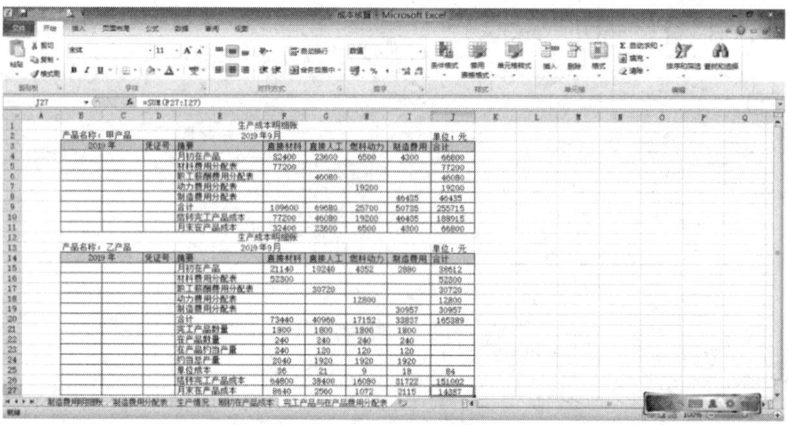

图 7.41　编制完成的完工产品与在产品费用分配表

技能训练

实训七　利用 Excel 进行成本核算

实训目的

掌握利用 Excel 进行成本核算的流程。

实训资料

长城机械厂是一家生产某类产品的工业企业，企业为一般纳税人，目前规模不大，产品也不多，月末成本核算采用品种法，工作量不大。下面是该企业 2019 年 3 月份的生产情况和成本费用资料。

（1）生产情况如表 7.10 所示。

表 7.10 长城机械厂 2019 年 3 月份的生产情况 单位：件

产 品	月初在产品	本月投入	本月完工	月末在产品
A 产品	200	2 100	2 000	300
B 产品	500	4 800	5 000	300

（2）月初在产品成本如表 7.11 所示。

表 7.11 长城机械厂 2019 年 3 月份的月初在产品成本 单位：元

产 品	直接材料	直接人工	燃料及动力	制造费用	合 计
A 产品	5 600	4 300	7 000	8 000	24 900
B 产品	12 000	3 600	5 400	6 500	27 500
合 计	17 600	7 900	12 400	14 500	52 400

（3）本月发生的生产费用如表 7.12 至表 7.17 所示。

表 7.12 长城机械厂 2019 年 3 月份的材料耗用 单位：元

<table>
<tr><td></td><td colspan="5">直接耗用</td><td>共同耗用</td></tr>
<tr><td>材料用途</td><td>甲材料</td><td>乙材料</td><td>丙材料</td><td>机物料</td><td>丁材料</td><td>产品重量/吨</td></tr>
<tr><td>A 产品</td><td>3 000</td><td>4 000</td><td>2 500</td><td></td><td rowspan="2">6 400</td><td>700</td></tr>
<tr><td>B 产品</td><td>1 000</td><td>3 000</td><td>1 500</td><td></td><td>300</td></tr>
<tr><td>基本生产车间一般耗用</td><td></td><td></td><td></td><td>2 300</td><td></td><td></td></tr>
<tr><td>机修车间</td><td></td><td></td><td></td><td>1 200</td><td></td><td></td></tr>
<tr><td>运输车间</td><td></td><td></td><td></td><td>1 000</td><td></td><td></td></tr>
<tr><td>合 计</td><td>4 000</td><td>7 000</td><td>4 000</td><td>4 500</td><td>6 400</td><td></td></tr>
</table>

表 7.13 长城机械厂 2019 年 3 月份的职工薪酬费用 单位：元

部 门	职工薪酬
产品生产工人	80 000
企业管理人员	15 000
机修车间	4 000
运输车间	4 500
生产车间管理人员	25 000
销售人员	70 000
合 计	198 500

说明：企业按职工薪酬总额的 8%提取五险、4.5%提取住房公积金、2%提取工会经费、1.5%提取职工教育经费。

表 7.14 长城机械厂 2019 年 3 月份的电费 单位：度

部 门	耗电度数
生产车间动力电	9 000
生产车间照明电	1 000
机修车间	800
运输车间	200
企业管理部门	600
销售部门	400
合 计	12 000

说明：电费的价格为 0.45 元/度，已经用银行存款支付。

表 7.15　长城机械厂 2019 年 3 月份的固定资产情况

单位：元

部　门	资产类别	上月资产原值	上月增加固定资产	上月减少固定资产
基本生产车间	房屋建筑物	2 000 000		100 000
	机器设备	3 000 000	100 000	500 000
机修车间	房屋建筑物	1 000 000		
	机器设备	500 000	20 000	70 000
运输车间	房屋建筑物	500 000		
	运输设备	200 000	30 000	50 000
企业管理部门	房屋建筑物	1 500 000		
	运输设备	100 000	80 000	50 000
销售部门	机器设备	50 000	10 000	
	运输设备	150 000	50 000	20 000
合　计		9 000 000	290 000	790 000

说明：该企业全部采用直线法计提折旧，且不存在使用寿命完结后仍然使用的固定资产。

表 7.16　长城机械厂固定资产折旧的有关制度

固定资产类别	房屋及建筑物	机器设备	运输设备
使用寿命/年	50	20	15
预计净残值率	8.00%	5.00%	3.00%

表 7.17　长城机械厂 2019 年 3 月份的其他费用

单位：元

部门 \ 项目	低值易耗品摊销	劳动保护费	保险费	电话费	办公费	合　计
基本生产车间	4 200	6 000	2 000	250	150	12 600
机修车间	300	600		100	50	1 050
运输车间	800	500	1 500	200	60	3 060
企业管理部门	300	400		250	2 500	3 450
销售部门	400	200		350	1 600	2 550
合　计	6 000	7 700	3 500	1 150	4 360	22 710

说明：以上费用低值易耗品摊销采用一次摊销法，其余均以银行存款支付。

（4）产品生产工时：A 产品 5 000 小时，B 产品 3 000 小时。

（5）辅助生产车间对外提供的产品及劳务情况如表 7.18 所示。

表 7.18　辅助生产车间 2019 年 3 月份提供的产品及劳务量

受益部门	机修车间/小时	运输车间/千米
机修车间		5
运输车间	50	
基本生产车间	200	10
企业管理部门	30	150
销售部门	20	500
合　计	300	665

（6）有关费用的分配方法如下。

① A 产品和 B 产品共同耗用的材料费用按照产品重量的比例分配。

② 生产工人的工资按两种产品生产工时的比例分配。

③ 制造费用按 2 种产品生产工时的比例分配。

④ A 产品、B 产品的在产品都按约当产量计算，其产品的投料方式均为生产开始时一次性投入，在产品的完工程度均按 60%计算。

⑤ 辅助生产费用采用直接分配法。

实训要求

1．利用电子表格进行材料费用和动力费用的分配。

2．利用电子表格进行职工薪酬费用和折旧费用的分配。

3．利用电子表格进行辅助生产费用和制造费用的分配。

4．利用电子表格进行月末完工产品与在产品成本的分配。

项目八

Excel 与财务管理

学习目标

1. 了解Excel财务预测分析模型创建方法。
2. 掌握Excel在筹资决策和投资决策中的应用。
3. 能够利用Excel建立最优资本结构决策模型。
4. 掌握Excel在财务管理中的应用，培养全局思维，养成提前谋划和风险防范的职业意识。

拓展阅读：中国航天科技的精益成本管理措施

项目介绍

Excel在财务管理中的应用很广泛，本项目重点介绍利用Excel的相关函数和数据分析工具，建立财务预测、筹资决策、投资决策分析模型，解决财务管理预测、筹资、投资中的具体问题。

重点难点

1. 销售预测、成本费用预测、利润预测分析模型的建立。
2. 长期借款筹资决策分析模型的建立。
3. 资本成本和最优资金结构分析。
4. 主要投资决策指标函数的应用。
5. 固定资产更新决策、投资风险决策分析。

拓展阅读：中国制造业未来趋势

任务描述

1．美景化工有限公司的财务预测主要业务

美景化工有限公司要根据历史销售资料和市场上对产品需求的变化情况，对未来一定时期内有关产品的销售发展变化趋势进行科学预计和推测；按照企业经营目标的要求，在销售预测的基础上，对未来一定时期内可能达到的利润水平和变动趋势进行科学预计和推测；根据历史成本资料及企业现有的经济、技术条件和今后的发展前景，运用专门方法，对未来一定时期内成本水平及其发展变动趋势进行科学预计和推测。对于上述相关财务预测项目，财务管理人员可以充分利用Excel提供的函数来进行财务预测分析。

（1）财务预测项目1

美景化工有限公司2018年1—12月的销售量如表8.1所示。假定销售量的移动期数为5、趋势平均值的移动期数为3、时间序列的期数为12，请根据趋势平均法预测2019年1月份的销售量。

表 8.1 2018 年 1—12 月销售资料

单位：千件

月份	1	2	3	4	5	6	7	8	9	10	11	12
销量	33	34	37	34	41	44	50	46	47	52	45	55

（2）财务预测项目 2

美景化工有限公司近 10年来生产 A产品的产量和成本资料如表 8.2所示。运用回归分析法预测 2019年产量达到 400千件时的总成本、固定成本总额和变动成本总额。

表 8.2 产量和成本资料

年 份	产量/千件	实际成本/千元
2009	100	70
2010	120	85
2011	140	90
2012	150	100
2013	165	115
2014	178	120
2015	210	130
2016	220	140
2017	250	155
2018	300	170

（3）财务预测项目 3

美景化工有限公司与目标利润相关的基本资料如表 8.3所示。运用本量利分析法和单变量求解工具等进行目标利润分析。

表 8.3 与目标利润相关的基本资料

单位：元

影响因素	原 值
销售单价	102.80
单位变动成本	62.80
固定成本	342 000.00
销售量	11 300.00
利润	110 000.00

2．美景化工有限公司的筹资决策主要业务

美景化工有限公司欲筹资 5 000万元，有 3种方案可供选择。3种方案的筹资组合及个别资本成本如表 8.4所示。请选择最佳筹资方案。

表 8.4 筹资组合及个别资本成本

单位：万元

筹资方式	A方案		B方案		C方案	
	筹资金额	个别成本	筹资金额	个别成本	筹资金额	个别成本
长期借款	500	6%	600	6.5%	700	7%
长期债券	1 000	8%	1 400	8%	1 800	10%
优先股	500	12%	500	12%	300	12%
普通股	3 000	15%	2 500	15%	2 200	15%
合 计	5 000		5 000		5 000	

3．美景化工有限公司的主要投资业务

美景化工有限公司近期有一些投资业务，如购买新的生产线、对原有的旧设备进行更新、进行投资风险决策分析等。对于相关的投资事项，财务管理人员想充分利用 Excel提供的函数功能等来进行投资决策分析。

（1）投资业务 1：生产线投资

美景化工有限公司准备进行生产线投资。现有 A、B两套投资方案，A、B方案各年的收支情况如表 8.5所示。其中，贴现率为 10%、再投资报酬率为 12%、资本成本为 10%。请分别计算投资方案的净现值、内含报酬率、修正内含报酬率、现值指数，并对投资方案进行选择。

表 8.5　A、B 方案各年的收支情况

年　份	A 方案/万元		B 方案/万元	
	投　资	收　入	投　资	收　入
1	3 000		3 000	
2	1 000		2 000	
3		1 000		3 000
4		2 500		3 000
5	800	3 500		5 000
6		2 000	1 000	3 000
7		2 000		2 000

（2）投资业务 2：固定资产更新投资

① 新旧设备寿命相等。美景化工有限公司考虑用一台新的、效率更高的设备代替旧设备，以减少成本，增加收益。新旧设备资料如表 8.6所示。

表 8.6　寿命相等的新旧设备资料

项　目	旧设备	新设备
固定资产原价/元	50 000	80 000
预计使用年限/年	10	5
已使用年限/年	5	0
年销售收入/元	60 000	100 000
每年付现成本/元	40 000	60 000
残值/元	0	10 000
目前变现收入/元	20 000	80 000
折旧方法	直线法	年数总和法

② 新旧设备寿命不相等。美景化工有限公司有一套旧设备，技术人员提出了更新的要求。有关数据如表 8.7所示。

表 8.7　寿命不相等的新旧设备资料

项　目	旧设备	新设备
初始投资/元	50 000	60 000
预计使用年限/年	10	8
已使用年限/年	5	0
每年运营成本/元	30 000	20 000
目前变现收入/元	20 000	60 000
残值/元	2 000	3 000

（3）投资业务 3：投资风险决策分析

① 风险调整贴现率法。美景化工有限公司某项投资项目有 3 个方案，各方案的现金净流量情况如表 8.8 所示。用风险调整贴现率法对投资项目的风险进行分析，并进行决策。假定无风险报酬率为 0.05，风险报酬率为 0.1。

表 8.8 各方案的现金净流量情况

年序（t）	方案 1		方案 2		方案 3	
	现金净流量（CFAT）	概 率（P_i）	现金净流量（CFAT）	概 率（P_i）	现金净流量（CFAT）	概 率（P_i）
0	-1 000	1	-500	1	-500	1
1	600	0.25				
	400	0.5				
	200	0.25				
2	800	0.2				
	600	0.6				
	400	0.2				
3	500	0.3	600	0.1	400	0.1
	400	0.4	800	0.7	800	0.8
	300	0.3	1 000	0.2	1 200	0.1

② 肯定当量法。按上述方案采用肯定当量法对投资项目的风险进行分析，并进行决策。假定无风险报酬率为 0.05，风险报酬率为 0.1。

任务分析

从美景化工有限公司以上业务数据可以看出，如果用 Excel进行财务管理，可以细分成以下工作任务：财务预测分析→筹资决策分析→投资决策分析。

其中，用 Excel进行财务预测分析，可以分为销售预测分析、成本费用预测分析、利润预测分析，不同筹资渠道成本不同，风险也不同，自有资金和负债资金必须保持一个恰当的比例；筹资决策分析包括长期借款筹资决策分析、资本成本和最优资金结构分析；投资决策分析包括主要投资决策指标函数的应用、固定资产更新决策分析和投资风险决策分析。

背景知识

1. LINEST 函数、INDEX 函数、PMT 函数、SUMPRODUCT 函数、SYD 等函数的应用。
2. 成本预测的定量方法。
3. 本量利分析法。
4. 保本保利分析。
5. 数据分析工具：单变量求解工具、模拟运算表。
6. 资本成本的计算。
7. 贴现现金流量指标和非贴现现金流量指标。
8. 税后净现金流量计算。
9. 现金流量表中的数据钩稽关系。
10. 风险调整贴现率法和肯定当量法。

任务实施

任务一 Excel 与财务预测分析

微课-销售预测

一、销售预测分析

销售预测分析是指根据市场调查所得到的有关资料，通过对有关因素的分析研究，预计和测算特定产品在未来一定时期内的市场销售量水平和变化趋势，进而预测企业产品未来销售量的过程。企业的一切财务需求都可以看作是销售引起的，销售量的增减变化将会引起库存量、现金流量、应收与应付账款及公司其他资产和负债的变化。因此，销售预测分析在企业预测系统中处于先导地位，对于指导利润预测、成本预测，进行长短期决策，安排经营计划，组织生产等都起着重要作用。

1．销售预测方法

对销售量的预测分析分定性分析和定量分析 2 种。销售预测的定量分析方法很多，在此主要讨论趋势平均法、直线趋势法和因果分析法。

（1）趋势平均法

趋势平均法是指在移动平均法计算 n 期时间序列移动平均值的基础上，进一步计算趋势值的移动平均值，进而利用特定基期销售量移动平均值和趋势值移动平均值来预测未来销售量的一种方法。其计算公式为：

预测销售量=基期销售量移动平均值+该期销售量移动平均值×基期与预测期的时间间隔

某期的趋势值=该期销售量移动平均值−上期销售量移动平均值

基期趋势值移动平均值=最后一个移动期趋势值之和÷趋势值移动的期数

根据一组 n 期历史销售量的实际历史数据和以上公式，可以预测下期销售趋势。

（2）直线趋势法

直线趋势法是指根据过去若干期间销售量的实际历史资料，确定可以反映销售量增减变化趋势的直线方程，即直线回归方程，并将此直线加以延伸，进而求出销售预测值的预测方法。其直线回归方程为：

$$Y=A\cdot X+B\text{（销售量}=A\times\text{时间}+B\text{）}$$

根据此直线方程和一组 n 期历史销售量的实际历史数据，可确定下列方程组，即

$$\sum y=nA+B\sum x$$

$$\sum xy=A\sum x+B\sum x^2$$

根据上述方程组可以确定参数 A、B 的值和相关系数 R，得出销售预测直线方程，并可以根据相关系数判断该方程是否合理。如果相关系数接近 1，说明时间和销售量之间成线性关系，则可以用此方程进行趋势分析；否则，用该方程预测的结果将不准确。

（3）因果分析法

因果分析法是指利用事物发展的因果关系来推测事物发展趋势的一种预测方法。对销

售预测而言，就是分析销售变化的原因，找出销售与这些因素间的依存关系，并以此预测销售趋势。采用这种方法的关键是建立数学模型，即找到销售和有关因素之间的数学联系，然后利用模型进行预测。其模型的一般表示为：

$$Y=A_1\cdot X_1+A_2\cdot X_2+,\cdots,+A_n\cdot X_n+B$$

模型参数值如表 8.9 所示。

表 8.9 因果分析时的模型参数值

A_1 参数值	A_2 参数值	…	A_n 参数值	B 参数值
A_1 的标准差 SEA_1	A_2 的标准差 SEA_2		A_n 的标准差 SEA_n	B 的标准差 SEB
相关系数的平方 R^2	Y 的标准差 SEy			
统计值 F	自由度 D.F.			
回归平方和 SSreg	残差平方和 SSResid			

2．预测函数

Excel 提供了多种预测函数，在此主要介绍回归分析 LINEST 函数和辅助的 INDEX 函数。用它们可以进行直线趋势分析、曲线趋势分析和因果分析。

（1）LINEST 函数

使用格式：LINEST(known_y′s,known_x′s,const,stats)

主要功能：找出直线回归方程 $Y=A\cdot X+B$ 最适合预测数据的直线回归系数与统计量，并返回该系数与统计量，如表 8.10 所示。

表 8.10 直线回归分析时的参数值

A 参数值	B 参数值
A 参数值估计标准差	B 参数值估计标准差
相关系数平方值 R^2	Y 值估计标准差
统计量 F	自由度 D.F.
回归平方和	估计值列值平方和

（2）INDEX 函数

使用格式：该函数的语法参数有多种，在此以 INDEX(array,row_num,column_num)为例。

主要功能：使用索引从单元格区域或数组中选取值。在此主要用于从 LINEST 函数返回的二维附加回归统计值数组中取得所需的值。

3．趋势平均法计算模型的建立

操作步骤

步骤 1　建立销售预测分析的工作簿和工作表。选择“文件”|“新建”命令或单击“新建”按钮，建立一个新的工作簿，命名为“会计预测模型”，选择一张工作表，命名为“销售趋势平均分析”。根据美景化工有限公司财务预测项目 1 的资料，将表 8.1 中的数据输入到工作表中，并建立趋势平均法计算模型的基本结构，如图 8.1 所示。

步骤 2　选择“文件”|“选项”|“加载项”选项，在“加载项”列表框中选择“分析工具库”选项，单击“转到”按钮，打开“加载宏”对话框。在“可用加载宏”列表框中选中“分析工具库”复选框，单击“确定”按钮。然后单击“数据”|“数据分析”按钮，

在打开的“数据分析”对话框中选择“移动平均”选项，如图 8.2 所示。然后单击“确定”按钮。

步骤 3　在“移动平均”对话框中完成如图 8.3 所示的选项设置，得到如图 8.4 所示的结果。

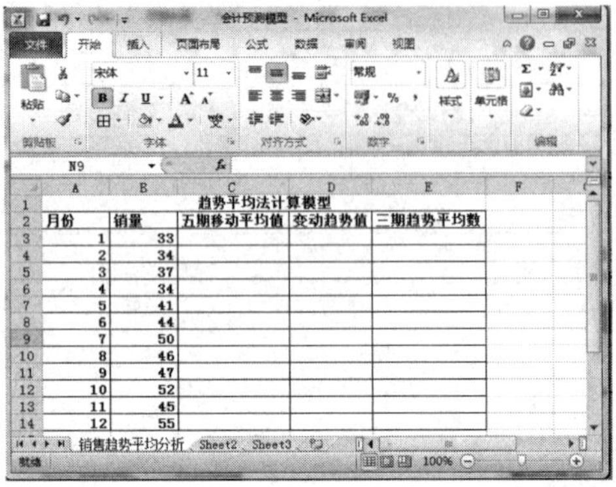

图 8.1　建立趋势平均法计算模型

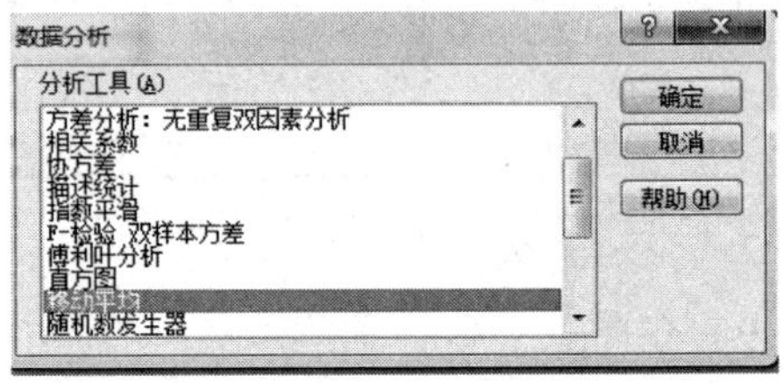

图 8.2　数据分析工具

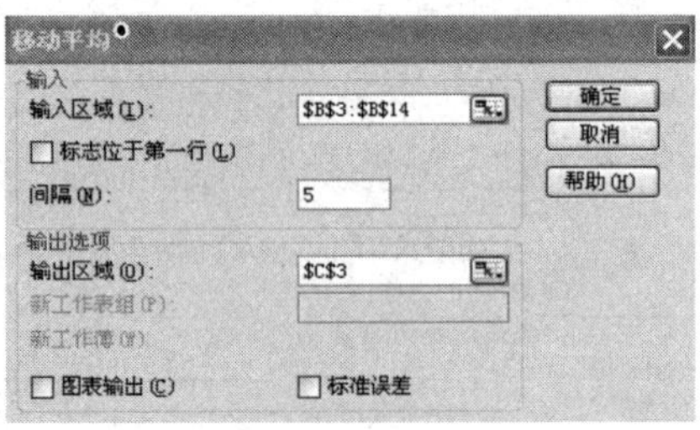

图 8.3　“移动平均”对话框选项设置

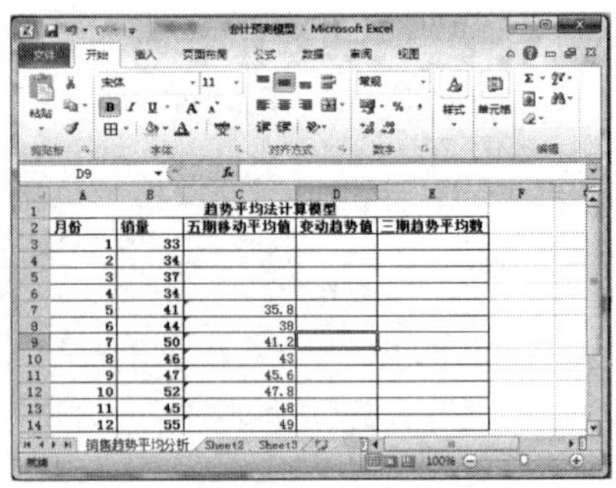

图 8.4　移动平均设置结果

步骤 4　选中 D8 单元格，输入公式“=C8-C7”，然后将此公式分别复制到 D9 至 D14 单元格中。

步骤 5　重复步骤 2，在“移动平均”对话框中完成如图 8.5 所示的选项设置。

步骤 6　单击“确定”按钮，该模型的计算结果如图 8.6 所示。

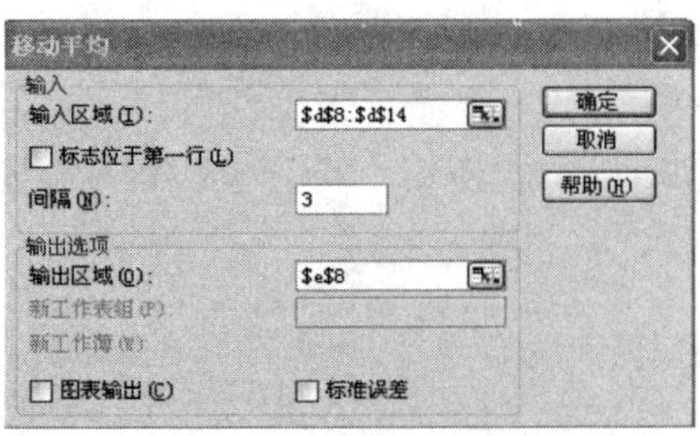

图 8.5　“移动平均”对话框选项设置

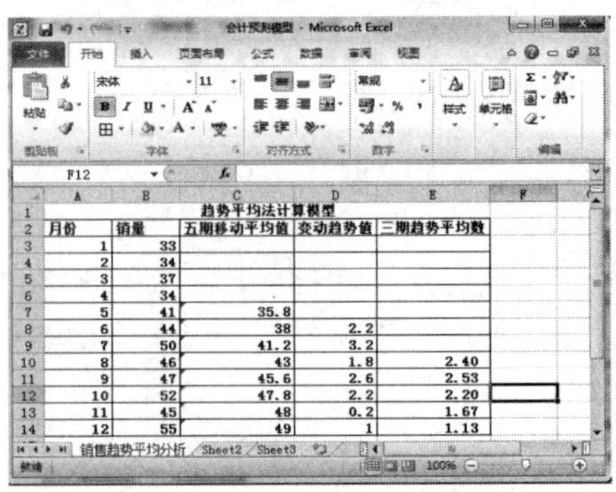

图 8.6　趋势平均法计算模型的结果

现在预测 2019 年 1 月份的销售量。根据如图 8.6 所示的数据，按照 5 期平均值计算，最接近当期平均销售量的是 2018 年 9 月份计算的平均销售量 47 千件，从 2018 年 9 月份到 2019 年 1 月份相距 4 个月，2018 年 8 月至 10 月这 3 个月每月平均增长 1.13 千件。因此，2019 年 1 月份的销售量为：47 000+4×1 130=51 520（件）。

趋势平均法的优点在于既考虑了销售量的移动平均数，又考虑了趋势值的移动平均值。

4．直线趋势法分析模型的建立

操作步骤

步骤 1　建立销售预测分析的工作簿及工作表。选择“文件”|“打开”命令或单击“打开”按钮，打开“会计预测模型”工作簿，另外选择一张工作表，将其命名为“销售直线趋势分析”。

步骤 2　输入历史资料。将企业过去若干期间销售量的实际历史资料输入到工作表中所建立的历史数据单元格区域，如图 8.7 所示的 B6:H7 单元格区域。

步骤 3　建立销售预测的直线趋势分析回归方程模型。在工作表所选择的模型单元格区域中，输入直线回归方程“销售量(Y)=A×时间(X)+B”。

步骤 4　使用 LINEST 函数及 INDEX 函数，计算参数 A、B 的值及 R^2。

1> 选中 D13 单元格，输入公式“=INDEX(LINEST(C7:H7,C6:H6,TRUE,TRUE),1,1)”，计算参数 A 的值。

2> 选中 E13 单元格，输入公式“=INDEX(LINEST(C7:H7,C6:H6,TRUE,TRUE),1,2)”，计算参数 B 的值。

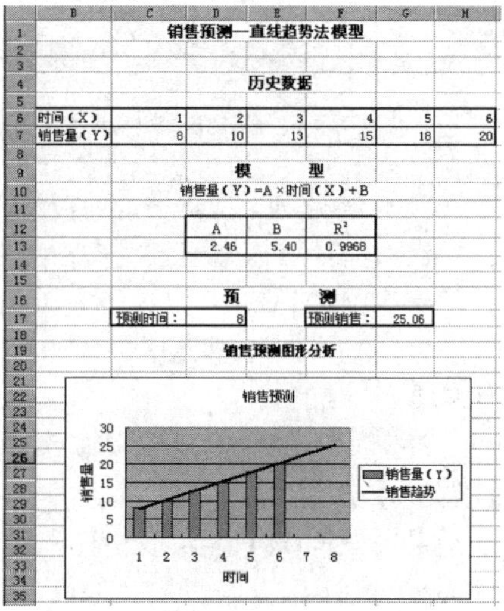

图 8.7　销售直线趋势法模型

3> 选中 F13 单元格，输入公式“=INDEX(LINEST(C7:H7,C6:H6,TRUE,TRUE),3,1)”，计算相关系数 R^2 的值。

步骤 5　输入预测时间，使用前面的销售预测趋势平均法计算模型预测销售。在工作表的预测单元格区域中选中 D17 单元格，用以输入预测时间；选中 G17 单元格，输入公式“=D13*D17+E13”，预测销售。同时，可以从 R^2=0.996 8 得出该预测是可靠的结论。

步骤 6　绘制销售预测分析图。根据基本数据区域的数据绘制柱形图，并添加趋势线，更直观地分析销售趋势，参见图 8.7。

由于在工作表中各单元格之间建立了引用关系，所以只要将企业的历史数据输入，与该历史数据相对应的直线回归方程便可建立。企业可利用该方程进行销售预测，同时销售预测分析图也随之做出相应调整。而且企业还可以根据所得的相关系数是否接近 1 来判断该预测结果是否可靠。

5．因果分析法模型的建立

操作步骤

步骤 1　建立销售预测分析的工作表。打开“会计预测模型”工作簿，然后选择一张

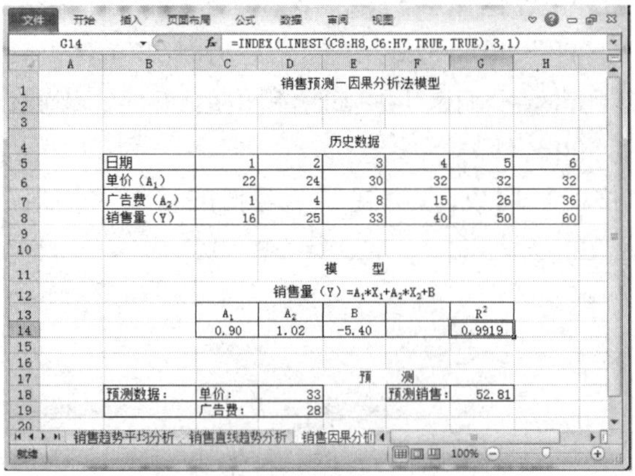

图 8.8　销售因果分析法模型

工作表，将其命名为“销售因果分析”。

步骤 2　输入相关历史数据。销售总是受一些因素的影响，如本例中的单价和广告费，财务人员应分析影响企业销售的的原因，并将企业过去若干期间的相关实际历史资料输入到工作表中所建立的历史数据单元格区域，如图 8.8 所示的 B5:H8 单元格区域。

步骤 3　建立销售预测的直线趋势分析回归方程模型。在工作表所选中的模型单元格区域中输入因果分析方程“Y=A_1*X_1+A_2*X_2+B”。

步骤 4　使用 LINEST 函数及 INDEX 函数，计算参数 A_1、A_2、B 的值及 R^2。

1> 选中 C14 单元格，输入公式“=INDEX(LINEST(C8:H8,C6:H7,TRUE,TRUE),1,1)”，计算参数 A_1 的值。

2> 选中 D14 单元格，输入公式“=INDEX(LINEST(C8:H8,C6:H7,TRUE,TRUE),1,2)”，计算参数 A_2 的值。

3> 选中 E14 单元格，输入公式“=INDEX(LINEST(C8:H8,C6:H7,TRUE,TRUE),1,3)”，计算参数 B 的值。

4> 选中 G14 单元格，输入公式“=INDEX(LINEST(C8:H8,C6:H7,TRUE,TRUE),3,1)”，计算 R^2 的值。

步骤 5　输入预测相关数据，使用已求得的销售预测模型预计销售。在工作表的预测单元格区域中，选中 D18、D19 单元格，用以输入单价和广告费；选中 G18 单元格，输入公式“=C14*D18+D14*D19+E14”预计销售。同时，从 R^2=0.991 9 可知其预测是可靠的。

由于工作表中各单元格之间建立了引用关系，只要将企业的历史数据输入，与该历史数据相对应的因果分析方程便可建立。企业可利用该方程进行销售预测，同时还可根据所得的相关系数是否接近 1 来判断该预测结果是否可靠。

二、成本费用预测分析

微课-成本费用预测

1. 成本费用预测分析方法

成本费用预测分析是指对未来成本水平及其发展变动趋势所进行的科学预计和推测。通过成本费用预测可以提高管理工作的预见性，同时有利于控制成本，促进成本水平降低，提高企业的经济效益。成本费用预测分析的定量方法主要包括高低点法、回归分析法和加权平均模型法等。

（1）高低点法

高低点法指在若干连续时期中，选择最高业务量和最低业务量 2 个点的半变动成本进行对比，求得变动成本和固定成本的一种分解半变动成本的方法。

高低点法是利用代数式 $y=a+bx$，选用一定历史资料中的最高业务量与最低业务量的总成本（或总费用）之差Δy，与两者业务量之差Δx 进行对比，求出 b，然后再求出 a 的方法。

（2）回归分析法

回归分析法属于因素分析法的一种，也称最小平方法或最小二乘法。它是根据若干期业务量和成本的历史资料，运用最小平方原理计算固定成本和单位变动成本，通过建立直线回归方程而进行总成本预测的方法。其预测公式为：

$$Y=a+bX$$

式中，Y 为总成本；a 为固定成本；b 为单位业务量所需要的变动成本；X 为产量。

运用预测模型，在利用历史资料确定 a、b 数值的条件下，即可预测一定产量 X 所要发生的总成本 Y。

（3）加权平均模型法

加权平均模型法是指通过对不同时期的成本资料给予不同的权数，然后直接对各期的成本资料加权平均求得 a、b 值，以期实现对总成本预测的方法。

加权平均模型法与前述的成本预测方法一样，需要建立总成本方程 $Y=a+bX$。但与前述的成本预测方法也有不同点：一是该方法需要给出各个时期预计的固定成本和单位变动成本，而不是总成本；二是求解 a、b 值的方法不同。使用加权平均模型法求解 a、b 值的 2 个加权平均数的公式为：

$$a=\frac{\sum a_i w_i}{\sum w_i} \qquad b=\frac{\sum b_i w_i}{\sum w_i}$$

式中，Y 为总成本；a 为固定成本；b 为单位业务量所需要的变动成本；w 为权数；X 为产量。

公式中的权数一般按“近大远小”的原则确定，即靠近预测期的资料权数大，远离预测期的资料权数小。

2．回归分析预测模型的设计

操作步骤

步骤 1　根据美景化工有限公司财务预测项目 2 的资料，将表 8.2 的数据输入到工作表中。

步骤 2　选择“数据”|“分析”|“数据分析”命令，在打开的“数据分析”对话框中选择“回归”选项，然后单击“确定”按钮，打开如图 8.9 所示的对话框。

步骤 3　在“回归”对话框中将“Y 值输入区域”文本框设置为“$C$2:$C$11”、“X 值输入区域”文本框设置为“$B$2:$B$11”，并选中“新工作表组”单选按钮（以便通过图表方便数据分析），选中“线性拟合图”复选框。

步骤 4　单击“确定”按钮。这时，在当前工作簿中会出现“回归分析结果”工作表，如图 8.10 所示。得到的线性拟合图如图 8.11 所示。

根据回归结果可得出回归方程为 $Y=23.73+0.512X$。

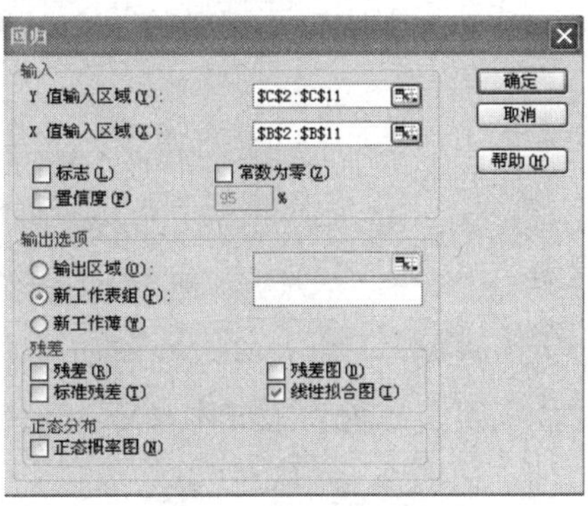

图 8.9　回归分析设置

检验线性关系的显著性 R^2=0.977 7，表示在成本总额的总误差中大约有 97.77%的误差是由产量导致的，所以该回归直线拟合程度非常好。

由上述回归方程即可求出生产 A 产品的固定成本为 23.73 千元，单位产品变动成本为 0.512 千元。因此，生产 A 产品 400 000 件的总成本为：Tc=23.73+0.512×400=228.53（千元）。

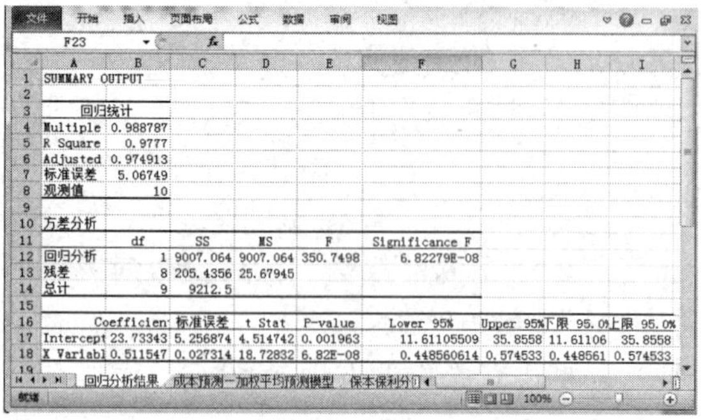

	A	B	C	D	E	F	G	H	I
1	SUMMARY OUTPUT								
2									
3	回归统计								
4	Multiple	0.988787							
5	R Square	0.9777							
6	Adjusted	0.974913							
7	标准误差	5.06749							
8	观测值	10							
9									
10	方差分析								
11		df	SS	MS	F	Significance F			
12	回归分析	1	9007.064	9007.064	350.7498	6.82279E-08			
13	残差	8	205.4356	25.67945					
14	总计	9	9212.5						
15									
16		Coefficien	标准误差	t Stat	P-value	Lower 95%	Upper 95%	下限 95.0%	上限 95.0%
17	Intercept	23.73343	5.256874	4.514742	0.001963	11.61105509	35.8558	11.61106	35.8558
18	X Variabl	0.511547	0.027314	18.72832	6.82E-08	0.448560614	0.574533	0.448561	0.574533

图 8.10　回归分析结果

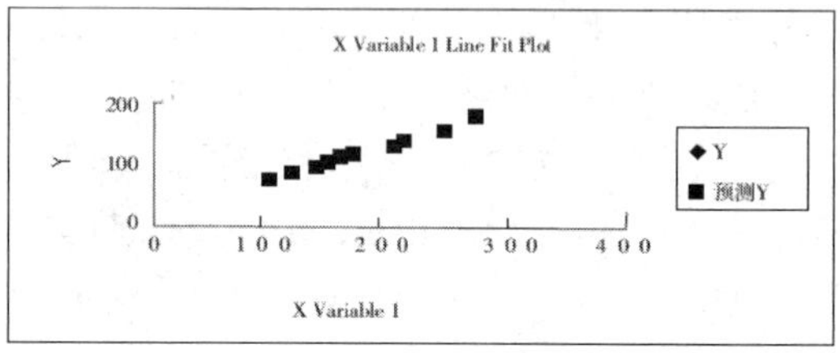

图 8.11　回归分析得到的线性拟合

3．加权平均预测模型的设计

操作步骤

步骤 1　建立成本费用预测分析的工作簿和工作表。建立一个新的工作簿，命名为“成本预测模型”，然后选择一个工作表，命名为“成本预测——加权平均预测模型”。

步骤 2　输入历史数据。将企业过去若干期间成本的实际历史数据输入到工作表中所建立的历史数据单元格区域（B6:G10），如图 8.12 所示。

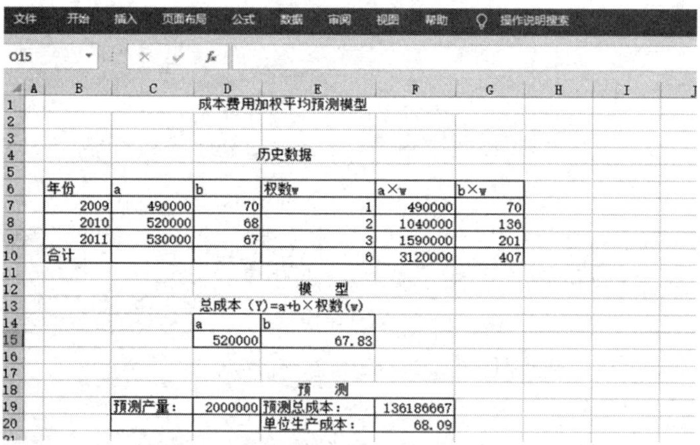

	A	B	C	D	E	F	G
1				成本费用加权平均预测模型			
4				历史数据			
6		年份	a	b	权数w	a×w	b×w
7		2009	490000	70	1	490000	70
8		2010	520000	68	2	1040000	136
9		2011	530000	67	3	1590000	201
10		合计			6	3120000	407
12					模　型		
13				总成本（Y）=a+b×权数(w)			
14				a	b		
15				520000	67.83		
18					预　测		
19			预测产量：	2000000	预测总成本：	136186667	
20					单位生产成本：	68.09	

图 8.12　成本费用加权平均预测模型

步骤 3　建立成本费用加权平均预测模型。在工作表所选择的模型单元格区域，输入直线回归方程“总成本（Y）=a+b×权数（w）”。

步骤 4　计算参数 a、b 的值。选中 D15 单元格，输入公式“=F10/E10”，计算参数 a 的值；选中 E15 单元格，输入公式“=G10/E10”，计算参数 b 的值。

步骤 5　输入预测产量，使用已求得的成本费用加权平均预测模型，预计总成本和单位生产成本。在工作表的预测单元格区域进行以下操作。

1> 选中 D19 单元格，用以输入预测产量。

2> 选中 F19 单元格，输入公式“=D15+E15*D19”，预计总成本。

3> 选中 F20 单元格，输入公式“=F19/D19”，预计单位生产成本。

由于在工作表中各单元格之间建立了引用关系，所以只要将企业的历史数据输入，与该历史数据相对应的直线回归方程便可建立，企业可以利用该方程进行成本费用的预测。

三、利润预测分析

微课-利润预测

利润预测分析是指按照企业经营目标的要求，在销售预测的基础上，对未来一定时间内可能达到的利润水平和变动趋势所进行的科学预计和推测。通过利润预测分析，可以合理地确定目标利润，使企业总体奋斗目标具有科学性、可靠性和得以实现的可能性。对利润进行预测分析的方法有本量利分析法、销售利润率法、资本金利润率法、比率法、因素分析法等，本节主要研究本量利分析法结合其他因素对目标利润进行预测。

1．本量利分析法的基本模式

本量利分析即成本-业务量-利润分析，是以成本习性分析为基础，通过研究一定期间的成本、业务量和利润之间的规律性联系来进行各项分析的一种技术方法。它可以帮助财务人员顺利地找到降低成本、增加利润的途径，帮助企业进行利润规划管理。

本量利基本方程式为：

利润=销售收入-总成本
=销售收入-变动成本-固定成本
=贡献毛益-固定成本
=（售价-单位变动成本）×销售量-固定成本
=单位贡献毛益×销售量-固定成本
=贡献毛益率×销售收入-固定成本

在这个方程式中有 5 个相互联系的变量，给定其中 4 个，便可以求出另一变量的值。

2．保本保利分析的基本原理

保本保利分析是本量利分析的重要内容，包括了保本保利点的计算和分析、企业安全性分析和保本图分析。

（1）保本保利点分析

保本点是指既没有利润也没有亏损时的销售量或销售额，或者说，当销售量或销售额达到此点时，企业的利润为 0。保本点分析就是假设售价和成本一定，利用上述本量利分析的基本原理，求出保本点。而保利点是指达到目标利润时的销售量或销售额，或者说，当销售量或销售额达到该点时，企业正好达到所预定的目标利润。一般保本保利销售量有 2 种表述方法，即数量单位的保本保利销售量和金额单位的保本保利销售额。对单一品种的企业，保本销售量既可以用数量表示，也可以用金额表示。但多种企业的综合保本销售量只能用金额表示。以下以单一品种为例，计算保本保利点。其计算公式为：

$$\text{保本销售量}=\frac{\text{固定成本总额}}{\text{销售单价}-\text{单位变动成本}}$$

$$\text{保本销售额}=\text{保本销售量}\times\text{销售单价}$$

$$\text{保利销售量}=\frac{\text{固定成本总额}+\text{目标利润}}{\text{销售单价}-\text{单位变动成本}}$$

$$\text{保利销售额}=\text{保利销售量}\times\text{销售单价}$$

（2）企业安全性分析

保本点的预测分析只确定了企业不盈不亏的销售量，而企业的实际销售量只有超过保本点的销售量才能实现盈利，并且超过越多，盈利越大，这就是安全性分析。安全性分析常用的指标有安全边际。其计算公式为：

$$\text{安全边际量}=\text{实际（或预计）销售量}-\text{保本销售量}$$

$$\text{安全边际额}=\text{实际（或预计）销售额}-\text{保本销售额}$$

$$\text{安全边际率}=\frac{\text{安全边际量}}{\text{实际（预计）销售量}}$$

或

$$=\frac{\text{安全边际额}}{\text{实际（预计）销售额}}$$

（3）保本图分析

在假设售价、成本（单位变动成本和固定成本）不变的情况下，企业的销售收入、总成本和业务量之间都是线性关系。如果把企业的收入、总成本和业务量之间的关系及保本点都表示在坐标图中，即形成保本图。保本图既可直接用于求保本销售量，又更加直观地反映了保本点的意义，更形象地反映安全边际和贡献毛益的形成与作用，从而更好地反映本量利之间的规律性联系。

3．保本保利分析模型的建立

在此以单一品种为例建立保本保利分析模型。

操作步骤

步骤 1　建立一个新的工作表，命名为“保本保利分析”。

步骤 2　根据美景化工有限公司财务预测项目 3 的资料，输入表 8.3 所示的内容。将进行保本分析必须具备的一些基本数据，如销售单价、单位变动成本、固定成本等输入到工作表所设置的基本数据单元格区域，如图 8.13 所示的 B6:C9 单元格区域。

步骤 3　利用基本数据进行保本保利分析。在工作表所设置的保本保利分析单元格区域，利用上述公式及所输入的基本数据进行保本保利点的计算和分析。

1> 选中 F6 单元格，输入公式“=C8/(C6−C7)”，计算保本量。

2> 选中 F7 单元格，输入公式“=F6*C6”，计算保本额。

3> 选中 F8 单元格，输入公式“=(C8+C9)/(C6−C7)”，计算保利量。

4> 选中 F9 单元格，输入公式“=F8*C6”，计算保利额。

步骤 4　进行企业安全性分析。在工作表所设置的安全性分析单元格区域，利用上一步的计算结果，对企业进行安全性分析。

1> 选中 I6 单元格，输入公式“=F8−F6”，计算安全边际量。

2> 选中 I7 单元格，输入公式“=F9-F7”，计算安全边际额。

3> 选中 I8 单元格，输入公式“=I6/F8”，计算安全边际率，分析目标利润下企业的安全性问题。

步骤 5　建立保本分析图。首先建立保本数据分析表，如图 8.13 所示的 C13:I18 单元格区域。其中，销售量的选择必须包括保本量；销售额利用公式“销售额=销售量×单价”计算得到；变动成本利用公式“变动成本=销售量×单位变动成本”计算得到；总成本利用公式“总成本=变动成本+固定成本”计算得到；利润利用公式“利润=销售额-总成本”计算得到。

下面以第 1 列数据为例介绍具体操作。

1> 选中 D14 单元格，输入公式“=D13*$C$6”，计算销售额。

2> 选中 D15 单元格，输入公式“=D13*$C$7”，计算变动成本。

3> 选中 D16 单元格，输入公式“=$C$8”，从基本数据区引入固定成本值。

4> 选中 D17 单元格，输入公式“=D15+D16”，计算总成本。

5> 选中 D18 单元格，输入公式“=D14-D15-D16”，计算利润值。然后，根据数据表绘制保本图（参见图 8.13）。

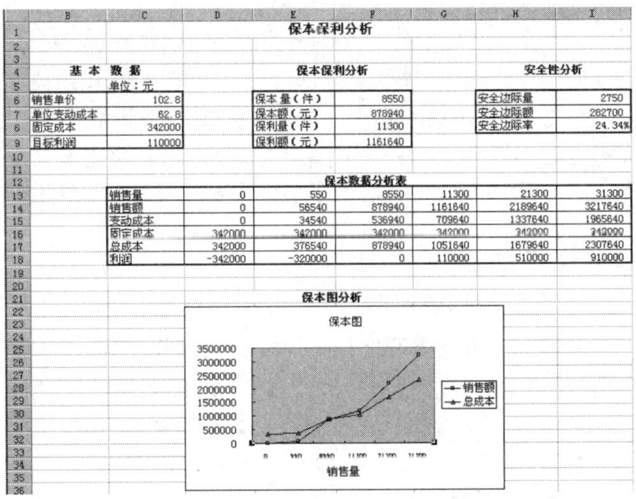

保本保利分析

基本数据	单位：元
销售单价	102.8
单位变动成本	62.8
固定成本	342000
目标利润	110000

保本保利分析	
保本量（件）	8550
保本额（元）	878940
保利量（件）	11300
保利额（元）	1161640

安全性分析	
安全边际量	2750
安全边际额	282700
安全边际率	24.34%

保本数据分析表

销售量	0	550	8550	11300	21300	31300
销售额	0	56540	878940	1161640	2189640	3217640
变动成本	0	34540	536940	709640	1337640	1965640
固定成本	342000	342000	342000	342000	342000	342000
总成本	342000	376540	878940	1051640	1679640	2307640
利润	-342000	-320000	0	110000	510000	910000

图 8.13　保本保利分析模型

由于在工作表中，基本数据、保本保利分析和保本图之间都建立有引用关系，因此财务人员只须改变基本数据即可计算出相应的保本保利点，进行安全性分析，绘制出相应的保本保利图。

4．多因素变动分析模型的使用

由于外界因素变化或企业拟采取某项行动时销售量、单价、成本因素会发生相互关联的变化，因此会对利润产生影响。利用多因素变动分析模型分析各种因素变化对利润的影响，有利于帮助财务管理人员进行决策。

	A	B	C	D
1		多因素变动分析模型		
2				
3		基本数据区		
4		因素	原值	变动率（%）
5		单价	100	10%
6		单位变动成本	60	0%
7		销售量	1000	-20%
8		固定成本	3000	2%
9		利润	37000	
10				
11		预计利润	利润变动额	预计保本点
12		36940	-60	61.2

图 8.14　利润管理模型

操作步骤

步骤 1　建立利润管理模型中的基本数据区，如图 8.14 所示。要进行多因素变动分析，必须给出一些基本数据，如单价、单位变动成本、销售量和固定成本等。因此，需要在模型中设置一个基本数据区，允许财务管理人员输入数据。

步骤 2　运用本量利分析原理，考虑多因素变动影响，预计保本点（销售量）D12 单元格的公式为：

$$预计保本点=\frac{固定成本\times（1+变动率）}{单价\times（1+变动率）-单位变动成本\times（1+变动率）}$$

步骤 3　预计利润 B12 单元格的公式为：

预计利润=[单价×（1+变动率）-单位变动成本×（1+变动率）]×[销售量×（1+变动率）]-固定成本×(1+变动率)

步骤 4　利润变动额 C12 单元格的公式为：

利润变动额=预计利润-利润

5．目标利润分析模型的建立

前面的分析是假设影响利润的诸因素为已知数，利润是待求的未知数进行的。但企业有时会碰到相反的情况，利润是已知数，而其他因素是待求的未知数，即企业下达目标利润，财务管理人员对影响利润的销量、销售收入和成本等各因素进行分析及合理的安排，以期实现目标利润。Excel 提供的单变量求解工具能够帮助财务人员更方便地完成目标利润的分析工作。下文介绍用单变量求解工具进行目标利润分析的方法。

操作步骤

步骤 1　建立目标利润分析的工作表，命名为“目标利润分析”。

步骤 2　确定影响利润的因素。根据美景化工有限公司财务预测项目 3 的资料，输入表 8.3 所示的数据，如图 8.15 所示（B4:D7 单元格区域）。

步骤 3　输入相应的公式，计算利润的值。由于利润等于销售收入减去变动成本、固定成本后的差额，故选中 D9 单元格，输入公式“=D4*D7-D5*D7-D6”即可。

步骤 4　选择存储利润的 D9 单元格，然后选择“数据”|“模拟分析”|“单变量求解”命令，打开“单变量求解”对话框（参见图 8.15）。

步骤 5　在“目标单元格”文本框中输入目标单元格的引用位置 D9，在“目标值”文本框中输入希望求出的数值 22 000，在“可变单元格”文本框中输入将要被调整的单元格的引用位置“$D$6”。

步骤 6　单击“确定”按钮，便开始求解，最终告之求解结果，同时将解存放于上面选中的可变单元格 D6 中，如图 8.16 所示。

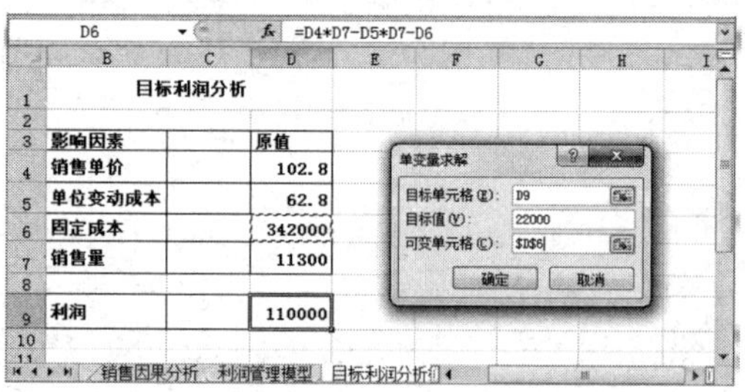

图 8.15　目标利润分析模型及单变量求解工具示意

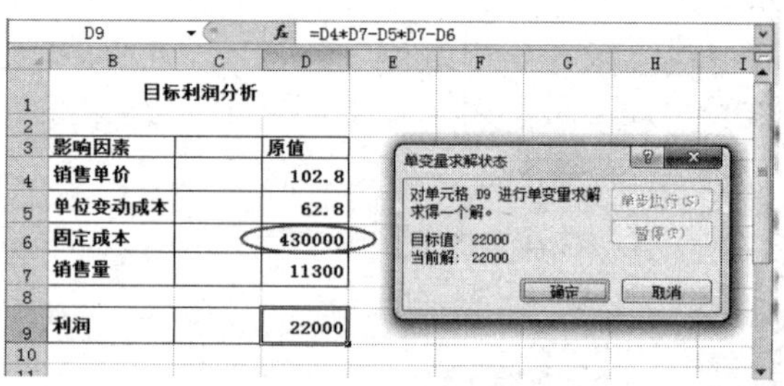

图 8.16　单变量求解结果

通过上述模型，可以分析在确定的目标利润下固定成本应做出的相应调整。按照同样方法，只需要修改可变单元格的位置，即可分析在相同目标利润下影响利润的其他因素应做的调整。

任务二　Excel 与筹资决策分析

按筹集资金性质的不同，企业资金可分为自有资金和负债资金：自有资金又称权益资金，是企业依法筹集并长期拥有、自主支配的资金，主要通过国家财政资金、其他企业资金、居民个人资金、外商资金等渠道，采用吸收直接投资、发行股票、留存收益等方式筹集形成；负债资金又称借入资金，是企业依法筹集并依约使用、按期偿还的资金，主要通过银行信贷资金、非银行金融机构资金、居民个人资金等渠道，采用银行借款、发行债券、商业信用、融资租赁等方式筹措取得。

不同筹资渠道的成本不同，风险也不同，自有资金和负债资金必须保持一个恰当的比例。本任务主要介绍长期借款筹资决策分析、资本成本和最优资金结构分析。

一、长期借款筹资决策分析

微课-长期借款筹资决策分析

1. 长期借款基本决策分析模型

长期借款是指向银行或其他非银行金融机构借入的、期限在一年以上的各种借款。利用长期借款基本模型，用户可以根据不同的借款金额、借款年利率、借款年限、每年还款期数中任意一个或几个因素的变化，来分析每期偿还金额的变化，从而做出相应的决策。

美景化工有限公司由于经营需要申请了一笔长期贷款，数据如表 8.11 所示。试求该公司每期的偿还金额为多少元。

表 8.11　长期贷款数据资料

借款类型	企业贷款
借款金额/元	300 000
借款年利率/%	9
借款年限/年	4
每年还款期数/期	2
总还款期数/期	8

由于该企业发生的借款业务属于定期定额支付且利率固定的情况，所以可以采用 Excel 中的年金函数 PMT 来计算。

操作步骤

步骤 1　建立如图 8.17 所示的分期偿还借款基本决策分析模型。

步骤 2　选中 D9 单元格，输入公式“=ABS(PMT(D5/D7,D8,D4))”。其中，ABS 函数为求绝对值函数。得到的结果如图 8.18 所示。

上述的分期偿还借款基本决策分析模型建立以后，在工作表中的各单元格之间建立了有效的动态引用，用户可以直接输入或改变借款金额、借款年利率、借款年限、每年还款期数中的任意一个或多个因素的值，来观察每期偿还金额的变化，选择一种对当前企业合适的固定偿还金额进行贷款。

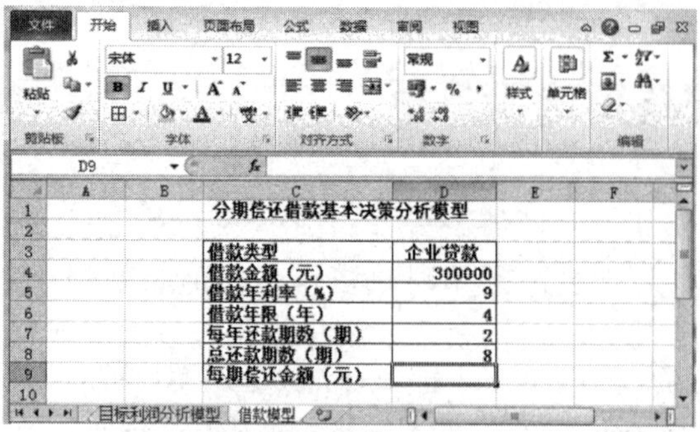

图 8.17　分期偿还借款基本决策分析模型

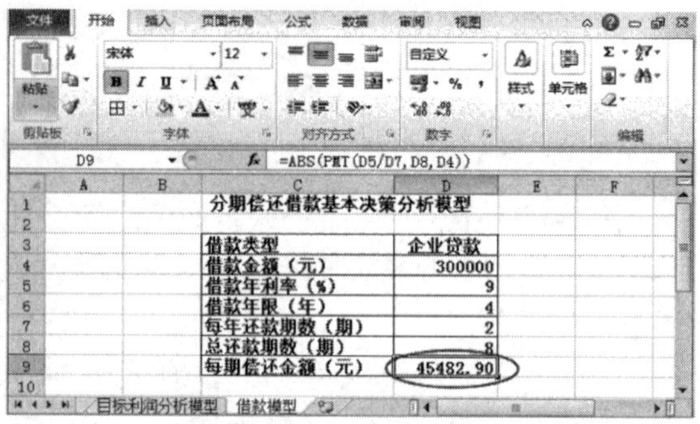

图 8.18　分期偿还借款基本决策分析模型计算结果

2．长期借款筹资单变量决策分析模型设计

使用 Excel 的模拟运算表功能，可显示一个或多个公式中替换不同值时的结果。Excel 有 2 种类型的模拟运算表：单变量模拟运算表和双变量模拟运算表。在单变量模拟运算表中，用户可以对一个变量输入不同的值，从而查看它对一个或多个公式的影响；在双变量模拟运算表中，用户对 2 个变量输入不同值，从而查看它对一个公式的影响。

假设美景化工有限公司需要贷款 1 300 000 元，可选择的利率为 3%～10%，在 10 年内还清。可以使用单变量模拟运算表来求适合该企业的每月还贷金额。

操作步骤

步骤 1　根据以上数据创建模拟运算表模型，在 D4 单元格中输入公式“=-PMT(C4/12, B4*12,A4)”，计算结果如图 8.19 所示。

步骤 2　选中 C4:D16 单元格区域，选择“数据”|“模拟分析”|“模拟运算表”命令，打开“模拟运算表”对话框。在“输入引用列的单元格”文本框中输入“$C$4”，最后单击“确定”按钮，长期借款筹资单变量模拟运算结果如图 8.20 所示。

步骤 3　对 D5:D16 单元格区域调整小数位数，得到如图 8.21 所示的结果。在表中能清晰地看出不同利率下该企业每月应还款的金额。

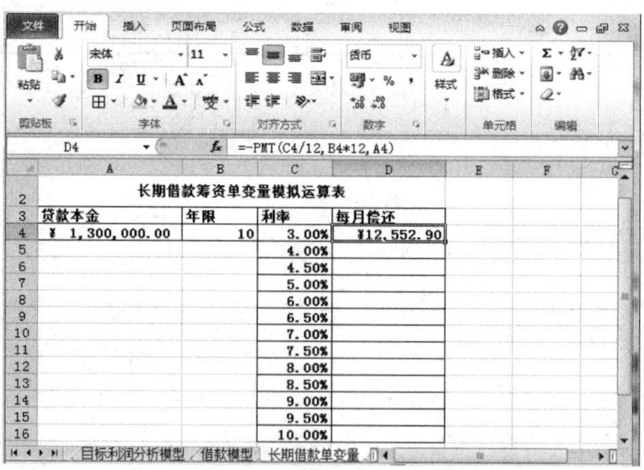

图 8.19　长期借款筹资单变量模拟运算表

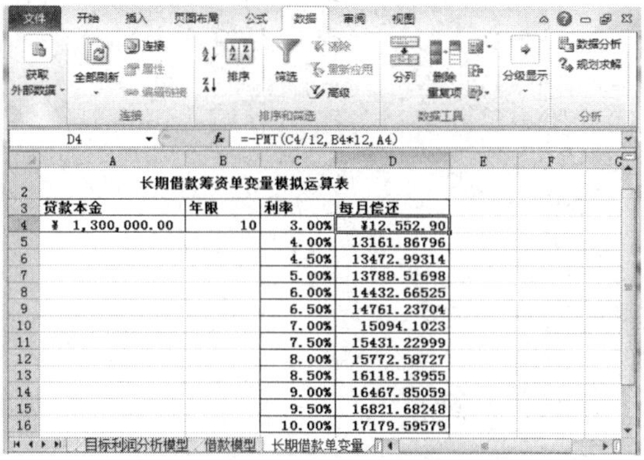

图 8.20 长期借款筹资单变量模拟运算结果

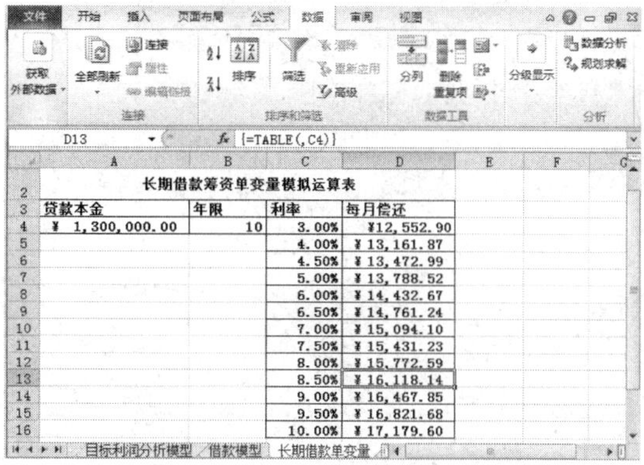

图 8.21 长期借款筹资单变量模拟运算调整小数位数

3．长期借款筹资双变量决策分析模型设计

在长期借款分析决策中，如果是 2 个因素同时变化，如借款期限有长有短、利率有高有低，这时在分析这些因素对最终决策的影响时，必须使用 Excel 的双变量模拟运算表。

现以借款年利率和借款年限 2 个因素的变化对每期偿还金额的影响为例，说明长期借款筹资双变量决策分析模型的设计和使用。

假设美景化工有限公司需要贷款 120 万元，年利率的范围为 4%～11%，贷款年限可以为 10 年、12 年、15 年、18 年、20 年。试求公司在不同的条件下每月可偿还金额。

操作步骤

步骤 1 建立如图 8.22 所示的工作表，在 C6:C19 单元格区域中输入各种可能的借款年利率，在 D5:H5 单元格区域中输入各种可能的借款年限，在行与列的交叉单元格 C5 中输入公式“=ABS (PMT(B4/12,B3*12,B2))。

步骤 2 选中 C5:H19 单元格区域，选择“数据”|“模拟分析”|“模拟运算表”命令，打开“模拟运算表”对话框。如图 8.23 所示，在“输入引用行的单元格”文本框中输入行变量$B$3，即贷款年限；在“输入引用列的单元格”文本框中输入列变量$B$4，即贷款年利率。

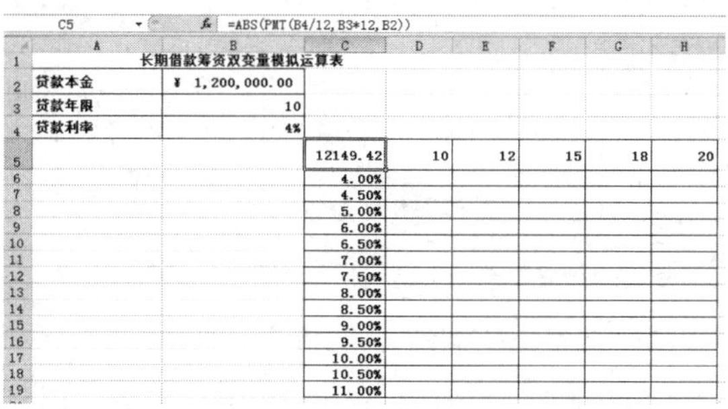

图 8.22 建立长期借款筹资双变量模拟运算表

图 8.23 双变量模拟运算表的设置

步骤 3 单击“确定”按钮，得到如图 8.24 所示的结果。

应用上述长期借款筹资双变量决策分析模型，用户可以观察在 2 个因素不同组合下的长期借款分析结果。当长期借款方案发生变化时，用户只需要改变第一变量或第二变量所在的行与列的值或其他因素的值，便可立即重新计算出双变量模拟运算表中的值。

F12　　f_x {=TABLE(B3,B4)}

	A	B	C	D	E	F	G	H
1	长期借款筹资双变量模拟运算表							
2	贷款本金	¥ 1,200,000.00						
3	贷款年限	10						
4	贷款利率	4%						
5			12149.42	10	12	15	18	20
6			4.00%	12149.42	10506.34	8876.255	7802.372	7271.764
7			4.50%	12436.61	10800.1	9179.919	8115.895	7591.793
8			5.00%	12727.86	11098.68	9489.524	8436.406	7919.469
9			6.00%	13322.46	11710.2	10126.28	9097.948	8597.173
10			6.50%	13625.76	12023.05	10453.29	9438.735	8946.878
11			7.00%	13933.02	12340.57	10785.94	9786.026	9303.587
12			7.50%	14244.21	12662.72	11124.15	10139.68	9667.118
13			8.00%	14559.31	12989.43	11467.83	10499.55	10037.28
14			8.50%	14878.28	13320.67	11816.87	10865.49	10413.88
15			9.00%	15201.09	13656.37	12171.2	11237.34	10796.71
16			9.50%	15527.71	13996.48	12530.7	11614.94	11185.57
17			10.00%	15858.09	14340.94	12895.26	11998.12	11580.26
18			10.50%	16192.2	14689.69	13264.79	12386.73	11980.56
19			11.00%	16530	15042.66	13639.16	12780.6	12386.26

图 8.24　长期借款筹资双变量模拟运算结果

微课-资金成本和最优资金结构分析

二、资本成本和最优资本结构分析

资本成本是企业为筹集和使用一定量的长期资金而付出的代价，包括筹资费用和使用费用。筹资费用是指因获得资本而付出的代价，主要有手续费，股票、债券的发行费用等；使用费用是指因使用资本而付出的代价，主要有股息、利息等。资本成本包括个别资本成本、综合资本成本和边际资本成本。资本成本的基本计算公式为：

资本成本率=资本使用费÷（筹资总额−筹资费用）×100%

1．资本成本的计算

（1）个别资本成本计算

① 债务资本成本

银行借款资本成本率=借款总额×年借款利率×(1−所得税税率)÷[借款总额×(1−筹资费用率)]×100%

债券资本成本率=债券面值×年利率×(1−所得税税率)÷[筹资总额×(1−筹资费用率)]×100%

假设美景化工有限公司发行总面额为 500 万元的 10 年期债券，票面利率为 12%，发行费用率为 5%，该公司所得税税率为 25%，则该债券的成本为：

K_b=500×12%×(1−25%)÷[500×(1−5%)]=9.47%

② 权益资本成本

优先股资本成本率=优先股股利÷[筹资总额×(1−筹资费用率)]×100%

普通股资本成本率=预期最近一年股利额÷[筹资总额×(1−筹资费率)]+股利年增长率

留存收益成本率=预期最近一年股利额÷筹资总额+股利年增长率

（2）综合资本成本的计算

综合资本成本率=$\sum$（个别资本成本率×个别资本占全部资本比重）

$$K_w=\sum_{j=1}^{n}K_jW_j$$

式中，K_w为综合资本成本率；K_j为第 j 种个别资本成本率；W_j为第 j 种个别资本占全部资金的比重。

假设美景化工有限公司账面反映的长期资金共 500 万元。其中，长期借款 100 万元、应付长期债券 50 万元、普通股 250 万元、留存收益 100 万元。其成本分别为 6.7%、9.17%、11.26%、11%。那么，该企业的综合资本成本率为：

$$6.7\%\times100\div500+9.17\%\times50\div500+11.26\%\times250\div500+11\%\times100\div500=10.09\%$$

2．资本成本模型设计

假设美景化工有限公司账面反映的长期资本共 1 500 万元。其中，3 年期长期借款 200 万元，年利率 11%，每年付息一次，到期一次还本，筹资费用率为 0.5%；发行 10 年期债券共 500 万元，票面利率 12%，发行费用 5%；发行普通股 800 万元，预计第 1 年股利率 14%，以后每年增长 1%，筹资费用率 3%。此外，公司保留盈余 100 万元。公司所得税税率为 25%。试计算各种筹资方式的资本成本和综合成本。

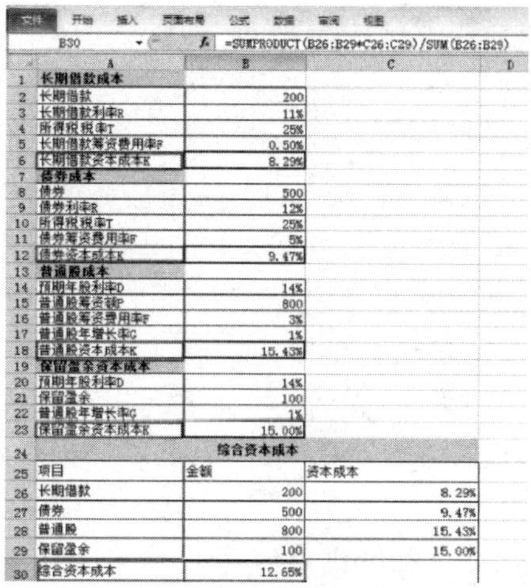

图 8.25　资本成本模型

操作步骤

步骤 1　创建一新工作表“资本成本”。在工作表中设计如图 8.25 所示的表格。

步骤 2　根据表 8.12，在“资本成本”工作表中的相应单元格中设置相应的公式，并生成结果。

表 8.12　资本成本模型计算公式

单元格	公　式	备　注
B6	=B3*(1−B4)/(1−B5)	计算长期借款资本成本
B12	=B9*(1−B10)/(1−B11)	计算债券资本成本
B18	=B14/(1−B16)+B17	计算普通股资本成本
B23	=B21*B20/B21+B22	计算保留盈余资本成本
B26	=B2	长期借款
B27	=B8	债券
B28	=B15	普通股
B29	=B21	保留盈余
C26	=B6	长期借款
C27	=B12	债券
C28	=B18	普通股
C29	=B23	保留盈余
B6	=SUMPRODUCT(B26:B29*C26:C29)/SUM(B26:B29)	计算综合资本成本

通过各筹资方式资本成本所在单元格的公式设置，在已知其他变量数据的条件下，即可求出各种方式下的资本成本和综合资本成本。注意，应把各项资本成本所在单元格的格

式设置为“百分比”格式，且保留 2 位小数位数。

3. 最优资本结构决策模型设计

资本结构是指企业各种资本的组成结构和比例关系，其实质是企业负债和所有者权益之间的比例关系。它是企业筹资的核心问题。最优资本结构是指在一定的条件下，使企业的综合资本成本最低、价值最大的资本结构。它是企业的目标资本结构。

确定最优资本结构的方法主要有比较资本成本法、每股收益无差别点分析法和比较公司价值法。这里仅介绍比较资本成本法。

比较资本成本法是先计算不同筹资方案的加权平均资本成本，然后选择加权平均资本成本最低的方案作为最佳资本结构。该方法通常适用于初始筹资决策，也可以在追加筹资时应用。

根据美景化工有限公司的筹资决策业务，美景化工有限公司欲筹资 5 000 万元，有 3 种方案可供选择，3 种方案的筹资组合及个别资本成本参见表 8.4。请选择最佳筹资方案（详见项目 8 的“任务描述”）。

A 方案综合资本成本=500×6%÷5 000+1 000×8%÷5 000+500×12%÷5 000+3 000×15%÷5 000

B 方案综合资本成本=600×6.5%÷5 000+1 400×8%÷5 000+500×12%÷5 000+2 500×15%÷5 000

C 方案综合资本成本=700×7%÷5 000+1 800×10%÷5 000+300×12%÷5 000+2 200×15%÷5 000

操作步骤

根据以上信息建立如图 8.26 所示的工作表。C9、E9、G9 单元格分别代表 A、B、C 方案的综合资本成本，然后在相应单元格中输入如下公式。

C9=SUMPRODUCT(B4:B7,C4:C7)/B8

E9=SUMPRODUCT(D4:D7,E4:E7)/D8

G9=SUMPRODUCT(F4:F7,G4:G7)/F8

其结果参见图 8.26。

A 方案综合资本成本（C9）=12.4%

B 方案综合资本成本（E9）=11.72%

C 方案综合资本成本（G9）=11.9%

根据比较分析得出，B 方案的资本成本最低，3 个方案中应选择 B 方案。

最优资本结构选择

筹资方式	A方案		B方案		C方案	
	筹资金额	个别成本	筹资金额	个别成本	筹资金额	个别成本
长期借款	500	6%	600	6.50%	700	7%
长期债券	1000	8%	1400	8%	1800	10%
优先股	500	12%	500	12%	300	12%
普通股	3000	15%	2500	15%	2200	15%
合计	5000		5000		5000	
综合资金成本		12.40%		11.72%		11.90%

图 8.26　最优资本结构模型

任务三　Excel 与投资决策分析

微课-主要投资决策指标及其函数

一、主要投资决策指标及其函数应用

投资决策是企业财务管理的一项重要内容。衡量和比较企业投资项目可行性，一般根据评价过程中是否考虑货币的时间价值，将评价指标分为 2 类：一类是贴现现金流量指标，主要包括净现值、现值指数、内含报酬率等，这类指标考虑了货币的时间价值；另一类是非贴现现金流量指标，主要包括投资回收期、投资回报率等，这类指标没有考虑货币时间价值因素。

1．贴现现金流量指标

（1）净现值

净现值（NPV）是指在项目计算期内，一项投资所产生的未来现金流入的现值与未来现金流出的现值之间的差额。用净现值衡量和评价方案优劣的方法称为净现值法。净现值的计算公式为：

$$\mathrm{NPV}=\sum_{k=1}^{n}\frac{I_k}{(1+i)^k}-\sum_{k=0}^{n}\frac{O_k}{(1+i)^k}$$

式中，n 为投资方案的项目计算期；I_k 为第 k 年的净现金流入量；O_k 为第 k 年的净现金流出量；i 为目标收益率或预定的贴现率。

如果净现值等于 0，即该项目的报酬率等于预定的贴现率，投资方案是可以接受的；如果净现值大于 0，即该项目的报酬率大于预定的贴现率，投资方案也是可以接受的；如果净现值小于 0，即该项目的报酬率小于预定的贴现率，则投资方案是不可接受的。对于净现值大于或等于 0 的方案来说，净现值越大，投资方案越优，投资效益越好。

（2）现值指数

现值指数（PI）又称获利指数，是指投资方案中未来现金流入的现值与现金流出的现值的比值。现值指数的计算公式为：

$$\mathrm{PI}=\sum_{k=1}^{n}\frac{I_k}{(1+i)^k}\div\sum_{k=0}^{n}\frac{O_k}{(1+i)^k}$$

式中，n 为投资方案的项目计算期；I_k 为第 k 年的净现金流入量；O_k 为第 k 年的净现金流出量；i 为目标收益率或预定的贴现率。

如果现值指数大于或等于 1，说明投资报酬率大于或等于预定的贴现率，方案可行；如果现值指数小于 1，说明投资报酬率小于预定的贴现率，方案不可行。对于现值指数大于或等于 1 的方案来说，现值指数越大，方案越优。

（3）内含报酬率

内含报酬率（IRR）又称内部收益率，是项目投资实际可望达到的收益率，是指能使未来现金流入的现值等于未来现金流出的现值的贴现率，或者说是使投资方案净现值为 0 的收益率。内含报酬率法是根据投资方案本身的内含报酬率来评价方案优劣的一种方法。

内含报酬率的计算通常采用逐步测试法，即首先估计一个贴现率，用它来计算投资方案的净现值。如果净现值为正数，说明方案本身的报酬率超过了预计的贴现率，应提高贴现率再次进行测试；如果净现值为负数，说明方案本身的报酬率低于预计的贴现率，应降低贴现率再次进行测试。经过多次测试，寻找出使净现值接近于 0 的贴现率，即为方案本身的内含报酬率。如果想得到较为精确的内含报酬率，可用内插公式计算得出。其计算公式为：

$$IRR=i_1+\frac{NPV_1}{NPV_1-NPV_2}\times(i_2-i_1)$$

式中，i_1 为使净现值大于 0 的较低的贴现率；i_2 为使净现值小于 0 的较高的贴现率；NPV_1 为用较低贴现率计算的净现值；NPV_2 为用较高贴现率计算的净现值。

在内含报酬率的运用中，投资方案的内含报酬率必须大于或者等于企业的资本成本或要求的最低报酬率，投资方案才具有可行性。

内含报酬率考虑了方案寿命期内各年现金流量的分布，可以从动态的角度直接反映投资项目的实际收益水平，概念清楚，易于理解，是应用广泛且科学合理的投资决策指标。但是计算过程较为复杂。

2．非贴现现金流量指标

（1）投资回收期

投资回收期（PP）是指投资引起的现金流入累计到与投资额相等所需要的时间。它代表收回投资所需要的年限，回收期越短，方案越有利。可使下列等式成立的 n 为投资回收期。

$$\sum_{k=1}^{n} I_k=\sum_{k=0}^{n} O_k$$

式中，n 为投资方案的投资回收期；I_k 为第 k 年的净现金流入量；O_k 为第 k 年的净现金流出量。

当每年净现金流量相等时，计算公式为：

$$回收期=\frac{原始投资额}{每年净现金流量}$$

当每年净现金流量不相等时，应把每年的现金流量逐年加总，根据累计现金流量来确定投资回收期。其计算公式为：

$$回收期=收回投资前所需要的整年数+\frac{年初没有收回的成本}{相应年度的现金流量}$$

在使用投资回收期指标时，先设定一个基准投资回收期 N。当 $n\leqslant N$ 时，投资方案才具有可行性；当 $n>N$ 时，该方案应予以拒绝。

投资回收期能够直观地反映原始总投资的返本期限，计算简单，容易理解。但是它没有考虑资金时间价值因素和回收期满后继续发生的现金流量，可能会导致决策的失误。因此，投资回收期一般作为辅助方法使用。

（2）投资回报率

投资回报率（ROI）是指通过投资而得到回报的比例，简单来说就是在投资活动中能够得到的经济回报。它用于衡量投出资金的使用效果。其计算公式为：

$$投资回报率=\frac{年均平均收益}{投资总额}$$

投资回报率可以反映出投资项目的综合盈利能力，投资回报率剔除了因为投资额度高低不同所导致的利润差异大小的不可比较因素，具有横向的可比较性。投资回报率的缺点就是缺乏全局观，没有考虑资金的时间价值，在投资决策时只能起到辅助作用。

3．Excel 提供的主要投资决策指标函数

采用手工计算投资决策指标比较烦琐，而 Excel 提供了相关投资决策函数，可以帮助财务管理人员简化指标计算，加快决策过程。

（1）净现值函数 NPV

格式：NPV(rate,value1,value2,...)

主要功能：在已知未来连续期间现金流量（value1,value2,...）及贴现率（rate）的条件下，返回某项投资的净现值。

（2）内含报酬率函数 IRR

格式：IRR(values,guess)

主要功能：返回连续期间现金流量（values）的内含报酬率。

（3）修正内含报酬率函数 MIRR

格式：MIRR(values,finance_rate,reinvest_rate)

主要功能：返回某一连续期间现金流量（values）的修正内含报酬率。MIRR 函数同时考虑了投入资本成本（finance_rate）和现金再投资收益率（reinvest_rate）。

4．主要投资决策指标函数的应用

根据美景化工有限公司投资业务 1：生产线投资，分别计算 A、B 两套投资方案的净现值、内含报酬率、修正内含报酬率、现值指数，并依据上述指标的大小，选定最优方案。

操作步骤

步骤 1　建立一个新工作簿，命名为“Excel 与投资决策分析”。

步骤 2　把 Sheet1 命名为“生产线可行性分析”，将 A、B 两套投资方案的数据输入表中。

步骤 3　在 A10:A13 单元格区域中分别输入“净现值”“内含报酬率”“修正报酬率”“现值指数”。

步骤 4　建立 A 方案的计算公式。

1> 选中 D3 单元格，输入公式“=C3-B3”，计算净现金流量。然后将 D3 单元格中的公式向下自动填充到 D4:D9 单元格区域中。

2> 选中 D10 单元格，使用 NPV 函数，输入公式“=NPV($H$3,D4:D9)+D3”。

3> 选中 D11 单元格，设置成百分比格式。使用 IRR 函数，选择参数 values，输入单元格区域 D3:D9，然后单击“确定”按钮，即 D11=IRR(D3:D9)。

4> 选中 D12 单元格，设置成百分比格式。使用 MIRR 函数，选择参数 values，输入单元格区域 D3:D9，选择参数 finance_rate，可以直接输入 10%或选中 H5 单元格。由于资本成本是固定数值，按 F4 键，加上绝对地址，即$H$5。选择参数 reinvest_rate，可以输入 12%或选中 H7 单元格。由于再投资报酬率是固定数值，因此可以按 F4 键，加上绝对地址，即$H$7。参数输入完后单击“确定”按钮，即 D12=MIRR(D3:D9,$H$5,$H$7)。

5> Excel 没有提供现值指数的计算函数，但是可以借助净现值函数 NPV 来完成，即 $PI=\frac{NPV}{初始投资现值}$。

选中 B13 单元格，使用 NPV 函数，选择参数 rate，可以直接输入 10%或$H$3；选择参数 value1，输入单元格区域 B4:B9。单击“确定”按钮后，在编辑栏 NPV 函数后面输入“+B3”。然后按回车键或单击“ √ ”按钮，即 B13=NPV($H$3,B4:B9)+B3。

选中 D13 单元格，输入公式“=D10/B13”。然后按回车键或单击“ √ ”按钮。

年份	A方案（万元）			B方案（万元）			
	投资	收入	净现金流量	投资	收入	净现金流量	贴现率
1	3,000		-3,000	3,000		-3,000	10%
2	1,000		-1,000	2,000		-2,000	资金成本
3	0	1,000	1,000		3,000	3,000	10%
4	0	2,500	2,500		3,000	3,000	再投资报酬率
5	800	3,500	2,700		5,000	5,000	12%
6	0	2,000	2,000	1,000	3,000	2,000	
7	0	2,000	2,000		2,000	2,000	
净现值			¥3,010.57			¥5,700.96	
内含报酬率			29%			41%	
修正报酬率			22%			26%	
现值指数	¥4,455.50		0.68	5644.63		1.01	

图 8.27　投资业务 1：生产线投资的计算结果

步骤 5　建立 B 方案的计算公式。

由于 B 方案的计算公式与 A 方案相同，所以将 A 方案的各计算公式依次复制到 B 方案相应的单元格区域即可。

利用 Excel 计算的结果如图 8.27 所示。

由以上计算结果可知，B 方案的各项投资指标均高于 A 方案，所以应选择 B 方案进行生产线的投资。

二、固定资产更新决策分析

微课-固定资产更新决策分析

固定资产更新决策主要研究 2 个问题：一个是决定是否更新，即是继续使用旧资产还是更换为新资产；另一个是决定选择什么样的资产来更新。设备是企业中最重要的固定资产，设备更新决策是固定资产更新决策的重要组成部分。在进行设备更新时，会遇到新设备的经济寿命与旧设备的剩余寿命相等或不相等 2 种情况。

1. 新旧设备寿命相等

对于新旧设备寿命相等的情况下的决策，可以采用差额分析法计算 2 种方案现金流量的差量，据此计算增减的净现值或内含报酬率，从而决策是否更新。

（1）税后净现金流量的计算方法

所得税是企业的一种现金流出量，企业更为关注的是税后净现金流量。折旧是一种无须付现的成本费用，是现金流入量，折旧可以起到抵税作用。同时，考虑到折旧和所得税因素，税后净现金流量的计算方法有以下 3 种。

① 根据现金流量的定义计算，公式为：

营业净现金流量=营业收入−付现成本−所得税

式中，付现成本是需要每年支付现金的成本（不含折旧）。

② 根据年末营业结果计算，公式为：

营业净现金流量=税后净利+折旧额

③ 根据所得税对收入和折旧的影响计算，公式为：

营业净现金流量=税后收入−税后成本+折旧抵税额

式中，税后收入=现金收入×（1−所得税税率）；

税后成本=付现成本×（1−所得税税率）；

折旧抵税额=折旧额×所得税税率。

（2）现金流量表中数据的钩稽关系

税前利润=销售收入−付现成本−折旧额

所得税=税前利润×所得税税率

税后净利=税前利润−所得税

营业净现金流量=税后净利+折旧额

现金流量合计=营业净现金流量+终结现金流量

（3）固定资产更新决策模型的建立

建立寿命相等的固定资产更新决策模型，主要是建立新旧设备现金流量表的结构、净现值公式，然后将具体设备的数据填入模型中，净现值的结果将自动生成。

操作步骤

步骤 1 打开“Excel 与投资决策分析”工作簿，将 Sheet2 命名为“寿命相等的设备更新决策”。根据美景化工有限公司投资业务 2 的信息将新旧设备的数据输入表格，并建立新旧设备的现金流量表结构，以及新旧设备差额现金流量分析表，如图 8.28 所示。

步骤 2 建立旧设备现金流量表中的公式。

1> 折旧额的计算公式。首先选中 B19 单元格，输入公式“=SLN($B$6,$B$11,$B$7)”，并将公式复制到 C19:F19 单元格区域中。

2> 税前利润的计算公式。选中 B20 单元格，输入公式“−B17−B18−B19”，并将公式复制到 C20:F20 单元格区域中。

	A	B	C	D	E	F
1	寿命相等的设备更新决策模型					
2						
3	资金成本	10%		所得税率	25%	
4						
5	旧设备资料				新设备资料	
6	初始投资	50000			初始投资	80000
7	预计使用年限	10			预计使用年限	5
8	已使用年限	5			已使用年限	0
9	年销售收入	60000			年销售收入	100000
10	每年付现成本	40000			每年付现成本	60000
11	残值	0			残值	10000
12	折旧方法	直线法			折旧方法	年数总和法
13	变现收入	20000			变现收入	80000

图 8.28 固定资产更新决策模型（1）

3> 所得税的计算公式。选中 B21 单元格，输入公式“=B20*$E$3”，并将公式复制到 C21:F21 单元格区域中。在计算所得税时，税率是固定不变的，因此在表示所得税税率时采用绝对地址。

4> 税后净利的计算公式。选中 B22 单元格，输入公式“=B20−B21”，并将公式复制到 C22:F22 单元格区域中。

5> 营业净现金流量的计算公式。选中 B23 单元格，输入公式“=B22+B19”，并将公式复制到 C23:F23 单元格区域中。

6> 旧设备残值为 0，终结现金流量为 0。

7> 现金流量合计的计算公式。选中 B25 单元格，输入公式“=B23+B24”，并将公式复制到 C25:F25 单元格区域。

步骤 3 建立新设备现金流量表中的公式。首先，选中 B31 单元格，输入公式“=SYD($F$6,$F$11,$F$7,1)”，并将公式复制到 C31:F31 单元格区域中，在编辑栏中分别将年份改成 2、3、4、5 即可。然后，采用与建立旧设备计算公式同样的方法，分别建立新设备税前利润、所得税、税后净利、营业净现金流量、终结现金流量、现金流量合计的计算公式，这里不再赘述。

	A	B	C	D	E	F
15	旧设备现金流量					
16	剩余使用年限	1	2	3	4	5
17	销售收入	60000	60000	60000	60000	60000
18	付现成本	40000	40000	40000	40000	40000
19	折旧额	5,000	5,000	5,000	5,000	5,000
20	税前利润	15,000	15,000	15,000	15,000	15,000
21	所得税	3,750	3,750	3,750	3,750	3,750
22	税后净利	11,250	11,250	11,250	11,250	11,250
23	营业净现金流量	16,250	16,250	16,250	16,250	16,250
24	终结现金流量					0
25	现金流量合计	16,250	16,250	16,250	16,250	16,250
26						
27	新设备现金流量					
28	剩余使用年限	1	2	3	4	5
29	销售收入	100000	100000	100000	100000	100000
30	付现成本	60000	60000	60000	60000	60000
31	折旧额	23,333	18,667	14,000	9,333	4,667
32	税前利润	16,667	21,333	26,000	30,667	35,333
33	所得税	4,167	5,333	6,500	7,667	8,833
34	税后净利	12,500	16,000	19,500	23,000	26,500
35	营业净现金流量	35,833	34,667	33,500	32,333	31,167
36	终结现金流量					10,000
37	现金流量合计	35,833	34,667	33,500	32,333	41,167

图 8.29　固定资产更新决策模型（2）

利用 Excel 计算的结果如图 8.29 所示。

步骤 4　建立现金流量差额分析表中的公式。

1> 初始投资的差额。对于新设备来说，购置费用就是初始投资额；旧设备在决策时不需要再投资购置，但是如果放弃旧设备，可以有 20 000 元的变现收入，如果继续使用旧设备，变现收入就作为使用旧设备的机会成本。因此，机会成本就是旧设备的投资额，故计算公式为 B42=-($F$6-$B$13)。其中，使用负号是为了方便计算差额净现值。

2> 销售收入的差额。销售收入的差额的计算公式为 C43=B29-B17、D43=C29-C17、E43=D29-D17、F43=E29-E17、G43=F29-F17。

3> 付现成本的差额。付现成本的差额的计算公式为 C44=B30-B18、D44=C30-C18、E44=D30-D18、F44=E30-E18、G44=F30-F18。

4> 折旧额的差额。折旧额的差额的计算公式为 C45=B31-B19、D45=C31-C19、E45=D31-D19、F45=E31-E19、G45=F31-F19。

5> 税前利润的差额。税前利润的差额的计算公式为 C46=B32-B20、D46=C32-C20、E46=D32-D20、F46=E32-E20、G46=F32-F20。

6> 所得税的差额。所得税的差额的计算公式为 C47=B33-B21、D47=C33-C21、E47=D33-D21、F47=E33-E21、G47=F33-F21。

7> 税后净利的差额。税后净利的差额的计算公式为 C48=B34-B22、D48=C34-C22、E48=D34-D22、F48=E34-E22、G48=F34-F22。

8> 营业净现金流量的差额。营业净现金流量的差额的计算公式为 C49=B35-B23、D49=C35-C23、E49=D35-D23、F49=E35-E23、G49=F35-F23。

9> 终结现金流量的差额。终结现金流量的差额的计算公式为 G50=F36-F24。

10> 现金流量合计的差额。现金流量合计的差额的计算公式为 B51=B42、C51=C49+C50、D51=D49+D50、E51=E49+E50、F51=F49+F50、G51=G49+G50。

11> 净现值差额。净现值差额的计算公式为 H42=NPV($B$3,C51:G51)+B51。

利用 Excel 计算的结果如图 8.30 所示。

	A	B	C	D	E	F	G	H
40	现金流量差额分析表							净现值差额
41	剩余使用年限	0	1	2	3	4	5	12,440.02
42	初始投资	-60000						
43	销售输入		40000	40000	40000	40000	40000	
44	付现成本		20000	20000	20000	20000	20000	
45	折旧额		18,333	13,667	9,000	4,333	-333	
46	税前利润		1,667	6,333	11,000	15,667	20,333	
47	所得税		417	1,583	2,750	3,917	5,083	
48	税后净利		1,250	4,750	8,250	11,750	15,250	
49	营业净现金流量		19,583	18,417	17,250	16,083	14,917	
50	终结现金流量						10,000	
51	现金流量合计	-60000	19,583	18,417	17,250	16,083	24,917	

图 8.30　固定资产更新决策模型（3）

建立寿命相等的设备更新决策模型后，决策人员就可以根据具体设备，将新旧设备有关数据输入表中，净现值之差就会自动计算出来。通过比较净现值差额的大小，决定是否更新设备。本例中，净现值差额为 12 440.02 元，说明设备更新后有净现值 12 440.02 元，应该进行设备的更新。

本例中所做的设备更新模型在一定程度上能够方便管理人员对设备进行管理，但是只是一个初级模型，还存在一些问题。例如，对新的固定资产进行更新决策，折旧方法、预计使用年限等都会改变，需要修改折旧额计算公式或调整表格的栏数等。

2. 新旧设备寿命不相等

设备的更新决策不同于一般的投资决策。重新置换的设备一般不会改变企业的生产能力，不会增加营业现金流入，更新决策的现金流量主要是现金流出量。对于新旧设备寿命不相等的情况，可以采用年平均成本法进行决策，即计算未来使用年限内的现金流出的总现值与年金现值系数的比值。通过比较继续使用旧设备和更新设备的年平均成本，选择年平均成本较低的方案。年平均成本法的计算公式为：

$$\text{UAC}=\left[C-\frac{S_n}{(1+i)^n}+\sum\frac{C_n}{(1+i)^n}\right]\div(P/A,i,n)$$

式中，UAC 为固定资产年平均成本；C 为固定资产原值；S_n 为 n 年后固定资产余值；C_n 为第 n 年运行成本；n 为预计使用年限。

建立寿命不相等的设备更新决策模型，就是要建立年平均成本计算表结构和公式，将有关数据填入表中，利用 Excel 的函数计算功能计算出年平均成本。通过比较年平均成本的高低，做出是否更新的选择。

操作步骤

步骤 1 打开“Excel 与投资决策分析”工作簿，将 Sheet3 命名为“寿命不相等的设备更新决策”，根据美景化工有限公司投资业务 2 的相关信息，将新旧设备的资料输入表格。

步骤 2 建立旧设备的计算公式。

1> 计算未来现金流出总现值。选中 B12 单元格，输入公式“=B6+PV($B$3,B7−B8,−B9)−PV($B$3,B7−B8,−B11)”。

注意，在计算每年运营成本的现值及最终残值的现值时，使用了 Excel 提供的年金现值函数 PV(rate,nper,pmt,fv,type)。具体每个函数中的参数使用情况是：PV($B$3,B7−B8,−B9)，即 PV(rate,nper,pmt)；PV($B$3,B7−B8,−B11)，即 PV(rate,nper,fv)。

2> 计算年金现值系数。按照年金现值系数的定义，表示每期收入或支出 1 元的年金现值，直接使用 Excel 提供的年金现值函数 PV(rate,nper,pmt,fv,type)计算即可。选中 B13 单元格，输入公式“=PV($B$3,B7−B8,−1)”，即取 pmt=−1。

3> 计算年平均成本。选中 B14 单元格，输入公式“=B12/B13”。

步骤 3 建立新设备的计算公式。

新设备的计算公式与旧设备的相同，在建立旧设备计算公式时，注意单元格地址的引用，新设备的计算公式只要通过复制功能就可以建立。

利用 Excel 计算的结果如图 8.31 所示。

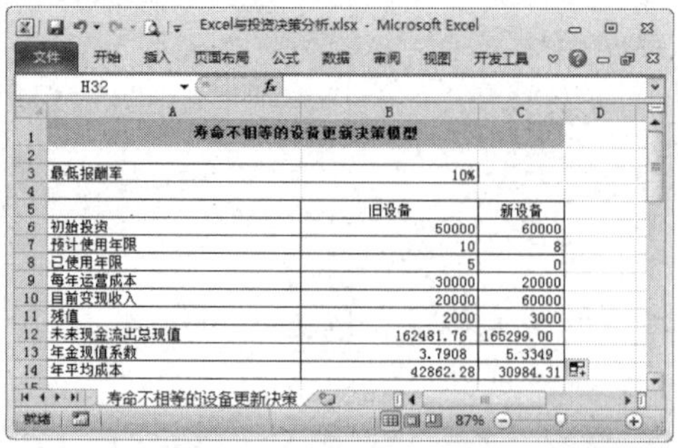

	寿命不相等的设备更新决策模型	
最低报酬率	10%	
	旧设备	新设备
初始投资	50000	60000
预计使用年限	10	8
已使用年限	5	0
每年运营成本	30000	20000
目前变现收入	20000	60000
残值	2000	3000
未来现金流出总现值	162481.76	165299.00
年金现值系数	3.7908	5.3349
年平均成本	42862.28	30984.31

图 8.31　寿命不相等的设备更新决策模型

上述计算结果表明，购买新设备的年平均成本低于继续使用旧设备的年平均成本，应该购买新设备。

三、投资风险决策分析

微课-投资风险决策分析

企业进行投资都会不同程度地面临着风险。风险投资决策的分析方法很多，概括起来主要有 2 种：风险调整贴现率法和肯定当量法。

1. 风险调整贴现率法

（1）风险调整贴现率法概述

风险调整贴现率法是指根据项目的风险程度来调整贴现率，然后再根据调整后的贴现率来计算项目的净现值，根据计算的净现值来进行投资方案决策的方法。运用风险调整贴现率法进行互斥投资方案的选择时，应选择净现值大的方案；运用风险调整贴现率法进行是否投资的决策时，净现值大于 0 的方案都可以接受。

风险调整贴现率法的主要问题是如何确定风险调整贴现率。确定的方法最具有代表性的是用风险报酬斜率来调整贴现率。项目投资的总报酬分为无风险报酬和风险报酬两部分，对应的含风险的调整贴现率可以分为无风险报酬率和风险报酬率两部分。其计算公式为：

$$K=i+b\times Q$$

式中，K 为风险调整贴现率；i 为无风险贴现率；b 为风险报酬斜率；Q 为风险程度。

（2）确定风险程度 Q

以标准离差为衡量风险的尺度，投资方案现金流量的标准离差越大，说明其离散趋势越大，风险越大；反之，则说明该投资方案离散趋势较小，风险也较小。

① 计算投资方案净现金流量期望值 E。某净现金流量期望值是某期各种可能的净现金流量按其概率进行加权平均得到的净现金流量，反映净现金流量的集中趋势。其计算公式为：

$$E=\sum_{i=1}^{n}\mathrm{CFAT}_i\times P_i$$

式中，E 为某期的净现金流量期望值；CFAT_i 为某期第 i 种情况发生时的净现金流量；P_i 为第 i 种情况的净现金流量的概率；n 为可能的净现金流量的个数。

② 计算各期净现金流量期望值的现值 EPV。其计算公式为：

$$\mathrm{EPV}=\frac{E_1}{(1+i)^1}+\frac{E_2}{(1+i)^2}+\cdots+\frac{E_n}{(1+i)^n}$$

式中，EPV 为各期净现金流量的期望值的现值；E_i 为第 i 期净现金流量的期望值；i 为无风险贴现率。

③ 计算各期净现金流量标准离差 d。标准离差是各种可能的净现金流量偏离期望净现金流量的综合差异。其计算公式为：

$$d=\sqrt{\sum_{i=1}^{n}(\mathrm{CFAT}_1-E)^2\times P_1}$$

④ 计算各期净现金流量综合标准离差 D。其计算公式为：

$$D=\sqrt{\sum_{i=1}^{n}\frac{d_t^2}{(1+i)^{2t}}}$$

式中，d_t 为第 t 期净现金流量标准离差；D 为各期净现金流量综合标准离差。

⑤ 计算标准离差率——风险程度 Q。标准离差率（风险程度）为综合标准离差与净现金流量期望值的现值的比值。其计算公式为：

$$Q=\frac{综合标准离差}{净现金流量期望值的现值}=\frac{D}{\mathrm{EPV}}$$

（3）确定风险报酬斜率 b

风险报酬斜率是直线方程 $K=i+b\times Q$ 的系数 b，其大小反映风险程度变化对风险调整最低报酬率影响的大小。如果投资者愿意冒风险，风险报酬斜率就取小值；如果投资者不愿意冒风险，风险报酬斜率就取大值。在实际工作中，风险报酬斜率 b 是经验数据，可以根据历史资料用高低点法或回归直线法求出。

假设中等风险程度的方案的风险程度为 0.5，其通常要求的含有风险报酬的最低报酬率为 15%，无风险报酬率为 10%，则计算为：

$$b=\frac{15\%-10\%}{0.5}=0.1$$

（4）用风险调整贴现率计算方案的净现值

风险程度 Q 和风险报酬斜率 b 确定后，风险调整贴现率 K 也就确定了。把风险调整贴现率作为计算净现值的贴现率，再根据求净现值的方法选择方案。净现值的计算公式为：

$$\mathrm{NPV}=\frac{E_1}{(1+i)^1}+\frac{E_2}{(1+i)^2}+\cdots+\frac{E_n}{(1+i)^n}$$

（5）建立投资风险分析模型

小提示

净现值（NPV）和期望现值（EPV）都是考察项目可行性的主要财务指标。净现值中不包含风险；期望现值指定了现金流，它根据风险因素做了调整和折扣。净现值把所有预期未来现金流入和流出都折算成现值，以计算净货币收益与损失。期望现值是以固定折现率求出各种情况下的现值，再进行期望值计算，不需要考虑风险。

根据美景化工有限公司投资业务 3 中的数据建立投资风险分析模型。

方案 1

操作步骤

步骤 1　计算净现金流量期望值 E。选中 B26 单元格，输入公式“=B11*C11+B12*C12+

B13*C13”。以同样的方法建立 B27、B28 单元格的公式 B27=B14*C14+B15*C15+B16*C16、B28=B17*C17+B18*C18+B19*C19。

步骤 2　计算标准离差 *d*。选中 C26 单元格，输入公式“=SQRT((B11-B26)^2*C11+(B12-B26)^2*C12+(B13-B26)^2*C13)”。以同样的方法建立 C27、C28 单元格的公式 C27=SQRT((B14-B27)^2*C14+(B15-B27)^2*C15+(B16-B27)^2*C16)、C28=SQRT((B17-B28)^2*C17+(B18-B28)^2* C18+(B19-B28)^2*C19)。

步骤 3　计算期望值现值 EPV。选中 C29 单元格，输入公式“=NPV($B$5,B26:B28)”。

步骤 4　计算综合标准离差 *D*。选中 C30 单元格，输入公式“=SQRT(((C26/(1+$B$5)^$A26)^2+(C27/(1+$B$5)^$A27)^2+(C28/(1+$B$5)^$A28)^2))”。

步骤 5　计算风险程度 *Q*。选中 C31 单元格，输入公式“=C30/C29”。

步骤 6　计算风险调整贴现率 *K*。选中 C32 单元格，输入公式“=$B$5+$B$6*C31”。

步骤 7　计算净现值 NPV。选中 C33 单元格，输入公式“=NPV(C32,B26:B28)+B10”。

方案 2

操作步骤

由于方案二、方案三的计算公式与方案一的类似，方案一的公式建立起来，并在书写时采用了适当的单元格地址形式（相对地址和绝对地址），方案二、方案三的计算公式只要通过复制就可以建立。为了方便学习，下面给出方案二、方案三相应的计算公式。

步骤 1　计算净现金流量期望值 *E*。

D26=D11*E11+D12*E12+D13*E13

D27=D14*E14+D15*E15+D16*E16

D28=D17*E17+D18*E18+D19*E19

步骤 2　计算标准离差 *d*。

E26=SQRT((D11-D26)^2*E11+(D12-D26)^2*E12+(D13-D26)^2*E13)

E27=SQRT((D14-D27)^2*E14+(D15-D27)^2*E15+(D16-D27)^2*E16)

E28=SQRT((D17-D28)^2*E17+(D18-D28)^2*E18+(D19-D28)^2*E19)

步骤 3　计算期望值现值 EPV。

E29=NPV($B$5,D26:D28)

步骤 4　计算综合标准离差 *D*。

E30=SQRT(((E26/(1+$B$5)^$A26)^2+(E27/(1+$B$5)^$A27)^2+(E28/(1+$B$5)^$A28)^2))

步骤 5　计算风险程度 *Q*。

E31=E30/E29

步骤 6　计算风险调整贴现率 *K*。

E32=$B$5+$B$6*E31

步骤 7　计算净现值 NPV。

E33=NPV(E32,D26:D28)+D10

方案 3

操作步骤

步骤 1 计算净现金流量期望值 *E*。

F26=F11*G11+F12*G12+F13*G13

F27=F14*G14+F15*G15+F16*G16

F28=F17*G17+F18*G18+F19*G19

步骤 2 计算标准离差 *d*。

G26=SQRT((F11-F26)^2*G11+(F12-F26)^2*G12+(F13-F26)^2*G13)

G27=SQRT((F14-F27)^2*G14+(F15-F27)^2*G15+(F16-F27)^2*G16)

G28=SQRT((F17-F28)^2*G17+(F18-F28)^2*G18+(F19-F28)^2*G19)

步骤 3 计算期望值现值 EPV。

G29=NPV($B$5,F26:F28)

步骤 4 计算综合标准离差 *D*。

G30=SQRT(((G26/(1+$B$5)^$A26)^2+(G27/(1+$B$5)^$A27)^2+(G28/(1+$B$5)^$A28)^2))

步骤 5 计算风险程度 *Q*。

G31=G30/G29

步骤 6 计算风险调整贴现率 *K*。

G32=$B$5+$B$6*G31

步骤 7 计算净现值 NPV。

G33=NPV(G32,F26:F28)+F10

利用 Excel 计算的结果如图 8.32 所示。

	A	B	C	D	E	F	G
1	风险调整贴现率法分析模型						
2							
3	基本数据区（单位：万元）						
4							
5	无风险报酬率i	0.05					
6	风险报酬率b	0.1					
7	年序	方案1		方案2		方案3	
8		净现金流量	概率	净现金流量	概率	净现金流量	概率
9	t	CFAT	P_i	CFAT	P_i	CFAT	P_i
10	0	-1000	1	-500	1	-500	1
11	1	600	0.25				
12		400	0.5				
13		200	0.25				
14	2	800	0.2				
15		600	0.6				
16		400	0.2				
17	3	500	0.3	600	0.1	400	0.1
18		400	0.4	800	0.7	800	0.8
19		300	0.3	1000	0.2	1200	0.1
20							
21	投资风险分析区（单位：万元）						
22							
23		方案1		方案2		方案3	
24	期数	现金流量	标准离差	现金流量	标准离差	现金流量	标准离差
25	t	期望值*E*	*d*	期望值*E*	*d*	期望值E	*d*
26	1	400	141.42	0	0	0	0
27	2	600	126.49	0	0	0	0
28	3	400	77.46	820	107.70	800	178.89
29		期望值现值EPV	1270.71	期望值现值EPV	708.35	期望值现值EPV	691.07
30		综合标准差*D*	189.16	综合标准差*D*	93.04	综合标准差*D*	154.53
31		风险程度*Q*	0.15	风险程度*Q*	0.13	风险程度*Q*	0.22
32		风险调整贴现率*K*	6%	风险调整贴现率*K*	6%	风险调整贴现率*K*	7%
33		净现值NPV	235.98	净现值NPV	182.42	净现值NPV	148.74

图 8.32 风险调整贴现率法分析模型

由上述计算结果可知，方案 1 优于方案 2，方案 2 优于方案 3，在考虑风险因素的情况下，应选择方案 1。

风险调整贴现率法容易理解，应用广泛。但是风险调整贴现率法在贴现过程中较为复杂，且把风险因素与时间因素混为一谈，人为地假定风险随着时间的延长而增大，这不一定与实际相符。

2．肯定当量法

（1）肯定当量法概述

肯定当量法是一种风险评估方法。它先用一个系数把有风险的现金收支调整为无风险的现金收支，然后用无风险的投资报酬率去计算风险项目净现值，以便用净现值的规则去判断投资机会的可取程度。

在肯定当量法下，项目净现值的计算公式为：

$$\text{NPV}=\sum_{i=0}^{n}\frac{a_t\text{CFAT}_t}{(1+i)^t}$$

式中，a_t 为第 t 年现金流量的肯定当量系数，在 0～1 之间；i 为无风险报酬率；CFAT 为税后现金流量。

肯定当量系数是指不肯定的 1 元现金流量期望值相当于使投资者满意的肯定现金流量的系数。它可以把各年不肯定的现金流量换算为肯定的现金流量。一般根据标准离差率来确定当量系数，因为标准离差率较好地衡量了风险的大小。

以现金流量变化系数表示现金流量的不确定性程度，则变化系数与肯定当量系数的经验关系如表 8.13 所示。

表 8.13　现金流量变化系数与肯定当量系数的经验关系

变化系数	肯定当量系数	变化系数	肯定当量系数
0.00～0.07	1	0.33～0.42	0.6
0.08～0.15	0.9	0.43～0.54	0.5
0.16～0.23	0.8	0.55～0.70	0.4
0.24～0.32	0.7		

运用肯定当量法进行互斥方案的选择时，应优选净现值大的方案，只要净现值大于 0，方案就都可以接受。

（2）建立肯定当量法投资分析模型

以上述案例为例，采用肯定当量法对方案的风险进行评估。

方案 1

操作步骤

步骤 1　计算方案净现金流量期望值 E 和标准离差 d 的方法与风险调整贴现率法相同。

步骤 2　计算现金流量变化系数。选中 D26 单元格，输入公式“=C26/B26”，并将公式复制到 D27、D28 单元格，即其计算公式为 D27=C27/B27、D28=C28/B28。

步骤 3　根据现金流量变化系数，查表确定肯定当量系数。

步骤 4　计算调整后的现金流量。选中 F26 单元格，输入公式“=E26*B26”，并将公式复制到 F27、F28 单元格，即其计算公式为 F27=E27*B27、F28=E28*B28。

步骤 5　计算净现值。选中 F29 单元格，输入公式“=NPV($B$5,F26:F28)+B10”。

方案 2

操作步骤

方案 2 和方案 3 的计算公式、建立过程同方案 1。为了方便学习，给出方案 2、方案 3 相应的公式。

步骤 1　计算方案 2 净现金流量期望值 E 和标准离差 d 的方法与风险调整贴现率法相同。

步骤 2　计算现金流量变化系数 D35=C35/B35。

步骤 3　根据现金流量变化系数，查表确定肯定当量系数。

步骤 4　计算调整后的现金流量 F35=E35*B35。

步骤 5　计算净现值 F36=NPV(B5,F33:F35)+D10。

方案 3

操作步骤

步骤 1　计算方案 3 净现金流量期望值 E 和标准离差 d 的方法与风险调整贴现率法相同。

步骤 2　计算现金流量变化系数 D42=C42/B42。

步骤 3　根据现金流量变化系数，查表确定肯定当量系数。

步骤 4　计算调整后的现金流量 F42=E42*B42。

步骤 5　计算净现值 F43=NPV(B5,F40:F42)+F10。

利用 Excel 计算的结果如图 8.33 所示。

	A	B	C	D	E	F	G
1				肯定当量法投资分析模型			
2							
3				基本数据区（单位：万元）			
4							
5	无风险报酬率i	0.05					
6	风险报酬率b	0.1					
7	年序	方案1		方案2		方案3	
8		现金净流量	概率	现金净流量	概率	现金净流量	概率
9	t	CFAT	P_i	CFAT	P_i	CFAT	P_i
10	0	-1000	1	-500	1	-500	1
11	1	600	0.25				
12		400	0.5				
13		200	0.25				
14	2	800	0.2				
15		600	0.6				
16		400	0.2				
17	3	500	0.3	600	0.1	400	0.1
18		400	0.4	800	0.7	800	0.8
19		300	0.3	1000	0.2	1200	0.1
20							
21				投资风险分析区（单位：万元）			
22							
23				方案1			
24	期数	现金流量	标准离差	现金流量	肯定当量系数	调整后的	
25	t	期望值E	d	变化系数		现金流量	
26	1	400	141.42	0.35	0.60	240	
27	2	600	126.49	0.21	0.80	480	
28	3	400	77.46	0.19	0.80	320	
29			净现值			-59.63	
30				方案2			
31	期数	现金流量	标准离差	现金流量	肯定当量系数	调整后的	
32	t	期望值E	d	变化系数		现金流量	
33	1	0	0.00	0.00		0.00	
34	2	0	0.00	0.00		0.00	
35	3	820	107.70	0.13	0.90	738.00	
36			净现值			137.51	
37				方案3			
38	期数	现金流量	标准离差	现金流量	肯定当量系数	调整后的	
39	t	期望值E	d	变化系数		现金流量	
40	1	0	0.00			0.00	
41	2	0	0.00			0.00	
42	3	800	178.89	0.22	0.80	640.00	
43			净现值			52.86	

图 8.33　肯定当量法投资分析模型的计算结果

由上述计算结果可知，方案 2 的净现值最大，故方案 2 最优。

肯定当量法通过调整净现值的分子来考虑项目的投资风险，计算简便。它根据各年不同的风险程度，分别采用不同的肯定当量系数，但是难题在于如何确定肯定当量系数。该系数的确定没有完全统一的标准，可以由经验丰富的人员根据经验判断。

技能训练

实训八　Excel 与财务管理

实训目的

运用 Excel 相关分析工具和函数等建立财务数据分析模型，方便财务管理人员进行财务预测、筹资决策和投资决策，使财务预测决策更加科学合理。

实训资料

某公司利用 Excel 进行财务预测、筹资决策和投资决策。其数据如下。

（1）公司 2009 至 2018 年各年的营业收入资料是：2009 年 235 万元；2010 年 251 万元；2011 年 327 万元；2012 年 310 万元；2013 年 293 万元；2014 年 364 万元；2015 年 456 万元；2016 年 436 万元；2017 年 457 万元；2018 年 619 万元。

（2）通过对过去较长时期的历史资料进行分析和研究，公司发现影响制造费用变动的因素是直接人工小时和机器工作小时。2018 年 8 至 12 月的有关资料如表 8.14 所示。

表 8.14　公司 2018 年 8 至 12 月的有关资料

月　份	8	9	10	11	12
机器工作小时/小时	50 000	35 000	40 000	45 000	40 000
制造费用/元	32 000	25 000	28 000	31 350	29 640

（3）2018 年甲产品销售量为 10 万件，单价 750 元，单位变动成本 300 元，固定成本总额 2 500 万元，假设 2019 年公司下达的目标利润 3 500 万元。

（4）公司准备借款 25 万元，期限为 4 年。每年还款次数有 2 次、4 次、12 次、24 次，银行的借款利率分别是 5%、7.5%、8%、9%。

（5）公司现有资本的构成如表 8.15 所示。

表 8.15　公司资本结构

资本种类	金额/万元	资本成本/%
长期借款	100	4
长期债券	300	5
优先股	150	12
普通股	250	10
合　计	800	

公司为了向新业务领域拓展，准备再筹资 100 万元资本。2 种备选的筹资方案如表 8.16 所示。

表 8.16　公司备选筹资方案

筹资方式	方案 1		方案 2	
	金额/万元	资本成本/%	金额/万元	资本成本/%
长期借款	30	4		
长期债券			40	7

（续表）

筹资方式	方案 1		方案 2	
	金额/万元	资本成本/%	金额/万元	资本成本/%
优先股	40	10		
普通股	30	13	60	3
合　计	100		100	

（6）公司有 2 套投资方案，各方案的现金收支情况如表 8.17 所示。

表 8.17　各方案现金收支情况　　单位：万元

年　份	方案 1		方案 2	
	投　资	收　入	投　资	收　入
1	4 000	0	3 000	0
2	2 000	0	3 000	0
3	0	**2 000**	0	1 500
4	0	3 000	0	3 000
5	800	3 500	0	3 500
6	0	2 000	1 000	3 000
7	0	2 500	0	2 000

（7）公司打算用一台新设备代替旧设备，以减少成本，增加收益。新旧设备资料如表 8.18 所示。所得税税率为 25%，资本成本为 10%。

表 8.18　新旧设备资料　　单位：元

项　目	旧设备	新设备
固定资产原价	80 000	100 000
预计使用年限/年	10	5
已使用年限/年	5	0
年销售收入	60 000	120 000
每年付现成本	20 000	40 000
残值	0	15 000
目前变现价值	20 000	100 000
折旧方法	直线法	年数总和法

（8）公司某项投资项目有 3 个方案，各方案的净现金流量情况如表 8.19 所示。假定无风险报酬率为 0.06、风险报酬率为 0.1。

表 8.19　各方案净现金流量情况　　单位：元

年　序 T	方案 1		方案 2		方案 3	
	净现金流量 CFAT	概　率 P_i	净现金流量 CFAT	概　率 P_i	净现金流量 CFAT	概　率 P_i
0	−5 000	1	−2 000	1	−2 000	1
1	3 000	0.25				
	2 000	0.5				
	1 000	0.25				
2	4 000	0.2				
	3 000	0.6				
	2 000	0.2				
3	2 500	0.3	2 500	0.2	3 000	0.1
	2 000	0.4	4 000	0.6	4 000	0.8
	1 500	0.3	5 500	0.2	5 000	0.1

实训要求

1. 根据实训资料（1），利用趋势平均法、直线趋势法建立销售预测分析模型，预测 2019 年的营业收入。

2. 根据实训资料（2），建立制造费用回归分析预测模型，预测 2019 年 1 月机器工作小时达到 60 000 小时的总制造费用、固定制造费用总额、变动制造费用总额。

3. 根据实训资料（3），运用单变量求解工具分析如何减少固定成本、变动成本、提高单价、增加产销量，才能实现目标利润。

4. 根据实训资料（4），用 PMT 函数和模拟运算表，分析公司采用什么方式还款最划算。

5. 根据实训资料（5），利用资本成本法分析确定哪个筹资方案最优。

6. 根据实训资料（6），计算各方案的净现值、内含报酬率、修正内含报酬率和现值指数。依据上述指标的大小，利用投资决策指标函数选择最优方案。

7. 根据实训资料（7），用差量分析法进行寿命相等的设备更新决策。

8. 根据实训资料（8），用风险调整贴现率法对投资项目的风险进行分析，并进行决策。

项目九

VBA基础与应用举例

学习目标

1. 了解程序设计中的对象、属性、方法和事件的概念。
2. 掌握Excel录制宏和运行宏的方法。
3. 理解VBA的语法规则、程序结构。
4. 能够根据需要编辑宏，将Excel作为处理会计数据的高效工具。
5. 通过Excel VBA的应用，提升Excel设计能力，培养创新思维。

项目介绍

拓展阅读：数字化和信息化的差别

Excel 2010具有强大的数据运算和数据分析功能。利用VBA可以让复杂的操作简单化，提升数据分析管理的速度，从而提高工作效率。Excel提供了VBA（Visual Basic for Applications）编程语言，可以扩展Excel的功能。学习编程对一般财务人员来说可能会比较困难，但只要多些耐心，多学习财务应用示例，只要学会少量VBA代码，就可使财务工作变得更加简单，能完成以前不可能做到的事情。

重点难点

1. 录制并分析宏。
2. 运行宏的方法。
3. VBA程序结构。
4. Sub过程和Function函数过程。
5. 用户界面设计。

拓展阅读：制造业数字化转型十年之路

任务描述

通过前面8个项目的学习，美景化工有限公司利用Excel实现了简单的会计电算化。为进一步提高会计岗位工作效率，减少重复性操作，需要会计人员学习有关宏和VBA的基础知识。试利用Excel的VBA知识进行如下操作。

（1）录制宏，能自动筛选出有用的信息。

（2）编辑修改录制的宏，加入循环语句，提高宏使用的效率。

（3）编写代码，自动实现由美景化工有限公司工资表生成工资条操作。

（4）自定义个人所得税函数，实现美景化工有限公司个人所得税的自动计算。

（5）利用窗体和控件设计一个简单的用户界面。

任务分析

在 Excel 中通过录制宏可以解决财务工作中的重复劳动，但是录制的宏缺乏灵活性，所以需要用户进一步学习 VBA 知识，通过编写代码来提高财务工作的效率。此外，创建专业级的应用程序，还应该建立用户界面。从以上分析可以看出，学习 VBA 的财务应用，可细分成以下工作任务：认识宏→VBA 基础→VBA 程序及代码结构→编写 Sub 过程和 Function 函数过程→用户界面设计。

其中，认识宏是指先录制和运行一个宏来解决会计工作中遇到的问题，然后进一步去分析宏，通过分析宏，了解录制宏的局限性。录制宏存在一定的局限性，所以需要进一步来学习 VBA，认识 VBA 中的对象、属性、方法、事件、语法规则、常量变量等。接下来要掌握 VBA 程序及代码结构，在掌握程序代码结构的基础上编写 Sub 过程和 Function 函数过程，这是本项目的重点。最后，了解用户界面的设计，通过不断深入学习，能够逐渐创建专业级的应用程序。

背景知识

1. 启用“开发工具”菜单。
2. 录制宏、运行宏、分析宏和编辑宏。
3. 高级筛选技巧。
4. 对象、属性、方法和事件。
5. 变量和常量、语法规则。
6. 程序结构。
7. 用户界面。

任务实施

任务一　认识宏

利用 VBA 可以有效扩展 Excel 的功能。在学习 VBA 之前总是要提到宏。宏是指一系列 Excel 能够执行的 VBA 语句，宏可以录制，也可以在 Visual Basic 编辑器中直接编写。

一、启用“开发工具”选项卡

所有 Office 2010 应用程序都使用菜单栏。菜单栏中有一个“开发工具”菜单，在此可以访问 Visual Basic 编辑器和其他开发人员工具。由于 Excel 2010 在默认情况下并不显示“开发工具”菜单，所以必须使用以下步骤启用该菜单。

微课-建立宏

操作步骤

步骤 1　选择“文件”|“选项”命令，打开“Excel 选项”对话框。

步骤 2　选择该对话框左侧的“自定义功能区”选项。

步骤 3 在该对话框中间的“从下列位置选择命令”列表框中选择“常用命令”选项。

步骤 4 在该对话框右侧的“自定义功能区”列表框中选择“主选项卡”选项，然后选中“开发工具”复选框，如图 9.1 所示。

步骤 5 单击“确定”按钮，即可显示“开发工具”菜单，如图 9.2 所示。

图 9.1 Excel 2010 选项设置

图 9.2 Excel 2010 中的“开发工具”菜单

二、录制宏

录制宏是 VBA 里最简单的程序，录制宏可以快速获得 VBA 代码。下面通过一个数据筛选的实例来介绍录制宏的过程。高级筛选在处理数据时比较灵活，并且可将筛选结果复制到其他位置，但是每次条件变更后，再执行高级筛选都需要重复执行相应的选项。

根据项目四中表4.1的职工基本工资信息，在 A1:J11 单元格区域创建源数据。在 A15:B16 单元格区域创建条件区，利用数据有效性进行职工类别和性别的设置。将筛选结果放到 A20 开始的位置，如图 9.3 所示。要求录制“筛选”“清除”宏，分别完成高级筛选的自动操作和自动清除筛选结果。

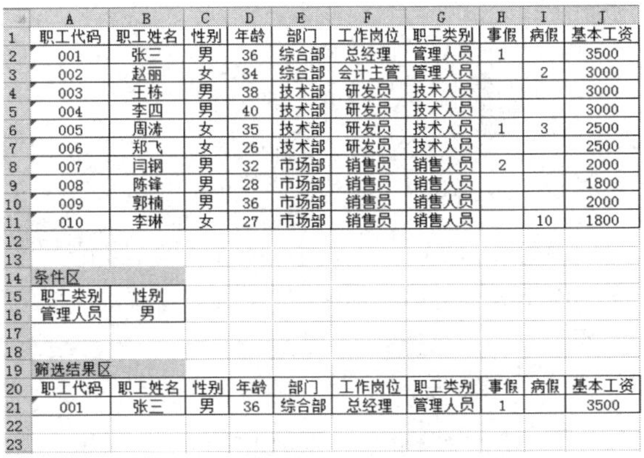

	A	B	C	D	E	F	G	H	I	J
1	职工代码	职工姓名	性别	年龄	部门	工作岗位	职工类别	事假	病假	基本工资
2	001	张三	男	36	综合部	总经理	管理人员	1		3500
3	002	赵丽	女	34	综合部	会计主管	管理人员		2	3000
4	003	王栋	男	38	技术部	研发员	技术人员			3000
5	004	李四	男	40	技术部	研发员	技术人员			3000
6	005	周涛	女	35	技术部	研发员	技术人员	1	3	2500
7	006	郑飞	女	26	技术部	研发员	技术人员			2500
8	007	闫钢	男	32	市场部	销售员	销售人员	2		2000
9	008	陈锋	男	28	市场部	销售员	销售人员			1800
10	009	郭楠	男	36	市场部	销售员	销售人员			2000
11	010	李琳	女	27	市场部	销售员	销售人员		10	1800
12										
13										
14	条件区									
15	职工类别	性别								
16	管理人员	男								
17										
18										
19	筛选结果区									
20	职工代码	职工姓名	性别	年龄	部门	工作岗位	职工类别	事假	病假	基本工资
21	001	张三	男	36	综合部	总经理	管理人员	1		3500
22										
23										

图 9.3 高级筛选基本数据

操作步骤

步骤 1 单击“开发工具”菜单下的“录制宏”按钮，打开“录制新宏”对话框，如图 9.4 所示。

步骤 2 给宏取名“筛选”；设置一个组合键 Ctrl+J；在宏的存储位置里，选择保存在“当前工作簿”；说明可用来描述录制宏的作者、时间及宏的功能等相关辅助信息；单击“确定”按钮，关闭“录制新宏”对话框，将开始录制过程。

注意，宏的名字一般以字母或汉字开头，后面可用的字符包括字母、数字和下划线，宏的名字中不允许出现空格、句号、惊叹号，也不能包含“@”“#”“&”等符号。通常用下画线代表空格。

步骤 3　高级筛选录制过程。先将光标放到数据列表中的任意单元格，单击“数据”|“高级”按钮，打开“高级筛选”对话框。如图 9.5 所示，选取筛选方式为“将筛选结果复制到其他位置”、“列表区域”默认为$A$1:$J$11、“条件区域”直接用鼠标指针选中 A15:B16 单元格区域、“复制到”选取当前职工信息表的 A20，然后单击“确定”按钮。最后，将光标再次放到数据列表中的任意单元格，然后单击“开发工具”菜单下的“停止录制”按钮，或者单击状态栏上的“停止录制”按钮。

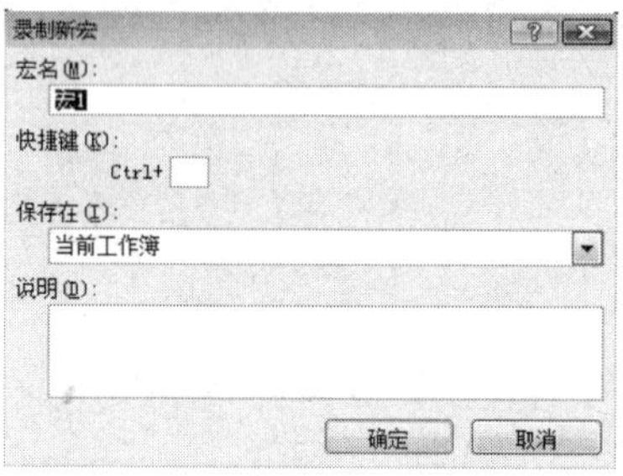

图 9.4　“录制新宏”对话框

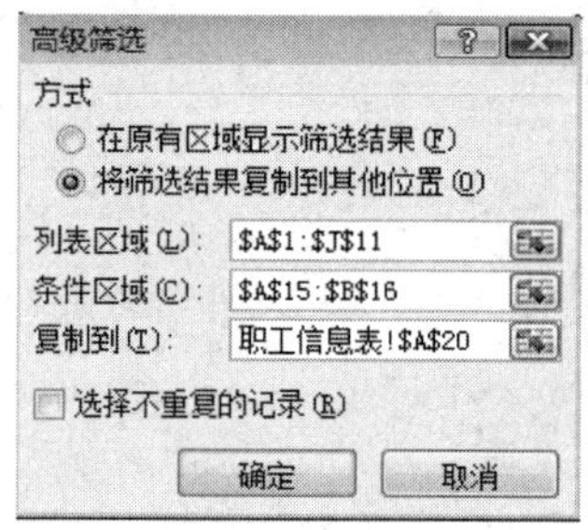

图 9.5　“高级筛选”对话框

步骤 4　录制“清除”宏。选中 A20:A27 单元格区域（这里多选了几行，因为不确定每次高级筛选的结果到底是几行），在快捷菜单中选择“删除”命令，在“删除”对话框中任选一项，如选择“右侧单元格左移”，操作完成后停止录制。

三、运行宏

运行宏的方法主要有两大类：在 Visual Basic 编辑器界面运行和在 Excel 界面运行。

1. 在 Visual Basic 编辑器界面运行宏

从 Excel 进入 Visual Basic 编辑器的方法有多种：使用组合键 Alt+F11；单击“开发工具”|Visual Basic 按钮；右击工作表标签，在弹出的快捷菜单中选择“查看代码”命令。进入 Visual Basic 编辑器界面后，运行宏的方法也有多种，具体如下。

① 通过菜单来运行宏。选择“运行”|“运行子过程/用户窗体”命令。

② 通过快速访问工具栏上的按钮来运行宏。单击快速访问工具栏上的“运行子过程/用户窗体”按钮▶。

③ 使用快捷键 F5 运行宏。

2. 在 Excel 界面运行宏

① 选择“开发工具”|“宏”命令，在打开的“宏”对话框中的“宏名”列表框中选择刚录制的“筛选”，然后单击“执行”按钮。

② 按 Alt+F8 组合键，打开“宏”对话框，在“宏名”列表框中选取刚录制的“筛选”，然后单击“执行”按钮。

③ 利用录制宏时指定的组合键，按 Ctrl+J 组合键也可快速运行“筛选”宏。

④ 利用图形对象来执行宏。选择“插入”|“形状”|“基本形状”|“笑脸”命令，添加“笑脸”图形到工作表中后右击，在弹出的快捷菜单中选择“指定宏”命令。在“指定宏”对话框中，“宏名”选择刚录制的“筛选”，然后单击“确定”按钮。

⑤ 利用控件运行宏。选择“开发工具”|“插入”|“按钮”命令，在 Excel 工作表中拖画出来，这时会弹出“指定宏”对话框，选取“筛选”宏即可。

四、分析宏

单击“开发工具”|“宏”按钮，在“宏”对话框中，“宏名”选取已经录制的“筛选”，然后单击“编辑”按钮，打开 Visual Basic 编辑器窗口。代码如图 9.6 所示。

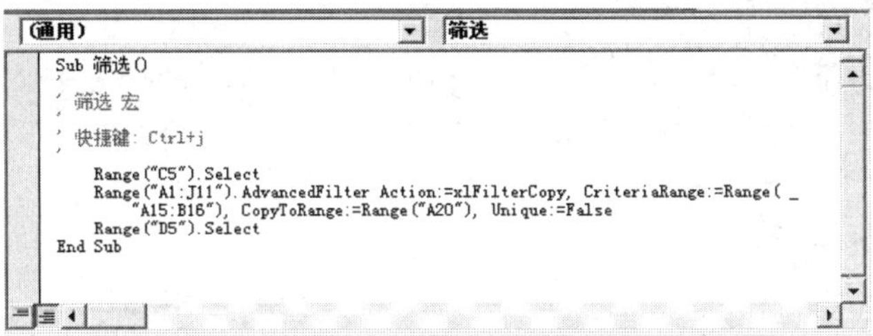

图 9.6　“筛选”宏代码

①“Sub 筛选()”是宏的名称。

② 中间以“'”开头的 5 行称为注释，在录制宏时会自动产生。

③ 以 Range("C5").Select 开头到 Range("D5").Select 结束的这段语句是宏的主要部分。其中，关键词 Select 的含义是选择，说明设置高级筛选前先把光标放到了数据列表中的 C5 单元格，完成高级筛选后又把光标放到了数据列表中的 D5 单元格。中间的主要语句就是利用 A1:J11 列表区域的数据列表，根据 A15:B16 条件区域中设置的条件进行高级筛选，并且将筛选结果放到 A20 开始的位置。

④ End Sub 是整个宏的结束语。

五、编辑宏

通过分析宏发现，代码中有些语句实际上并不起作用。现在，在宏中做一个修改，删除多余语句后，如图 9.7 所示。

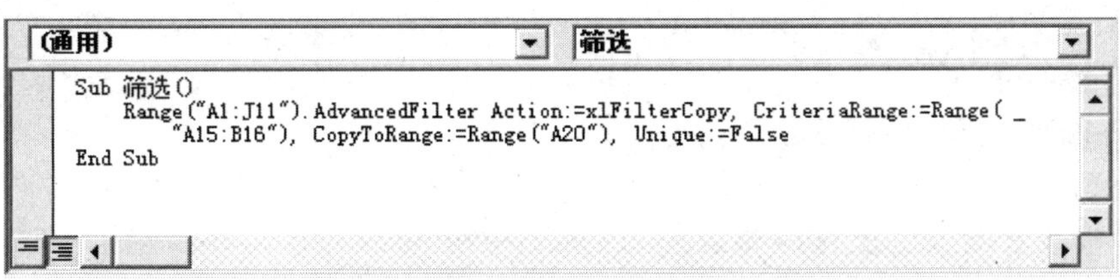

图 9.7　删除多余语句

重新运行宏，结果与修改前的状况一样。编辑录制的宏同样非常简单。

宏可以录制，但是还需要编辑宏或学习 VBA。这是因为：当宏录制有误时可以直接修改宏，而不必重新录制；录制宏中有多余的语句需要删除，以提高宏的运行速度；希望增加宏的功能，如加入判断、循环或提示信息等无法录制的语句。

六、宏安全性设置

用户可以更改宏的安全性设置，以控制打开工作簿时哪些宏运行及在什么情况下运行。此外，还可根据宏是否由受信任的开发人员进行了数字签名来确定是否运行宏。

微课-筛选和清除宏

1．宏安全性设置及其作用

① 禁用所有宏，并且不通知。选中此单选按钮，将禁用所有宏及有关宏的安全警告。

② 禁用所有宏，并发出通知。这是默认设置，如果用户希望禁用宏，但又希望存在宏时收到安全警告，可选中该单选按钮，这样用户就可以选择在各种情况下启用这些宏的时间。

③ 禁用无数字签署的所有宏。如果用户信任发布者，宏就可以运行；如果用户不信任该发布者，就会收到通知。

④ 启用所有宏（不推荐；可能会运行有潜在危险的代码）。选中此单选按钮可以运行所有宏。使用此设置容易使用户的计算机受到潜在恶意代码的攻击，所以不建议使用此设置。

⑤ 信任对 VBA 工程对象模型的访问。此设置供开发人员使用。

2．更改宏安全性设置

① 单击“开发工具”|“宏安全性”按钮。在“宏设置”选项卡中的“宏设置”选项组中选择所需的选项。有关这些设置的详细信息，请参阅上文。

② 用户也可以在信任中心中更改宏安全设置。单击“文件”|“选项”|“信任中心”|“信任中心设置”|“宏设置”选项，选择所需的宏安全选项，如图 9.8 所示。

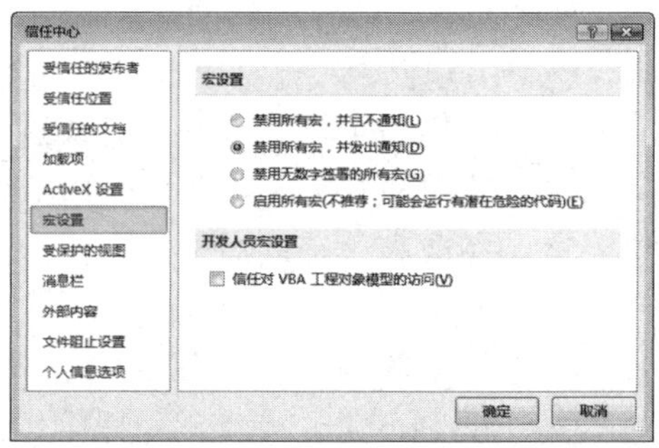

图 9.8　宏安全设置

如果用户选中“禁用所有宏，并发出通知”单选按钮，在宏的安全性级别设置成功后，再次打开包含宏的 Excel 文件时，在信息栏会出现警告信息，如图 9.9 所示。此时单击“启用内容”按钮，可使宏正常运行。

图 9.9　安全警告

注意，修改宏的安全设置后需要关闭工作簿再重新打开它，修改才能生效。

3．添加、删除或更改受信任位置

如果用户不希望某个文件接受信任中心检查，则应使用受信任位置存储该文件。如果用户认为文件中活动内容的来源可靠，则最好将该文件移动到受信任位置，而不要将信任中心的默认设置更改为安全级别较低的宏安全性设置。通过“文件”|“选项”|“信任中心”

|“信任中心设置”|“受信任位置”选项卡，可进行受信任位置的添加、删除和修改操作。

4．宏的数字签名

Office 2010 利用验证码技术使宏创建者能够对文件或宏项目进行数字签名。在安装数字证书后，可以对文件和宏项目进行签名。用户既可以从商业证书颁发机构那里获得数字证书，也可以从内部安全管理员或信息技术专业人员那里获得数字证书；通过使用 selfcert.exe 工具，用户也可以创建自己的自签名证书。

七、保存包含宏的文档

Excel 创建的工作簿在录制、编辑完宏后，单击“保存”按钮时，会打开如图 9.10 所示的对话框。单击“否”按钮，会打开“另存为”对话框，在“保存类型”下拉列表框中选择“Excel 启用宏的工作簿(*.xlsm)”，再设置一个合适的文件名，然后单击“保存”按钮即可。

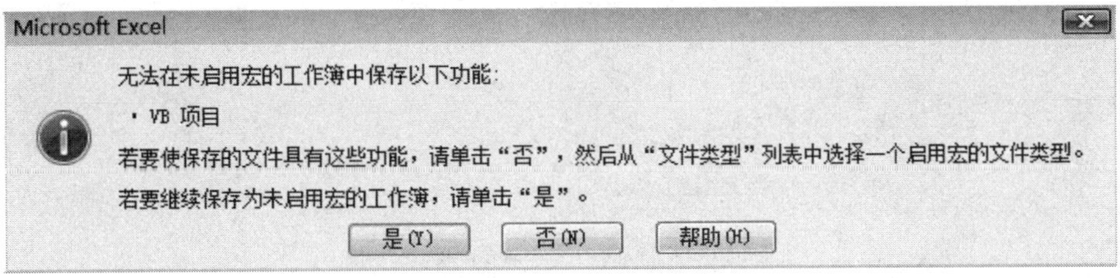

图 9.10　保存提示对话框

任务二　VBA 基础

一、Visual Basic 编辑器

编写 VBA 代码、调试宏及开发 Excel 应用程序等操作都离不开 Visual Basic 编辑器。其默认界面如图 9.11 所示。

①“工程”窗格。显示一个树型结构，包括 Microsoft Excel 对象、窗体、模块等。在 Excel 中，每一个工作簿就是一个工程，工程的默认名称为 VBA Project（工作簿名称）。

②“属性”窗格。显示当前所选 Excel 对象的属性。选中某个对象后，可以在“属性”窗格中修改所选对象的各个属性，如颜色、名称等。

③“代码”窗格。这是用来存储和编辑 VBA 代码的地方。“代码”窗格的左侧有一个边界标志条，用来放置中断标志和程序运行标志。编写代码时，2 个过程之间会自动添加一条过程分隔线。

除此之外，经常用到的还有“立即”窗口和“对象浏览器”窗口。它们都可以通过“视图”菜单进行添加。“立即”窗口是一个非常有用的窗口，在其中可以直接执行 VBA 语句、测试语句和调试代码；“对象浏览器”窗口可以帮助用户查询既有对象，学习对象的使用方法。如果不是特别熟悉 Visual Basic 编辑器，可以选择“工具”|“选项”命令，将“编辑器”选项卡中的复选框全部选中，其他选项卡采用默认设置。

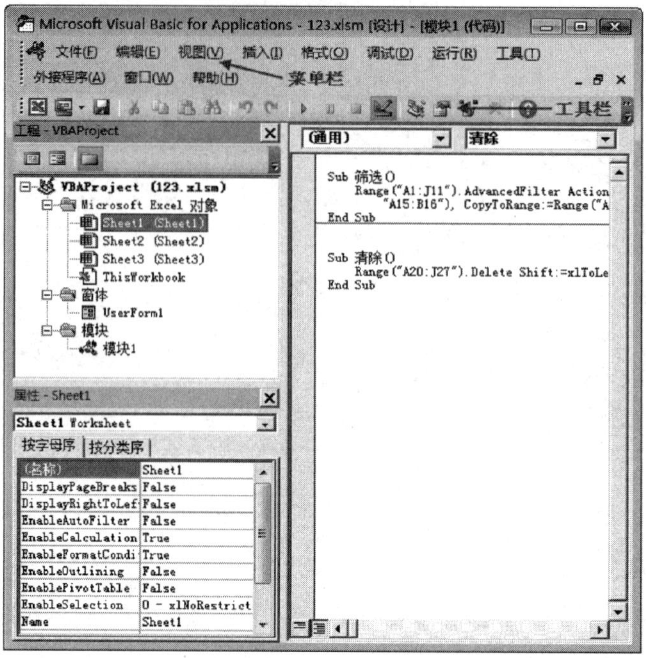

图 9.11　Visual Basic 编辑器界面

二、对象、属性、方法、事件

下面是很重要的几个概念，是编写 VBA 程序的基础。

① 对象（object）。对象是指所有可以通过 VBA 控制的东西，如工作簿、工作表、单元格、窗体、文本框、按钮等。在 Office 中，程序开发都是以对象为中心的。

② 属性（property）。属性是指对象的特性，如大小、颜色、状态等。

③ 方法（method）。每个对象都有方法，方法就是在对象上执行的某个动作。属性表示的是对象的某种状态或样子，是静态的，就像语文里的名词、形容词和副词，而方法则是做某件事的一个动作，就像动词。例如，Range（单元格）对象有一个方法是 Select（选择）。

④ 事件（event）。事件是指由用户或系统触发的某个动作或行为，可以在代码中响应。当用户移动鼠标指针、打开工作簿、激活工作表、选中单元格、改变单元格的数值、单击按钮或单击键盘等都会产生一系列的事件。通过编写代码响应这些事件，程序就会进行相应的操作。

三、常量与变量

① 常量。常量是指不随时间变化的某些量和信息。程序中经常出现的数值可以设置为常量。声明常量需要用 Const 语句，格式为：

Const 常量名[As 数据类型]=常量的值

② 变量。变量在不同时刻有不同的值，定义变量时只说明变量的数据类型而不必说明其值。常用的变量数据类型包括 Byte（字节型）、Integer（整数型）、Long（长整型）、Boolean（布尔型）、Single（单精度型）、Double（双精度型）、Currency（货币型）、String（字符型）、

Variant（变体型）、Date（日期型）、Object（对象型）。定义变量可以使用 Dim 语句，格式为：

Dim 变量名[As 数据类型]

四、VBA 的语法规则

VBA 主要有获取对象属性、设置对象属性和使用对象的方法 3 种基本的语法规则。

① 获取对象属性。格式为：变量=对象.属性。例如：

My_name=Range("A5"). Value

② 设置对象属性。格式为：对象.属性=值。例如：

Range("A1").Value="资产负债表"

③ 使用对象的方法。

- 基本语句格式：对象.方法。例如：

Worksheets.Add

- 带有参数的语句格式：对象.方法 参数 1,参数 2,…。例如：

Worksheets.Add after:=Worksheets(1)

五、Excel VBA的对象层级结构

对象是分层次的，上级对象包含一个或多个下级对象，如图 9.12 所示。

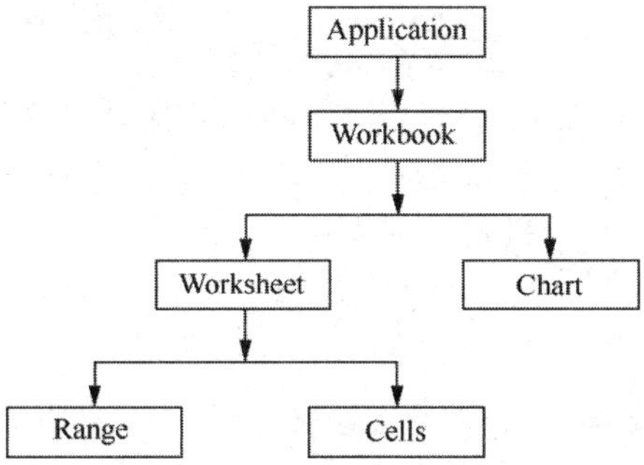

图 9.12　对象层级结构

六、对象引用的 2 种方法

1．绝对引用

Application.Workbooks("工作簿 1.xlsx").Worksheets(2).Range("A5").Value=100

2．相对引用

Workbooks("工作簿 1.xlsx").Activate

Worksheets(2).Activate

Range("A5").Value=100

使用相对引用可以减少语句的长度，书写更简单，更容易阅读。

任务一中录制的“筛选”宏和“清除”宏就属于绝对引用关系，宏引用的单元格是固

定不变的。有时候录制宏时需要启用相对引用功能，使宏更具灵活性。相对引用案例如图 9.13 所示。A 列和 B 列是从其他同事手中获取的企业货主信息，但是这种排列方式不利于对数据的排序、筛选等管理工作。因此，需要对数据进行整理，在 E 列至 H 列之间建立数据列表。

操作方法很简单，只要选中 A1:A4 单元格区域后右击，在弹出的快捷菜单中选择“复制”命令，然后在 E1 单元格处右击，在弹出的快捷菜单中选择“选择性粘贴”命令，在“选择性粘贴”对话框中选中“转置”复选框。同理，复制 B1:B4 单元格区域，在 E2 单元格处选择“选择性粘贴”|“转置”命令，用同样的方法依次将每个货主的信息进行复制粘贴操作。

为解决重复劳动的问题，可以录制“复制”宏来完成每个货主信息的复制粘贴操作。录制前应注意，先选中 B1 单元格，启用宏的相对引用功能（单击“开发工具”|“使用相对引用”按钮），复制粘贴完第 1 个货主后，注意将鼠标指针放到 B6 处。如果不使用相对引用，则每次运行宏都仅仅复制第 1 个货主的信息。录制完成的代码如图 9.14 所示。

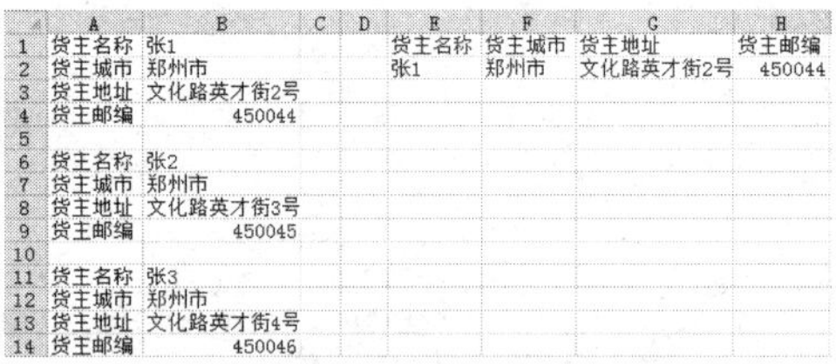

图 9.13　货主信息（部分）

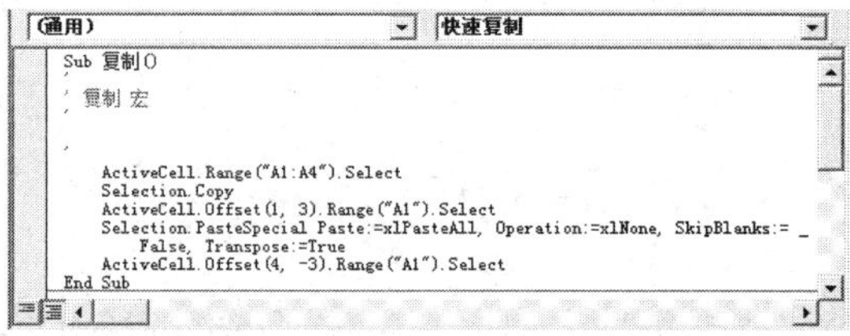

图 9.14　使用相对引用录制的宏代码

因为使用的是相对引用功能，所以运行宏前，鼠标指针不能随意放置，需要将鼠标指针根据情况放置在 B 列某个货主名称上。

七、集合对象和单一对象

1．集合对象

集合对象是指某种对象的集合体。书写格式为：一般都用单词的复数形式。例如，Workbooks 代表当前打开的所有工作簿；Worksheets 代表某工作簿中的所有工作表；Cells 代表某工作表上的所有单元格。

2．单一对象

单一对象是指集合对象中的某单一个体。书写格式为：集合对象（序号）或集合对象（名称）。例如，Workbooks (1)代表第 1 个打开的工作簿；Workbooks (“利润表.xlsx”)代表名字为“利润表”的工作簿；Worksheets (3)代表按照工作表标签从左向右数第 3 个工作表。

八、Excel VBA 的常用对象

学习 VBA 最重要的内容就是掌握其中一些常用对象的操作使用。

1．Application 对象

① ActiveWorkbook 属性，返回一个代表当前活动工作簿的 Workbook 对象。例如：

Msgbox Application.ActiveWorkbook.Name

② ActiveSheet 属性，返回一个代表当前活动工作表的 Worksheet 对象或 Chart 对象。例如：

Msgbox Application.ActiveSheet.Name

③ ActiveCell 属性，返回一个代表当前活动单元格的 Range 对象。例如：

Msgbox Application.ActiveCell.Value

④ Caption 属性，代表 Excel 标题栏上的程序标题。例如：

Application.Caption="工资管理系统"

⑤ DisplayAlerts 属性，代表 Excel 是否显示警告信息的状态设置。例如：

Application.DisplayAlerts

⑥ Quit 方法，关闭（退出）Excel。

2．Workbook 对象

这类对象主要是为了执行新建、复制、移动、删除等操作。该对象的主要方法如下。

① 新建工作簿（Add）。格式为：Workbooks.Add。

② 打开工作簿（Open）。打开指定文件，如 Workbooks.OpenFilename:="路径\123.xlsx"。

③ 关闭工作簿（Close）。

关闭所有已打开的工作簿，格式为：Workbooks.Close。

关闭当前的活动工作簿，格式为：ActiveWorkbook.Close。

关闭指定名称的工作簿，格式为：Workbooks ("3.xlsx").Close。

关闭时自动保存/不保存：

Workbooks ("工作簿 1.xlsx").Close Savechanges:=True

Workbooks ("工作簿 1.xlsx").Close Savechanges:=False

④ 将已打开的工作簿设定为活动工作簿(Activate)：Workbooks ("工作簿 1.xlsx").Activate。指定活动工作簿的作用是引用对象时减少语句的长度。

⑤ 保存工作簿（Save）。

保存当前的活动工作簿，格式为：ActiveWorkbook.Save。

保存指定名称的工作簿，格式为：Workbooks ("工作簿 1.xlsx").Save。

⑥ 将工作簿另存为（SaveAs）。

将活动工作簿另存为，格式为：ActiveWorkbook.SaveAs Filename:="路径\名称.xlsx"。

将指定名称的工作簿另存为，格式为：Workbooks ("123.xlsx").SaveAs Filename:="路径\名称.xlsx"。

3．Worksheet 对象

（1）Sheets 集合对象

Sheets=Charts (图表工作表)+Worksheets (工作表)

① 利用 Sheets 新建工作表

Sheets.Add Type:=xlWorksheet,Count:=2,After:=Sheets(2)

② 利用 Sheets 新建图表工作表

Sheets.Add Type:=xlChart,Count:=2,After:=Sheets(2)

（2）新建工作表（Add）

① 在活动工作表的前方建立工作表

Worksheets.Add。

② 在指定的工作表后方（前方）建立多张工作表

Worksheets.Add After:=Worksheets ("Sheet1"),Count:=2

Worksheets.Add Before:=Worksheets ("Sheet1"),Count:=2

（3）选取工作表（Select）

① 选取指定名称的工作表

Worksheets("Sheet2").Select

② 选取活动工作簿内的所有工作表

Worksheets.Select

③ 选取多个工作表

Worksheets(Array(3,5)).Select

（4）移动工作表（Move）

① 移动指定名称的工作表

Worksheets("Sheet2").Move After:=Worksheets("Sheet3")

② 将工作表移动到其他工作簿

Worksheets("Sheet2").Move Before:=Workbooks("123.xlsx").Worksheets("Sheet3")（注意，操作时将名称为 123 的工作簿也打开）

③ 将工作表移动到新建的工作簿内

Worksheets("Sheet3").Move

④ 同时移动多张工作表

Worksheets(Array(3,5)).Move Before:=Worksheets("Sheet1")

（5）复制工作表（Copy）

复制与移动的语法格式完全相同，这里不再赘述。例如：

Worksheets("Sheet1").Copy After:=Worksheets("Sheet5")

（6）删除工作表（Delete）

删除与选取（Select）是一样的，这里不再赘述。例如：

Worksheets ("Sheet1").Delete

注意，一个工作簿内如果只有一张工作表，Worksheets.Delete 就不能执行了。

（7）Charts 图表工作表

图表工作表的新建、选取、移动、删除等操作和工作表是一样的，只要将 Worksheets 改成 Charts 就可以了。

（8）显示及隐藏工作表（Visible 属性）

① 隐藏工作表

Worksheets ("Sheet4").Visible=False

② 显示工作表

Worksheets ("Sheet4").Visible=True

（9）工作表的命名（Name 属性）

利用 Name 属性可为工作表设置名称。例如：

Worksheets ("Sheet4").Name="工资表"

（10）工作表标签的隐藏/显示

① 隐藏工作表标签

ActiveWindow.DisplayWorkbookTabs=False

② 显示工作表标签

ActiveWindow.DisplayWorkbookTabs=True

（11）工作表保护（Protect 方法）和撤销保护（Unprotect 方法）

① 保护工作表

Activesheet.Protect Password:="1234"

② 撤销对工作表的保护

Activesheet.Unprotect Password:="1234"

4．Range 对象

（1）Range 和 Cells

① Range 语法格式

Range ("列标行号")

② Cells 语法格式

Cells (行数,列数)

（2）选取单一单元格

① Range ("列标行号").Select

② Cells (行号,列标).Select

（3）选取连续范围的多个单元格

① 格式一

Range ("A1:B5").Select

② 格式二

Range ("A1","B5").Select

③ 格式三

[A1:B5].Select

（4）选取不连续范围的多个单元格

① 格式一

Range ("B3,B5,C8,D9:D11").Select

② 格式二

[B5,D8,D10].Select

注意，Range ("A1","B5"). Select 表示选择 A1:B5 单元格区域，Range ("A1, B5"). Select 则是选择 A1 和 B5 两个单元格。

（5）选取指定名称的单元格

选取指定名称的单元格，如 Range ("税率").Select。使用名称的好处是：一是名称便于理解；二是可以根据需要任意调整名称所代表的单元格，而不必修改已经写好的公式或 VBA 语句。

（6）使用 Cells配合 Range选取单元格范围

Range(左上角单元格,右下角单元格)中的“左上角单元格”“右下角单元格”可以使用 Cells 替换。例如，Range (Cells(2,2),Cells(5,5)).Select。

（7）选取整行或整列

① 选取整行

Range ("1:1").Select 或 Rows (1).Select

② 选取整列

Range ("B:B").Select 或 Columns (2).Select

③ 其他关于选取列、行的方法

选取第 2 行到第 10 行：Range ("2:10").Select

选取第 B 列到第 D 列：Range ("B:D").Select

选取第 2 行及第 4 行到第 7 行：Range ("2:2,4:7").Select

选取第 A 列到第 C 列及第 F 列到第 H 列：Range ("A:C,F:H").Select

（8）行（Rows）和列（Columns）

行：Rows (1).Select　Rows ("1").Select　Rows ("3:5").Select

列：Columns (2).Select　Columns ("B").Select　Columns ("B:D").Select

注意，Rows 或 Columns 一般只用于单行或单列，或者全部行或列，但不用于其他的多行或列。选择不连续的多行或多列只能通过 Range，不能通过 Rows 或 Columns。例如：

Range ("3:5,6:8").Select　正确　Rows ("3:5,6:8").Select　错误

Range ("B:D,E:G").Select　正确　Columns ("B:D,E:G").Select　错误

（9）单元格选取的说明

① Range 和 Cells 的选取（Select）必须先激活其所在的工作表。例如：

Workbooks ("Book1").Worksheets ("Sheet2").Range ("A1").Select

以上语句如果执行错误，修改成如下语句即可正确执行：

Workbooks ("Book1").Worksheets ("Sheet2").Activate

Range ("A1").Select

② Range 和 Cells 在使用时要注意其所在的环境。例如：

Worksheets (1).Cells (1,1)或 Worksheets (1).Range ("A1")代表的是 A1。

Range ("B2:D4").Cells (1,1)或 Range ("B2:D4").Range ("A1")代表的是 B2。

（10）单元格的值（Value 属性）

例如，Msgbox Range ("A1").Value 或 Msgbox Range ("A1")。

Range 对象的默认属性是 Value 属性，在使用对象的默认属性时可以将其省略。

（11）单元格的公式（Formula 属性）

例如，可以使用 Msgbox Range ("A10").Formula，但不能使用 Msgbox Range ("A10"). Value。

Value 属性表示“值”，Formula 属性表示“公式”，所以在从 Range 中取得数据时，必须分清楚是取得值还是公式，从而选择合适的属性。

（12）给单元格赋值（对象.属性=值）

① 文本型

Range ("A1").Value="资产负债表"

② 数值型

Range ("A1").Value=-100

注意，数值型内容不使用""符号，要设定其他格式（如日期、时间、科学记数等）的数值型内容时，要使用""符号。例如，Range ("A1").Value="2013/10/01"、Range ("A1").Value="10:10:10"、Range ("A1").Value="4.23E-01"。

（13）将一个单元格的值赋给另一个单元格

Range("A1").Value=Range("A2").Value

这里"="的含义是将"="后的内容赋值给"="前。

（14）设定单元格的公式

因为公式也是文字型的内容，所以要用""符号。

例如：Range("A10").Formula="=SUM(A1:A9)"

其实也可以使用 Range("A10").Value="=SUM(A1:A9)"或 Range("A10")="=Sum(A1:A9)"。

（15）单元格的行号/列号（Row 属性/Column 属性）

例如，？ActiveCell.Row 或？ActiveCell.Column。

（16）单元格的地址（Address 属性）

Address（行是否绝对，列是否绝对），绝对是 True 或 1，或者省略；相对是 0。

例如，？ActiveCell.Address。

（17）整行（Entirerow 属性）和整列（Entirecolumn 属性）

注意 Rows 和 Entirerow 的不同。

① Rows 的使用

Range ("A1:C4").Select

Selection.Rows.Value="Hello"

② Entirerow 的使用

Range ("A1:C2").Select

Selection.Entirerow.Value="Ok"

（18）清除单元格

清除单元格主要有清除单元格的内容、格式和批注 3 种形式。

① 清除单元格的内容（ClearContents 方法）。例如：

Range ("A1").ClearContents

也可使用赋空值的方法，如 Range ("A1").Value=""

② 清除单元格的格式（ClearFormats 方法）。例如：

Range ("A1").ClearFormats

③ 清除单元格的批注（ClearComments 方法）。例如：

Range ("A1").ClearComments

④ 同时清除单元格的内容、格式、批注（Clear 方法）。例如：

Range ("A1").Clear

（19）单元格的删除（Delete 方法）

单元格的删除有 4 种情形：右侧单元格左移、下方单元格上移、整行删除、整列删除，相应的语句如下。

① 右侧单元格左移

ActiveCell.Delete Shift:=xlToLeft

② 下方单元格上移

ActiveCell.Delete Shift:=xlUp

③ 整行删除

ActiveCell.EntireRow.Delete

④ 整列删除

ActiveCell.EntireColumn.Delete

（20）行、列、单元格的插入（Insert）

① 插入行

Rows ("3").Insert

② 插入列

Columns ("D").Insert

③ 插入多行/多列

Rows ("3:5").Insert 或 Columns ("D:F").Insert

④ 插入单元格（与单元格的删除相同，也有 Shift 参数）

Range ("E6:F8").Insert

（21）行、列的隐藏（Hidden 属性）

① 行的隐藏

Rows (4).Hidden=True

② 取消行隐藏

Rows (4).Hidden=False

③ 列的隐藏

Columns ("B:F").Hidden=True

④ 取消列隐藏

Columns ("B:F").Hidden=False

（22）单元格选取范围位置的调整（Offset 属性）

Range ("A1:B2").Select

Selection.Offset (1,1).Select

注意，Offset(行数,列数)以选取范围的左上角单元格（不一定是活动单元格）为基准，当“行数”为正值时，会将选取范围往下移动，为负值时往上移动。同样，当“列数”为正值时，会将选取范围往右移动，而负值时往左移动。但是一定不能移动超出边界。行数或列数可以为 0 或省略。

（23）单元格选取范围大小的调整（Resize）

Range ("B2:D3").Select

Selection.Resize (3,4).Select

Resize (新行数,新列数)中，“新行数”为新单元格选取范围中所要包含的行数；“新列数”为新单元格选取范围中所要包含的列数。选取范围大小改变前后的左上角单元格（不一定是活动单元格）位置不变；“新行数”或“新列数”可以省略，表示行数或列数不变，但不能为 0。

（24）位置和大小的同时调整（Offset+Resize）

Range ("B2:D3").Select

Selection.Offset (2,1).Resize (Selection.Rows.Count-1,Selection.Columns.Count+1).Select

（25）当前区域（CurrentRegion）

某单元格周围有数据的单元格共同组成的单元格范围叫作该单元格的当前区域。可以使用“Ctrl+Shift+*”或定位功能选取某单元格的当前区域。例如：

Range ("C6").CurrentRegion.Select

（26）端点单元格

选中某单元格后按 Ctrl+方向键，所选择的单元格称为该单元格的端点单元格。端点单元格选择（End）的基本格式为：源区域.End（移动方向）。移动方向包括 4 个——xlToLeft、xlToRight、xlUp、xlDown。

① 端点单元格的选择

Range("C6").End(xlDown).Select

② 选取数据区域某列的最后一个单元格

Range("C1048576").End(xlUP).Select

③ 选取数据区域某行的最后一个单元格

Range("C5").End(xlToRight).Select

④ 选取数据区域某列的最后一行的下一行单元格

Range("C1048576").End(xlUP).Offset(1,0).Select

⑤ 选取数据区域中的某一行(即一条记录)

Range("C4",Range("C4").End(xlToright)).Select

任务三　VBA 程序及代码结构

程序是按照一定的顺序来执行的。程序在执行过程中，可以按顺序执行，可以有选择地执行，也可以重复执行某段代码，还可以跳过某些代码而执行其他代码。

一、顺序结构

顺序结构是指按事件发生的先后次序，逐条语句顺序执行，在程序执行过程中没有任何分支。录制宏产生的代码一般都是顺序结构。

二、判断结构

1．If–Then 语句

格式：

```
If 逻辑表达式 Then
  语句块
End If
```

2．If–Then–Else 语句

格式：

```
If 逻辑表达式 Then
  语句块 1
Else
  语句块 2
End if
```

3．If–Then–ElseIf 语句

格式：

```
If 逻辑表达式 1 Then
  语句块 1
ElseIf  逻辑表达式 2 Then
  语句块 2
ElseIf  逻辑表达式 3 Then
  语句块 3
…
Else
  语句块 n
End If
```

三、分支结构

Select Case 语句同 If 语句一样，也是条件判断的语句。当程序的条件太多，用 If 语句来判断就存在一些不足，如程序的美观性、可阅读性及程序的执行效果较差。与 If 语句相比，Select Case 语句在执行效率上更高。

格式：

```
Select Case 判断的对象
  Case(Is)  条件 1
    语句 1
  Case(Is)  条件 2
    语句 2
```

```
…
  Case Else
    语句 n
End Select
```

四、循环结构

1．For–Next 循环语句

格式：

```
For 变量=初值 To 终值 Step 步长
  语句
Next 变量
```

注意，Step 省略时，默认步长为 1。

任务二中相对引用录制的复制宏一次只能复制一条货主信息，如果货主比较多，运行宏的工作效率依然不高。在此可以加入循环结构，如图 9.15 所示。其中，I=1 To 20 代表有 20 个货主，所以循环 20 次——可根据实际货主人数修改。

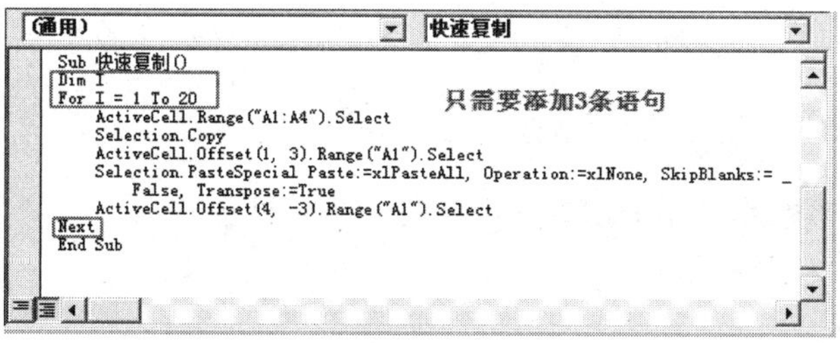

图 9.15 编辑修改“复制”宏

2．For–Each 循环语句

其主要功能是对一个数组或集合对象进行循环，让所有元素重复执行一次语句。

格式：

```
For Each 元素变量 In 集合对象或数组名称
  语句块 1
[Exit For]
  语句块 2
Next 元素变量
```

这里的元素变量是用来遍历集合或数组中元素的变量。它从集合或数组的第 1 个元素开始，直到最后一个元素，然后退出循环。

3．Do While 循环语句

Do While 循环分为 2 种情况：一种是把循环条件放在开头；一种是把循环条件放在结尾。

（1）开头判断循环条件

首先判断循环条件，条件为真则执行 Do 到 Loop 之间的语句。

格式：

```
Do While 循环条件
  语句块 1
[Exit Do]
  语句块 2
Loop
```

（2）结尾判断循环条件

先执行一次 Do 到 Loop 之间的语句，再判断循环条件，满足条件则进行循环。

格式：

```
Do
  语句块 1
[Exit Do]
  语句块 2
Loop While 循环条件
```

2 种格式的区别：因为第 2 种格式是把循环条件放在尾部，要先执行一遍语句再进行循环条件判断，所以在同样的条件下，第 2 种格式的循环会比第 1 种多执行一次循环部分的语句。

4．Do Until 循环语句

与 Do While 语句类似，Do Until 循环语句也有 2 种形式。

（1）开头判断循环条件

格式：

```
Do Until 循环条件
  语句块 1
[Exit Do]
  语句块 2
Loop
```

（2）结尾判断循环条件

执行 Do 和 Loop 之间的指令，直到循环条件为真时退出循环。

格式：

```
Do
  语句块 1
[Exit Do]
  语句块 2
Loop Until 循环条件
```

直到循环条件为真时退出循环，这是 Do Until 与 Do While 的区别。Do Until 的 2 种语句格式的区别，也是第 2 种比第 1 种多执行一次循环部分的语句。

任务四　编写 Sub 过程和 Function 函数过程

过程是构成程序的一个模块，往往用来完成一个相对独立的功能。过程可以使程序更清晰、更具结构性。VBA 最常用的有 Sub 过程和 Function 函数过程。过程按作用域不同可分为公共过程（Public）和私有过程（Private）：过程前有 Public 或省略了 Public 的过程都是公共过程，可以被其他程序调用；过程前有 Private 的过程是私有过程，只能在本模块内使用，不能被模块外的其他程序调用。

一、Sub 过程

微课-利用 sub 过程制作工资条

Sub 过程总是以“Sub 过程名()”开头，以 End Sub 结尾。

财务工作中经常需要由工资表自动生成工资条，如某公司工资表如图 9.16 所示。要求编写 Sub 过程，能根据“工资表”数据自动生成工资条。为了不影响原“工资表”数据，将生成的工资条放置在名称为“工资条”的工作表中，如图 9.17 所示。其代码如下。

	A	B	C	D	E	F	G	H
1	姓名	基本工资	奖金	各项补助	应发工资	个人所得税	其他扣款	实发工资
2	张1	2800	400	500	3700	6	50	3644
3	张2	2300	500	200	3000	0	10	2990
4	张3	3100	350	450	3900	12	0	3888
5	张4	2950	250	300	3500	0	20	3480
6	张5	2150	500	400	3050	0	0	3050
7	张6	2200	450	600	3250	0	30	3220
8	张7	3100	200	400	3700	6	90	3604
9	张8	3750	350	500	4600	33	30	4537
10	张9	2500	400	400	3300	0	0	3300
11	张10	2000	300	400	2700	0	0	2700

图 9.16　“工资表”数据

	A	B	C	D	E	F	G	H
1	姓名	基本工资	奖金	各项补助	应发工资	个人所得税	其他扣款	实发工资
2	张1	2800	400	500	3700	6	50	3644
3	姓名	基本工资	奖金	各项补助	应发工资	个人所得税	其他扣款	实发工资
4	张2	2300	500	200	3000	0	10	2990
5	姓名	基本工资	奖金	各项补助	应发工资	个人所得税	其他扣款	实发工资
6	张3	3100	350	450	3900	12	0	3888
7	姓名	基本工资	奖金	各项补助	应发工资	个人所得税	其他扣款	实发工资
8	张4	2950	250	300	3500	0	20	3480
9	姓名	基本工资	奖金	各项补助	应发工资	个人所得税	其他扣款	实发工资
10	张5	2150	500	400	3050	0	0	3050
11	姓名	基本工资	奖金	各项补助	应发工资	个人所得税	其他扣款	实发工资
12	张6	2200	450	600	3250	0	30	3220
13	姓名	基本工资	奖金	各项补助	应发工资	个人所得税	其他扣款	实发工资
14	张7	3100	200	400	3700	6	90	3604
15	姓名	基本工资	奖金	各项补助	应发工资	个人所得税	其他扣款	实发工资
16	张8	3750	350	500	4600	33	30	4537
17	姓名	基本工资	奖金	各项补助	应发工资	个人所得税	其他扣款	实发工资
18	张9	2500	400	400	3300	0	0	3300
19	姓名	基本工资	奖金	各项补助	应发工资	个人所得税	其他扣款	实发工资
20	张10	2000	300	400	2700	0	0	2700

生成工资条

清除

图 9.17　自动生成工资条格式

```
Sub 生成工资条()
Dim r1 As Integer,r2 As Integer,r_end As Integer
r_end=Worksheets("工资表").Range("A1048576").End(xlUp).Row
r2=1
Worksheets("工资表").Activate
For r1=2 To r_end
       Range("A1:H1").Copy Worksheets("工资条").Cells(r2,"A")
       r2=r2+1
       Range(Cells(r1,1),Cells(r1,1).End(xlToRight)).Copy Worksheets
         ("工资条").Cells(r2,"A")
       r2=r2+1
Next
Worksheets("工资条").Activate
End Sub
```

参考以上操作，请根据美景化工有限公司工资表自动生成工资条。

二、Function 函数过程

VBA 本身提供了很多内置函数，同时 VBA 也可以调用各种工作表函数。但是有时候这些函数也不能满足工作需要，所以用户可以通过编写 Function 过程来创建自定义函数。

1. 编写自定义函数

自定义函数一般存放在添加的模块中。添加模块后，就可以开始在“代码”窗格中编写自定义函数的代码了。函数过程是以 Function 开始，以 End Function 结束的语句。其语法格式如下。

```
Function 函数名称([参数列表])[As 数据类型]
  语句块 1
函数名称=表达式
  语句块 2
End Function
```

下面为美景化工有限公司编写销售提成函数，实现销售人员业绩提成的自动计算。

```
Function 销售提成(销售额)
Select Case 销售额
        Case Is <= 10000
           销售提成 = 销售额 * 0.1
        Case Is <= 20000
           销售提成 = 销售额 * 0.2
        Case Else
           销售提成 = 销售额 * 0.25
End Select
End Function
```

微课-Function 函数应用举例

2. 在工作表中调用 Function 函数

Function 函数与系统内部工作表函数的使用方法一样。个人所得税函数使用步骤如下。

操作步骤

步骤 1　选中要计算所得税的某单元格，单击“插入函数”按钮。

步骤 2　在“插入函数”对话框的“或选择类别”下拉列表框中选择“用户定义”选项，在“选择函数”列表框中选择“销售提成”选项，如图 9.18 所示。然后单击“确定”按钮。

步骤 3　在打开的“函数参数”对话框（见图 9.19）中输入销售额，单击“确定”按钮即可实现销售提成的自动运算。

也可以直接在单元格中输入公式，比如在 C2 单元格输入“=销售提成(B2)”，向下填充即可自动计算出所有员工的销售提成。

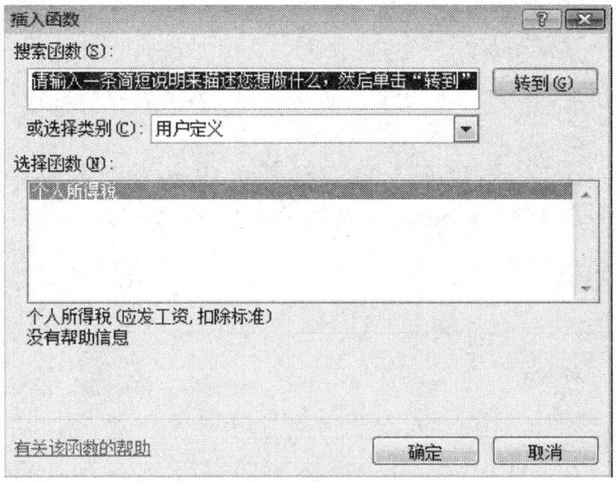

图 9.18　“插入函数”对话框

图 9.19　“函数参数”对话框

任务五　用户界面设计

使用窗体可以提供一个生动形象的用户界面。MsgBox 与 InputBox 函数所产生的对话框就是简单的用户窗体。在实际工作中，用户需要设计自己的用户界面，必然要使用 VBA 的用户窗体。用户界面实际上就是由窗体和窗体中的控件所构成的操作环境。

一、MsgBox和 InputBox对话框

1．使用 MsgBox 对话框可进行简单的信息提示

```
Sub 欢迎()
MsgBox "欢迎进入系统!"
End Sub
```

运行该代码则会提示相应的欢迎信息。

2．使用 InputBox 对话框可进行数据输入

```
Sub 输入数据()
Dim X
```

```
X=InputBox("请输入数据: ")
Range("A1")=X
End Sub
```

运行后显示“请输入数据:”提示，当用户在“提示”文本框中输入数据，并单击“确定”按钮后，计算机就自动将该数据写入到 A1 单元格中。

微课-用户窗体

二、用户窗体

1．创建用户窗体

选择 Visual Basic 编辑器中的“插入”|“用户窗体”命令，可以插入一个空白窗体，默认名字为 UserForm1。可使用“属性”窗格更改窗体的名称、行为和外观。例如，要更改窗体的标题，可设置 Caption 属性。

2．显示用户窗体

要显示名为 UserForm1 用户窗体，可使用代码 UserForm1.Show 将该用户窗体加载到内存中，也可使用代码 Load UserForm1。

下面的代码将实现当激活工作表时显示窗体 UserForm1。

```
Private Sub Worksheet_Activate()
UserForm1.Show
End Sub
```

3．隐藏用户窗体

隐藏用户窗体 UserForm1，可使用代码 UserForm1.Hide。

4．卸载用户窗体

如果要卸载用户窗体 UserForm1，可以使用代码 Unload UserForm1；如果卸载与用户窗体上的控件相关联的事件过程中的用户窗体，也可以使用代码 Unload Me。

三、窗体控件

在窗体上插入控件，必须借助控件工具箱来完成，如图 9.20 所示。插入控件的方法是先在控件工具箱中选取控件，然后在窗体上拖动出该控件。

1．标签控件(Label)

标签控件是应用最广泛的控件，主要用于对其他控件进行说明。

2．文字框控件(TextBox)

文字框控件的主要功能是收集用户的输入。

3．命令按钮控件(CommandButton)

命令按钮控件是常用的控件之一。其常用功能是执行、中断或停止程序的运行。在“属性”窗格中修改 Caption 属性，可修改按钮显示文本。在如图 9.21 所示的窗体中，单击“输入”按钮可实现将文字框中输入的姓名和性别信息分别添加到工作表的 A 列和 B 列；单击“退出”按钮将退出当前用户窗体。

（1）输入代码

```
Private Sub CommandButton1_Click()
Dim mrow As Long
mrow=Range("A1048576").End(xlUp).Row+1
Range("A" & mrow)=TextBox1.Value
Range("B" & mrow)=TextBox2.Value
End Sub
```

（2）退出窗体代码

```
Private Sub CommandButton2_Click()
Unload Me
End Sub
```

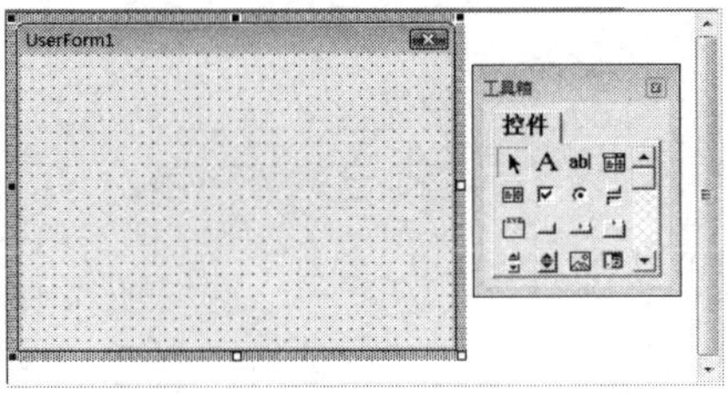

图 9.20　用户窗体和控件工具箱

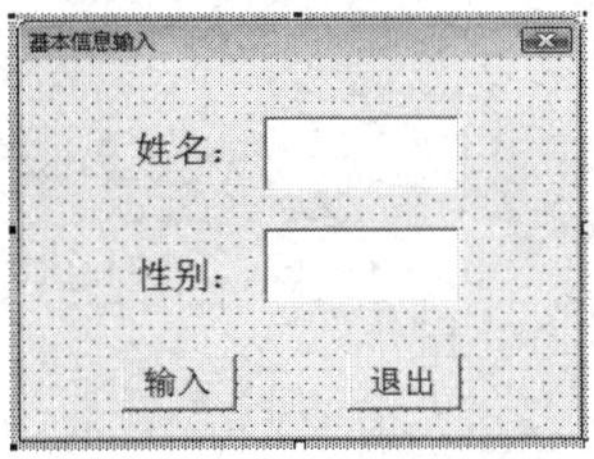

图 9.21　“基本信息输入”窗体

除此之外，常用的控件还有组合框控件、列表框控件、复选框控件、命令按钮控件、框架控件和图像控件等，鉴于篇幅原因不再一一介绍。

技能训练

实训九　VBA 财务应用

实训目的

学习掌握 VBA 基础知识，能够在财务工作中灵活运用，提高财务工作效率。

1．认识了解宏，掌握宏的录制技巧、运行方法。

2．掌握程序代码的编写方法，能编写代码由工资表自动生成工资条。

3．掌握自定义函数应用，能够编写个人所得税函数。

4．掌握用户窗体及控件的设置。

实训资料

1．总公司下属 3 个分公司分别为 A 公司、B 公司和 C 公司，员工基本信息表数据格式如图 9.22 所示。在 J1:L3 单元格区域设置高级筛选条件区。利用 Excel 录制“筛选”宏和“清除”宏，自动完成数据的高级筛选操作。

2．某公司“工资表”数据如图 9.23 所示。利用 Excel 录制宏来添加表头，形成工资条。编写 Sub 过程，实现根据“工资表”数据自动生成工资条。

3．根据 2019 年实行的个人所得税税率表，计算某公司工资表上的所得税项目，如图 9.24 所示。

	A	B	C	D	E	F	G	H	I	J	K	L
1	公司名称	姓名	性别	年龄	部门	工作岗位	职工类别	基本工资		公司名称	部门	性别
2	A公司	张1	男	36	综合部	经理	管理人员	3500		B公司	技术部	男
3	A公司	张2	女	34	综合部	会计主管	管理人员	3200				
4	A公司	张3	男	38	技术部	研发员	技术人员	3000				
5	A公司	张4	男	40	技术部	研发员	技术人员	3000				
6	A公司	张5	女	35	技术部	研发员	技术人员	2500				
7	A公司	张6	女	26	技术部	研发员	技术人员	2500				
8	A公司	张7	男	32	市场部	销售员	销售人员	2000				
9	A公司	张8	男	28	市场部	销售员	销售人员	1800				
10	A公司	张9	男	36	市场部	销售员	销售人员	2000				
11	A公司	张10	女	27	市场部	销售员	销售人员	1800				
12	B公司	王1	男	36	综合部	经理	管理人员	3500				
13	B公司	王2	女	34	综合部	会计主管	管理人员	3000				
14	B公司	王3	男	38	技术部	研发员	技术人员	3000				
15	B公司	王4	男	40	技术部	研发员	技术人员	3000				
16	B公司	王5	女	35	技术部	研发员	技术人员	2500				
17	B公司	王6	女	26	技术部	研发员	技术人员	2500				
18	B公司	王7	男	32	市场部	销售员	销售人员	2000				
19	B公司	王8	女	28	市场部	销售员	销售人员	1800				
20	C公司	李1	男	38	综合部	经理	管理人员	3500				
21	C公司	李2	女	40	综合部	会计主管	管理人员	3000				
22	C公司	李3	男	35	市场部	销售员	销售人员	2500				
23	C公司	李4	女	26	市场部	销售员	销售人员	2000				
24	C公司	李5	男	32	技术部	研发员	技术人员	3200				
25	C公司	李6	女	28	技术部	研发员	技术人员	3000				

图 9.22　分公司数据

	A	B	C	D	E	F
1	姓名	工资	奖金	补助	保险	实发
2	张1	1800	400	128	54	2382
3	张2	2300	300	154	67	2821
4	张3	2100	350	143	53	2646
5	张4	1950	250	138	55	2393
6	张5	2150	300	139	58	2647
7	张6	2200	450	126	60	2836
8	张7	2100	200	124	52	2476
9	张8	1750	350	141	62	2303
10	张9	1850	400	143	47	2440
11	张10	2000	300	133	55	2488

图 9.23　某公司“工资表”数据

	A	B	C	D	E
1	2019个人所得税税率表（按月综合所得适用）				
2				免征额5000	
3	级　数	全月应纳税所得额	应纳税所得额	税率	速算扣除数
4			税前工资－5 000≤0	0	0
5	1	不超过3000元的部分	0<税前工资－5 000≤3 000	0.03	0
6	2	超过3 000元至12 000元的部分	3 000<税前工资－5 000≤12 000	0.1	210
7	3	超过12 000元至25 000元的部分	12 000<税前工资－5 000≤25 000	0.2	1410
8	4	超过25 000元至35 000元的部分	9 000<税前工资－5 000≤35 000	0.25	2660
9	5	超过35 000元至55 000元的部分	35 000<税前工资－5 000≤55 000	0.3	4410
10	6	超过55 000元至80 000元的部分	55 000<税前工资－5 000≤80 000	0.35	7160
11	7	超过80 000元的部分	税前工资－5 000>80 000	0.45	15160

	G	H	I	J	K	L
1	姓名	工资	奖金	补助	保险	实发
2	张1	2800	1400	1280	54	5534
3	张2	2300	1300	1540	67	5207
4	张3	2100	1350	1430	53	4933
5	张4	2950	1250	1380	55	5635
6	张5	2150	1300	1390	58	4898
7	张6	2200	1450	1260	60	4970
8	张7	2100	1200	1240	52	4592
9	张8	2750	1350	1410	62	5572
10	张9	2850	1400	1430	47	5727
11	张10	2000	1300	1330	55	4685

图 9.24　个人所得税税率表及某公司工资表

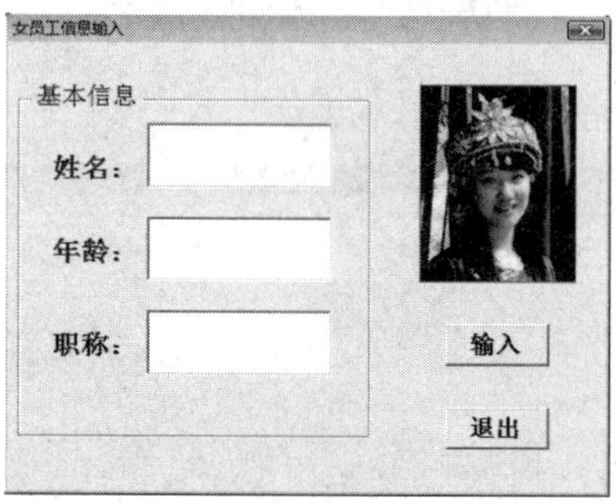

图 9.25　“女员工信息输入”窗体

4．利用标签、文字框、框架、命令按钮、图像控件建立如图 9.25 所示的用户窗体界面。

实训要求

为了熟练掌握 VBA 财务应用，请利用 Excel 进行以下处理。

1．根据实训资料 1 录制“筛选”宏，按指定条件筛选，将筛选结果放置到 J4 开始位置；录制“清除”宏，清除上一步的筛选结果；运用多种方法分别运行“筛选”宏和“清除”宏。

2．根据实训资料 2 的“工资表”数据，新建一个工作表，命名为“录制宏”；复制“工资表”数据到该工作表中，启用宏的相对引用功能；录制一个宏，在第 2 名员工前添加 1 空行，将第 1 行表头信息复制到新添加的行；复制完成后，将鼠标指针放到第 3 名员工处。分析刚才录制的宏，通过添加循环语句，将“录制宏”工作表中的工资表变成工资条；添加一个新的工作表，命名为“工资条”，编写 Sub 过程，实现根据“工资表”数据自动生成工资条。

3．根据实训资料 3 编写个人所得税函数代码，其中扣除标准固定为 5 000 元。在工作表中应用该函数完成所得税项目的计算。

4．根据实训资料 4 插入用户窗体，设置名称为“女员工信息输入”；在用户窗体上布局和设计各相应控件；对命令按钮控件分别设置输入和退出窗体代码；设置工作表激活事件，当激活当前工作表时，显示该窗体。

项目十

Excel与会计软件的交互

学习目标

1. 掌握将会计软件数据输出成Excel格式文件的方法。
2. 掌握Excel数据会计软件的导入方法。

项目介绍

在企业会计实务中，往往需要Excel与会计软件的互动，如使用会计软件核算的单位，可以通过导入Excel文档，减轻数据输入的压力；也可以把会计软件中的数据导出成Excel文档，增强数据的可读性。实现不同数据平台上的数据往来，能补充和延伸会计软件的功能。

重点难点

不同数据格式的互换。

任务描述

企业之间或同一个企业内部，如果应用的会计软件品牌不同或会计软件版本不同，则无法进行数据交流。通过财务软件中的数据输出功能和导入功能，可以实现Excel数据文件和会计软件中的数据交互。

任务分析

会计软件中的数据，只有放在相应的会计软件中才能阅读和使用。但会计软件都提供数据输出功能，可以输出成Excel格式，方便进行后续处理。同时，Excel格式的外部数据也经常需要导入到会计软件中，减轻会计软件的输入压力。另外，不同品牌会计软件之间的数据交互，也是通过Excel为媒介进行的。本项目以会计软件中记账凭证和资产负债表的输出为例，讲解会计软件数据输出成Excel格式的方法；以银行对账单为例，讲解外部Excel文件导入会计软件的方法；用会计软件中的数据与银行、人力资源与社会保障局（以下简称“社保局”）和其他财务软件之间的交互展现Excel的媒介作用。

背景知识

1. 会计软件的应用。
2. Excel工作表的应用。

任务实施

任务一　会计软件数据输出成 Excel 格式

一、输出 Excel 格式的记账凭证

记账凭证是会计软件中的重要数据，以用友 ERP-U8 V10.1 软件为例，输出成 Excel 格式记账凭证的具体操作如下。

操作步骤

步骤 1　打开用友 ERP-U8 V10.1 的“凭证查询”对话框，可以查询并输出某月的会计凭证。例如，查询 2019 年 1 月的记账凭证，如图 10.1 所示。

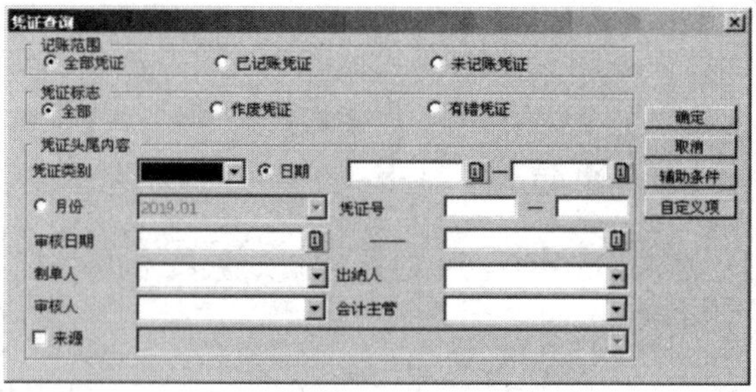

图 10.1　查询用友软件中的凭证

步骤 2　单击“确定”按钮，查询出满足条件的所有凭证。

步骤 3　双击第 1 张凭证。在“查询凭证”窗口中，选择“文件”|“输出”命令，如图 10.2 所示。

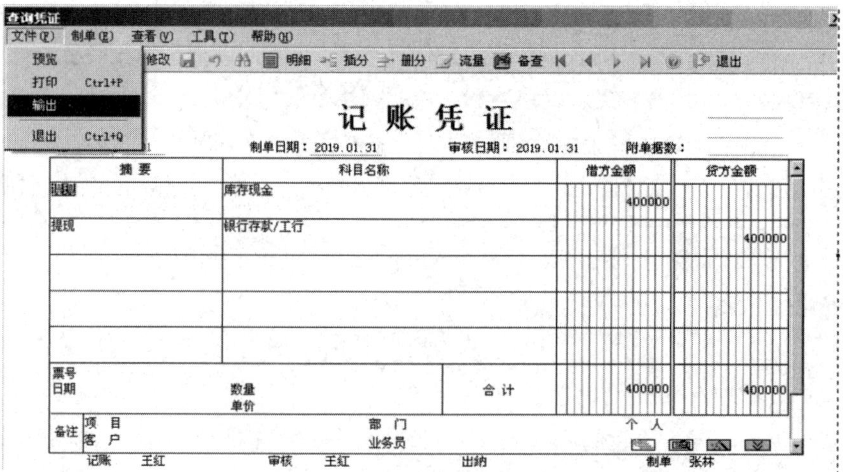

图 10.2　选择“输出”命令

步骤 4　在“凭证打印”对话框中单击“输出”按钮，如图 10.3 所示。

步骤 5　在“另存为”对话框中，输入文件名“用友凭证”，并将存储文件类型设置为 Microsoft Excel 97-2000(*.xls)，即可完成用友软件记账凭证 Excel 格式的输出，如图 10.4 所示。

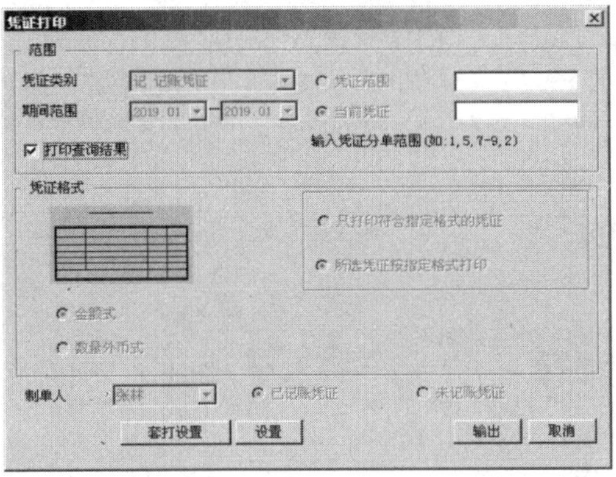

图 10.3　单击“输出”按钮

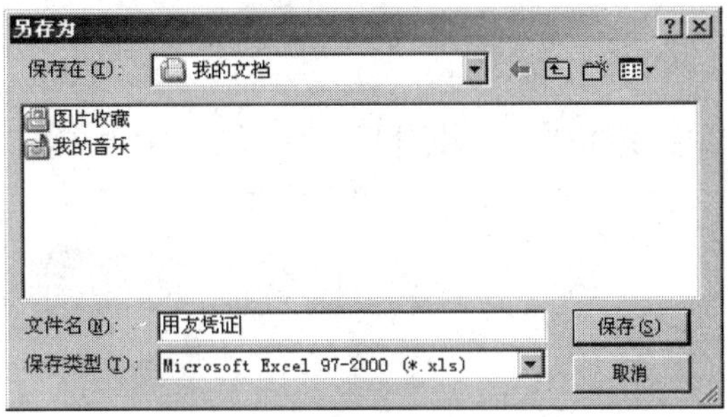

图 10.4　选择输出文件类型

二、输出 Excel 格式的会计报表

会计报表是企业进行财务分析、做出财务决策的依据之一。以用友 ERP-U8 V10.1 软件为例，输出资产负债表的具体操作如下。

操作步骤

步骤 1　打开用友 ERP-U8 V10.1 软件中的 UFO 报表系统，打开会计软件中的资产负债表。

步骤 2　选择“文件”|“另存为”命令，如图 10.5 所示。

步骤 3　在“另存为”对话框中，设置文件类型为 MS Excel 文件(*.xls)，输入文件名“资产负债表.xls”，如图 10.6 所示。然后单击“另存为”按钮。

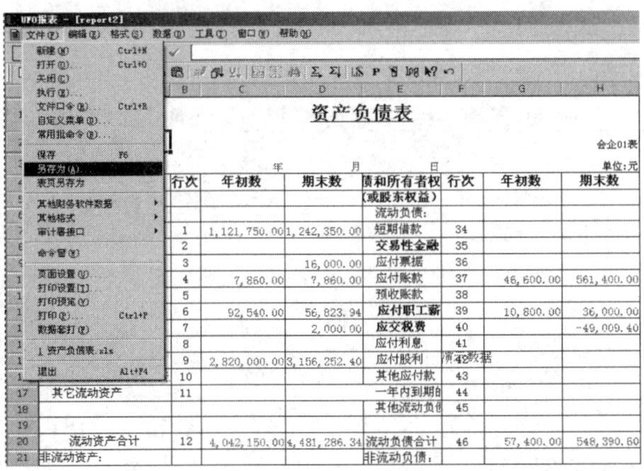

图 10.5　选择“另存为”命令

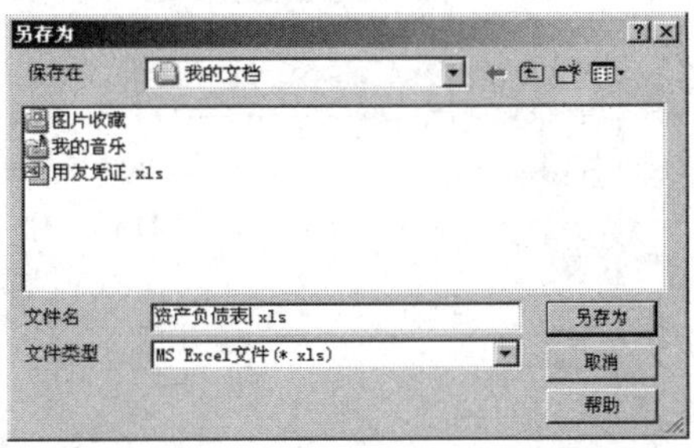

图 10.6　资产负债表另存为 xls 格式

任务二　Excel 格式数据导入会计软件

在会计软件中经常使用到一些外部数据文件，从外部将数据导入到会计软件中，可以实现快速输入数据，减轻会计软件输入的工作量。以用友 ERP-U8 V10.1 软件银行对账单的导入为例，具体操作如下。

操作步骤

步骤 1　打开用友 ERP-U8 V10.1 软件的出纳管理，选择“银行对账”|“银行对账单”|“引入”命令，如图 10.7 所示。

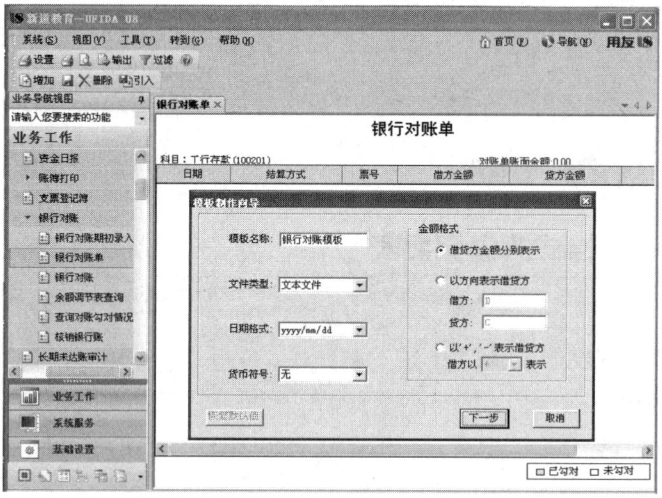

图 10.7　银行对账单引入

步骤 2　单击“引入”按钮，打开“银行对账单引入接口管理”对话框。在此对话框中单击“新建模板”按钮，如图 10.8 所示。

步骤 3　在新建银行对账单导入模板向导中，输入银行对账单的格式，选择 xls 文件类型，如图 10.9 所示。

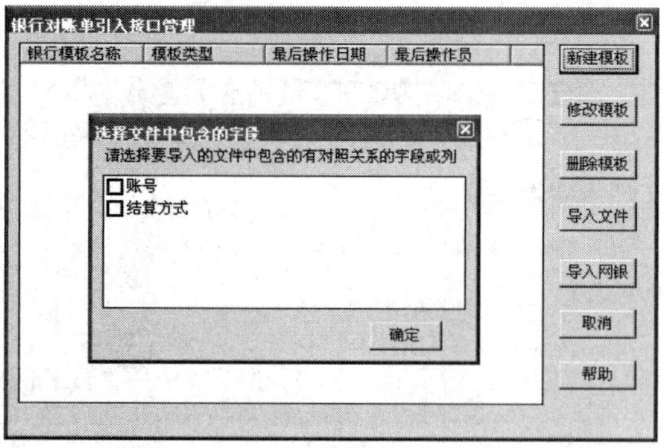

图 10.8　新建银行对账单导入模板

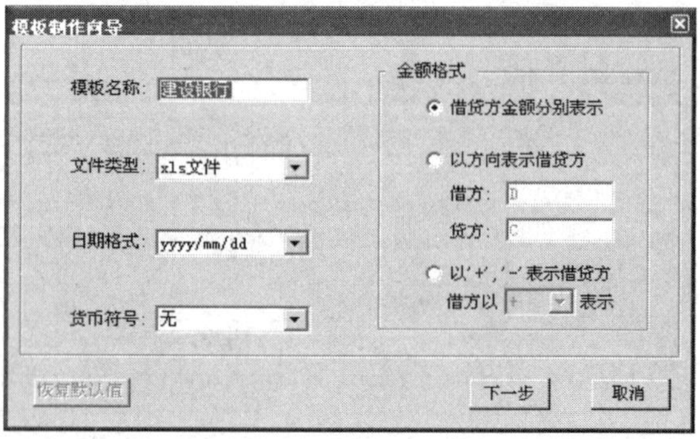

图 10.9　银行对账单导入模板（1）

步骤 4　单击“下一步”按钮，输入日期、结算号、借贷方金额等信息在 Excel 格式银行对账单中所对应的位置（位置用数字表示）。如果导入的 Excel 文件有表头，导入起始行为 2，如图 10.10 所示。

步骤 5　模板建好后，双击此模板，单击“导入文件”按钮，打开银行对账单文件，选择账号及结算方式，如图 10.11 所示。单击“确定”按钮，完成外部数据的导入。

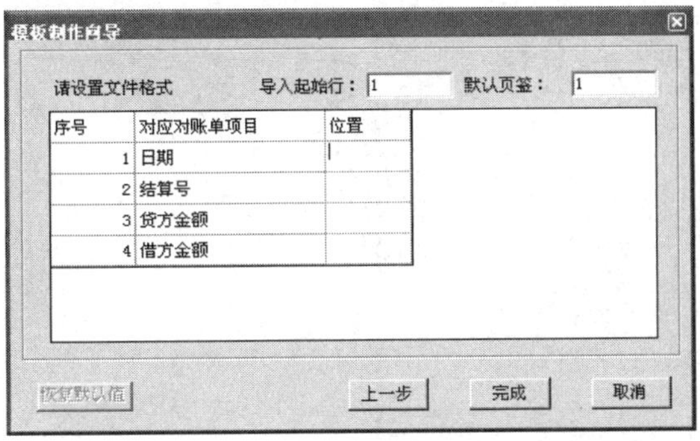

图 10.10　银行对账单导入模板（2）

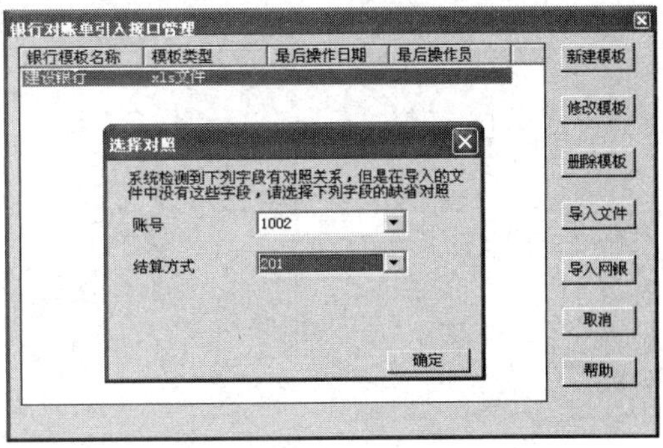

图 10.11　外部 Excel 格式银行对账单导入用友软件

任务三　不同会计软件的数据交互

一、用友 ERP-U8 V10.1 与金蝶 K/3 的凭证数据合并

操作步骤

步骤 1　把用友软件中的记账凭证输出成 Excel 格式，操作步骤见任务一。

步骤 2　打开金蝶 K/3 的凭证查询，在“凭证序时簿”窗口中，选择“文件”|“引出”命令，输出成 Excel 格式，如图 10.12 所示。

步骤 3　选择 MS Excel 97-2002(*.xls)文件类型，如图 10.13 所示。单击“确定”按钮。

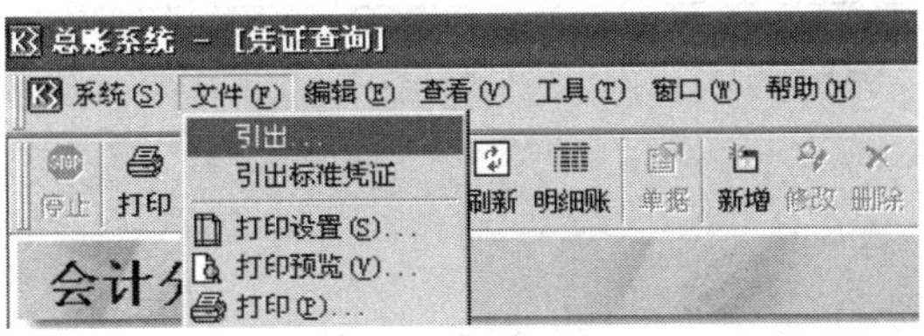

图 10.12　选择“引出”命令

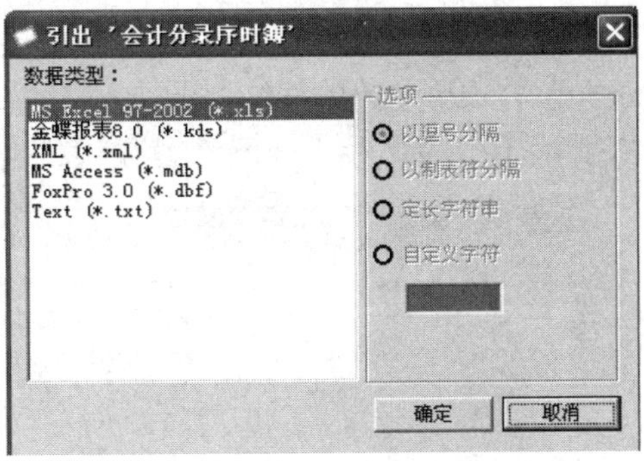

图 10.13　选择输出文件类型

步骤 4　在“选择 EXCEL 文件”对话框中输入文件名，如图 10.14 所示。

步骤 5　新建工作表，存储 2 个凭证文件共有信息。

打开 Excel 格式的用友凭证和金蝶凭证文件，以其中共有的字段为列标题，建立新的工作表或数据清单，如日期、会计期间、凭证字号、分录号、摘要、科目代码、科目名称、币别、金额、借方、贷方、制单、审核、过账等。

步骤 6　复制 2 个凭证文件的内容至新的工作表，实现 2 种会计软件凭证数据的合并。

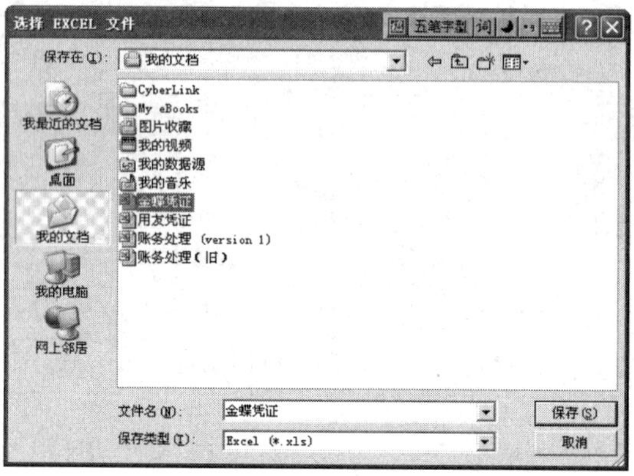

图 10.14　选择输出文件名称

二、将会计软件的报表数据输出到小规模增值税申报表

增值税小规模纳税人（企业）上交税务部门的报表，通常有以下几种，如表 10.1 所示。

表 10.1　常用的税务报表

序　号	报表名称
1	财务报表——月、季(小企业会计准则)
2	印花税纳税申报（报告）表
3	个人所得税纳税申报（报告）表
4	增值税纳税申报表
5	附加税——城市维护建设税报表
6	附加税——地方教育附加报表
7	附加税——教育费附加报表
8	企业所得税年度纳税申报表

网上办税系统提供各种会计报表的 Excel 格式，可以下载后填写或从会计软件输出成 Excel 格式（从会计软件输出的 Excel 表，需要将格式调整为网上办税系统中的格式），再导入到网上办税系统中。网上办税系统会计报表 Excel 格式下载如图 10.15 所示。

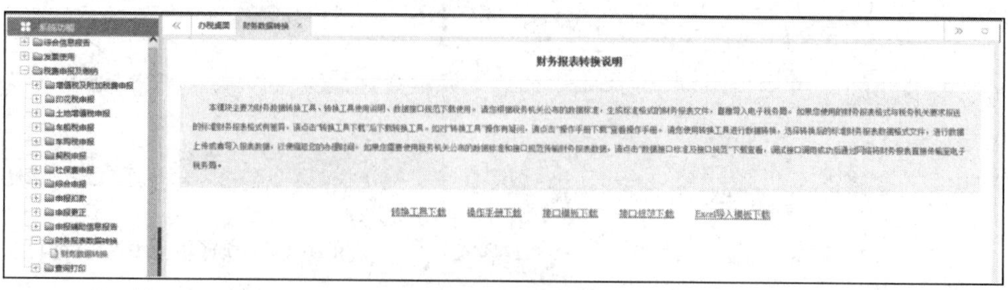

图 10.15　网上办税系统报表模板下载（1）

操作步骤

步骤 1　下载模板。在网上办税系统中，单击“EXCEL 导入模板”下载链接，打开“文件下载”对话框，如图 10.16 所示。

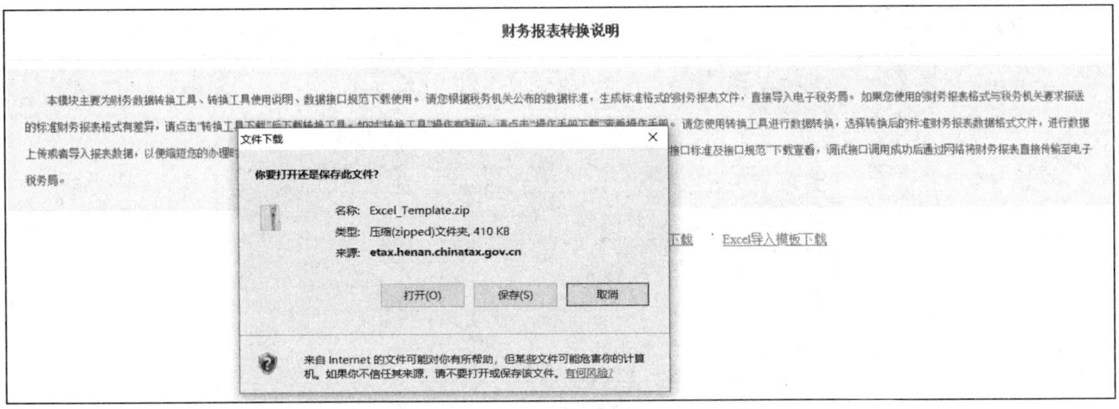

图 10.16　网上办税系统报表模板下载（2）

下载的报表模板是压缩包格式，包含了需要上报的各种表格。解压文件，可以看到各种 Excel 格式的报表，如图 10.17 所示。

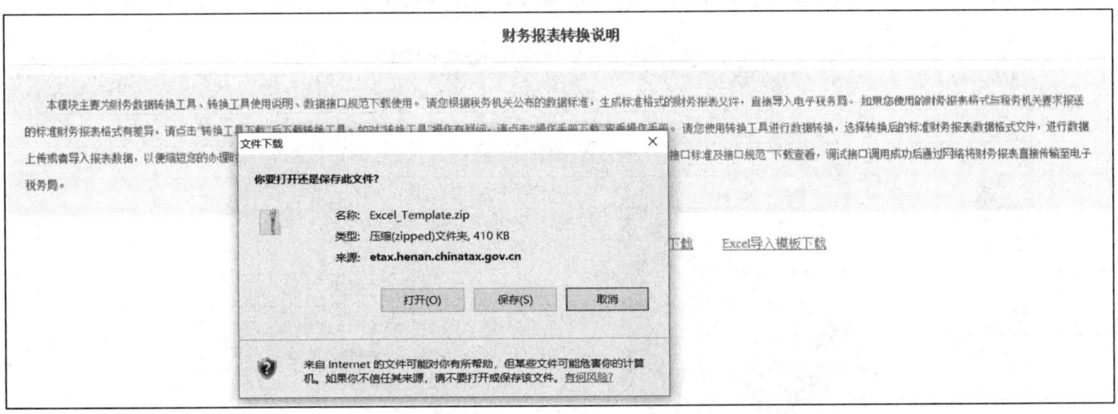

图 10.17　网上办税系统下载的 Excel 格式报表模板

步骤 2　从软件中导出 Excel 格式的报表。在会计软件中，输出指定账套的会计报表，如从用友 ERP-U8 V10.1 中输出报表的文件类型为“MS Excel 97(*.xls)”的利润表，如图 10.18 所示。

步骤 3　按网上办税系统提供的 Excel 格式的财务报表格式，修改从会计软件中下载的会计报表。

步骤 4　把修改后的报表导入到网上办税系统。网上办税系统报表模板导入如图 10.18 和图 10.19 所示。

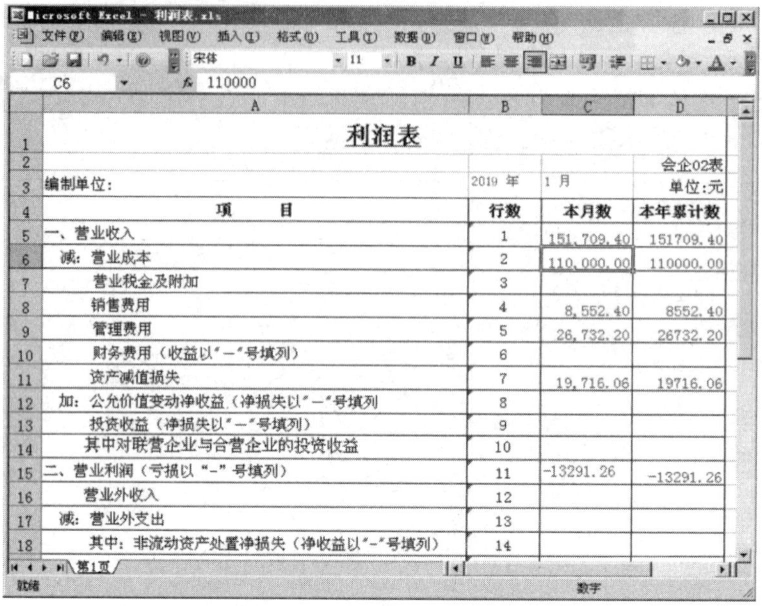

图 10.18　输出的 Excel 格式的利润表

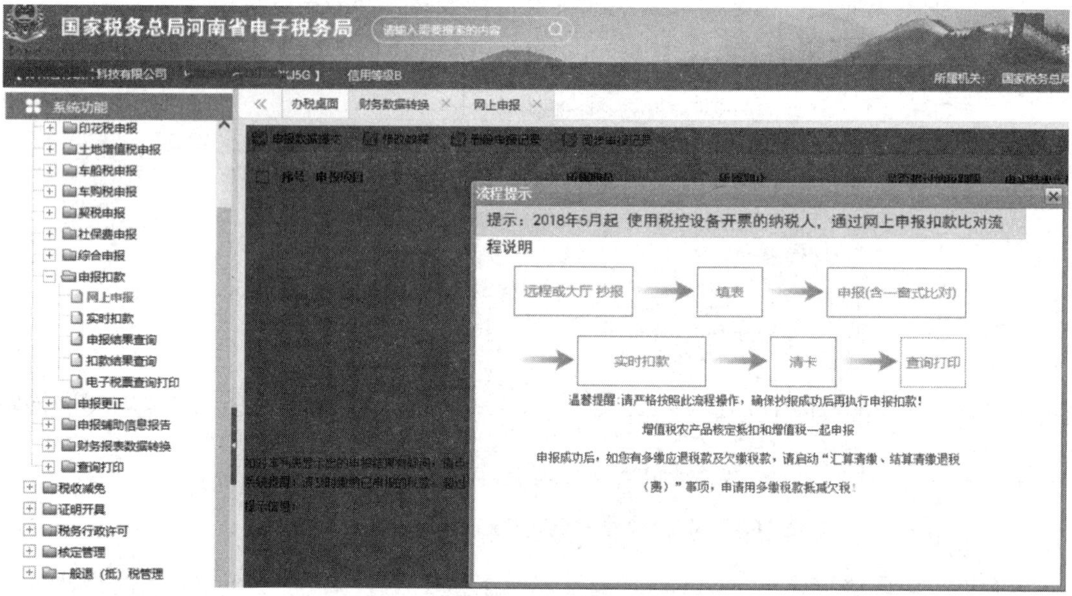

图 10.19　Excel 格式的报表导入到网上报税系统

三、将会计软件的工资数据与银行或社保局进行数据交换

会计软件中的工资数据需要与企业的开户银行进行数据传递，传递代发工资和代扣所得税数据；需要到社保局办理代缴医疗保险和养老保险。因此，工资数据也常与外部数据进行交互。当银行或社保局使用的信息系统与企业使用的会计系统不一致时，中间一定需要数据格式转换，选择 Excel 文档是通用的做法。其具体操作如下。

操作步骤

步骤 1　导出工资表。用友软件工资表如图 10.20 所示。单击快速访问工具栏上的“输出”按钮，打开“另存为”对话框，如图 10.21 所示。

图 10.20　用友软件工资表

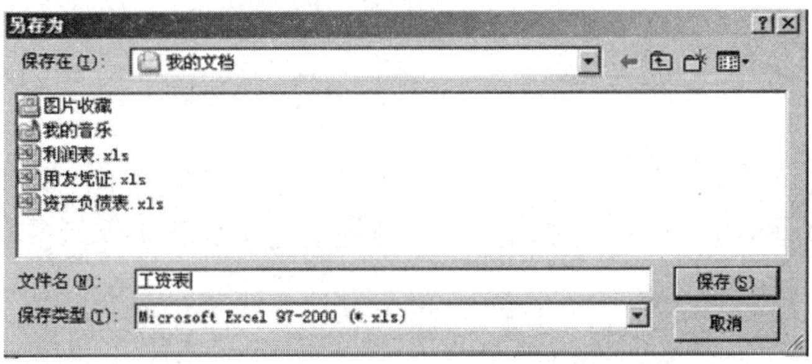

图 10.21　工资表另存为 Excel 格式

步骤 2　设置存储文件为 Microsoft Excel 97-2000 (*.xls)格式并命名。

步骤 3　按照银行和社保局给定的格式编辑导出的 Excel 文件。

技能训练

实训十　Excel 与会计软件的交互

实训目的

掌握用友软件中账套数据的导出、导入操作。

实训资料

某公司使用用友 ERP-U8 V10.1 软件进行会计核算。打开会计软件，利用 Excel 与会计软件的交互功能，完成实训要求。

实训要求

1．导出用友软件账套数据中某会计期间的科目余额表，并进行简单的财务分析。

2．将项目二所做 Excel 格式的资产负债表和利润表导入到用友软件的报表系统中，并与会计软件所做的报表进行比较。

尊敬的老师：

您好。

请您认真、完整地填写以下表格的内容（务必填写每一项），索取相关图书的教学资源。

教学资源索取表

<table>
<tr><td>书　名</td><td colspan="4"></td><td>作者名</td><td></td></tr>
<tr><td>姓　名</td><td colspan="2"></td><td>所在学校</td><td colspan="3"></td></tr>
<tr><td>职　称</td><td colspan="2"></td><td>职　务</td><td></td><td>职　称</td><td></td></tr>
<tr><td rowspan="2">联系方式</td><td>电 话</td><td colspan="2"></td><td>E-mail</td><td colspan="2"></td></tr>
<tr><td>QQ号</td><td colspan="2"></td><td>微信号</td><td colspan="2"></td></tr>
<tr><td colspan="2">地址（含邮编）</td><td colspan="5"></td></tr>
<tr><td colspan="3">贵校已购本教材的数量（本）</td><td colspan="4"></td></tr>
<tr><td colspan="2">所需教学资源</td><td colspan="5"></td></tr>
<tr><td colspan="2">系/院主任姓名</td><td colspan="5"></td></tr>
</table>

系 / 院主任：________________（签字）

（系 / 院办公室公章）

20____年____月____日

注意：

① 本配套教学资源仅向购买了相关教材的学校老师免费提供。

② 请任课老师认真填写以上信息，并请系 / 院加盖公章，然后传真到（010）80115555 转 718438 索取配套教学资源。也可将加盖公章的文件扫描后，发送到 fservice@126.com 索取教学资源。欢迎各位老师扫码关注我们的微信号和公众号，随时与我们进行沟通和互动。

③ 个人购买的读者，请提供含有书名的购书凭证，如发票、网络交易信息，以及购书地点和本人工作单位来索取。

微信号　　　　公众号